中国经济70年发展报告

（1949～2019）

REPORT ON CHINA'S 70-YEAR ECONOMIC DEVELOPMENT

福建师范大学经济学院中国经济70年研究课题组 著

中国财经出版传媒集团

经济科学出版社
Economic Science Press

图书在版编目（CIP）数据

中国经济70年发展报告：1949－2019/福建师范大学经济学院中国经济70年研究课题组著．—北京：经济科学出版社，2019.9

ISBN 978－7－5218－1028－8

Ⅰ．①中… Ⅱ．①福… Ⅲ．①中国经济－经济发展－研究报告－1949－2018 Ⅳ．①F124.1

中国版本图书馆CIP数据核字（2019）第212274号

责任编辑：孙丽丽　胡蔚婷
责任校对：蒋子明
责任印制：李　鹏

中国经济70年发展报告（1949～2019）

福建师范大学经济学院中国经济70年研究课题组　著
经济科学出版社出版、发行　新华书店经销
社址：北京市海淀区阜成路甲28号　邮编：100142
总编部电话：010－88191217　发行部电话：010－88191522
网址：www.esp.com.cn
电子邮件：esp@esp.com.cn
天猫网店：经济科学出版社旗舰店
网址：http://jjkxcbs.tmall.com
北京季蜂印刷有限公司印装
710×1000　16开　30印张　430000字
2019年9月第1版　2019年9月第1次印刷
ISBN 978－7－5218－1028－8　定价：98.00元
（图书出现印装问题，本社负责调换。电话：010－88191510）

教育部科技委战略研究基地（福建师范大学世界创新竞争力研究中心）2019 年重点项目研究成果

教育部首批全国高校“双带头人”教师党支部书记工作室资助的阶段性研究成果

国家首批“万人计划”青年拔尖人才支持计划（组厅字［2013］33 号文件）资助的阶段性研究成果

国家第 2 批“万人计划”哲学社会科学领军人才［组厅字（2016）37 号］资助的阶段性研究成果

中宣部全国文化名家暨“四个一批”人才工程［中宣办发（2015）49 号］资助的阶段性研究成果

教育部哲学社会科学研究重大课题（项目编号：16JZD028）的阶段性研究成果

国家社科基金重点项目（项目编号：16AGJ004）的阶段性研究成果

福建省“双一流”建设学科——福建师范大学理论经济学科 2019 年重点项目研究成果

福建省首批哲学社会科学领军人才、福建省高校领军人才支持计划 2019 年的阶段性研究成果

福建省首批高校特色新型智库——福建师范大学综合竞争力与国家发展战略研究院 2019 年的研究成果

福建省社会科学研究基地——福建师范大学竞争力研究中心 2019 年资助的研究成果

福建省高校哲学社会科学学科基础理论研究创新团队——福建师范大学竞争力基础理论研究创新团队 2019 年资助的阶段性研究成果

福建师范大学创新团队建设计划（项目编号：IRTW1202）2019 年资助的阶段性研究成果

福建师范大学经济学院中国经济70年研究课题组成员简介

李军军，男，1978年生，江西分宜人，福建师范大学经济学院副教授，硕士生导师，经济学博士，兼任全国经济综合竞争力研究中心（福建师范大学）副主任。主要从事环境经济、经济竞争力评价和经济数量分析方法等领域研究。主持国家社科基金、教育部人文社科基金、福建省社科基金重大项目、重点项目等8个研究项目，出版专著1部，合作出版专著和教材4部，发表30多篇学术论文。曾获福建省优秀博士学位论文二等奖，福建省第十届社会科学优秀成果奖一等奖。

叶琪，女，1982年生，福建浦城人。福建师范大学经济学院副教授、硕士生导师，经济学博士。主要从事生态文明与环境竞争力、社会主义市场经济等问题研究。主持国家社科基金项目、福建省社科基地重大项目、福建省科技厅软科学研究项目等研究项目以及福建省教育科学规划、福建省教改一般项目等教改课题。出版专著（合著）3部，在《经济研究》《马克思主义研究》《当代经济研究》等核心期刊发表论文30多篇。2017年入选福建省高校杰出青年科研人才培育计划。

林寿富，男，1981年生，福建连城人，中国科学技术大学管理科学与工程专业博士，澳大利亚科廷大学联合培养博士研究生，福建师范大学经济学院国际经济与贸易系书记、副主任，教授、博士生导师，福建省高校新世纪优秀人才支持计划和福建省高校杰出青年人才培育计划获得者，福建师范大学优秀青年骨干教师，福建省宏观经济学会副会长，福建省生态文明研究会常务理事，中国数量经济学会理事，福建省中青年经济发展研究会理事。主要从事环境经济、创新管理领域的研究。主持和参与了国家社科基金项目、教育部人文社科项目、福建省社科重大项目等10余项课题，先后在《经济研究》、*Energy Policy*（SCI一区，管理科学与工程Top期刊）、*Journal of Cleaner Production*（SCI一区）、*Technology Analysis & Strategic Management*（SSCI检索）、*Environmental Impact Assessment Review*（SSCI和EI双检索）、*Science and Public Policy*（SSCI检索）、*Journal of Manufacturing Technology Management*（SSCI和SCI双检索）等国内外期刊上发表论文40余篇，合作出版著作4部。

王珍珍，女，1982年生，福建泉州人。福建师范大学经济学院副教授、硕士生导师，管理学博士，新加坡南洋理工大学访问学者。主要从事物流与供应链管理、创新管理的教学与研究。主持国家社科基金、教育部人文社科、省科技厅软科学、社科规划重大重点课题，获福建省高校新世纪优秀人才支持计划、福建省高校杰出青年人才支持计划资助，出版专著2部，在《中国经济问题》《国际商务》《中国科技论坛》等核心期刊发表论文20多篇，其中有多篇被人大复印资料全文转载，多篇咨询报告获得省领导重要批示。曾获商务部商务发展研究成果三等奖、福建省社科优秀成果三等奖、福建师范大学青年教师教学技能大赛二等奖、福建师范大学“本科课堂教学优秀奖”。

唐杰，男，1981年生，福建福州人，福建师范大学经济学院工商管理系副教授，毕业于厦门大学管理学院，获管理学博士。主要从事人力资源、组织行为、创新管理及跨文化比较研究，担任中国企业管理研究理事，福建省科学技术协会副秘书长。主持1项国家自然科学青年基金项目，1项教育部人文社科青年项目，1项福建省社科重点项目，主持和参与多家政府和企业的人才和战略方面横向课题。迄今以第一作者或通讯作者在《心理学报》《中国软科学》《经济管理》等国内外杂志上发表学术论文30余篇，1篇论文被EI核心检索，2篇论文被SSCI检索。2009年前往美国俄勒冈大学Lundquist商学院从事访问研究，2014年前往台湾东吴大学商学院从事访问研究。目前主要讲授《人力资源管理》《市场调查与预测》和《管理学研究方法》等课程。担任国家自然科学基金项目盲审专家以及

《心理学报》《心理科学》和《中国人力资源开发》等国内核心期刊盲审专家。

陈洪昭，男，1980 年生，河北临漳人。福建师范大学经济学院教师、硕士生导师，经济学博士。主要从事西方经济学、人口·资源与环境经济学的教学与研究。主持省社科重大课题、省科技厅软科学课题等 5 项，在《经济研究参考》《当代经济管理》等核心报刊发表论文 20 多篇。

黄新焕，男，1981 年生，福建永定人。福建师范大学经济学院副教授、硕士生导师，管理学博士。主要研究方向为绿色创新、企业战略管理，灰色系统理论及其应用。主持国家自然科学基金项目和福建省社科研究基地重大项目，参与国家社科基金重大招标项目，在 *The Journal of Grey System*、*Kybernetes*、《科研管理》等期刊发表论文 30 余篇，多篇论文被 SCI、EI、CSSCI、CSCD 收录。

郑蔚，女，1981 年生，浙江宁波人。福建师范大学经济学院副教授、硕士生导师，人文地理学博士。主要从事区域与城市发展研究。主持国家自然科学基金，省自然科学基金，省社科规划项目等多个课题，在《经济地理》《地理科学进展》《中国土地科学》《自然资源学报》等核心报刊发表论文十余篇，曾入选福建省高校杰出青年科研人才培养计划，获福建师范大学“本科课堂教学优秀奖”。

陈伟雄，男，1985 年生，福建泉州人。福建师范大学经济学院讲师、硕士生导师，经济学博士。主要从事国际贸易、区域经济的教学与研究。主持福建省社科基地重大项目、福建省社科规划项目、福建省科技厅软科学项目等多项课题，参与国家社科基金项目、国家自然科学基金项目、教育部人文社科研究一般项目等十余项，在《中国社会科学报》《经济学家》《国际贸易》《经济问题探索》《亚太经济》《经济研究参考》等报刊上发表论文 40 多篇。

易小丽，女，1987 年生，江西宜春人。福建师范大学经济学院讲师，经济学博士。主要从事宏观经济、经济周期等方面的研究。主持国家社科基金、教育部人文社科研究项目、省自然科学基金资助项目、省社会科学规划项目等，在《福建师范大学学报（哲学社会科学版）》《经济研究参考》等核心期刊发表论文多篇。

周利梅，女，1977年生，河南新乡人。福建师范大学经济学院教师，经济学博士，主要从事国际贸易理论与政策、综合竞争力及技术贸易竞争力理论等问题研究。主持教育部人文社科青年基金项目、福建省教育厅A类人文社科项目和福建省中青年教师科研项目各1项，参与多项国家社科基金等项目。合作参与出版专著2部，在《经济研究参考》《福建论坛》等学术期刊发表论文十余篇。

张宝英，女，1988年生，福建莆田人。福建师范大学经济学院讲师，经济学博士。主要从事文化产业、区域经济学的教学与研究工作，主持福建省社科基地重大项目、福建省教育厅项目等多项课题，参与国家社科基金项目、国家自然科学基金项目、教育部人文社科研究一般项目等十余项，在《中国社会科学报》《经济研究参考》《中国矿业大学学报》等报刊上发表论文20余篇。

白华，女，1985年生，辽宁沈阳人。福建师范大学经济学院讲师，管理科学与工程博士。主要从事信息管理和数据挖掘、网络信息计量、应急管理的相关教学与研究。参与国家自然科学基金两项，主持省部级项目两项，厅局级项目一项，在SCI、EI等高水平期刊发表论文多篇，曾获福建师范大学青年教师教学基本功大赛二等奖。

李成宇，男，1987年生，山东高密人。福建师范大学经济学院讲师，经济学博士。主要从事区域经济政策、计量经济学的教学与研究。参与国家社会科学基金项目、教育部人文社会科学研究青年基金项目等。在《经济经纬》《教育与经济》等刊物上发表论文多篇。

郑清英，女，经济学博士，福建师范大学经济学院讲师。主要从事能源经济与政策、能源金融领域的教学与研究工作，已在国际SSCI和SCI期刊上发表论文4篇，主持教育部人文社科项目1项，曾获国家能源局软科学研究优秀成果三等奖。

韩莹，女，1990年生，福建福州人。福建师范大学经济学院讲师，管理学博士。主要从事产业集群、知识管理、创新创业的研究。参与国家社科基金年度课题、国家自科基金年度课题、福建省高校新世纪优秀人才计划课题、省社科课题等，在《科学学研究》《中国管理科学》《管理学报》《运筹与管理》等核心期刊发表多篇论文。

程俊恒，女，1988年生，湖南醴陵人。福建师范大学经济学院讲师、管理学博士。主要从事工业工程、运筹学领域的教学与研究工作，已在*IEEE Transactions on Automation Science and Engineering*、*Computers & Industrial Engineering*等国际SCI期刊和领域内主流国际会议上发表论文十余篇。

陈莹，女，1990年生，福建莆田人。福建师范大学经济学院讲师、管理学博士。主要从事创业管理、战略变革、社会资本的教学与研究工作，参与国家自然科学基金项目等多项课题，在《中国工业经济》、《南大商学评论》、《管理案例研究与评论》、*Journal of Business Ethics*等学术期刊上发表论文多篇，曾获江苏省第十四届哲学社会科学优秀成果三等奖。

前 言

中国是世界文明史上最悠久的文明古国之一。在过去两千多年间，她始终保持着历史与文明的连续性，她有过长时间的强盛，也有过几百年的停滞不前，乃至一百多年的迅速衰落。近代以来，中华民族经历了三次历史性的大巨变，辛亥革命结束了沿袭数千年的封建帝制，为近代中国革命进步打开了新的一页；中华人民共和国的成立，是中国有史以来最伟大的事件，也是二十世纪世界最伟大的事件之一，它结束了少数剥削者统治广大劳动人民和帝国主义奴役中国各族人民的历史，中国人民从此成为国家的主人，中华民族的发展开启了新的历史纪元；改革开放是关系社会主义中国前途命运的正确抉择，使我国成功地实现了从高度集中的计划经济体制到充满活力的社会主义市场经济体制、从封闭半封闭到全方位开放的伟大历史转折，使一个面向现代化、面向世界、面向未来的社会主义中国巍然屹立在世界的东方。可以说，近代以来中国的历史就是一部中华民族的兴衰史、抗争史和发展史。

2019 年是中华人民共和国成立 70 周年。70 年前，中国人民历经几代人上下求索，终于在中国共产党领导下建立了新中国，中国人民从此站了起来，中国人民的命运从此掌握在了自己手中①。70 年前，中国共

① 习近平．在纪念五四运动 100 周年大会上的讲话，新华社，2019 年 4 月 30 日．

产党领导的新民主主义革命推翻了“三座大山”，建立起人民当家作主的新中国和社会主义基本制度，使占世界人口四分之一的东方大国进入了社会主义社会，真正实现了中华民族的独立和人民的解放，为当代中国的繁荣与发展创造了前提。历经70年艰苦奋斗，中国人民立足本国国情，在实践中不断探索前进方向，开辟了中国特色社会主义道路。今天的中国，已经站在新的历史起点上①。今日之中国，不仅是中国之中国，而且是亚洲之中国、世界之中国。当前，全党全国各族人民正在全面贯彻党的十九大精神，全面推进社会主义经济建设、政治建设、文化建设、社会建设以及生态文明建设和党的建设，努力夺取全面建设小康社会新胜利，不断开创中国特色社会主义事业新局面。党和国家的事业发展站在了一个新的历史起点上。

70年，光辉岁月弹指一挥间；70年，中华大地沧桑巨变。70年，这在人类历史的长河中不过是白驹过隙的短暂一瞬。伟大的祖国发生翻天覆地的变化。如今的中国，不论在国际政治舞台，还是在经济舞台上，都获得了不可或缺的地位和扮演越来越重要的角色……当前，中国特色社会主义进入新时代，中华民族迎来了从站起来、富起来到强起来的伟大飞跃，正阔步走在中华民族伟大复兴的新征程上！

70年来，在中国共产党的坚强领导下，全国各族人民团结一心，迎难而上，开拓进取，奋力前行，从封闭落后迈向开放进步，从温饱不足迈向全面小康，从积贫积弱迈向繁荣富强，创造了一个又一个人类发展史上的伟大奇迹，迎来中华民族伟大复兴的光明前景。我们党领导的两次伟大革命，从根本上改变了中国人民的前途命运，决定了中国历史的发展方向②。

70年来，我国锐意推进各方面体制改革，以国内改革形成参与经济全球化和国际竞争的体制优势，又以积极应对全球化挑战和开放中的

① 习近平：在纪念五四运动100周年大会上的讲话，新华社，2019年4月30日．

② 人民日报社论：始终为人民执好政掌好权，人民日报，2009年7月1日．

瓶颈和障碍的姿态来加快国内相关领域的改革，在与世界的互动中，使我国成功实现了从高度集中的计划经济体制到充满活力的社会主义市场经济体制的伟大历史转折。我们建立和完善社会主义市场经济体制，建立以家庭承包经营为基础、统分结合的农村双层经营体制，形成公有制为主体、多种所有制经济共同发展的基本经济制度，形成按劳分配为主体、多种分配方式并存的分配制度，形成在国家宏观调控下市场对资源配置发挥基础性作用的经济管理制度，为我国经济繁荣与发展提供了有力的制度保障。

70 年来，我们在新中国刚成立时一穷二白的基础上不断扩大经济规模，经济建设取得举世瞩目的新的伟大成就，综合国力显著增强，据国家统计局资料显示，从 1949 年到 2018 年，我国国内生产总值由 400 多亿元增长到 90 万亿元大关，经济总量上升为世界第二，超过日本并连年稳居世界第二。我们依靠自己力量稳定解决了 13 亿多人口的温饱问题。人民生活发生了翻天覆地的变化，从新中国成立初期的 1956 年全国居民人均可支配收入仅为 98 元，人均消费支出仅为 88 元，1978 年全国居民人均可支配收入也仅为 171 元，人均消费支出为 151 元。2018 年全国居民人均可支配收入达到 28228 元，比 1978 年实际增长 24.3 倍；全国居民人均消费支出为 19853 元，比 1978 年实际增长 19.2 倍。家电、汽车等耐用消费品拥有量大幅增加，居住条件显著改善。2018 年末我国农村贫困人口减少至 1660 万人，过去 6 年共减少 8239 万人，农村贫困发生率下降至 1.7%。我国农村从普遍贫困走向整体消灭绝对贫困，成为首个实现联合国减贫目标的发展中国家，对全球减贫贡献超过 70%。新中国成立之初我国工业部门十分单一，只有采矿业、纺织业和简单加工业，大量工业产品依赖进口。70 年来我国工业体系逐步完善，工业生产力大大提高，目前，我国已成为拥有联合国产业分类中全部工业门类的国家，200 多种工业品产量居世界第一，制造业增加值自 2010 年起稳居世界首位。对外开放水平不断提高，国际竞争力不断增强。我国成功实现了从封闭半封闭到全方位开放的伟大历史转折。从1949年到2018年，我国进出口总额从11.3亿美元提高到4.6万亿美元，比新中国成立初期增长了4000多倍，连续两年居世界首位；服务进出口总额7919亿美元，居世界第2位。1952年末我国外汇储备只有1.08亿美元，2018年末，外汇储备余额为30727亿美元，连续13年稳居世界第一。对外投资大幅增长，2018年，我国实际使用非金融类外商直接投资1350亿美元，比1983年增长146倍，年均增长15.3%，连续两年成为全球第二大外资流入国；1979～2018年，累计吸引非金融类外商直接投资20343亿美元。广泛深入的国际合作加快了我国经济发展，也为世界经济发展作出了重大贡献。①

70年来，我们在推进社会主义现代化建设中所肩负任务的艰巨性和繁重性世所罕见，我们在改革发展稳定中所面临矛盾和问题的规模和复杂性世所罕见，我们在前进中所面对的困难和风险也世所罕见。近代中国历史就是一部为中华民族的独立、解放、繁荣，为中国人民的自由、民主、幸福不懈奋斗的历史。在全国执政的70年，就是我们党坚持为人民执政、靠人民执政的70年。70年来，我们党的全部理论和全部实践，归结起来就是创造性地探索和回答了什么是马克思主义、怎样对待马克思主义，什么是社会主义、怎样建设社会主义，建设什么样的党、怎样建设党，实现什么样的发展、怎样发展等重大理论和实际问题。历史昭示未来，我们应该继续坚持在中国共产党的领导下，全国各族人民团结奋斗、自强不息，开发祖国的锦绣河山，创造灿烂的中华文明，为人类的文明进步作出不可磨灭的巨大贡献。

回顾过去70年，中华人民共和国走过了波澜壮阔的发展历程，以毛泽东同志为核心的党的第一代中央领导集体创立毛泽东思想，带领全

① 国家统计局综合司：《沧桑巨变七十载　民族复兴铸辉煌——新中国成立70周年经济社会发展成就系列报告之一》［EB/OL］. http：//www. stats. gov. cn/ztjc/zthd/bwcxljsm/70znxc/201907/t20190701_1673373. html.

党全国各族人民建立新中国、取得社会主义革命和建设伟大成就以及艰辛探索社会主义建设规律取得宝贵经验；以邓小平同志为核心的党的第二代中央领导集体带领全党全国各族人民开创了新局面；是以江泽民同志为核心的党的第三代中央领导集体带领全党全国各族人民继承、发展并成功推向二十一世纪。新世纪新阶段，以胡锦涛同志为总书记的党中央，成功在新的历史起点上坚持和发展了中国特色社会主义。党的十八大以来，以习近平同志为核心的党中央从我国实际出发，坚持和发展中国特色社会主义，深刻回答了新形势下党和国家事业发展的一系列重大理论和现实问题，提出了实现中华民族伟大复兴的中国梦，形成了习近平新时代中国特色社会主义思想。贯彻新发展理念，坚持理论创新和实践创新，着力破解发展难题、增强发展动力，坚定不移地把改革开放伟大事业继续推向前进。我们要永远铭记中国共产党领导全国各族人民推进社会主义政治建设、经济建设、文化建设、社会建设和生态文明建设所取得的伟大历史功绩。

70年的伟大历程，70年的辉煌成就，70年的宝贵经验。置身历史，我们溶于其中，分享着那过去的兴奋与悲痛；放眼未来，我们会发现，面前的道路更遥远更艰难。在即将隆重纪念中华人民共和国成立70周年之际，通过回顾和总结过去70年我国经济领域所取得的辉煌成就和成功经验，可以使我们认识到哪些经验值得肯定，哪些教训需要吸取，有利于我们沿着新时代中国特色社会主义正确的方向继续奋勇前进。因此，谨以此书的出版作为献给祖国70岁华诞的一份心礼！

中华人民共和国成立70年来经济发展领域取得的伟大成就，内容涉及农业、工业、第三产业、企业、区域、科技等各个方面。本书限于篇幅和研究力量，只选取有代表性的“经济发展成就”“工业发展”“第三产业发展”“产业结构调整”“区域发展演变”“国有企业发展”“收入分配改革”“民营企业发展”“科技创新建设”“国际竞争力变迁与发展”等10个专题，总结和展示了新中国成立70年来这些领域所取得的伟大成就，又深入总结了成功经验，分析了现存的问题，并对未来发展前景进行了展望。

70年过去，江山万里如画，共和国雄姿英发。我们胸怀“为中华之崛起而学习”的宏伟抱负，树立为祖国富强而献身的远大志向，用我们全部的聪明才智和生命热血来参与建设我们伟大的祖国！我们满怀信心，在建设中国特色社会主义的历史画卷上描绘出更新更美的图画！因此，本书写作的初衷是我们这一群年轻人怀着对祖国70年取得辉煌成就无比自豪情感的“礼赞”，也是希望尽自己的一份绵薄之力来回报祖国母亲的恩泽，更是对中华人民共和国成立70周年最好的纪念和庆典。

黄茂兴

2019年7月10日于福建师范大学文科楼

目 录

第一章 70 年来中国经济发展的辉煌成就与未来展望

一、70 年来中国经济发展的辉煌成就

中国是世界四大文明古国之一，也是世界上持续时间最长的文明。工业革命之前，在数千年的岁月中，中国一直是世界向往的东方明珠，在经济、文化等许多方面保持着绝对的优势。近代之后，西方国家迅速崛起，为扩大商品市场、争夺资源，国家之间掀起了瓜分世界的浪潮，幅员辽阔、资源丰裕的华夏古国更是成为各国争夺的目标，中国深陷战争的泥沼。鸦片战争之后，中国沦为半殖民地半封建国家，经济和社会发展遭到极大破坏。为了摆脱被奴役的命运，无数中华儿女抛头颅、洒热血，奋力反抗。经过不懈的努力，1949 年中华人民共和国成立，饱受战争伤痛的华夏古国也开始焕发新生。新中国成立之后，在中国共产党的带领下，中国人民上下齐心、全力投入社会主义政治、经济、文化、社会建设。经济建设方面，中国政府以马克思主义思想为指导，结合我国具体实际，大胆改革、积极创新，成功建立并不断完善具有中国特色的社会主义市场经济体制。特别是十一届三中全会之后，以改革开放为契机，积极参与经济全球化实践，经济建设在短短数十年中取得了举世

瞩目的成就，中国也一举超越英国、德国、日本等老牌发达国家，成为全球第二大经济体。

（一）经济增长迅速，综合实力显著增强

1. 经济总量快速增长，经济实力显著提升

工业是现代经济的重要基础和重要构成。新中国成立之前以及新中国成立之后的一段时间里，我国经济结构都以农业为主，生产力水平整体低下，发展速度相对缓慢。中国共产党执政之后，在百废待兴的现实困难下，认真筹划、集中力量发展工业，第一个五年计划期间（1953～1957年）将集中力量进行工业化建设和加快推进各经济领域的社会主义改造明确为建设的两大主要任务。在政府的宏观调控下，“一五”期间我国的经济秩序迅速恢复，并取得了初步的发展。1953～1957年间，工业生产总值从163.5亿元增加到271亿元，增幅为65.7%，年均增速约13.1%。交通建设方面，新建铁路33条，恢复铁路3条，铁路营业里程、公路里程、内河航道里程和定期航班航线里程分别从1953年的2.38万公里、13.71万公里、9.5万公里和1.4万公里提高到1957年的2.67万公里、25.46万公里、14.41万公里和2.64万公里。“一五”期末，对生产资料的社会主义改造基本完成，重型设备、汽车、飞机、精密仪表等一些工业从零发展起来，我国的工业基础实力大大改善。“一五”之后，我国坚持社会主义市场经济和“工业化”方向不动摇，中间遭遇过一些波折、变故，但在政府的宏观调控下，我国顺利完成了农业大国向工业大国的转变，并逐渐摆脱低收入国家向中等收入国家行列迈进。

图1－1反映了1952～2018年之间我国国内生产总值的增长情况。从具体数值表现上看，新中国成立之后，除了1960～1968年之间由于三年困难时期和政治运动的影响，我国的国内生产总值在不同年份之间发生较大波动甚至下滑之外，其他时间里都一直处于稳定上升趋势。从1952

年生产总值规模仅为 679.1 亿元到 1956 年突破千亿大关（1030.7 亿元）只花了 4 年时间，总体增幅约 52%，年均增速约 13%。1958～1968 年之间，一方面受三年困难时期的不良影响，另一方面政府在经济建设的思路上出现判断失误，国内生产总值规模在十年间只增长了约 33%，年均增速只有 3.3%。1963 年之后，我国政府从多个方面对国民经济做了深入调整，提出了“调整、巩固、充实、提高”的八字方针。经过三年调整，我国经济开始恢复快速增长态势，特别是在 1978 年启动“改革开放”和 2001 年正式加入世界贸易组织（World Trade Organization，WTO）之后，我国经济更是开启飞速发展模式。国内生产总值在 1986 年首次突破万亿大关（10376.2 亿元）后短短 5 年的时间里就突破了两万亿大关（1991 年，22005.6 亿元），期间年均增速达到 22.4%。2001 年我国加入 WTO 时国内生产总值规模为 110863.1 亿元，5 年后的 2006 年这一数值增长到 219438.5 亿元，总量增长 10 万亿有余，年均增速约 20%。2008 年金融危机爆发，全球经济受到相当大的冲击。为了应对经济硬着陆的风险，我国政府及时调整宏观经济政策，推出了扩大内需、促进经济增长的“一揽子”计划（经常被简称为“四万亿计划”）。在积极的财政政策和适度宽松的货币政策的作用下，我国经济成功克服了金融危机的影响，在 2009 年、2010 年继续保持平稳较快发展，为地区和世界的经济复苏做出了重要的贡献。2018 年，我国国内生产总值规模达到 900309 亿元，世界银行的统计数据显示，2018 年我国的经济总量仅次于美国，位居全球第二。

我国经济的飞速发展是我国人民艰苦奋斗的结果，也离不开政府的努力。新中国成立后不久政府为了更好地引导经济和社会的发展，从 1953 年开始每五年针对国家重大建设项目、国民经济方向等做规划，即国民经济和社会发展五年规划纲要，又简称“五年计划”（1963～1965 年是三年调整期，没有列为“五年计划”）。1953 年至今，我国政府已经制定并完成了十二个“五年计划”，第十三个“五年计划”也正在实施中。“五年计划”是我国经济和社会中长期发展的纲领性文件，对我国的经济和社会

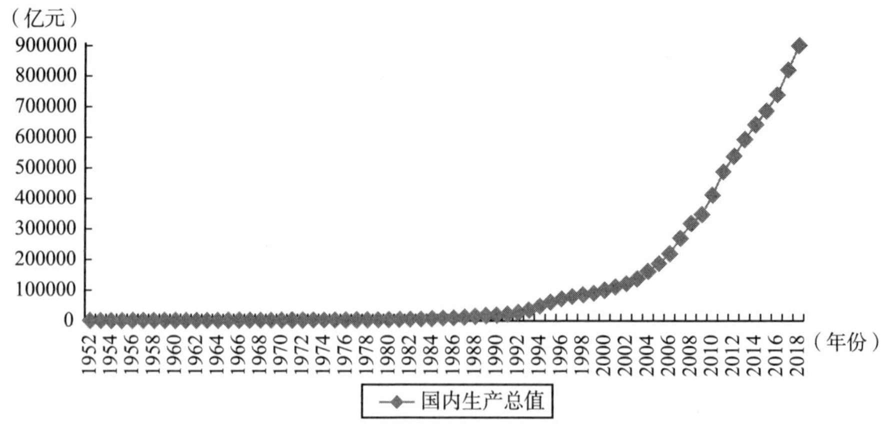

图1－1　国内生产总值（GDP，当年价）变化趋势

资料来源：根据历年《中国统计年鉴》相关数据整理。

一直以来的发展起到了重要的指导和刺激作用。表1－1对“五年计划”实施以来我国每个计划期内的经济整体表现进行了梳理。从绝对规模来看，1953年至今我国经济总量增长迅速，特别是“七五”“八五”“九五”和“十一五”四个时期内国内生产总值规模均实现同比100%以上的增长。目前“十三五”建设期虽然还没结束，但计划期前三年的GDP总量规模已经逼近“十二五”的总体规模，2016～2018年我国的年均国内生产总值规模是“十二五”年均国内生产总值规模的130.2%。

表1－1　各计划时期我国经济总量　单位：亿元

计划时期	GDP总量	计划期内年均GDP规模
“一五”（1953～1957年）	4697.9	939.58
“二五”（1958～1962年）	6624.4	1324.88
“三五”（1966～1970年）	9668.9	1933.78
“四五”（1971～1975年）	13632.7	2726.54
“五五”（1976～1980年）	18605.4	3721.08
“六五”（1981～1985年）	32707.5	6541.5

续表

计划时期	GDP总量	计划期内年均GDP规模
“七五”（1986～1990年）	73783.8	14756.76
“八五”（1991～1995年）	194850.7	38970.14
“九五”（1996～2000年）	427568.6	85513.72
“十五”（2001～2005年）	719161.6	143832.32
“十一五”（2006～2010年）	1569412.4	313882.48
“十二五”（2011～2015年）	2946756.9	589351.38
“十三五”（部分，2016～2018年）	2461124.1	820374.7

资料来源：国家统计局，http：//data.stats.gov.cn/。

图1－2进一步给出了考虑了价格水平之后1953～2017年之间我国各年国内生产总值的同比增速情况。从各年表现来看，新中国成立70周年来我国经济总量增长呈现波动增长，且具有显著的阶段性特征。1978年之前，国内生产总值增长速度波动较大。1957年之前，国内生产总值增长速度虽然高低不一但均为正值，即国内生产总值处于逐年攀升状态。1958～1977年之间，国内生产总值虽然整体呈现上升趋势，但不同年份之间增长和下降的情况均有出现，最突出的就是1960～1962年三年间受困难时期和“大跃进”运动的影响出现剧烈下滑。体现在国内生产总值增长速度上就是数值有正有负，1961年国内生产总值增速一度达到－27.3%。1978年之后，也就是政府在十一届三中全会上对党的思想路线、政治路线、组织路线进行了拨乱反正，明确将党和国家的工作重心转移到经济建设上，并将改革开放确定为基本国策之后，我国经济开始进入稳定、快速发展阶段。期间虽然遭遇了来自国际上的诸如三次石油危机、两次金融危机等大大小小多次冲击，国内生产总值增速均保持在3.9%以上，1978～2018年四十年间国内生产总值的年均增速更是在9.5%以上。

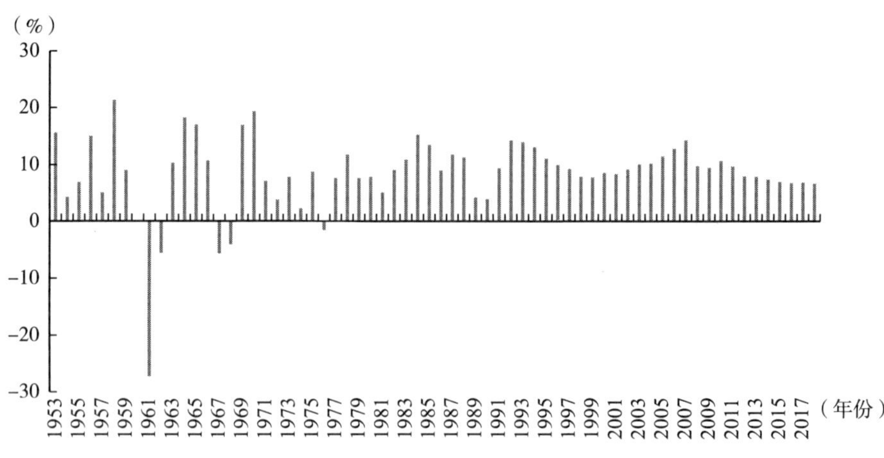

图1-2　新中国成立以来国内生产总值各年同比增速

资料来源：根据《中国统计年鉴》相关数据整理。

图1-3是我国人均国内生产总值历年的变动趋势。显然，人均国内生产总值的变动趋势与国内生产总值变动趋势一致且具有一致的周期特征。1953年，我国人均国内生产总值只有142元，“一五”计划期结束这一数值上涨到168元。“一五”计划结束后一直到1978年之前，人均国内生产总值的增长速度一直处在剧烈波动中。1958~1977年这二十年中人均国内生产总值的平均增速为3.7%，但从个别年份来看，最高时曾达到18.4%（1958年），最低时则跌到了-26.5%。十一届三中全会之后，人均GDP开始逐年快速增长。1982年人均国内生产总值在1978年385元的基础上突破五百大关提高到533元，年均增速6%。1987年人均国内生产总值再次突破千元大关，提升到1123元，年均增速达到10.4%。1993年之后，人均国内生产总值增长速度开始稳定，2003年、2007年、2010年、2013年和2015年人均国内生产总值分别突破一万、两万、三万、四万、五万和六万的大关，平均三年一万的涨幅。进入“十三五”之后，我国经济开始由高速发展向高质量发展转变，但人均国内生产总值的年增速仍然保持在6%以上。按历史可比价计算，2018年我国人均国内生产总值比之1952年增长了70倍有余，66年里年均增速达到7%，是世界发展历

史上的一个奇迹。

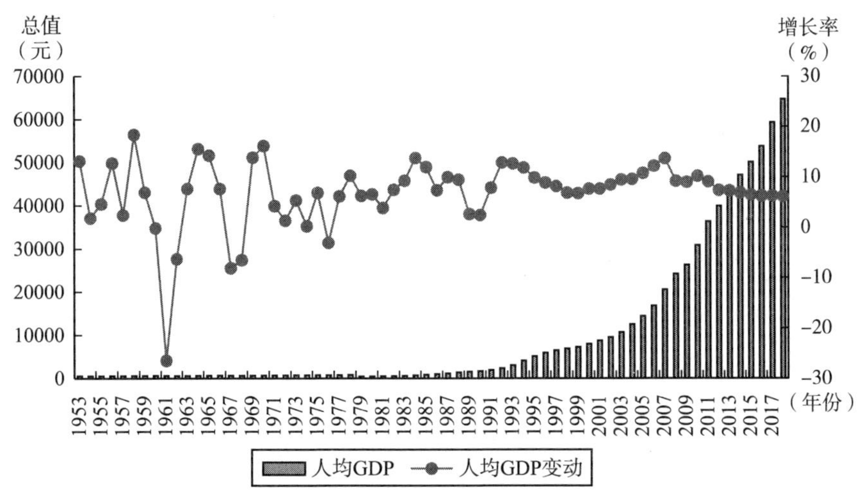

图1-3　人均国内生产总值历年变动

资料来源：根据《中国统计年鉴》相关数据整理。

2. 农村经济快速增长，农业综合实力大幅提升

民以食为天，农业是支撑国民经济和社会发展的基础行业。新中国成立之前，我国一直是一个典型的农业国家，且生产资料基本集中在统治阶级手中。受封建生产关系的统治，农业技术落后，农业生产力发展缓慢，农业发展基本秉持“看天吃饭”原则。新中国成立之后，政府将之前解放区土地改革的先进经验向全国推广，在全国范围进行土地改革，变封建土地所有制为土地公有制，极大调动了农业生产的积极性，为新中国农业的进一步发展奠定了良好的基础。除了土地改革之外，我国政府兴修水利、推广种植技术、培养专业人才，在推进农业机械化、农业信息化、农业产业化等现代化建设上也下足了功夫，我国的农业生产发展取得了辉煌的成就。

在农业机械、种植技术和农业科技的广泛推动下，新中国成立后70年里我国农业生产力水平显著提高，粮食产量、棉花产量、油料产量、茶叶产量和水产品产量分别从1949年的11318万吨、45万吨、256万吨、4万吨和45万吨攀升至2018年的65789万吨、610万吨、3439万吨、261万吨和6469万吨。表1－2分别统计了各个五年计划期中我国的粮食、棉花、油料、产业和水产品的总产量情况。从总量来看，不同时期主要农产品的产量表现来看，除了“二五”计划时期，主要农产品产量出现下降之外，其他时期我国的农业生产都处在快速发展中。我国的农产品产量在基本满足国内13亿人口的消费需求之外也为全球农产品市场做出了贡献。根据我国农业农村部的统计：2018年我国谷物出口254.4万吨，同比增加57.4%；食用油籽出口119.5万吨，同比增加8.7%；畜产品和水产品分别出口68.6亿美元和223.3亿美元，同比增加7.9%和5.6%，我国是目前全球最主要的谷物出口国。

表1－2　　各时期我国主要农产品产量　　单位：万吨

计划时期	粮食产量	棉花产量	油料产量	茶叶产量	水产品产量
“一五”（1953～1957年）	90812	684	2199	52	1248
“二五”（1958～1962年）	80214	620	1463	58	1353
“三五”（1966～1970年）	109182	1141	1844	60	1494
“四五”（1971～1975年）	131534	1146	2135	91	1996
“五五”（1976～1980年）	152647	1119	2737	133	2264
“六五”（1981～1985年）	185321	2161	6027	199	2847
“七五”（1986～1990年）	204236	2023	7230	259	5229
“八五”（1991～1995年）	224616	2303	9323	288	9391
“九五”（1996～2000年）	248156	2155	12238	323	17066
“十五”（2001～2005年）	229388	2714	14716	398	20494
“十一五”（2006～2010年）	263505	3437	14760	611	24716
“十二五”（2011～2015年）	313145	3162	16548	958	28965

资料来源：根据《中国统计年鉴》相关数据整理。

第一产业可以进一步细分为农业、林业、牧业和渔业四个子行业，按照其在第一产业中的占比排序分别是农业、牧业、渔业和林业。从四个子行业的总产值来看，新中国成立以来各个子行业都得到了长足的发展。1952年，农业、林业、牧业和渔业四个子行业的生产总值规模分别为396亿元、7.3亿元、51.7亿元和6.1亿元，2017年这一数值分别攀升到58059.8亿元、4980.6亿元、29361.2亿元和11577.1亿元。以1952年为价格基期，1953~2017年期间农业、林业、牧业和渔业的总产值涨幅分别为1145.3%、7491.1%、3748.8%和31740.5%。以上一年为价格基期，1953~2017年间农业、林业、牧业和渔业总产值的年均增速分别为3.9%、7.9%、6.5%和10.3%①。

从第一行业构成来看，新中国成立后多元化经营效果显著，第一产业的产业结构日趋合理。四个子行业中，农业在第一产业中的占比在逐年减少，林业、牧业和渔业的占比不断提高，但林业的增幅不如牧业和渔业明显。图1-4给出了1952~2017年间第一产业生产总值的构成变化。其中：农业总产值占第一产业总产值的比重从1952年的85.9%下降到2017年到55.8%，林业总产值在第一产业中的占比则从1952年的1.6%提高到2017年的4.8%，牧业总产值在第一产业中的占比从1952年的11.2%提高到2017年的28.2%，渔业总产值在第一产业中的占比则从1952年的1.3%提高到2017年的11.1%。

图1-5是1952~2018年间第一产业增加值和增加值增长速度（上一年=100）的变化情况。2018年，农林牧渔业增加值总额为67538亿元，较之1952年的345.9亿元增长了约195倍。以1952年为价格基期，1953~2018年间我国农林牧渔业的增加值规模涨幅为973%，以上一年为价格基期，1953~2018年的66年里我国农林牧渔业增加值的年均增速为3.6%。具体到各个阶段，1990年以前农林牧渔业增加值增速的波动性比较大，“二五”期间甚至出现大幅的下跌（1959年和1960年农林牧渔业增加值的

① 根据国家统计局相关数据整理。

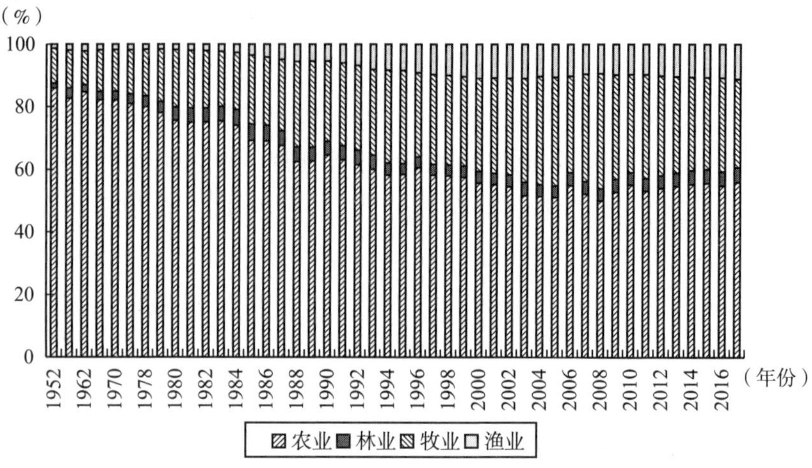

图1－4　农林牧渔业总产值构成及各年变动情况

资料来源：根据国家统计局相关数据整理。

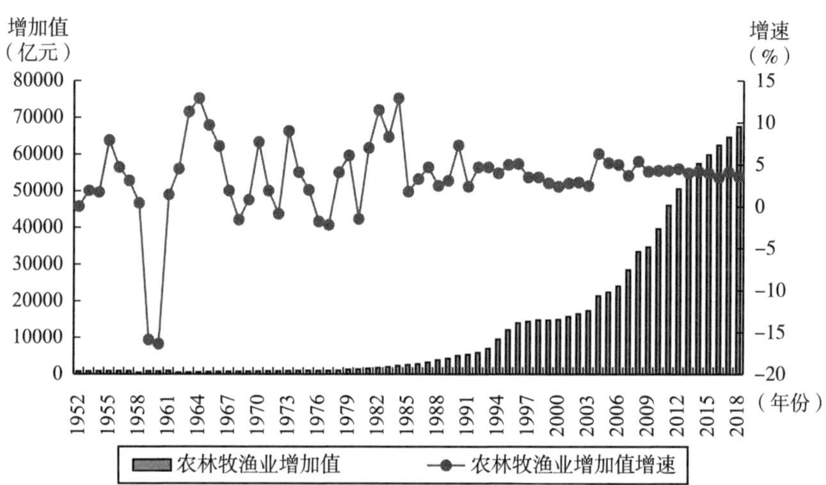

图1－5　新中国成立后第一产业增加值及其变动情况

资料来源：根据国家统计局相关数据整理。

增速分别为－15.9%和－16.4%），1968～1980年之间个别年份也出现不增反减的情况。1990年之后，我国农林牧渔业增加值增长开始稳定，保持在每年2%以上的速度，最高的时候有6.3%，最低的时候也有2.4%，平均增速在4%左右。

3. 工业发展迅速，工业综合实力显著提升

新中国成立后，一方面政府大力推行“工业化”和“城镇化”战略，另一方面基础设施建设和固定资产投资快速增长，对工业品的需求不断提高，在各种因素的综合作用下我国的工业生产能力迅速扩大、工业发展迅速。

表 1－3 给出了重要年份我国一些主要工业品产量的变动情况。1949 年新中国成立伊始，原煤、原油、天然气、发电量、生铁、粗钢、成品钢材、焦炭和水泥的年产量分别为 0.32 亿吨、12 万吨、0.07 亿立方米、43 亿千瓦时、25 万吨、16 万吨、13 万吨、54 万吨和 66 万吨。2018 年，原煤、原油、天然气、发电量、生铁、粗钢、成品钢材、焦炭和水泥的年产量分别提高到 36.8 亿吨、18910.6 万吨、1602.7 亿立方米、71117.7 亿千瓦时、77105 万吨、92800.9 万吨、110551.7 万吨、43820 万吨和 221000 万吨。新中国成立后的 70 年中，原煤、原油、天然气、发电量、生铁、粗钢、成品钢材、焦炭和水泥年产量分别提高了 115 倍、1576 倍、22896 倍、1654 倍、3084 倍、5800 倍、8504 倍、811 倍和 3348 倍，年均增速分别为 8.1%、12.4%、21.2%、11.9%、16.6%、17.1%、16.6%、14.1% 和 14.6%。

表 1－3　　主要工业品产量情况

年份	原煤	原油	天然气	发电量	生铁	粗钢	成品钢材	焦炭	水泥
1949	0.32	12	0.07	43	25	16	13	54	66
1952	0.66	44	0.08	73	193	135	106	289	286
1957	1.31	146	0.7	193	594	535	415	830	686
1960	3.97	520	10.4	594	2716	1866	1111	5647	1565
1965	2.32	1131	11	676	1077	1223	881	1333	1634
1970	3.54	3065	28.7	1159	1706	1779	1188	2330	2575

续表

年份	原煤	原油	天然气	发电量	生铁	粗钢	成品钢材	焦炭	水泥
1975	4.82	7706	88.5	1958	2449	2390	1622	3680	4626
1978	6.18	10405	137.3	2566	3479	3178	2208	4690	6524
1980	6.2	10595	142.7	3006	3802	3712	2716	4343	7986
1985	8.72	12490	129.3	4107	4384	4679	3693	4802	14595
1990	10.8	13831	153	6212	6238	6635	5153	7328	20971
1995	13.61	15005	179.5	10070	10529	9536	8980	13510	47561
2000	12.99	16300	272	13556	13101	12850	13146	12184	59700
2005	22.05	18135	493.2	25003	34375	35324	37771	25412	106885
2010	34.28	20301.4	957.91	42071.6	59733.34	63722.99	80276.58	38657.83	188191.17
2015	37.47	21455.58	1346.1	58145.73	69141.3	80382.5	103468.41	44822.54	235918.83
2018	36.8	18910.6	1602.7	71117.7	77105	92800.9	110551.7	43820	221000

注：原煤、原油、天然气、发电量、生铁、粗钢、成品钢材、焦炭和水泥的单位分别是亿吨、万吨、亿立方米、亿千瓦时、万吨、万吨、万吨、万吨、万吨。

资料来源：根据《新中国六十五资料统计汇编》、国家统计局相关数据整理。

1978年之后，我国通过对外开放、大量引进外资和国外先进技术，对内改革、大力鼓励技术研发和创新投入，不断加快技术和设备的更新换代，提高了工业的整体技术水平，并逐步建立了独立、门类齐全的工业体系。随着工业经济规模迅速壮大，工业经济结构不断优化，工业经济效益大幅提高，工业部门已经成为我国国民经济发展的主要支撑，我国业已成为全球重要的工业基地之一。2018年，我国是全球能源生产第一大国、钢铁生产第一大国、水泥生产第一大国，化肥、微型计算机等产品产量也多年位居全球第一。

图1－6是新中国成立70年来我国工业增加值及其变化的情况。从总规模来看，我国工业增加值从1952年的119.6亿元增长到2018年的

305160亿元，不考虑价格以上67年的时间里我国的工业增加值增长了2551倍有余。以1952年为价格基期，剔除价格因素影响之后，工业增加值增长了96832%，年均增速仍然达到12%。从阶段性变化来看，改革开放之前，工业增加值总体呈现上升趋势，但增长速度的波动性较大，工业发展不太稳定。特别是在经过“一五”的发展之后，“二五”期间工业发展遭遇重创，1961年和1962年工业增加值出现大幅度下滑，增长速度分别降到－38.9%和－13.1%。改革开放之后，我国工业发展开始稳定，特别是1991年过后，我国开始迎来高速发展阶段，工业增加值规模快速上涨。1991年之后到2008年之前这段时间里，我国工业增加值的增长速度都保持在10%以上，最高达到21%。

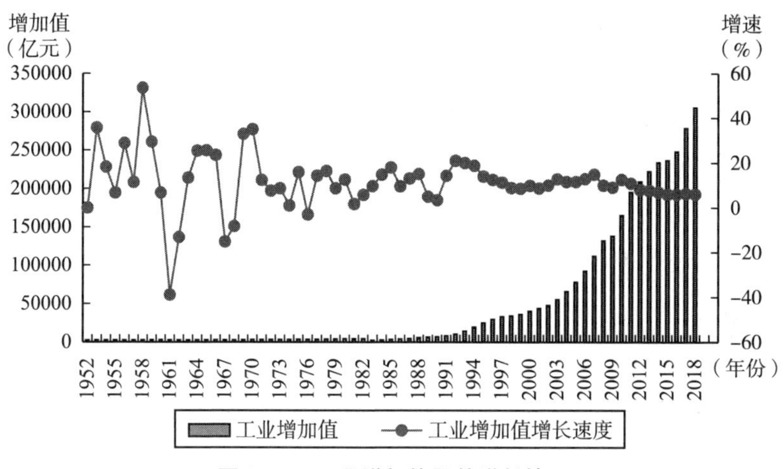

图1－6　工业增加值及其增长情况

资料来源：根据国家统计局相关数据整理。

4. 服务业规模不断扩大，现代服务业逐步完善

新中国成立以来，我国第三产业发展取得显著成就，为第一产业和第二产业的发展以及群众的生活和工作提供了很好的服务，在优化资源配置、提高社会整体经济效益和效率等方面起到了重要作用。

运输和邮电方面。首先，2018年各种运输方式完成旅客运输量

1792000万人，其中铁路客运量33700万人、公路客运量1365000万人、水运客运量28000万人、民用航空客运量61000万人，旅客周转量总体达到34213.5亿人公里，分别较1949年提高约131倍、33倍、755倍、20倍、2259倍和220倍，年均增速分别达到185.5%、45.3%、1077%、24.2%、3226.1%和313.9%。其次，2018年各种运输方式完成货物运输量5146000万吨，其中铁路货运量403000万吨、公路货运量3659000万吨、水运货运量699000万吨、管道货运量85000万吨，货物周转量总体达到205451.6亿吨公里。货物运输量、铁路货运量、公路货运量和水运货运量分别较1949年提高约275倍、72倍、374倍、275倍和797倍，年均增速分别达到391.4%、101.6%、533.2%、391.2%和1136.8%，管道运输则是从无到有。最后，2017年国内邮政网点总量为278025处，邮电函件和包裹数量分别为31.48亿件和3657.2亿件，固定电话用户为19373.7万户，电话普及率达到115.91部/百人，相比1949年分别提高约11倍、5倍、10倍、888倍和2318倍，年均增速约13.9%、6.2%、12.4%、1286.7%和3358.3%。此外，国内快递业务和互联网服务从无到有，2017年完成快递服务4005591.9万件，互联网宽带接入用户达到34854万户，互联网普及率达到55.8%。①

金融服务方面。2018年末社会融资规模存量200.7万亿元（较上一年增长9.8%），全年新增社会融资规模19.3万亿元人民币。包括农村信用社、农村合作银行和农村商业银行在内的主要农村金融机构人民币贷款年末余额为169822亿元，较上一年增加20002亿元。全部金融机构人民币消费贷款余额提高到377903亿元，较上一年增加62709亿元，其中个人短期消费贷款余额87994亿元，个人中长期消费贷款余额289909亿元，分别较上一年度增加19989亿元和42720亿元。2018年全年通过境内交易所首次公开发行、现金再融资、债券发行及中小企业股份转让系统完成的筹资规模累计64365亿元，较上一年增加13572亿元，通过发行公司信用债券完

① 资料来源：国家统计局，《2018年国民经济和社会发展统计公报》。

成筹资规模累计达 7.79 万亿元，较上一年增加 1.92 万亿元。2018 年全年保险公司原保险保费收入 38017 亿元，较上一年增长 3.9%，其中寿险业务、健康险和意外伤害险业务，以及财产险业务的原保费收入分别为 20723 亿元、6524 亿元和 10770 亿元。全年给付各类赔款 12298 亿元，其中寿险业务健康险和意外伤害险业务，以及财产险业务的给付分别为 4389 亿元、2012 亿元和 5897 亿元①。整体来看，我国金融业发展快速，金融体系日趋完善，金融服务实体的能力不断增强，在拓宽企业和居民投融资渠道，保障经济发展的同时，有效提高了居民的财产性收入和风险抗击能力，提高了居民的生活质量。

2018 年我国第三产业实现增加值 469575 亿元，比之 1952 年的 195.1 亿元提高约 2406 倍（见图 1 - 7）。其中，批发和零售行业实现增加值 84201 亿元，交通运输、仓储和邮政业实现增加值 61808 亿元，住宿和餐饮行业实现增加值 16023 亿元，金融业实现增加值 69100 亿元，房地产行业实现增加值 59846 亿元，分别比 1952 年的 70.1 亿元、29 亿元、14.7 亿元、11.7 亿元和 15 亿元提高约 1201 倍、1398 倍、1090 倍、5906 倍和 4275 倍。剔除价格因素影响后（以 1952 年为价格基期），第三产业增加值比之 1952 年仍然增加了 205 倍，年均增速达到 8.6% 以上。批发和零售行业，交通运输、仓储和邮政行业，住宿和餐饮行业以及金融业的增加值仍然分别提高了 146 倍、219 倍、156 倍、578 倍和 177 倍，年均增速分别为 8.4%、9.1%、8.3%、11.9% 和 8.5%。从第三产业增加值的变动情况来看，第三产业与第一产业和第二产业呈现一致趋势。1990 年之前整体上涨但波动性比较大，1990 年以后增长趋于平稳。不同的是，进入“十三五”后，第一产业和第二产业的增加值增速大概保持在 6% 左右，而第三产业的增加值增速则在 7% 以上，服务业已经成为推动我国国民经济发展的主要动力来源。②

---

① 资料来源：国家统计局，《中华人民共和国 2018 年国民经济和社会发展统计公报》。

② 根据国家统计局相关数据整理。

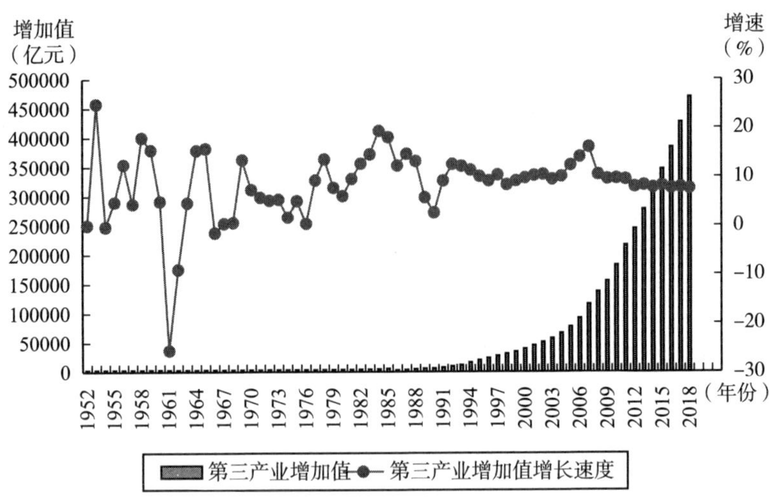

图1－7　第三产业增加值及变动情况

资料来源：根据国家统计局相关数据整理。

（二）经济结构不断优化，经济稳定性进一步增强

新中国成立后相当长的一段时间里，受经济基础和技术条件限制，我国经济结构不均衡问题明显，经济效益难以提高。新中国成立之后，经济结构调整一直是各级政府工作的重点之一，从产业结构、分配结构、交换结构、技术结构到消费结构等，相关政策措施不断。改革开放之后，各地探索发展的步伐加快，经济主体日益多元，产业结构趋于合理，经济结构不断优化，经济增长活力不断增强，经济发展的质量和效益明显上升。

1. 三次产业全面增长，产业结构不断优化

图1－8是1953～2017年间我国国内生产总值和三次产业的增长变动情况。图中黑色实线代表增长率为0，明显1953～2017年之间绝大多数年份国内生产总值和三次产业的增长率都大于0，三次产业整体呈现向上的发展态势。

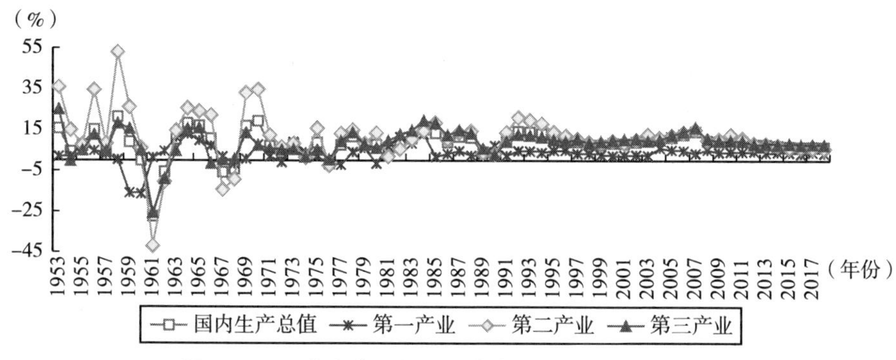

图1-8 国内生产总值及三次产业增加值的变化情况

资料来源：根据国家统计局相关数据整理。

分阶段来看，改革开放之前，国内生产总值和三次产业的增长率曲线比较凌乱，波动幅度较大。以第二产业为例，1953～1978年之间，第二产业的增长速度最高的时候达到了53.1%（“二五”期间，1958年），最低的时候降到了-41.9%（“二五”期间，1961年）。即使是三年调整期后，第二产业增长率的波动仍然不小，“三五”期间第二产业的增长速度最高的时候达到了34.6%，最低的时候降到了-14.3%，变动幅度近50%。改革开放之后，国内生产总值和三次产业的增长率曲线开始趋于平缓，特别是1991年以后曲线变化开始清晰，每条曲线均明显呈现下行趋势，波动幅度大大降低。为了对不同阶段曲线的波动性特征有更为清晰、直观的了解，以1978年为分割点，分别对1953～1978年之间和1979～2018年之间国内生产总值、第一产业、第二产业和第三产业增长速度的波动性进行量化（基于标准差），量化结果显示1954～1978年之间四条曲线的波动分别为10.3%、6.8%、19.3%和9.8%，而1979～2018年之间四条曲线的波动性分别下降到2.7%、2.5%、4.4%和3.3%。显然，改革开放之后整体经济和三次产业发展的稳定性有了极大的改善。

从不同曲线的整体变化特征来看，除了个别年份，第二产业的增长曲线基本都处在国内生产总值的增长曲线之上，说明我国政府一直以来坚持的以工业发展促进经济发展战略取得了显著成效，新中国成立以来的70年中第二产业一直是拉动GDP增长的主导因素。但第二产业增长曲线的波动性也是最高的，1953～2018年之间第二产业增长值增长速度的标准差为12.5%，远高于国内生产总值的6.9%、第一产业的4.7%和第三产业的6.9%。这与第二产业发展的现实紧密相关，第二产业主要由工业和建筑业构成，一方面，作为世界级的制造工厂，我国的工业生产对国际经济形式的敏感性要比第一产业和第二产业高；另一方面，第二产业是非常重要的物质生产部门，为第一产业和第二产业的生产和经营提供了重要物质基础，第一产业和第二产业的波动会透过产业链传导到第二产业。此外，2014年之后，第二产业的增速开始回落到国内生产总值之下，第三产业的增长速度开始攀升到国内生产总值之上。这一现象与我国经济发展转型的现实情况相一致，随着第二产业发展陷入瓶颈，第三产业对经济增长的拉动作用开始凸显。

对三次产业在国民经济中的构成进行分析（见图1－9）可以发现，虽然新中国成立后政府开始大力发展工业，但相当长的一段时间里第一产业仍然占据国民经济生产的核心地位。1952年第一产业、第二产业和第三产业在国民经济中的占比分别为50.5%、20.8%和28.7%，第一产业的产值占到了国民生产总值的一半以上。在经过“一五”的打基础建设后，第二产业开始逐渐发展，“工业化”进程逐步推荐，但农业在国民经济中的主体地位仍然没有改变，1957年第一产业、第二产业和第三产业在国民经济中的占比分别为40.1%、29.6%和30.3%。在经过“二五”的“冒进”和三年调整后，第二产业在国民经济中的占比开始显著提升，第一产业和第三产业在国民经济中的占比则对应出现了下降。1966～1977年间，第一产业、第二产业和第三产业在国民经济中的占比分别从37.2%、37.9%和24.9%变动到29%、46.7%和24.3%，变化幅度分别为－8.2%、8.8%和－0.6%。改革开放后，政府提出了“坚持以农业为基础，加快推进工业化进程，大力发展第三产业”的建设方针，产业结构调整力度加大，在经历了由轻型工业到重型加工业再到高加工度工业的产业发展历程之后，三次产业的结构再次发生显著变化，总体呈现第一产业在国民经济中的占比持续下降、第二产业在国民经济中的占比相对稳定、第三产业在国民经济中的占比稳步提高的局面，2018 年第一产业、第二产业和第三产业在国民经济中的占比分别从 1978 年的 27.7%、47.7% 和 24.6% 调整到 7.2%、40.7% 和 52.1% 的比例。

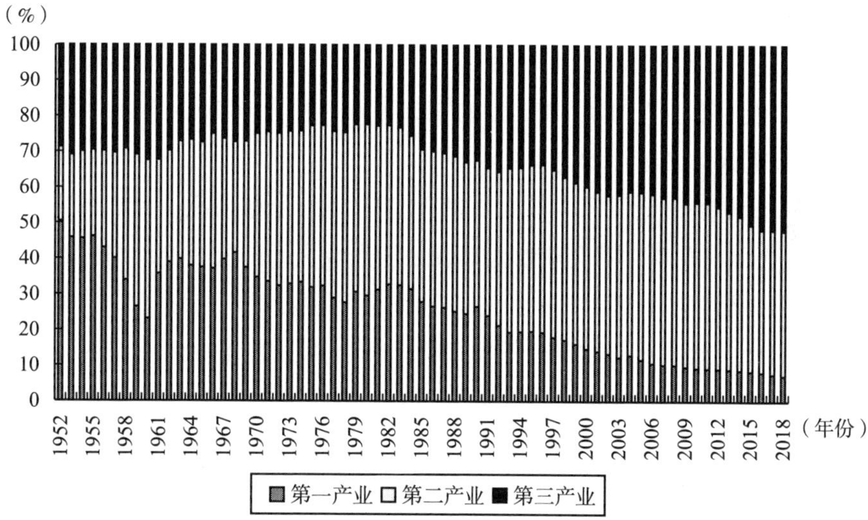

图 1－9　三次产业在国民经济中的构成变化

资料来源：根据国家统计局相关数据整理。

从三次产业的变化历史来看：新中国成立 70 年来第一产业比重下降迅速，已经成为三次产业中占比最小的产业；第二产业比重在经过快速发展之后稳定在 40% 左右，已经成为国民经济发展的主要动力来源；第三产业比重中间虽然出现下滑，但随着我国经济的进一步转型，在国民经济发展的地位不断凸显，目前已经占到了国民经济总量的一半以上，成为国民经济发展的主导力量。同发达国家中三次产业占比情况对比，我国仍然呈现三次产业中第一产业的占比仍然偏高，第三产业比重仍然偏低的特点（美国三次产业中第一产业占比不足 2%，第三产业占比超过 80%）。在政府坚持巩固和加强第一产业、提高和改造第二产业、积极发展第三产业方针的推动，三次产业结构将继续不断向优化升级的方向发展。

2. 从业人员快速增长，就业结构持续优化

伴随着经济的快速发展，社会生产不断扩大，对劳动力的需求也不断提高。全社会就业人口从 1952 年的 20729 万人扩大到 2018 年的 77586 万人，增长近 4 倍，年均增速为 4.2%。其中，城镇就业人口从 1952 年的 2486 万人扩大到 2018 年的 43419 万人，增长 17 倍有余，年均增速达到 24.9%；农村就业人口从 1952 年的 18243 万人扩大到 2018 年的 34167 万人，增长近 2 倍，年均增速 1.3%。①

图 1－10 是社会就业人口在三次产业之间的分布情况。对比图 1－10 与图 1－9 可以发现，社会就业人口在三次产业之间的分布变动与三次产业的发展趋势相一致：随着第一产业在国民经济中占比的持续下降，第一产业消纳的社会就业人口数量也不断下降；随着第三产业在国民经济中占比的持续上升，第三产业消纳的社会就业人口数量也随之上升。1952 年社会就业人口在第一产业、第二产业和第三产业之间的分布比例分别为 83.5%、7.4% 和 9.1%，2017 年社会就业人口在第一产业、第二产业和第三产业之间的分布比例分别为 27%、28.1% 和 44.9%，第一产业中社会就业人口比例下降了 56.5%，第二产业中社会就业人口比例增长了 21.1%，第三产业中社会就业人口比例则上升了 35.8%。

从趋势上看，我国就业人口的变动与发达国家的就业人口流动趋势相同，即就业人口从第一产业和第二产业向第三产业转移，也与“配第－克拉克定理”（产业之间相对收入的差异会促使劳动力向高收入部门移动，随着经济的发展整体上劳动力将首先从第一次产业向第二次产业转移，再从第一产业和第二产业向第三次产业转移）相符，说明我国的就业结构随着经济的发展不断优化。

① 根据国家统计局相关数据整理。

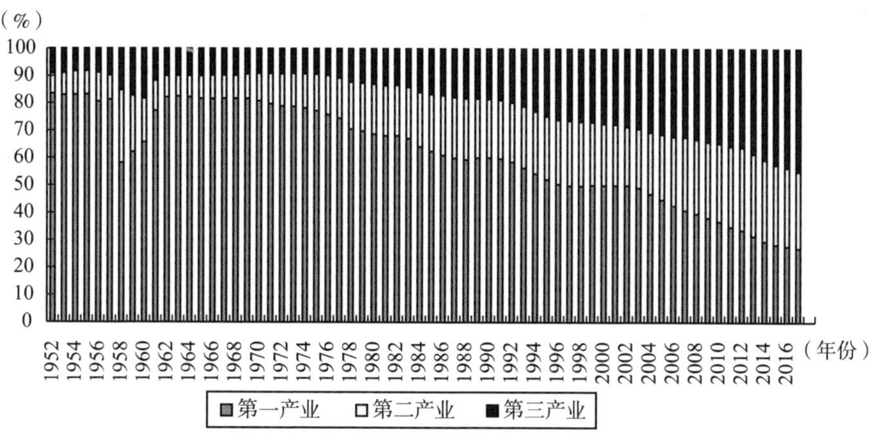

图 1-10　三次产业就业结构变化趋势

资料来源：根据国家统计局相关数据整理。

但从就业人口在三次产业中具体的占比表现来看，我国的就业结构与发达国家之间仍然存在很大的差距。以美国为例，1990 年劳动力在其第一产业、第二产业和第三产业之间的分布比例为 27%、26.1% 和 72.2%①。与美国 1990 年的就业结构表现相比，我国就业人口在第一产业中的分布偏大，在第三产业中的分布则偏小，这也与不同产业之间的生产效率差异息息相关。图 1-11 给出了基于三次产业增加值计算的劳动生产率表现。1952 年第一产业、第二产业和第三产业的劳动生产率分别为 0.19 千元/人、0.92 千元/人和 1.04 千元/人，2017 年分别提升到 29.65 千元/人、152.47 千元/人和 122.14 千元/人，分别提高了约 150 倍、165 倍和 118 倍。显然，1952～2017 年间第一产业、第二产业和第三产业的劳动生产率都有了非常明显的提高。

但就不同产业之间的劳动效率表现差异来看，第一产业的劳动生产率最低，且远远低于第二产业和第三产业。1952 年第一产业的劳动生产率分别只有第二产业的 21.5% 和第三产业的 19.1%，2017 年第一产业的相对

① 资料来源：美国劳工部网站上公布数据的整理。

劳动生产率不但没有明显的提高，甚至降到了第二产业的 19.4%。此外，第三产业目前吸纳的社会就业人口虽然最高，但第三产业的劳动生产率仍然低于第二产业（1952 年第三产业的劳动生产率相当于第二产业的 112.5%，2017 年降到了 80.1%），在促进社会就业方面仍然缺乏效率，存在发展空间（见图 1 – 11）。

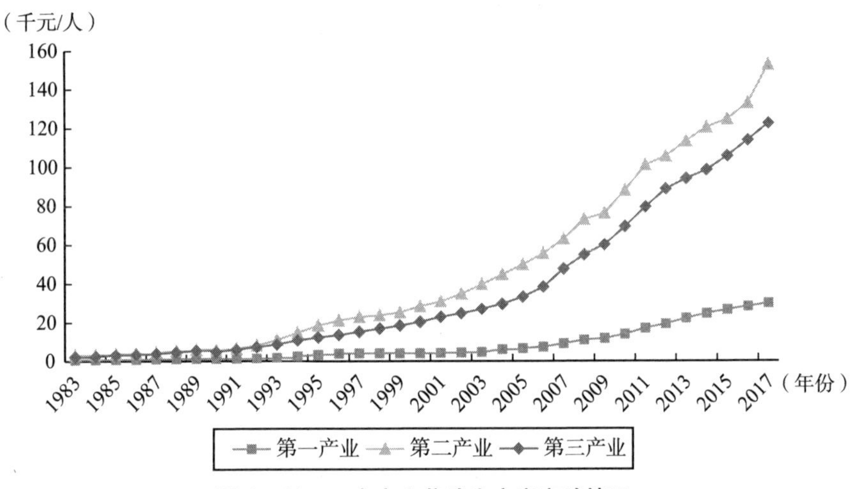

图 1 – 11　三次产业劳动生产率变动情况

资料来源：根据国家统计局相关数据整理。

3. 工业支撑作用突出，工业结构趋于合理

新中国成立后，我国政府一直将工业化作为经济建设的重点，根据经济发展过程中"工业化"和"工业现代化"的客观规律和要求，结合自身国情，大力推动工业发展。经过六十多年的发展，工业已经成为第二产业乃至国民经济最为重要的构成，"十三五"之前更是国民经济发展最主要的动力来源。2018 年全年分别完成工业增加值和建筑业增加值 305160 亿元和 61808 亿元，同比增加 6.1% 和 4.5%，工业在第二产业中的占比为 85%。

工业内部来看，新中国成立初期我国工业基础薄弱，工业发展主要以轻工业为主，重工业发展起步较晚。如表 1 – 4 所示，1949 年我国轻工业总产值和重工业总产值分别为 103 亿元和 37 亿元，轻工业和重工业在工业全行业中的占比分别为73.6%和26.4%。随后，轻工业在工业全行业中的占比开始下降，重工业在工业全行业中的占比开始提升。“三五”期末（1970年），轻工业在工业全行业总的占比降到46.2%，重工业在工业全行业中的占比提高到53.8%。随后的二十多年中（1971～1995年），轻工业和重工业在工业全行业中的占比基本保持在50∶50左右。2000年中国加入世界贸易组织（WTO）之后，重工业再次迎来发展机会。2000年重工业在工业全行业中的占比从1999年的50.8%攀升到60.2%，同比提高10个百分点，我国正式进入重工业为主的工业发展阶段，2011年轻工业在工业全行业中的占比进一步下降到28.2%，重工业占比则提高到71.8%。

表1－4　　主要年份轻、重工业发展比较

年份	轻工业总产值（亿元）	重工业总产值（亿元）	轻工业占比（%）	重工业占比（%）	轻工业增速（%）	重工业增速（%）
1949	103	37	73.6	26.4	—	—
1952	225	124	64.5	35.5	23.5	43.5
1957	387	317	55	45	5.7	18.4
1965	723	679	51.6	48.4	47.7	10.2
1970	976	1141	46.2	53.8	19.9	44.3
1975	1975	1413	1794	44.1	55.9	13.2
1980	2430	2724	47.2	52.8	18.9	1.9
1985	4575	5141	47.4	52.6	22.7	20.2
1990	11813	12111	49.4	50.6	9.2	6.2
1995	43466	48428	47.3	52.7	22.9	18
2000	34095	51579	39.8	60.2	13	20.1
2005	78280	173339	31.1	68.9	22.7	25.7
2010	200072	498519	28.6	71.4	23.9	28.9

注：2012年后不再统计分行业的工业总产值情况，故只列示到2010年。

资料来源：根据《中国工业统计年鉴（2012）》相关数据整理。

从大类和中类工业行业发展趋势来看，“十一五”以来传统、新兴、主导工业产业共同、协调发展，工业结构进一步优化。从年销售产值来看（见表1－5）：2016年工业大类中制造业年销售总产值达到1041824.16亿元，对工业产值的贡献达到90.4%；采矿业的年销售总产值达到46200亿元，对工业产值的贡献是4%；电力、热力、燃气及水生产和供应业的年销售总产值为63925.92亿元，对工业总产值的贡献为5.6%。对大类工业行业再次细分，中类行业中销售产值占比最高的前五个工业分行业分别为计算机、通信和其他电子设备制造业，化学原料和化学制品制造业，汽车制造业，电气机械和器材制造业，以及农副食品加工业，2016年分别实现了98457亿元、86789亿元、80440亿元、74163亿元和68858亿元的销售总产值，在工业全行业中的占比分别达到了8.55%、7.53%、6.98%、6.44%和5.98%。从生产特点来看，五个产业中计算机、通信和其他设备制造业，化学原料和化学制品制造业，以及电器机械和器材制造业均属于高技术产业，汽车制造业和农副食品加工业则分别属于资本密集型和劳动密集型产业，说明随着经济的发展，技术密集型工业行业和资本密集型工业行业已经成为工业生产的重要部门。

表1－5　　2016年工业分行业销售产值占比情况　　单位：%

工业行业	占比	工业行业	占比
计算机、通信和其他电子设备制造业	8.55	酒、饮料和精制茶制造业	1.65
化学原料和化学制品制造业	7.53	文教、工美、体育和娱乐用品制造业	1.47
汽车制造业	6.98	皮革、毛皮、羽毛及其制品和制鞋业	1.32
电气机械和器材制造业	6.44	木材加工和木、竹、藤、棕、草制品业	1.31
农副食品加工业	5.98	造纸和纸制品业	1.29
非金属矿物制品业	5.47	仪器仪表制造业	0.82
黑色金属冶炼和压延加工业	5.24	烟草制品业	0.77

续表

工业行业	占比	工业行业	占比
电力、热力生产和供应业	4.84	家具制造业	0.77
有色金属冶炼和压延加工业	4.24	印刷和记录媒介复制业	0.71
通用设备制造业	4.20	化学纤维制造业	0.68
纺织业	3.50	石油和天然气开采业	0.59
金属制品业	3.41	有色金属矿采选业	0.55
专用设备制造业	3.27	黑色金属矿采选业	0.54
石油加工、炼焦和核燃料加工业	2.96	燃气生产和供应业	0.53
橡胶和塑料制品业	2.84	非金属矿采选业	0.49
医药制造业	2.47	废弃资源综合利用业	0.36
纺织服装、服饰业	2.05	其他制造业	0.25
食品制造业	2.04	水的生产和供应业	0.18
铁路、船舶、航空航天和其他运输设备制造业	1.76	开采辅助活动	0.12
煤炭开采和洗选业	1.72	金属制品、机械和设备修理业	0.11
		其他采矿业	0.00

资料来源：根据《中国工业统计年鉴（2017）》相关数据整理。

进入“十三五”时期，中国经济开始由高速发展向高质量发展转型，对于工业内部的结构调整进一步加强，技术密集型行业发展进一步加快。2018 年，计算机、通信和其他设备制造业工业增加值增长 13.1%，专用设备制造业增长 10.9%，通用设备制造业增长 7.2%，化学原料和化学制品制造业增长 3.6%，整体来看，高技术制造业增加值同比上升 11.7%，占到工业全部增加值的 13.9%，此外战略性新兴工业产业增加值也实现同比增长 8.9%，工业内部结构进一步优化升级。①

① 根据国家统计局《中华人民共和国 2018 年国民经济和社会发展统计公报》数据整理。

4. 三大需求均衡增长，经济发展方式有效转变

新中国成立以来，我国不断探索解决发展的内在动力，平衡消费和投资之间的协调关系，积极推动投融资体制改革、流通体制改革和外贸体制改革。特别是在1978年之后，通过推动对外开放的全方位、宽领域、纵深化发展，努力提升消费需求、投资需求和出口需求，推动经济更好、更快发展。

图1－12给出了支出法国内生产总值的三大构成最终消费（消费需求）、资本形成总额（投资需求）和货物和服务净出口（出口需求）的变动情况。新中国成立初期，经济增长最主要的动力来源是最终消费。1952年最终消费的年度规模为546.3亿元，占到国内生产总值的78.9%；其次是资本形成总额，年度规模为153.7亿元，占到国内生产总值的22.2%；货物和服务净出口总额为－7.8亿元，彼时出口需求尚未对经济增长起到促进作用。1952年之后，三大需求呈现波动上升的趋势，但最终消费需求作为国内经济增长的最主要力量（最终消费占比高于70%）的这一情况一直持续到了1969年左右。

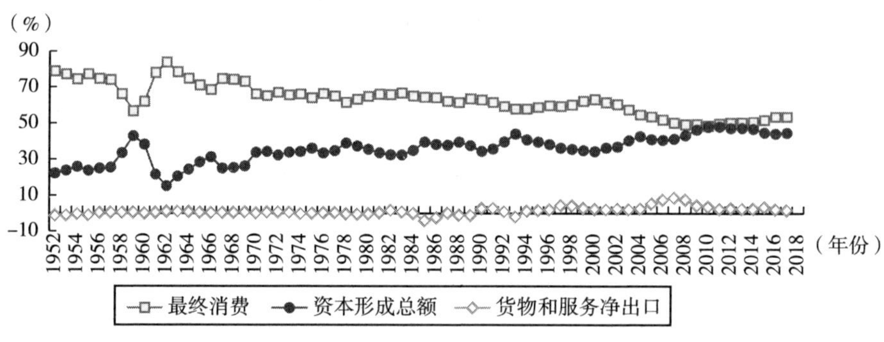

图1－12　三大需求在国内生产总值（支出法）中的构成

资料来源：根据国家统计局相关数据整理。

20世纪70年代开始，资本形成总额增速明显提高，2000年之后受政府大力扩大基础设施建设和工业投资以及实施积极财政政策的影响，资本形成率进一步上升，资本形成总额在国内生产总值中的占比与最终消费占比之间的差距日益缩小。2017年，最终消费、资本形成总额和货物和服务净出口规模在国内生产总值中的占比分别为53.6%、44.7%和1.7%，投资需求和消费需求成为拉动经济增长的两大主力。出口需求方面，“九五”之前净出口波动剧烈，2000年之前我国加入世贸组织后，对外贸易开始发生积极变化，净出口开始不断增加。2018年我国贸易顺差规模从2000年的1995.6亿元扩大到28521.4亿元，提高了14倍有余，年均增长速度超过经济增长速度，对经济增长的推动作用开始显现（见图1－12）。

图1－13是基于现价计算的支出法国内生产总值、最终消费和资本形成总额的增长变化。1978～2017年间，支出法国内生产总值、最终消费和资本形成总额的年均增长率分别是15.1%、14.5%和16.1%，投资需求变动大多数时间都要位于国内生产总值之上，说明改革开放之后投资需求对于经济增长的影响最大。表1－6是根据国家统计局的统计数据整理的三大需求对经济增长的贡献率和拉动情况，显然，改革开放至今，我国国民经济发展逐渐由“消费依赖型”向“混合依赖型”转变，消费需求和投资需求共同对经济起到拉动作用，经济增长稳定性不断增强。

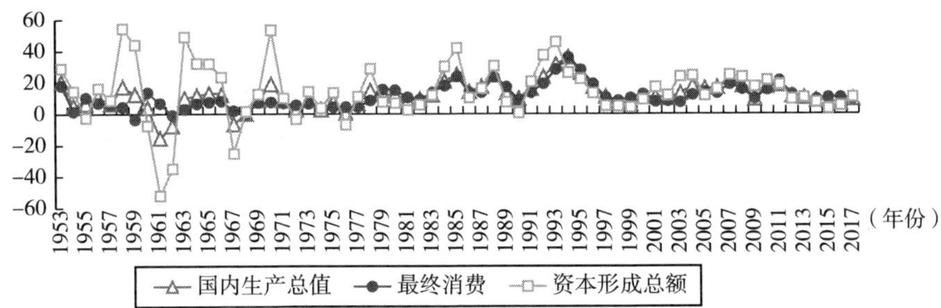

图1－13　支出法国内生产总值、最终消费及资本形成总额增长变动

资料来源：根据国家统计局相关数据整理。

表1－6　三大需求对经济增长的贡献率和拉动作用　单位：%

年份	最终消费		资本形成总额		净出口	
	贡献率	拉动	贡献率	拉动	贡献率	拉动
1978	38.3	4.5	67	7.8	-5.3	-0.6
1980	77.3	6.1	20.9	1.6	1.8	0.1
1985	71.1	9.5	79.8	10.7	-50.9	-6.8
1990	91.7	3.6	-74.6	-2.9	82.9	3.2
1995	46.2	5.1	46.6	5.1	7.2	0.8
2000	78.1	6.6	22.4	1.9	-0.5	0
2005	54.4	6.2	33.1	3.8	12.5	1.4
2010	44.9	4.8	66.3	7.1	-11.2	-1.3
2015	59.7	4.1	41.6	2.9	-1.3	-0.1
2017	58.8	4.1	32.1	2.2	9.1	0.6
2018	76.2		32.4		-8.6	

资料来源：根据国家统计局、《中华人民共和国2018年国民经济和社会发展统计公报》相关数据整理。

（三）基础产业和基础设施建设进一步加强，经济运行效益稳步提高

改革开放以来，我国政府努力解放和发展生产力，逐步建立并完善社会主义市场经济。为更好地推动经济发展，鼓励多方资金积极参与经济建设，不断加强投资力度，扩大投资领域，在各类投资需求的共同作用下，全社会固定资产投资快速增长。

2018年全社会固定投资额从1981年的961亿元提高到645675亿元，提高671倍有余，年均增速1813.2%。其中，城镇固定资产投资额从1981年的711.1亿元提高到635636亿元，增长893倍，年均增速2413.2%；农村固定资产投资额从1981年的249.9亿元提高到10039亿元，增长40倍，年均增速105.9%。整体上，全社会固定资产投资以城镇固定资产投资为

主，且城镇固定资产投资在全社会固定资产投资中的占比呈现上升趋势，1981 年城镇固定资产投资在全社会固定资产投资中的占比约为 74%，2018 年这一数值上升到 98.4%。从固定资产投资增速的变化来看，1995 年之前固定资产投资的增长幅度起伏波动剧烈，最高时全社会固定资产投资、城镇固定资产投资和农村固定资产投资的增长速度分别达到 61.8%、69.5% 和 38.4%（1993 年），最低时则分别降到 -7.2%、-8.7% 和 -3.4%。1995 年之后全社会固定资产投资和城镇固定资产投资增长的波动性降低，且在 2000 年入世后到“十二五”期间经历了一段高速发展期，年均增速分别达到 20.3% 和 21.9%，但“十二五”过后固定资产投资增速开始下降，2016 年全社会固定资产投资增速不足 8%，2018 年不足 1%。农村固定投资增速的波动性要高于全社会固定资产投资和城镇固定资产投资，即使在 1995 年之后增速仍然呈现较大的起伏，在 2010 年更是出现了一次大幅的下降，降幅为 -74.3%（见图 1-14）。

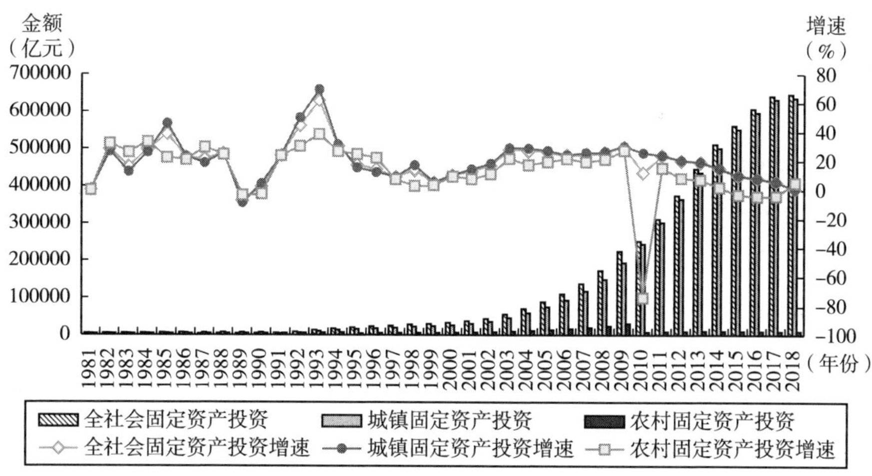

图 1-14　固定资产投资变动情况

资料来源：根据国家统计局相关数据整理。

一国经济发展过程中，政府的主导作用非常关键，特别是对基础设施建设投资方面。但是政府财政有限，完全依靠政府来扩大投资显然是不现实的，只有大力吸收各类社会资金才能保障经济的长期发展。在我国社会主义市场经济的发展过程中，各级政府全面营造有利于各类投资主体公平、有序竞争的市场环境，积极鼓励、支持和引导非公有制经济，不断改善民营经济发展环境，吸引众多跨国公司参与投资，很好地激活了各类社会资金参与固定资产投资和经济发展的积极性，非公有制经济投资比重不断提高，促进了生产要素的合理流动和有效配置。

表1－7给出了各主要年份我国社会固定资产投资的构成情况。第一，1981~2017年间各种资金来源的固定资产投资规模显著上涨：国家预算内资金投资从1981年的269.8亿元提高到2017年的38741.7亿元，整体提高约143倍，年均增速约396%；国内贷款投资从1981年的122亿元提高到2017年的72435.1亿元，整体提高约593倍，年均增速约1646%；外资投资从1981年的36.4亿元提高到2017年的2146.3亿元，整体提高约59倍，年均增速约161%；自筹和其他资金投资从1981年的532.9亿元提高到2017年的526046.3亿元，整体提高约987倍，年均增速约2739%。第二，从资金构成来看，自筹和其他资金一种是社会固定资产投资的主要来源，且自筹和其他资金投资在全社会固定资产投资中的占比一直在不断上升。1981年，自筹和其他资金投资在全社会固定资产投资中的占比为55.5%，2017年这一数值提高到82.3%。第三，政府预算内资金投资在经济发展初期占很大一部分，但随着经济的发展和市场体制的逐渐完善，政府预算内资金投资在全社会固定资产投资中的占比开始下降。1981年政府预算内资金投资在全社会固定资产投资中的占比为28.1%，2017年这一数值降低到6.1%。

表1－7　主要年份固定资产投资构成变化情况　单位：亿元

年份	国家预算内资金	国内贷款	利用外资	自筹和其他资金
1981	269.8	122.0	36.4	532.9
1985	407.8	510.3	91.5	1533.6
1990	393.0	885.5	284.6	2954.4

续表

年份	国家预算内资金	国内贷款	利用外资	自筹和其他资金
1995	621.1	4198.7	2295.9	13409.2
2000	2109.5	6727.3	1696.3	22577.4
2005	4154.3	16319.0	3978.8	70138.7
2010	13012.8	44020.8	4703.6	224042.0
2015	30924.3	61054.0	2854.5	489366.0
2016	36211.7	67200.3	2270.3	511251.2
2017	38741.7	72435.1	2146.3	526046.3

资料来源：根据国家统计局相关数据整理。

从固定资产投资的去向来看，随着经济的成熟和发展模式的转变，社会在壮大能源、石化、设备制造、电子和房地产等主导产业和支柱产业，改造提升传统优势产业之余，更加注重对高新技术产业和基础设施建设的投资，社会固定资产投资结构不断优化，对产业结构的调整起到积极影响。国家统计局 2018 年国民经济和社会发展统计公报的数据显示，2018 年社会固定资产投资中，第一产业、第二产业和第三产业的固定资产投资规模分别是 22413 亿元、237899 亿元和 375324 亿元，较之上一年分别增长 12.9%、6.2% 和 5.5%，其中基础设施建设投资较之上一年增长 3.8%。从 2018 年分行业固定资产投资增速来看，按照增速从高到低排列分别为文化、体育和娱乐业（21.2%），租赁和商务服务业（14.2%），科学研究和技术服务业（13.6%），农林牧渔业（12.3%），制造业（9.5%），卫生和社会工作（8.4%），房地产业（8.3%），教育（7.2%），采矿业（4.1%），信息传输、软件和信息技术服务业（4%），交通运输、仓储和邮政业（3.9%），水利、环境和公共设施管理业（3.3%）。而批发和零售业，公共管理、社会保障和社会组织，居民服务、修理和其他服务业，建筑业，金融业，电力、热力、燃气及水生产和供应业，以及住宿和餐饮业的固定资产投资增速为负，分别为 -21.5%、-18%、-14.4%、-13.9%、-13.1%、-6.7%和 -3.4%。

基础设施建设的不断加强，特别是交通运输设施的快速建设，使得我国交通运输能力大大提高，经济飞速发展过程中面临的交通瓶颈逐步消失。1949 ~ 2017 年之间，中国铁路营业里程从 2.18 万公里提高到 12.7 万公里，公路里程从 8.08 万公里攀升到 477.35 万公里，内河航道从 7.36 万公里上升到 12.7 万公里，民航航线里程和管道里程（油气管道）从无到有，2017 年分别为 748.3 万公里和 11.93 万公里（见表 1 -8）。从增长速度来看，69 年的时间里铁路营运里程的年均增长在 2.7%，公里里程的年均增长在 6.8%，内河航道里程的年均增长在 1%，民航航线里程的年均增长在 10.9%，管道里程的年均增长则是 12.3%。从发展阶段来看，基础设施建设的主导还是政府，各项基础设施建设的发展特征与政策的时间点存在很强的契合。如 2008 年之后政府为了刺激经济推出了一系列扩大内需的举措，其中很重要的一项就是对高速铁路的建设，铁路营业里程增速在 2008 年之后也因此明显提高，2009 ~ 2017 年之间平均增速 5.3%，1999 ~ 2007 年之间只有 1.8%。又如，2004 年中央出台了“村村通”计划，2005 年公路里程增速直接从 2004 年的 3.4% 攀升到 78.8%。

表 1 -8　　主要年份交通运输建设发展情况　　单位：万公里

年份	铁路营业里程	公路里程	内河航道里程	民航航线里程	管道里程
1949	2.18	8.08	7.36	—	—
1952	2.29	12.67	9.50	1.31	—
1957	2.67	25.46	14.41	2.64	—
1960	3.39	51.95	17.39	3.81	0.02
1965	3.80	51.45	15.77	3.94	0.04
1970	4.37	63.67	14.84	4.06	0.12
1975	4.86	78.36	13.56	8.42	0.53

续表

年份	铁路营业里程	公路里程	内河航道里程	民航航线里程	管道里程
1980	5.33	88.83	10.85	19.53	0.87
1985	5.52	94.24	10.91	27.72	1.17
1990	5.79	102.83	10.92	50.68	1.59
1995	6.24	115.70	11.06	112.90	1.72
2000	6.87	167.98	11.93	150.29	2.47
2005	7.54	334.52	12.33	199.85	4.40
2010	9.12	400.82	12.42	276.51	7.85
2015	12.10	457.73	12.70	531.72	10.87
2017	12.70	477.35	12.70	748.30	11.93

资料来源：根据国家统计局相关数据整理。

交通基础设施的加强为经济活动的展开提供了强大的支撑，1949～2018 年期间我国的货物和旅客运送能力大幅提升。全社会货物周转量从 1949 年的 257.85 亿吨/公里增长到 2018 年的 205451.6 亿吨/公里，年均增速 1153%。其中，铁路货物周转量从 184 亿吨/公里提高到 28821 亿吨/公里，年均增速 225.6%；公路货物周转量从 10.52 亿吨/公里提高到 71202.5 亿吨/公里，年均增速 9807.6%；水运货物周转量从 63.12 亿吨/公里提高到 99303.6 亿吨/公里，年均增速 2278.6%；民用航空周转量从 0.21 亿吨/公里提高到 262.4 亿吨/公里，年均增速 1809.5%；管道货物周转量则从 1971 年的 9 亿吨/公里增长到 2018 年的 5862 亿吨/公里，年均增速 1386.7%。全社会旅客周转量从 1949 年的 154.99 亿人/公里提高到 34213.5 亿人/公里，年均增速 318.5%。其中，铁路旅客周转量从 130.01 亿人/公里提高到 14146.6 亿人/公里，年均增速 156.2%；公路旅客周转量从 7.96 亿人/公里提高到 9275.5 亿人/公里，年均增速 1687.3%；水运旅客周转量从 15.17 亿人/公里提高到 79.8 亿人/公里，年均增速 6.17%；民用航空旅客周转量从1.85亿人/公里提高到10711.6亿人/公里，年均增速8389.9%。①

新中国成立70年来，一方面基础产业和基础设施建设的强化，促进了资源的流动，提高了资源的配置效率，为新中国成立70年来经济总量的快速提高提供了有力支撑和增长点，为经济结构的战略性调整提供了可能；另一方面在政府的大力推动下，整体经济逐渐从粗放式发展模式向集约式发展模式转变，更加注重要素效率和生产质量的提高；总体来看全社会经济整体运行效益和质量呈现稳步提高态势。经济总量上主要表现为财政收入、企业利润和居民收入规模不断扩大，速度上主要表现为收入增长稳定，效益上主要表现为企业投资效率和利税率不断提高。

根据国家统计局的统计数据：2017年国家财政总收入172592.77亿元，是1953年的809倍多，年均增速12%。其中，中央财政收入81123.36亿元，地方财政收入91469.41，分别是1953年的458倍多和2525倍多。2017年规模以上工业企业实现利润规模75187亿元，同比增长21.0%。其中：国有控股企业、股份制企业、外商及港澳台商投资企业和私营企业分别实现利润规模16651亿元、52404亿元、18753亿元和23753亿元，分别同比增长45.1%、23.5%、15.8%和11.7%。2017年居民人均可支配收入25974元，同比上涨9%，实际增长（剔除价格因素）7.3%。其中：城镇居民人均可支配收入36396元，同比增长8.3%，实际增长6.5%；农村居民人均可支配收入13432元，比上年增长8.6%，扣除价格因素，实际增长7.3%。②

在主导产业带动下，支柱产业和优势传统产业的整体实力不断增强，企业规模不断扩大、工业经济多元化和外向化、产业集群效应特征日益显著，企业经营成绩显著，经济效益突出。2000～2016年规模以上工业企业平均资产规模为从7747.77亿元上升到28681.09亿元人民币，提高约3倍。2016规模以上工业企业数量从2000年的162885家上升到372729家，提高约2倍。其中：内资工业企业325271家，港、澳、台商投资工业企业22724，外商投资工业企业24734家。内资工业企业中，国有企业2459家，

①② 根据国家统计局相关资料整理。

集体企业2092家，股份合作企业946家，联营企业110家，有限责任公司96240家，股份有限公司12007家，私营企业214309家。财务表现方面，2016年规模以上工业企业资产负债率不断下降，从2000年的60.81%下降到2016年的55.87%；流动资产周转次数不断上升，从2000年的162%上升到2016年的236%；成本费用率整体呈现上升趋势，从2000年的5.56%提高到2016年的6.57%（见表1-9）。

表1-9　　规模以上工业企业主要财务指标

年份	企业数量（家）	平均资产（万元）	资产负债率（%）	总资产贡献率（%）	流动资产周转次数（%）	成本费用利润率（%）
2000	162885	7747.77	60.81	9	162	5.56
2001	171000	7904.41	58.97	8.9	—	5.4
2002	182000	8051.64	58.72	9.5	177	5.62
2003	196000	8603.86	58.96	10.5	200	6.3
2004	276474	7788.72	57.97	12.3	216	6.52
2005	271835	9006.04	57.81	11.8	235	6.42
2006	301961	9642.86	57.46	12.7	250	6.74
2007	336768	10482.11	57.48	14.09	263	7.43
2008	426113	10122.17	57.71	14	267	6.61
2009	434364	11364.94	57.88	13.44	243	6.91
2010	452872	13090.79	57.41	15.68	250	8.31
2011	325609	20755.43	58.10	16.09	262	7.71
2012	343769	22350.82	57.96	15.11	257	7.11
2013	369813	23546.54	58.08	15	256	6.6
2014	377888	25318.26	57.17	14.3	253	6.4
2015	383148	26713.60	56.61	13.2	241	6.31
2016	372729	28681.09	55.87	—	236	6.57

资料来源：根据《中国工业经济统计年鉴》相关数据整理。

（四）对外经济合作关系日益加强，对外开放提高新水平

十一届三中全会之后，我国打破闭关锁国局面，以设立经济特区和开放沿海地区为先导，主动向世界开放，积极融入全球经济大舞台。经过40年的实践，我国对外经济合作关系取得了快速发展：一方面，对外贸易实现跨越式发展，进出口规模迅速扩大，进出口商品结构不断优化，对外贸易在国民经济中的地位和作用日益增强；另一方面，对外资开放的领域不断拓展，引进外资的质量和规模不断提高，引进外资的形式和结构不断优化，外资对国民经济发展的补充作用日益显著。2001年我国加入世界贸易组织以后，政府对应调整对外经贸政策，更加积极参与经济全球化进程，不断强化与各国和地区的经贸合作，大力实施“科技兴贸”战略，对外贸易的增长步伐进一步加快，外商投资规模进一步扩大，对外经贸发展水平和质量明显提高。通过对外经贸发展，大大提高了生产力水平，创造了巨大的物质财富。“引进来”和“走出去”战略实施后，中国向开放型经济发展的步伐进一步加大，对外合作领域不断拓宽，对外经贸往来规模不断扩大，中国参与经济全球化的能力不断提高，国际竞争力显著提升。

1. 对外贸易发展迅速，贸易结构持续优化

2018年我国货物进出口总额305050亿元，同比增长9.7%。其中，出口164177亿元，增长7.1%；进口140874亿元，增长12.9%。货物进出口顺差23303亿元，比上年减少5217亿元。①

从图1－15来看，新中国成立后的70年中我国货物进出口总额一路上扬，货物进出口总额增速在1978年后出现了明显的提升，说明“改革开

---

① 根据国家统计局相关资料整理。

放”对我国的对外经济合作产生重要的正面影响。改革开放之前，我国进出口规模虽然整体呈现上升趋势，但规模偏小且增速波动较大，年均增速约为 8.7%（1950 ~ 1977 年）。改革开放之后，我国进出口规模迅速上升，增长速度明显提高，1979 ~ 2018 年间进出口总额的年均增速达到了 19.7%，是改革开放前的两倍有余。

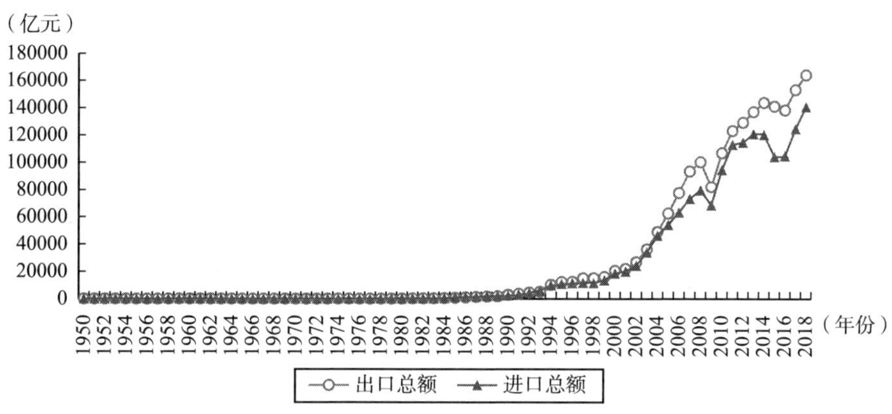

图 1 – 15　进口和出口总额发展情况

资料来源：根据国家统计局相关数据整理。

从货物进口总额和货物出口总额的大小关系来看：“九五”之前我国对外贸易很多年份都处于贸易逆差的情况中；“九五”开始，我国对外贸易开始扭转逆差的局面，进出口差额开始逐年扩大。2005 年我国货物进出口差额出现了一个非常强的跃升，从 2004 年的 2667.57 亿元跃升至 2005 年的 8374.41 亿元，提高 3 倍有余。2008 年之后受全球金融危机的影响，出口顺差规模出现了大规模下滑，2009 年我国货物进出口差额较 2008 年降低 35.7%。“十二五”期间我国贸易顺差再次进入快速上升阶段，但“十三五”期间贸易顺差再次出现下滑（见图 1 – 16）。

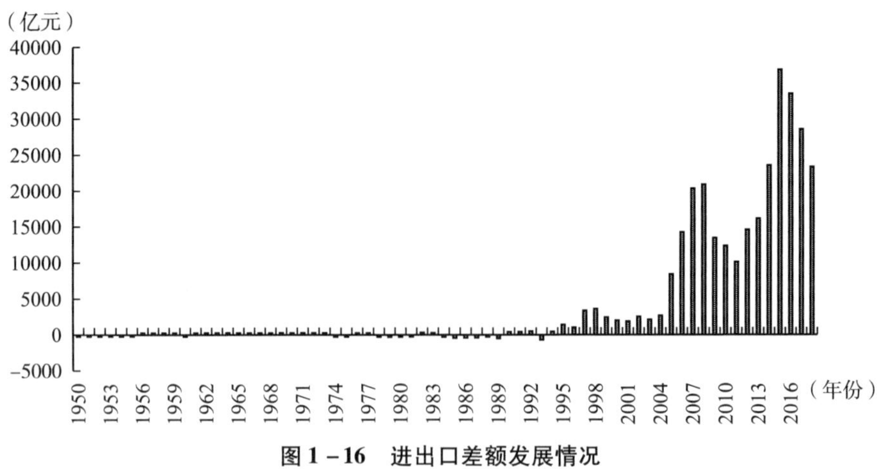

图1－16　进出口差额发展情况

资料来源：根据国家统计局相关数据整理。

随着进出口规模的快速增长，对外贸易对于经济的影响开始凸显。图1－17基于国家统计局的统计数据绘制了进出口总额和对外依存度（进出口总额/国内生产总值）随时间的变化情况。改革开放之前，对外依存度并没有随着时间发生显著变化。1952～1977年之间对外依存度的平均表现为8.1%，不足10%。改革开放之后对外依存度开始显著上升，2018年

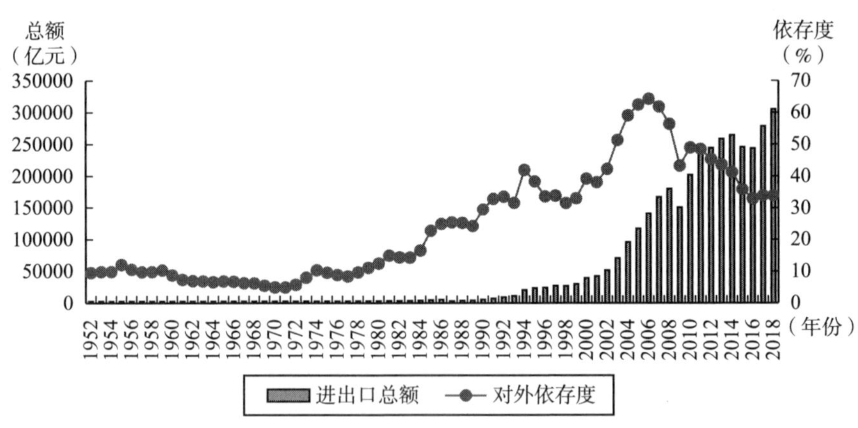

图1－17　进出口总额及对外依存度发展情况

资料来源：根据国家统计局相关数据整理。

更是达到历史最高点 61.8%，彼时对外贸易对经济增长的作用非常突出。2008 年金融危机后，进出口总额开始出现回落，对外依存度也逐步下降，进入“十三五”后，对外依存度基本保持在 33% 左右。

随着对外贸易规模的不断上升，我国的贸易方式也在不断调整中。一般贸易是我国对外贸易的主要方式，但一般贸易在我国对外贸易中的占比正在逐渐下降，加工贸易在我国对外贸易中的占比正在逐渐提高（见表 1－10）。2017 年一般贸易进出口总额达 23033 亿美元，占全部进出口额的比重为 56.4%。其中，一般贸易出口总额 12253.7 亿美元，占出口总额的比重为 54.3%；一般贸易进口总额 10779.3 亿美元，占进口总额的比重为 58.8%。2017 年加工贸易进出口总额为 11848.1 亿美元，占全部进出口总额的比重为 30%。其中，加工贸易出口总额为 7556.9 亿美元，占出口总额的比重为 33.5%；加工贸易进口总额为 4291.2 亿美元，占进口总额比重为 23.4%。

表 1－10　　贸易方式结构　　单位：亿美元

年份	一般贸易		加工贸易		其他贸易	
	出口	进口	出口	进口	出口	进口
1981	208	203.66	11.31	15.04	0.79	1.4
1985	237.3	372.72	33.16	42.74	3.04	7.04
1990	354.6	262	254.2	187.6	12.1	83.9
1995	713.7	433.7	737	583.7	37.1	303.4
2000	1051.81	1000.79	1376.52	925.58	63.7	324.57
2005	3150.63	2796.33	4164.67	2740.12	304.23	1063.08
2010	7207	7680	7403	4174	1169	2094
2015	12157	9231.9	7977	4470	2614.6	3117.6
2017	12253.7	10779.3	7556.9	4291.2	2737.5	3253.4

资料来源：根据《中国统计年鉴》《中华人民共和国 2017 年国民经济和社会发展统计公报》相关数据整理。

从产品出口市场变化来看，新中国成立 70 年来我国对外经济合作的对象日益拓展。对外开放初期，我国商品的主要出口对象为中国香港、日本和新加坡，其中出口中国香港的规模占比超过 70%。20 世纪 90 年代之后，日本和美国开始超过中国香港，成为我国主要的出口目的地，同时出口欧洲的比重也逐渐提高。进入 21 世纪，在继续巩固、发展传统外贸市场的同时，我国开始加大对新兴市场的开拓力度，目前已经与世界上绝大多数的国家、地区建立了贸易往来。

2018 年，美国和欧盟成为我国前两大出口国，出口额分别达到 31603 亿元和 26974 亿元，分别占全年出口总额的 19.2% 和 16.4%；欧盟和东盟则是我国前两大进口国，进口额分别达到 18067 亿元和 17722 亿元，分别占全年进口总额的 12.8% 和 12.6%；对中国香港的出口总额为 19966 亿元，在全年出口总额中的占比下降到 12.2%。2018 年，对主要国家和地区的进出口都保持正向增长，其中对巴西市场的出口增长最高，印度和俄罗斯紧随其后。进口方面，增长速度最快的贸易对象是俄罗斯、巴西和中国香港，2018 年增速分别达到了 39.4%、28.2% 和 13.8%（见图 1－18）。

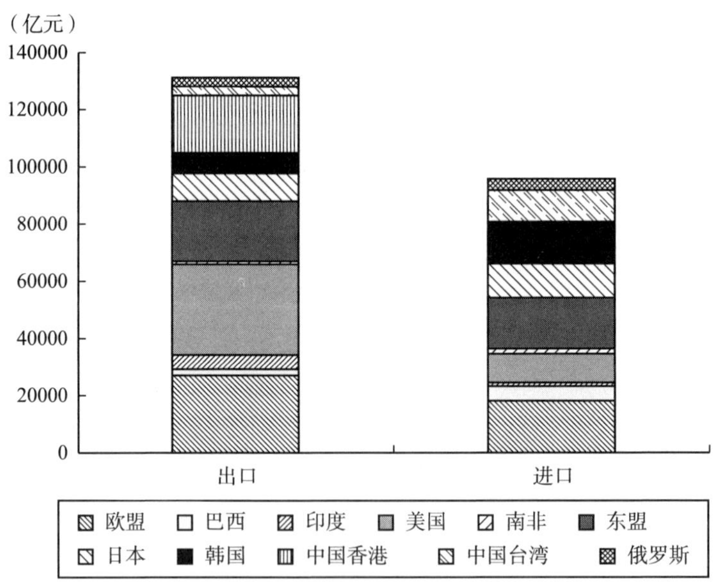

图 1－18　2018 年对主要国家和地区出口额和进口额分布

资料来源：根据《中华人民共和国 2018 年国民经济和社会发展统计公报》相关数据整理。

从进出口的商品结构来看，我国在保持对外贸易快速增长的同时，进出口商品结构不断优化，外贸增长方式发生积极转变。1980 年出口产品中农副产品和能源、工矿产品比重高达 50%，这在当时我国工业技术薄弱，产品竞争力较低的情况下，出口创汇做出巨大贡献。之后农副产品等初级产品在出口中的比重不断下降，工业制成品开始成为商品出口的主导力量。1980 年工业制成品出口额 90.05 亿美元，只占出口总额的 49.7%。1994 年工业制成品出口额突破千亿美元，在出口总额中的占比提高到 83.7%。2001 年工业制成品出口额 2.4 千亿美元，在出口总额中的占比首次超过 90%。到 2017 年工业制成品出口额突破 2 万亿美元，占出口总额的比重接近 95%。进口商品方面，二十世纪八九十年代初级产品在进口商品中的比重平均在 20% 左右，工业制成品的比重平均在 80% 左右。进入 21 世纪，随着我国工业的快速发展，对能源、矿产等初级产品的需求日益增长，初级产品进口比重开始逐步上升，2017 年初级产品占进口商品的比重达到 31.4%，工业制成品的比重则降低到 68.6%①（见图 1－19）。

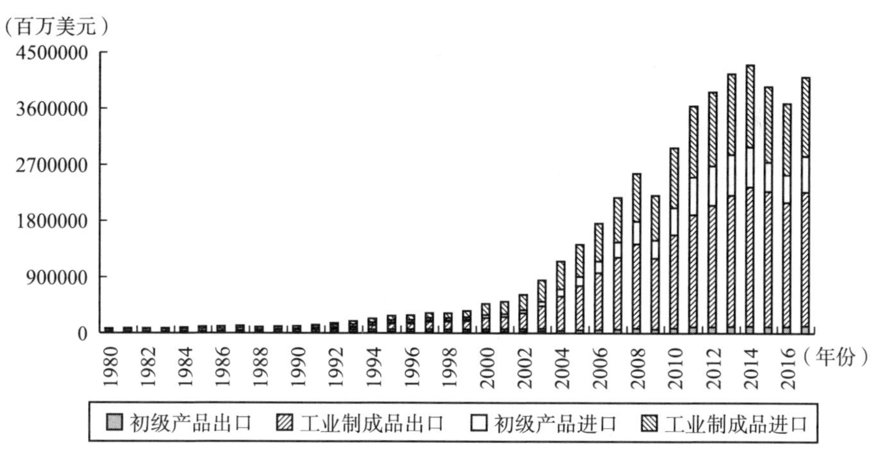

图 1－19　不同类别商品进出口额变动

资料来源：根据国家统计局相关数据整理。

① 根据国家统计局相关数据整理。

2. 引进外资规模迅速扩大，质量和水平不断提升

外资引用是中国提高自身生产能力和生产技术水平的重要方式之一，随着经济和社会的发展，政府在积极吸引外资、扩大外资引进规模的同时，愈加注重外资引进的质量和效益，不断从产业方向、规模和技术等方面引导并优化外资结构，并取得了良好的成效。

2018年我国外资延续良好势头，实际利用外资总额1350亿美元，同比增长3%，较1983年提高约59倍，年均增长速度达到167.8%。外资来源方面，2018年对华投资前十位的国家或地区依次为中国香港、新加坡、中国台湾、韩国、英国、日本、德国、美国、荷兰和中国澳门，对华投资数额分别为960.1亿美元、53.4亿美元、50.3亿美元、46.7亿美元、38.9亿美元、38.1亿美元、36.8亿美元、34.5亿美元、12.9亿美元和12.9亿美元。十大对华投资国实际投入外资总额1284.6亿美元，在实际使用外资总金额中的占比达到95.2%，相比2017年增长3.1%①。同时，随着“一带一路”倡议的实施，沿线国家的对华投资不断提高。2018年，“一带一路”沿线国家对华直接投资新设立企业4479家，同比增长16.1%；对华直接投资金额424亿元（折合64亿美元），同比增长13.2%。

从外资使用和外资结构来看。改革开放后一直到20世纪90年代初，我国外资引进存在起伏波动，增速相对不稳，增幅最高的年份（1993年）达到了102.9%，增幅最低的年份（1989年）为－1.6%。在90年代末出现一段连续下滑以后，从2001年开始又呈现持续上涨的趋势。外资利用类型上，改革开放初期对外借款是我国外资利用的主要方式，对外借款在外资利用总额中的占比在20世纪80年代，平均在60%以上。90年代开始，对外借款在外资利用中的地位开始弱化，逐渐下降到低于20%，直至2001年以后停止。与对外借款相对，外商直接投资（FDI）在外资利用中的地位开始凸显，FDI在外资利用总额中的占比从20世纪80年代的20%多一

---

① 资料来源：中华人民共和国商务部网站。

路上升，进入 21 世纪后一直维持在 95% 以上，是当前我国利用外资的主要形式①。

从外资进入的方向来看，高技术行业成为当前外资进入的主要增加点和主要方向。2018 年全年外商直接投资新设企业 60533 家（不含银行、证券和保险），同比增长 69.8%。其中：信息传输、软件和信息技术服务业中外商直接投资新设企业 7222 家，同比增加 127.9%；批发和零售业外商直接投资新设企业 22853 家，同比增加 86.1%；租赁和商务服务业外商投资新设企业 9099 家，同比增加 78.9%。但从外商直接投资实际使用资金规模来看，高技术行业和批发、零售行业却出现了下滑，说明 2018 年外商直接投资在这两个行业上的单个项目规模出现了下滑。但就 2018 年全年高技术制造业实际使用外资来看，外商直接投资资金规模达到 898 亿元，增长 35.1%，折成美元价格后，资金总规模为 137 亿美元，增长 38.1%（见表 1－11）。

表 1－11　2018 年外商直接投资（不含银行、证券、保险）及其增长速度

行业	企业数（家）	比上年增长（%）	实际使用金额（亿美元）	比上年增长（%）
农、林、牧、渔业	741	5	53	－26.4
制造业	6152	23.4	2713	20.1
电力、燃气及水的生产和供应业	284	－23.7	291	23.6
交通运输、仓储和邮政业	754	45.8	314	－16
信息传输、软件和信息技术服务业	7222	127.9	773	－44.4
批发和零售业	22853	86.1	643	－16.5
房地产业	1053	42.9	1489	31.4
租赁和商务服务业	9099	78.9	1196	6.4
居民服务和其他服务业	485	39	37	－2.6
合计	60533	69.8	8856	0.9

资料来源：根据《中华人民共和国 2018 年国民经济和社会发展统计公报》相关数据整理。

① 根据《中国统计年鉴（2018）》相关数据整理。

3. “走出去”战略加快实施，国际经济合作取得新进展

加入世界贸易组织之后，中国参与全球经济建设除了通过传统的“引进来”方式之外，也注重“走出去”战略的实施。希望通过主动地、有选择地、有助于国家中长期发展的对外投资，参与国际合作与竞争，从全球市场中获取包括资金、技术、市场等战略资源，提高自身在全球经济中的地位和话语权。

图1－20是1979年以来我国对外承包工程的历史变化。不论是从工程数量来看还是从工程涉及金额规模来看，2000年后我国通过对外承包工程所展开的对外经济活动都出现了显著的提高。2017年我国签订对外承包工程合同22774份，合同总金额2652.76亿美元，相比2000年签订的合同数量（2597份）和合同总规模（117.19亿美元），增长幅度分别达到777%和2164%。此外，2017年，我国对外劳务合作派出各类劳务人员52.2万人，较上年同期增加2.8万人。其中：对外承包工程派出22.2万人，占对外派出总人数的42.5%；对外劳务合作派出30万人，占对外派出总人数的57.5%；2017年末在外各类劳务人员97.9万人，较上年同期增加1万人。①

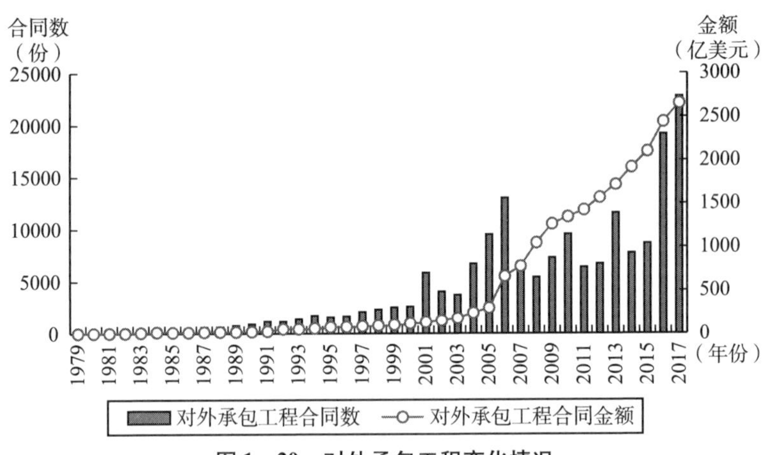

图1－20　对外承包工程变化情况

资料来源：根据国家统计局相关数据整理。

① 根据国家统计局相关资料整理。

根据中华人民共和国商务部的统计，2017年境内投资者总共对全球174个国家和地区的6236家企业进行了直接投资（非金融类），累计投资金额达到8107.5亿元人民币，（折合1200.8亿美元）。从对外投资构成来看，股权和债务工具投资总额6892.2亿元人民币（折合1020.8亿美元），占对外投资总额的85%；收益再投资1215.3亿元人民币（折合180亿美元），占对外投资总额的15%。

从对外直接投资的地区去向来看；亚洲一直是我国对外直接投资的主要地区但在我国对外直接投资总量中的占比呈现逐年下降的趋势，2017年针对亚洲的对外直接投资占比从2008年的71.4%下降到63%；拉丁美洲、欧洲和北美洲在我国对外直接投资总量中的占比则呈现逐年上升的趋势，2017年针对这三个地区的对外直接投资占比分别从2008年的17.5%、2.8%和2%分别上升到21.4%、6.1%和4.8%；非洲在我国对外直接投资总量中的占比逐年下降，2017年针对非洲的对外直接投资占比从2008年的4.2%下降到2.4%；而针对大洋洲的对外直接投资规模在我国对外直接投资总量中的占比保持在2.5%左右，相对稳定（见图1-21）。从具体国家/地区来看（见表1-12），2017年我国对外直接投资规模最大的前十个

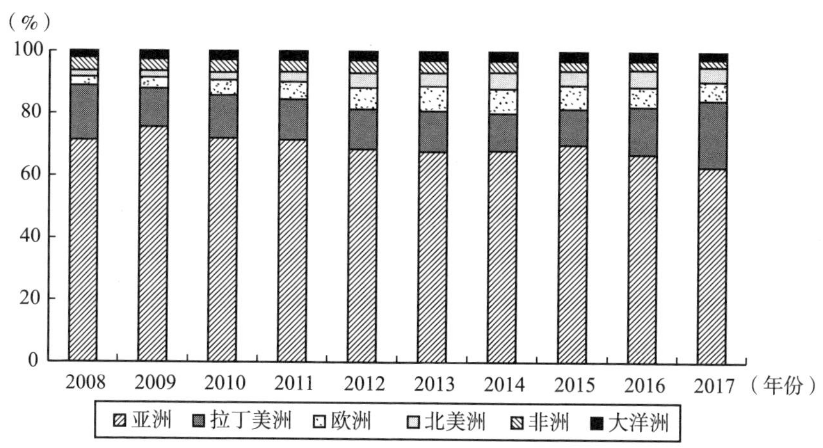

图1-21　对外直接投资的地区构成

资料来源：根据国家统计局相关数据整理。

国家（地区）分别是中国香港、开曼群岛、英属维京群岛、美国、新加坡、澳大利亚、英国、俄罗斯、德国和加拿大，这十大国家（地区）的直接投资总规模为 155842285 万美元，占当年对外直接投资总规模的 86%。

表 1 – 12　2017 年针对主要国家或地区的直接投资规模　单位：万美元

国家（地区）	对外直接投资总规模	国家（地区）	对外直接投资总规模
中国香港	98126568	印度尼西亚	1053880
开曼群岛	24968219	中国澳门	968029
英属维尔京群岛	12206075	南非	747277
美国	6738100	韩国	598347
新加坡	4456809	法国	570271
澳大利亚	3617531	泰国	535847
英国	2031817	越南	496536
俄罗斯	1387160	日本	319734
德国	1216320	尼日利亚	286153
加拿大	1093686	新西兰	249180

资料来源：根据国家统计局相关数据整理。

4. 旅游行业稳步发展，经济促进作用明显

改革开放之后，我国充分发挥自身的人文、资源和区位优势，积极开发文化、自然旅游景点，巩固传统客源市场的同时，积极拓展境外新兴客源市场。1978 ~ 2017 年间境外旅客数量逐年攀升，国际旅游带来的外汇创收规模不断上涨，旅游经济的发展对国民经济特别是第三产业的发展起到显著的促进作用。

2017 年我国入境游客 13948 万人次，国际旅游外汇收入 123417 百万美元，相比 1978 年的 181 万人次和 263 百万美元，分别提高了 76 倍和 468 倍，年均增速分别达到 195% 和 1201%（见图 1 – 22）。从入境游客构成来看，各类型的游客数量在 1978 ~ 2017 年之间都出现了快速的上涨，且港澳同胞是入境游客的主要构成。1978 年，我国入境游客综述为 180.9 万人次，其中港澳同胞 156.2 万人次，外国人 24.8 万人次，分别占比 86.3% 和 13.7%。2017 年在 13948 万人次的入境游客中，港澳同胞为 10444.59 万人次，外国人 2916.53 人次，台湾同胞 587.13 万人次，分别占比 74.9%、20.9% 和 4.2%（见表 1－13）。①

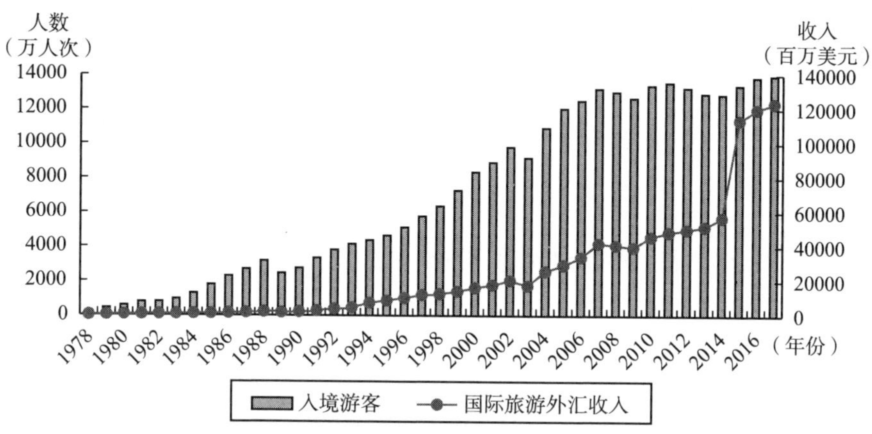

图 1－22　对外直接投资的地区构成

资料来源：根据国家统计局相关数据整理。

表 1－13　　**入境旅游发展情况**　　单位：万人次

年份	入境游客	外国人	港澳同胞	台湾同胞	入境过夜游客
1978	180.9	24.8	156.2	—	71.6
1980	570.3	56.4	513.9	—	350
1985	1783.3	145.5	1637.8	—	713.3
1990	2746.2	183.8	2562.3	—	1048.4
1995	4639	588.67	3885.17	153.23	2003.4
2000	8344	1016.04	7009.93	310.86	3122.9

① 根据国家统计局相关数据整理。

续表

年份	入境游客	外国人	港澳同胞	台湾同胞	入境过夜游客
2005	12029	2025.51	9592.79	410.92	4680.9
2010	13376	2612.69	10249.48	514.06	5566.45
2015	13382	2598.54	10233.64	549.86	5688.57
2017	13948	2916.53	10444.59	587.13	6073.84

资料来源：根据国家统计局相关数据整理。

（五）城市化进程加快推进，人民群众享受更多改革和发展成果

1. 城市化进程加快，城镇作用和地位日益凸显

中国一直是农业大国，在很长的一段时间里呈现出农业人口比重偏高，农村地区经济普遍落后，农民生活水平普遍低下的特点，对应的城市数量和规模偏小，城市建设发展缓慢，“二元”的经济结构成为制约中国经济发展的主要矛盾之一。改革开放以后，随着工业的快速发展，城市化建设步伐加快，人力、资金、技术等生产要素开始大量从农村流向城镇，城市和城镇数量不断增加，规模不断扩张，综合实力不断增强。

截至2018年底，全国有地级城市294个，其中：400万人口以上的地级及以上城市19个，200万～400万人口的地级及以上城市42个，100万～200万人口的地级及以上城市100个，50万～100万人口的地级及以上城市86个，20万～50万人口的地级及以上城市42个，20万以下的地级及以上城市9个。城区面积198357.17平方公里，建成区面积56225.38平方公里，城市建设用地面积55155.47平方公里，征用土地面积1934.37平方公里，平均人口密度2477人/平方公里。城市供水管长度797355公里，人工煤气管道11716公里，液化石油气管道6200公里，天然气管道623253公里，排水管道63万公里，用水普及率和燃气普及率分别达到98.3%和96.3%。城市内绿地面积292.13万公顷，公园绿地面积68.84万公顷，人

均公园绿地面积 14. 01 平方米/人，建成区绿化覆盖率达 40. 9% 。①

随着我国城市化率的不断提高，人口的构成也相应发生改变。新中国成立初期，我国城镇人口绝对数为 5765 万人，占全国人口的比重只有 10. 64% 。随后的 20 年中，虽然城镇人口总数不断提高，但城镇人口占比增速十分缓慢。1949 ~ 1978 年间，我国城镇人口在总人口的占比只提高了约 7 个百分点。改革开放之后，经济快速发展，城镇人口迅速增加。1981 年城镇人口总量突破两亿，占总人口的比重突破 20% 。之后城镇人口占比开始快速提高，20 世纪 90 年代中期城镇人口占比开始超过 30% ，15 年时间内提高了 10 个百分点，2003 年城镇人口占比超过 40% ，7 年时间再次提高 10 个百分点。从 2011 年开始，我国城镇人口开始超过乡村人口，截至 2017 年末我国城镇人口总量达到 81347 万人，在总人口中的比重超过 58% ，农村人口总量规模虽然上升到 57661 万人，但在总人口中的占比降到了 41. 5% (见表 1 - 14)。城市化进程显著提高了城市在经济发展中的辐射力和吸引力，对周边城镇和农村经济增长的带动作用非常明显，促进生产力和人口的合理布局。

表 1 - 14　　主要年份城乡人口及比重变化

年份	城镇人口		乡村人口	
	绝对数（万人）	比重（%）	绝对数（万人）	比重（%）
1949	5765	10. 64	48402	89. 36
1952	7163	12. 46	50319	87. 54
1960	13073	19. 75	53134	80. 25
1970	14424	17. 38	68568	82. 62
1978	17245	17. 92	79014	82. 08
1980	19140	19. 39	79565	80. 61
1985	25094	23. 71	80757	76. 29

① 根据国家统计局相关资料整理。

续表

年份	城镇人口		乡村人口	
	绝对数（万人）	比重（%）	绝对数（万人）	比重（%）
1990	30195	26.41	84138	73.59
1995	35174	29.04	85947	70.96
2000	45906	36.22	80837	63.78
2005	56212	42.99	74544	57.01
2007	59379	45.17	72750	55.06
2010	66978	49.95	67113	50.05
2015	77116	56.10	60346	43.90
2017	81347	58.52	57661	41.48

资料来源：根据《新中国五十五年统计资料汇编》《中国统计年鉴2017》相关数据整理。

2. 城乡居民收入水平持续提高，储蓄规模继续扩大

经济的发展促进了人民生活水平的不断提高，就新中国成立70年来我国城乡居民收入水平的发展来看，城乡居民收入水平的变化具有明显的阶段性特征。计划经济时代，一方面工资由国家统一制定，并且在较长时期内保持稳定，城镇居民收入增长缓慢；另一方面，农村实现公社集体制，为了支持工业发展，农产品价格长期被人为压低，再加上国家对农村的投资较少，广大农民增收困难。改革开放以后，全面实行经济体制改革，随着社会主义市场经济的快速发展和收入分配体制的深入改革，我国城乡居民人均收入开始快速上升。

城镇居民方面，如图1－23所示，1978年我国城镇人均收入只有343.3元，1987年首次突破千元、2005年首次突破万元后，2017年我国城镇居民人均收入已经提高到了36396元，是1978年的106倍。从增速变动来看，我国城镇居民收入的大幅提升得益于3个时期。首先是20世纪80年代中期，一方面国有企业“放权让利”改革开始实行，“企业留利”使一部分国有企业职工的经济收入明显增加，另一方面私营企业和个体户的兴起也为城镇居民增加收入提供了多样化渠道，1984 年和 1986 年城镇居民收入增幅分别高达 12.2% 和 13.9%。其次是 1992 年邓小平南方谈话之后，国民经济由计划经济体制向市场经济体制转变，经济运行效率和效益大大提高，城镇居民收入开启第二轮大幅度上涨，1992～1994 年的增速分别是 9.7%、9.5% 和 8.5%，平均增速 9.2%。第三是 2001 年之后，随着中国积极加入全球经济一体化进程，以及政府宏观管理上的更加合理化和规范化，国民经济进入高速增长时期，财政转移支付和再分配力度的加大以及社会保障制度的经历和不断完善，都使得城镇居民收入开始摆脱 20 世纪 90 年代中后期由于东南亚金融危机、国有企业重组等因素导致的增长放缓态势、进入快速增长阶段，2001～2008 年城镇居民人均收入平均增速达到 9.88%。

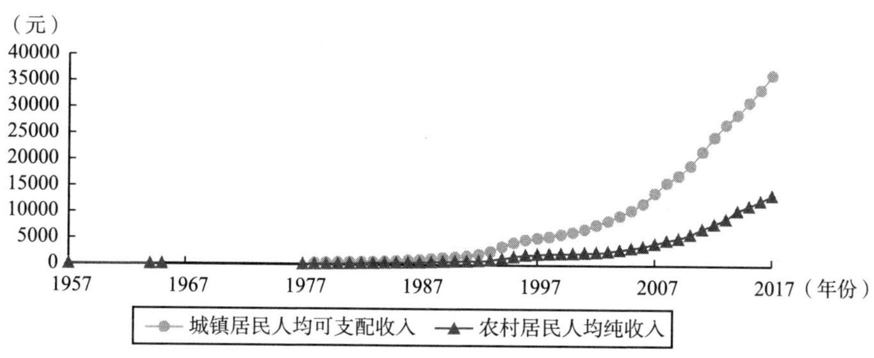

图 1－23　主要年份居民收入变动情况

资料来源：根据国家统计局相关数据整理。

农村居民方面，受益于政府针对农村推出的一系列富民政策，农民在充分发挥当地农业优势的同时努力发展第二、第三产业，多样化经营使得农民增收明显。1978 年农村居民人均纯收入只有 133.6 元，1994 年首次突破千元大关，2015 年首次突破万元大关，2017 年我国农村居民人均纯收入达到 13432 元，是 1978 年的 100 倍。农民收入快速增长的主要原因有三。首先，1978 年联产承包责任制实行，“人民公社”体制废除，农村改革取得突破性进展，有效克服了“大锅饭”的平均主义弊病，极大地调动了广大农村居民的生产积极性，长期被禁锢的农村生产力得以解放，农村居民实际收入明显提高。其次，1992～1997 年间，一方面在以市场为突破口的农村改革的推动下，乡镇企业异军突起，为农村经济的发展注入了新的活力，另一方面，工业的快速发展为农村大量剩余劳动力提供就业岗位，大量进城务工农民的工资高于单纯的农业生产收入，收入增速加快，农村人均收入不断提高。最后，进入 21 世纪，“三农”问题成为中央和社会关注的焦点，从 2004 年开始中央针对“三农”问题连续颁布了九个“一号文件”，出台了一系列包括农业税费的减免和各种支农补贴在内的促农惠农扶持政策，农业生产得到加强，农村经济形势向好，进一步提高了农民人均纯收入。

从城镇居民收入与农村居民收入之间的比较来看，城镇居民人均可支配收入一直高于农村居民家庭人均纯收入，城乡差异非常明显，这主要是由于我国长期存在“二元”经济体制造成的。但不同阶段，城镇居民可支配收入与农村居民家庭人均纯收入之间的差异的变化不同。改革开放初期，农村劳动生产力提高较快，农民收入增幅高于城镇居民人均可支配收入，城乡居民收入差距逐步缩小。数据表现就是：1978 年城镇居民收入是农村居民收入的 2.57 倍，1983 年城镇居民收入只剩下农村居民收入的 1.82 倍。之后随着改革开放的不断深入，城乡之间经济发展的差异开始凸显，城乡居民之间的收入差距开始逐渐扩大，且收入差距扩大的速度呈现上升趋势。数据表现就是：1990 年城镇居民收入是农村居民收入的 2.2 倍，1999 年扩大到 2.65 倍，2000 年后平均在 3.1 倍左右。进入“十三五”阶段，在政府的努力下，城乡发展差异开始弱化，但 2017 年城镇居民收入仍然是农村居民收入的 2.7 倍。①

居民收入的快速增长带动居民储蓄水涨船高，居民储蓄存款的快速增长又为经济发展提供充足的资金保障。2017 年全年居民人民币储蓄存款增

① 根据国家统计局相关资料整理。

加 4.6 万亿元，同比增加 7.6%。2017 年末居民人民币储蓄存款余额 60 万亿元，分别是 1953 年和 1978 年居民人民币储蓄存款的 48780 倍。①

从城乡居民储蓄存款余额的构成和变动来看（见图 1－24）。首先，来自城镇居民的储蓄存款是我们城乡居民储蓄存款的主要构成，但来自农户的储蓄存款在城乡居民储蓄存款中的占比逐年提高。1954～2010 年间城镇居民储蓄存款余额占我国城乡居民储蓄存款余额的比重达到 90%②，中间虽然存在起伏变动，但 2010 年这一比例已经降到了 81%。其次，包括农户储蓄存款和城镇居民储蓄存款在内的城乡居民储蓄存款余额增长迅速。1954 年农户储蓄存款余额、城镇居民储蓄存款余额和城乡居民储蓄存款余额规模分别为 1.6 亿元、14.3 亿元和 15.9 亿元，2010 年这三个指标的数值表现已经分别提高到 59080.4 亿元、244222.1 亿元和 303302 亿元，分别提高了 36924.5 倍、17077.5 倍和 19074.6 倍。③

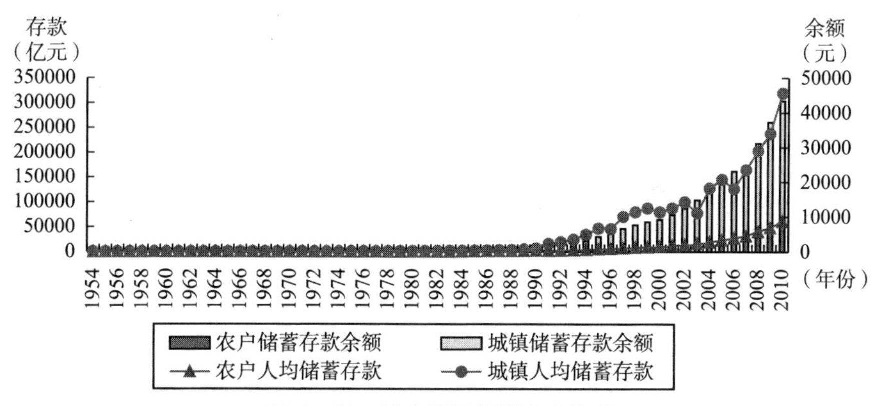

图 1－24　城乡居民储蓄变动情况

资料来源：根据国家统计局相关数据整理。

从城乡居民人均储蓄余额的变动来看（见图 1－25）。首先，我国城乡居民人均储蓄呈现明显的上涨趋势，但不同阶段增速明显不同。1952 年我

①③　根据国家统计局相关资料整理。

②　由于数据的原因只统计到 2010 年。

国城乡居民储蓄存款余额只有8.6元，且在此后很长的一段时间里都没有出现明显增长。1969年末我国城乡居民人均储蓄存款余额也只有9.4元，近20年的时间里存款余额只增长了0.8元。20世纪70年代后，城乡居民人均储蓄存款余额开始明显上升，1977年我国城乡居民人均储蓄存款余额上升到19.1亿元，虽然规模仍然有限但在8年的时间里翻了一番。改革开放后，城乡居民人均储蓄存款余额增速加快，1984年突破了百元规模之后以年均100元左右的增幅上涨，1992年突破1000元大关后又以年均增幅300多元的速度花费了三年的时间于1994年突破2000元的规模。而城乡居民人均储蓄存款余额从2000～10000元只花了9年时间，年均增幅进一步提高到750元左右。其次，城镇居民人均储蓄存款余额和农户人均储蓄存款余额的差距显著降低。1954年，城镇居民人均储蓄存款余额和农户居民人均储蓄存款余额分别是17.4元和0.3元，城镇居民人均储蓄存款余额是农户居民人均储蓄存款余额的58倍。2010年城镇居民人均储蓄存款余额和农户居民人均储蓄存款余额分别提高到45609.4元和8765.6元，但城镇居民人均储蓄余额与农户居民人均储蓄存款余额的比例降到了5.2倍，这也说明在政府的努力下，“二元”结构所带来的城乡发展差异受到了很好的控制和解决。

3. 居民消费水平和消费结构明显改善，生活质量继续提高

改革开放以后，经济快速发展，居民收入显著提高，同时社会生产力大幅度提高，市场商品供应充裕，加之外贸交易规模不断扩大，居民有了各种的消费选择，生活用品供不应求的现象基本消除。人民收入水平的不断提高，消费环境的不断完善，有效地刺激了人们的消费需求，城乡商品交易市场繁荣活跃，商业经济保持良好发展态势，人民生活质量持续提高。

图1－25是1952～2017年之间我国城乡居民消费水平的变化情况。显然，居民消费的变动与居民收入的变动呈现一致趋势，不论是居民平均消费水平，还是农村居民消费水平，或是城镇居民消费水平都呈现显著上升

趋势。1952 年全国居民消费水平、农村居民消费水平和城镇居民消费水平的年规模分别为 80 元、65 元和 154 元，2017 年全国居民消费水平、农村居民消费水平和城镇消费水平的年规模分别提高到 22902 元、11704 元和 31032 元，分别提高了 285 倍、179 倍和 201 倍，年均增速达到 438.9%、274.5%和 308.5%。此外，城镇居民消费水平要远高于农村居民消费水平，2017 年城镇居民消费水平比农村居民消费水平高约 165%。20 世纪 90 年代开始一直到 2008 年之前，城镇居民消费水平和农村居民消费水平之间的差距呈现扩大趋势，期间城镇居民消费水平比农村居民消费水平平均高 231%，而新中国成立后一直到 1989 年这一数值只有 154%，二者之间的差距提高了 80%。2008 年之后，随着“三农”政策的深化和强化，二者之间的差距显著下降，2008～2017 年间城镇居民消费水平平均比农村居民消费水平高 208%，10 年里下降了 20 多个百分点。

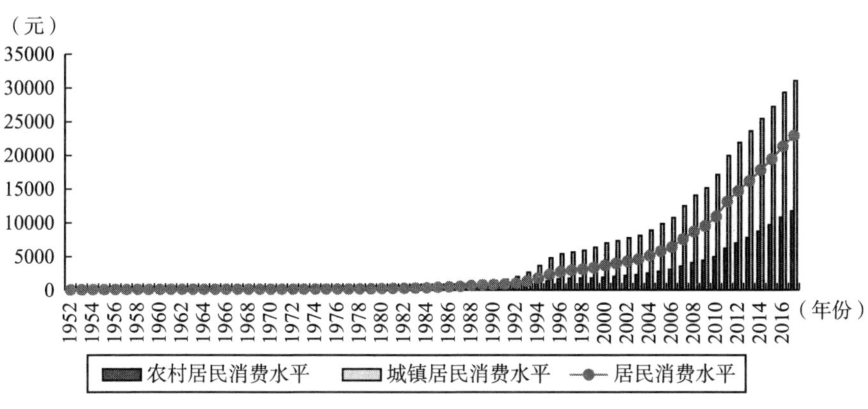

图 1－25 城乡居民消费水平变动情况

资料来源：根据国家统计局相关数据整理。

从社会消费品零售情况来看。2018 年全年社会消费品零售总额达到 380987 亿元，同比增长 9.0%。按照经营地统计，城镇消费品零售额规模为 325637 亿元，同比增长 8.8%；乡村消费品零售额规模为 55350 亿元，同比增长 10.1%。按照消费品类型统计，商品零售额和餐饮收入分别为

338271亿元和42716亿元，分别同比增长8.9%和9.5%。限额以上单位商品零售中，粮油、食品类的零售额相较上年增长10.2%，饮料类的零售额相比上一年增长9.0%，烟酒类的零售额相比上一年增长7.4%，服装、鞋帽、针纺织品类的零售额相比上一年增长8.0%，化妆品类的零售额相比上一年增长9.6%，金银珠宝类的零售额相比上一年增长7.4%，日用品类的零售额相比上一年增长13.7%，家用电器和音像器材类的零售额相比上一年增长8.9%，中西药品类零售额相比上一年增长9.4%，文化办公用品类零售额相比上一年增长3.0%，家具类零售额相比上一年增长10.1%，通信器材类零售额相比上一年增长7.1%，建筑及装潢材料类零售额相比上一年增长8.1%，石油及制品类零售额相比上一年增长13.3%，而汽车类零售额相比上一年下降2.4%①。

图1－26是基于我国城镇居民家庭和农村居民家庭的实际消费情况绘制的恩格尔系数表现，显然改革开放至今城乡居民家庭的恩格尔系数表现一路向下，这与我国城乡居民家庭的总体财富水平不断上升相一致。2018年我国城镇居民家庭恩格尔系数为27.7%，农村居民家庭恩格尔系数为30.1%，分别比1978年降低29.8个和39.6个百分点。从曲线各年份的变动来看，我国城乡恩格尔系数从1996年开始下降速度不断加快，城镇居民家庭恩格尔系数和农村居民家庭恩格尔系数年均下降1个和1.1个百分点。这一情况反映了我国在20世纪90年代中后期推动的一系列住房、教育和医疗改革取得了良好的效果，社会保障体系的不断健全降低了相关支出对居民实际财富水平和生活消费的负面影响，使得恩格尔系数快速下降。而城镇居民家庭恩格尔系数与农村居民家庭恩格尔系数之间始终存在的差距以及差距的不断缩小，也再次反映出城镇居民在收入和生活水平方面都要高于农村居民以及城乡发展差异不断弱化的发展实际。

① 资料来源：《中华人民共和国2018年国民经济和社会发展统计公报》。

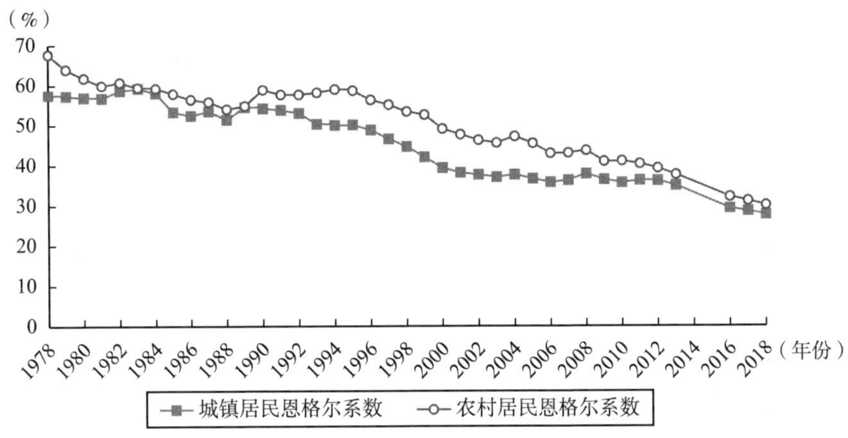

图1-26 城乡居民恩格尔系数表现情况

资料来源：根据国家统计局相关数据整理。

4. 就业和社会保障体系建设成效显著

经济的可持续增长和社会的和谐发展需要完善、高效的就业和社会保障体系。新中国成立初期，受限于国家经济实力和政府的财政实力，社会保障体系建设相对缓慢。改革开放之后，经济的长期、快速发展为国家积累了一定的财力，中国政府开始加快对就业和社会保障体系的建设步伐。经过多年努力，我国以基本养老保险、失业保险、基本医疗保险和城镇居民最低生活保障为主要内容的社会保障体系已初步形成。

2018年末全国城乡居民基本养老保险参保人数52392万人，较2017年增加1137万人，其中城镇职工基本养老保险参保人数41848万人，较2017年增加1555万人。失业保险参保人数19643万人，较上一年增加859万人，年末全国领取失业保险金人数223万人。基本医疗保险参保人数134452万人，较2017年增加16771万人，其中职工基本医疗保险参保人数31673万人，较上一年增加1351万人；城乡居民基本医疗保险参保人数89741万人，较上一年增加2382万人。工伤保险参保人数23868万人，较上一年增加1145万人，其中参加工伤保险的农民工8085万人，增加278万人。参加生育保险人数20435万人，增加1135万人。2018年末全国共有 1008 万人享受城市居民最低生活保障，3520 万人享受农村居民最低生活保障，455 万人享受农村特困人员救助供养，全年临时救助 1075 万人次。全年资助 4972 万人参加基本医疗保险，医疗救助 3825 万人次。国家抚恤、补助退役军人和其他优抚对象 861 万人。①

在就业和社会保障体系的不断完善下，经济和社会发展取得了明显成效。就业方面：2018 年末全国就业人员 77586 万人，年末全国城镇调查失业率为 4.9%，同比下降 0.1 个百分点。其中，年末城镇就业人员 43419 万人，全年城镇新增就业 1361 万人（较上年增加 10 万人），年末城镇登记失业率为 3.8%，同比下降 0.1 个百分点。全国农民工总量 28836 万人，比上年增长 0.6%。其中，外出农民工 17266 万人，增长 0.5%；本地农民工 11570 万人，增长 0.9%。脱贫方面：按照 2300 元每人每年的农村贫困标准计算（2010 年不变价），2018 年末农村贫困人口总数 1660 万人，较 2017 年末减少 1386 万人；贫困发生率 1.7%，同比下降 1.4 个百分点。2018 年全年贫困地区农村居民人均可支配收入 10371 元（当年价），同比增长 10.6%，扣除价格因素，实际增长 8.3%。②

（六）科技促进经济快速发展，可持续发展能力不断增强

科学发展观和生态文明思想是进入 21 世纪后党对经济和社会发展的科学判断。科学发展观和生态文明建设都要求发展必须以经济与环境的统筹协调发展为主要目标，更加注重资源能源的节约使用，更加注重环境保护，更加注重提高经济整体素质和国际竞争力，全面推进发展方式的转变。近年来政府努力从国家战略高度鼓励自主创新，发挥高新技术在推动产业发展和结构升级的主要作用，发挥金融在资源配置中的优化作用，较好地促进了国民经济的可持续发展与进步。

---

①② 根据国家统计局相关资料整理。

1. 科技对经济增长的促进作用日益凸显

新中国成立70年来，随着经济的发展，特别是工农业生产的发展，社会越来越清晰地认识到，发展不仅是总量上的增长，更是质量和效益的提高。增强自主创新能力是提高综合国力的关键，坚持中国特色社会主义发展道路，必须把自主创新作为国家发展战略的核心。新中国成立以来，不管是经济困难时期，还是经济快速发展时期，中国一直坚持积极研发、引进和应用科学技术。一方面不断加大对自主创新的投入，着力突破制约经济社会发展的关键技术，支持基础研究、前沿技术研究、社会公益性技术研究，全面加快国家创新体系建设。另一方面，通过建立高效的产学研相结合的技术创新体系，引导和支持创新要素向企业集聚，促进科技成果向现实生产力转化，为增强自主创新能力和产业结构优化升级提供了较强的支撑。

R&D，即研究与试验发展，是指在科学技术领域，为增加知识总量，以及运用这些知识去创造新的应用进行系统的创造性活动，国际上通常用R&D活动的规模和强度指标反映一国的科技实力和核心竞争力。新中国成立之后，我国R&D投入呈现出明显的规模扩大和企业主动性加强的特征。

图1－27是2004～2016年期间我国R&D经费支出随时间的变化趋势（2017年国外资金规模及其他资金规模不可得，故图示仅呈现到2016年）。2017年全国R&D经费支出17606.1亿元，同比增长11.6%，是2004年的9倍。根据国家统计局的划分，R&D经费支出的来源有政府资金、企业资金、国外资金和其他资金四类，其中企业资金是R&D经费支出的主要来源，且其在R&D经费支出的占比正在进一步提高。2004～2016年期间，R&D经费支出中平均有72%的比例来自企业资金，平均资金规模在5797.5亿元。政府资金是R&D经费支出仅次于企业资金的来源，但其在R&D经费中所占的比重整体呈现下降趋势。2016年R&D经费支出中有3140.8亿元来自政府资金，占比20%，相比2004年的523.6亿元，政府资金在

R&D经费支出的占比下降了6.6个百分点。国外资金和其他资金在R&D经费支出中的占比均呈现下降趋势，尤其是国外资金，2004年国外资金规模为25.2亿元，占比1.3%，2016年国外资金的规模提高到103.2亿元，但占比降到了0.7%，不足1%。

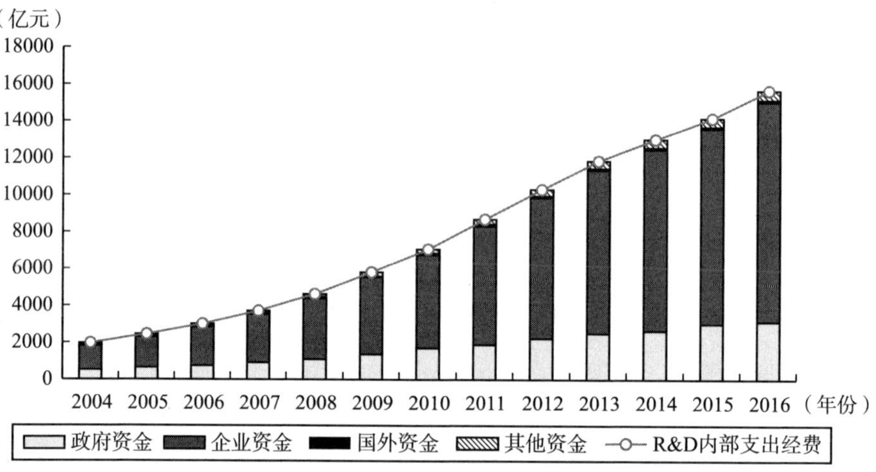

图1－27　R&D经费支出规模及构成

资料来源：根据国家统计局数据整理。

在政策和资金的推动下，一方面我国已经初步形成了以高等院校、科研院所和大中型企业为主体的技术人才体系。2017年我国科学研究与开发机构总数为3547家，其中中央属科学研究与开发机构728家，地方科学研究与开发机构2819家。所有机构当年投入R&D人员46.2万人，人员全时当量40.6万人/年。所有机构当年R&D项目课题数112472项，课题投入人员全时当量35.9万人/年，经费支出1720.8亿元。另一方面，我国整体科技研发水平大幅提升，科技活动成果显著。新中国成立70年以来，我国在核能技术、航空航天、电子通信、杂交水稻、生物工程等方面取得了一大批具有世界先进水平的研究成果，并被成功应用到生产领域。2017年全年境内外专利申请共369.8万件，授予专利权183.6

万件；PCT专利申请受理量为5.1万件。截至2017年底，有效专利714.8万件，其中境内有效发明专利135.6万件，每万人口发明专利拥有量9.8件（见图1-28）。[①]

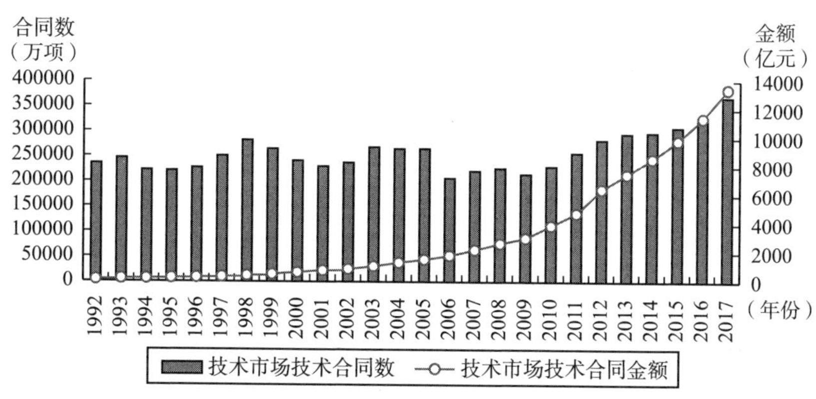

图1-28　R&D技术市场合同数和合同金额变化趋势

资料来源：根据国家统计局相关数据整理。

技术商品的流通和技术市场的繁荣，加快了科技成果转化，提高了科技投入的产出效率。2017年全国技术市场交易总量继续稳步上升，共签订技术合同36.8万项，成交技术合同总金额13424亿元，技术合同平均成交金额从2016年的356万元增加到365万元，签订合同数和成交合同金额较之2016年分别实现同比14.71%和17.7%的增长。从合同类型看，签订的技术合同中技术服务合同的成交额占比最高，其次是技术开发合同，接下来是技术转让合同和技术咨询合同，四类合同分别实现了16.7%、36.5%、-12.9%和-4.1%的增幅。从涉及领域看，技术合同成交额绝对规模排名前三的三个领域分别是电子信息、城市建设与社会发展和现代交通，分别占总成交金额的28.8%、14.4%和12.4%；技术合同成交额增幅最大的是航空航天领域，增幅59%[②]。

① 根据国家统计局相关资料整理。

② 资料来源：中华人民共和国科学技术部。

近年来，在政府对新动能、新产业、新业态的高度重视和大力推动下，高新技术产业发展势头强劲。截至2016年，全国共有高技术企业30798家，吸收从业人员1342万人，主营业务收入规模达到135796亿元，出口交货值达到52445亿元，实现利润总额10302亿元。高新技术产业的快速发展，所占经济总量的份额不断提高，对经济增长促进作用显著，2016年高技术产业出口交货值占全社会出口总额的比重从1995年的9.03%提高到37.89%，提高了近30个百分点（见表1－15）。

表1－15　主要年份高技术产业发展情况

项目	1995年	2000年	2001年	2002年	2005年	2013年	2014年	2015年	2016年
企业数（个）	18834	9835	10479	11333	17527	26894	27939	29631	30798
从业人员年平均人数（万人）	448	392	398	424	663	1294	1325	1354	1342
主营业务收入（亿元）	4098	10050	12263	15099	33916	116049	127368	139969	135796
利润总额（亿元）	178	673	688	741	1423	7234	8095	8986	10302
出口交货值（亿元）	1125	3396	4282	6020	17636	49285	50765	50923	52445
出口交货值占出口总额比重（%）	9.03	16.46	19.44	22.34	28.15	35.94	28.15	36.07	37.89

资料来源：根据《中国高技术产业统计年鉴（2017）》相关数据整理。

2. 资源得到合理开发和有效利用

在此前的发展阶段中，我国一直采取粗放式的经济发展模式。经济快速发展的同时，存在着生产效率偏低、高资源消耗、高环境污染的缺陷。

进入工业化后期，要素优势不再、环境问题凸显，经济发展转型迫在眉睫。对此，政府及时提出建设资源节约、环境友好型社会的要求，要求在经济发展过程中对于资源和环境要坚持依法保护、合理开发的原则，提高资源利用效率，提升经济发展质量。

能源是经济和社会发展的动力来源，也是大气污染的重要来源，近十年来政府针对能源推出了一系列的调控措施，希望能够从能源效率和能源消费总量两个方面助益绿色生产和绿色消费。在政府和各界的努力下，我国的能源消费总量快速增长和能源消费结构问题得到了很大的改善。

能源消费总量方面，2018 年全年我国能源消费总量为 46.4 亿吨标准煤，虽然总量相比 2017 年增长了 3.3%，但能源效率有了显著的下降，2017 年我国万元国内生产总值能耗同比下降 3.1%。从能耗的大头来看，重点耗能工业企业单位烧碱综合能耗下降 0.5%，单位合成氨综合能耗下降 0.7%，吨钢综合能耗下降 3.3%，单位铜冶炼综合能耗下降 4.7%，每千瓦时火力发电标准煤耗下降 0.7%。能源消费结构方面，煤炭消费量占能源消费总量的比重为 59.0%，同比下降 1.4 个百分点；天然气、水电、核电、风电等清洁能源消费量占能源消费总量的比重为 22.1%，同比上升 1.3 个百分点，能源消费结构进一步向“清洁化”转变。①

3. 环境保护投入不断加大，环境质量明显改善

图 1－29 是 2001 年至今我国环境污染治理投资额及其在 GDP 中所占比重的时间变化趋势，显然我国环境污染治理投资整体呈上升趋势，年均增速大概在 14.9%，但环境污染治理投资额占 GDP 的比重变化不明显，基本保持在 1.3% 左右。2001 年环境污染治理投资额仅为 1167 亿元，2017 年提高到 9539 亿元，增长了 7 倍有余。环境污染治理投资额在 GDP 中的

① 根据《中国环境统计年鉴（2018）》相关资料整理。

占比也从 2001 年的 1.05% 小幅提升到 2017 年的 1.15%。

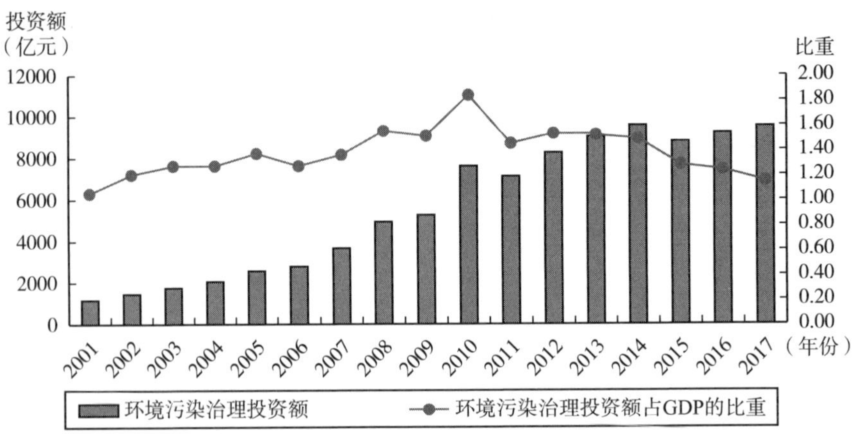

图 1－29　环境污染治理投资额及其占 GDP 的比重变化

资料来源：根据《中国环境统计年鉴（2018）》相关数据整理。

从污染治理资金投向来看（见表 1－16），不同时期我国环境治理的重点不一样，废气治理是我国目前环境治理的主要方向。2001 年，工业污染源污染治理投资总金额为 174.5 亿元，其中：工业废气污染源治理投资 65.8 亿元，占比 37.7%；工业固体废物污染源治理投资 18.7 亿元，占比 10.7%；工业废水污染源治理投资 72.9 亿元，占比 41.8%；噪声治理投资 0.6 亿元，占比 0.3%；工业其他污染源治理投资 16.5 亿元，占比 9.5%。2017 年，工业污染源污染治理投资总金额为 681.6 亿元，其中：工业废气污染源治理投资 446.3 亿元，占比 65.5%；工业固体废物污染源污染治理投资 12.7 亿元，占比 1.9%；工业废水污染源污染治理投资 76.4 亿元，占比 11.2%；噪声治理投资 1.3 亿元，占比 0.2%；其他污染源污染治理投资 144.9 亿元，占比 21.3%。污染源治理向废气的倾斜主要来自 2003 年开始全国性雾霾灾害的出现以及温室气体减排的国际责任所带来的压力。

表 1 – 16　　工业污染源治理投资情况　　单位：亿元

年份	废气污染源治理投资	固体废物污染源治理投资	废水污染源治理投资	噪声治理	其他污染源治理投资
2001	65.8	18.7	72.9	0.6	16.5
2002	69.8	16.1	71.5	1	29.9
2003	92.1	16.2	87.4	1	25.1
2004	142.8	22.6	105.6	1.3	35.7
2005	213	27.4	133.7	3.1	81
2006	233.3	18.3	151.1	3	78.3
2007	275.3	18.3	196.1	1.8	60.7
2008	265.7	19.7	194.6	2.8	59.8
2009	232.5	21.9	149.5	1.4	37.4
2010	188.2	14.3	129.6	1.4	62
2011	211.7	31.4	157.7	2.2	41.4
2012	257.7	24.7	140.3	1.2	76.5
2013	640.9	14	124.9	1.8	68.1
2014	789.4	15.1	115.2	1.1	76.9
2015	521.8	16.1	118.4	2.8	114.5
2016	561.5	46.7	108.2	0.6	102
2017	446.3	12.7	76.4	1.3	144.9

资料来源：根据《中国环境统计年鉴（2018）》相关数据整理。

在政府、企业和公众的努力下，近两年我国的环境质量有了很大的改善。水环境方面，2018 年全年水资源总量 27960 亿立方米，万元工业增加值用水量 45 立方米，同比下降 5.2%。近岸海域 417 个海水水质监测点中，达到国家一、二类海水水质标准的监测点占 74.6%，三类海水占 6.7%，四类、劣四类海水占 18.7%，同比分别提高 6.8 个百分点、下降

3.4个百分点和下降3.4个百分点，整体水质有了明显提高。大气环境方面，2018年在监测的338个地级及以上城市中，城市空气质量达标的城市占35.8%，未达标的城市占64.2%，同比分别提高6.5个百分点和降低6.5个百分点。其中，细颗粒物（PM2.5）未达标城市（基于2015年PM2.5年平均浓度未达标的262个城市）年平均浓度43微克/立方米，同比下降10.4%，整体大气环境有了显著改善。[①]

二、新时代中国经济发展的未来展望

2019年1月，国家副主席王岐山参加达沃斯世界经济论坛年会时指出，新中国成立70年来，“始终坚持社会主义根本政治经济制度，始终坚持以人民为中心的发展思想。从创设政权、建设新中国到推进改革开放、以经济建设为中心；从革命转向改革；从计划经济转向市场经济；从被孤立封闭转向全面开放……中国人走过了一条艰难曲折、上下求索之路，在正确和错误、经验和教训中付出过高昂的代价，更取得了辉煌成就，开辟出中国特色社会主义道路……迎来了中华民族伟大复兴的光明前景。”[②]

70年来，中国人民始终艰苦奋斗、顽强拼搏，始终坚持改革开放，极大地解放和发展了社会生产力，推动中国发生了翻天覆地的变化。70年的巨大发展，是全国劳动人民艰苦奋斗的结果，既强调独立自主、自力更生又注重对外开放、合作共赢，既坚持社会主义制度又坚持社会主义市场经济改革方向。70年后的今天，我们进入社会主义建设新时代，有了前期努力奋斗打下的坚定基础，同时面临着巨大的发展机遇，我们有光辉灿烂的前景，也有胸怀天下的信心，继续推进中国经济保持稳定快速增长，大力

① 根据《中国环境统计年鉴（2018）》相关资料整理。

② 《王岐山在世界经济论坛2019年年会上的致辞》，人民网，2019年1月24日。

提升社会生产力，提高人民生活水平，把中国向世界先进发达国家推进，成为世界经济增长的主要稳定器和动力源，为世界和平与发展的崇高事业贡献一份力量。

（一）经济综合实力大幅跃升

新中国成立70年来，特别是改革开放以后，我国始终坚持以经济建设为中心，不断解放和发展社会生产力，经济建设取得重大成就。现在，我国国内生产总值达到90万亿元，是世界第二大经济体、制造业第一大国、货物贸易第一大国、商品消费第二大国、外资流入第二大国，我国外汇储备连续多年位居世界第一，中国人民在富起来、强起来的征程上迈出了决定性的步伐！我国主要农产品产量跃居世界前列，建立了全世界最完整的现代工业体系，科技创新和重大工程捷报频传。我国基础设施建设成就显著，信息畅通，公路成网，铁路密布，高坝矗立，西气东输，南水北调，高铁飞驰，巨轮远航，飞机翱翔，天堑变通途。①

回顾中国经济增长历史，对比中国和美国经济增长的变化趋势，更加有利于把握我国经济增长的潜力和未来发展趋势。20世纪50年代：美国经济发展如日中天，中国则是百废待兴。当时美国GDP占全世界的40%，达到了世界经济中单个国家所占比重的峰值，可以说，美国对全球经济的掌控力度是空前的。而新中国刚刚成立，一片凋敝，百废待兴，1952年中国GDP仅为美国的8.3%，与美国相比微不足道，整个50年代中国GDP最高也只达到美国的10.6%。20世纪60年代：随着马歇尔计划的实施，欧洲复兴，美国经济也进入高速发展期，GDP增速常年保持在7%以上，被称为美国战后黄金20年。而同期中国经济却陷入低谷，连年负增长，经济几近崩溃边缘，中国需要深刻总结教训，避免重蹈覆辙。20世纪70年代：美国经济延续了高速发展，但受到两次石油危机爆发的影响，高速增

① 习近平：在庆祝改革开放40周年大会上的讲话，2018年12月18日。

长态势被打断。而中国经济继续在动荡中挣扎，但在改革开放政策起航中迎来曙光。20 世纪 80 年代：美国经济放缓，迎来第二次世界大战以来最虚弱时期，GDP 全球占比下降到 22% 左右。得益于改革开放政策，中国经济高速发展，但因为通货膨胀严重，中国 GDP 占美国比重仅为 6.5%，创下最低纪录。20 世纪 90 年代：随着日本经济衰退和东欧解体，美国经济复苏，迎来黄金十年，成为世界唯一超级大国。中国经济经受住了冲击，蓄势待发。21 世纪头 10 年：美国经过科索沃战争、阿富汗战争、第二次海湾战争等战争的消耗以及 2008 年世界金融危机的打击，国力急剧下降，经济增速明显下滑，而中国凭借加入 WTO 的契机，一跃成为世界工厂，成为世界第一大工业国，2010 年中国 GDP 超越日本，成为世界第二大经济大国。21 世纪第 2 个 10 年：受金融危机的影响，世界经济持续低迷，中美经济双双放缓，中国经济总量占美国的比重增长到了 60%，与美国的国力迅速接近（见图 1－30、图 1－31、图 1－32）。

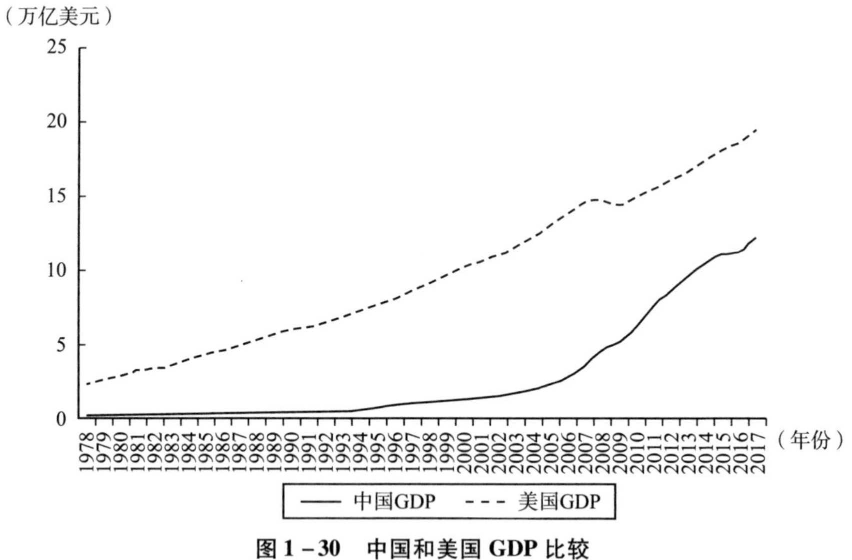

图 1－30　中国和美国 GDP 比较

资料来源：世界银行（data. worldbank. org）。

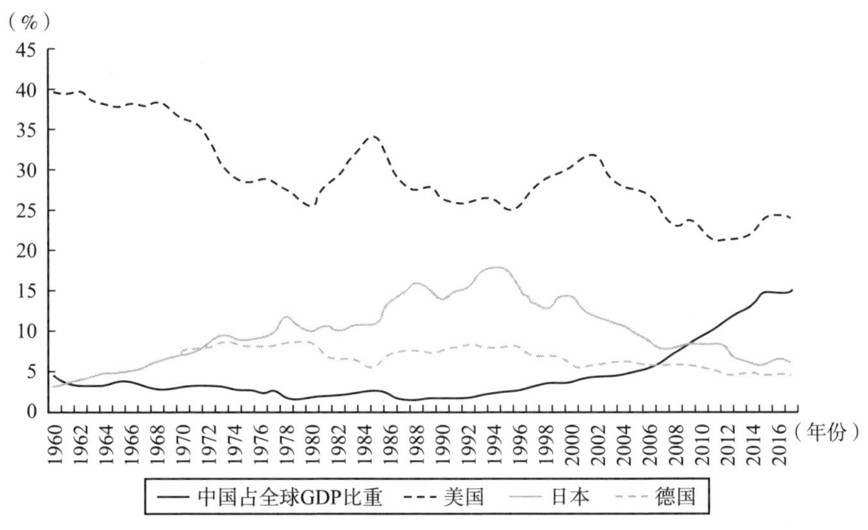

图 1－31　中国占全球 GDP 比重变化趋势

资料来源：世界银行（data. worldbank. org）。

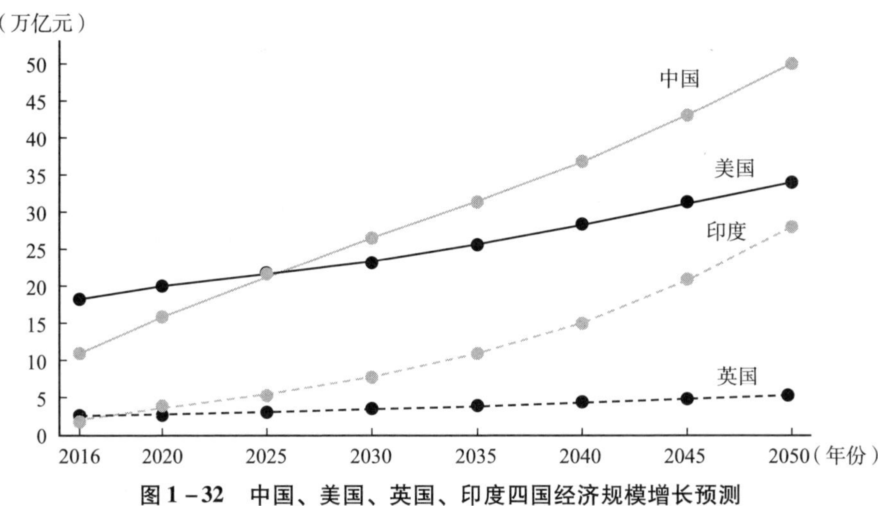

图 1－32　中国、美国、英国、印度四国经济规模增长预测

资料来源：PWC（https：//www. pwc. com/gx/en）。

另外，根据国际研究机构预测，中国 GDP 保持较高增速，将在 2025 年左右赶上美国，成为世界第一经济大国，并保持领先地位。到 2050 年中国经济规模将远远超过美国，超出幅度达到60%左右。基于我国经济发展的现实基础和成功经验，综合分析国际国内形势和我国发展条件，必须坚定不移把发展作为执政兴国的第一要务，坚持解放和发展社会生产力，坚定不移贯彻新发展理念，坚决端正发展观念、转变发展方式，不断提高人民生活水平，推动经济持续健康发展，就能够实现我国社会主义经济发展的远大目标，[①] 实现“两个一百年”奋斗目标、实现中华民族伟大复兴的中国梦。

党的十九大报告给我国未来发展制定了宏远规划和伟大战略目标，提出在二〇二〇年全面建成小康社会的基础上，紧扣我国社会主要矛盾变化，统筹推进经济建设、政治建设、文化建设、社会建设、生态文明建设，坚定实施科教兴国战略、人才强国战略、创新驱动发展战略、乡村振兴战略、区域协调发展战略、可持续发展战略、军民融合发展战略，乘势而上开启全面建设社会主义现代化国家新征程，向第二个百年奋斗目标进军。总的来看，从21世纪20年代到21世纪中叶，大概30年时间内，再经过两个阶段的奋斗和发展，将中国建成社会主义现代化强国。第一阶段是前十五年，到2030年左右，基本实现社会主义现代化。到那时，我国经济实力、科技实力将大幅跃升，跻身创新型国家前列；人民生活更为宽裕，中等收入群体比例明显提高，城乡区域发展差距和居民生活水平差距显著缩小，基本公共服务均等化基本实现，全体人民共同富裕迈出坚实步伐；现代社会治理格局基本形成，社会充满活力又和谐有序；生态环境根本好转，美丽中国目标基本实现。第二阶段是后十五年，到21世纪中叶，把我国建成富强民主文明和谐美丽的社会主义现代化强国。到那时，我国物质文明、政治文明、精神文明、社会文明、生态文明水平将全面提升，实现国家治理体系和治理能力现代化，成为综合国力和国际影响力领先的国家，全体人民共同富裕基本实现，我国人民将享有更加幸福安康的生

---

① 习近平：决胜全面建成小康社会　夺取新时代中国特色社会主义伟大胜利——在中国共产党第十九次全国代表大会上的报告，2017年10月18日。

活，中华民族将以更加昂扬的姿态屹立于世界民族之林。

党的十九大报告为我们描绘了一幅中华民族坚定发展的美好蓝图，也为我国现代化社会主义建设指明了方向，是未来 30 年我国经济发展和改革的行动指南，在正确的政策纲领和全体人民的拥护支持下，广大人民群众艰苦奋斗，努力不懈，不断壮大我国经济实力和综合国力，使我国成为世界经济大国和经济强国。

（二）建成现代化经济体系

经过 70 年的发展，我国建立了最为齐全的工业体系，工业制造能力勇冠全球，外贸出口额世界第一，但过去的发展是以资源优势和廉价劳动力优势为支撑的，在国际产业分工体系和价值链中还处于劣势地位。一方面，目前的产业体系还不能满足我国人民生活水平不断提高对物质生活的需要，另一方面，我国的资源环境也不允许粗放型经济的持续运行，我国经济在进入中等收入阶段，需要建成现代化的经济体系，以提升我国经济的可持续发展能力，满足广大人民追求美好生活的更高要求。党的十九大报告指出我国经济已由高速增长阶段转向高质量发展阶段，正处在转变发展方式、优化经济结构、转换增长动力的攻关期，建设现代化经济体系是跨越关口的迫切要求和我国发展的战略目标。因此，下一阶段，我国经济发展的重心在建成和完善现代化经济体系。通过供给侧结构性改革，未来经济发展更加注重质量、更加注重效率，通过创新战略和科技发展，全要素生产率比较大大提高，将形式实体经济、科技创新、现代金融、人力资源协同发展的现代化产业体系。①

1. 深化供给侧结构性改革来建设现代化经济体系

供给侧结构性改革将是一个长期过程，是对过去经济发展结构的调

① 习近平：决胜全面建成小康社会　夺取新时代中国特色社会主义伟大胜利——在中国共产党第十九次全国代表大会上的报告，2017 年 10 月 18 日。

整，也是对未来经济发展的适应。通过大力发展实体经济，切实提高供给产品和服务体系的质量，显著增强我国经济发展的质量和效益。随着第四次工业革命的到来，我国将紧紧抓住难得的历史发展机遇，将加快发展先进制造业，推动互联网、大数据、人工智能和实体经济深度融合，形成多层次宽领域的经济增长热点，加快建设制造强国。未来我国经济将在中高端消费、创新引领、绿色低碳、共享经济、现代供应链、人力资本服务等领域发力，培育经济发展新增长点、形成新动能，形成赶超。发挥“互联网+”的弯道超越优势，通过“大众创业，万众创新”，推进传统产业优化升级，加快发展现代服务业，促进我国的产业体系全面迈向全球价值链中高端，在优势领域培育若干世界级先进制造业集群。发挥我国的大国集中优势、办大事的优势，继续加强水利、铁路、公路、水运、航空、管道、电网、信息、物流等基础设施网络建设，保证技术、信息、人才、资本的有效流动，大大提升各类资源的优化配置，使我国产业体系成为一个高效、高质的现代化经济体系。

2. 实施乡村振兴战略助推“三农”现代化

“三农”问题是关系国计民生的根本性问题，我国始终把解决好“三农”问题作为工作的重中之重，长期以来出台了很多政策文件，通过建立健全城乡融合发展体制机制和政策体系，加快推进农业农村现代化。一是我国正在探索巩固和完善农村基本经营制度，深化农村土地制度改革，完善承包地“三权”分置制度，深化农村集体产权制度改革，保障农民财产权益，壮大集体经济，保证农村经济的稳定和发展。二是随着农业科技进步和农村劳动力转移，土地流转和资本下乡的快速推进，现代农业产业体系、生产体系、经营体系不断完善，多种形式适度规模经营将成为农业经济主体，新型农业经营主体将不断涌现，农业社会化服务体系将不断完善，现代农业将得到蓬勃发展，农村第一、第二、第三产业融合发展，农产品的产量和质量得到改善，国家粮食安全得到保障。未来中国农村将由高科技农业知识武装的现代农民主导，农业是现代化农业产业体系，农产品和服务高质量、高效率供给，为我国现代化经济打下坚实的基础，为广大人民群众的食品需求提供良好的保障。

3. 区域协调发展战略平衡区域经济发展

渐进式改革开放造成了我国区域经济发展的巨大差距，是区域经济不平衡、不协调的主要原因。近年来，产业梯度转移大大促进了中西部地区的发展，为过去经济欠发达地区输入了大量资本和技术，而且这一过程还会持续下去，将逐步缩小我国区域经济发展差距。另外，我国非常重视落后地区的发展，不断出台政策文件加大力度支持革命老区、民族地区、边疆地区、贫困地区加快发展，还强化举措推进西部大开发，深化改革加快东北等老工业基地振兴，发挥优势推动中部地区崛起，创新引领率先实现东部地区优化发展，通过建立有效的区域协调发展新机制，促进我国区域经济更加协调发展。未来一段时期，我国将是城市化进程的关键时期，也是扶贫工作的关键时期，通过顶层设计、点面结合，以城市群为主体构建大中小城市和小城镇协调发展的城镇格局，城乡一体化建设加快完成，京津冀协同发展、长江经济带高质量发展、加上已经在快速发展的长三角、珠三角、北部湾、海峡两岸等经济区，形成我国区域经济多头并进、协调发展、共同富裕的格局。

（三）人民生活水平明显提高

党的十九大报告提出要坚持以人民为中心，也就是说，解决社会发展的中心是人民，发展经济的根本目的是提高人们生活水平。虽然我国社会生产力已经有了很大的进步，但还处在社会主义初级阶段，我国社会的主要矛盾已经由人民日益增长的物质文化需要同落后的社会生产之间的矛盾，转变为人民日益增长的美好生活需要和不平衡不充分的发展之间的矛盾。未来一段时期，我国将进入质量提升的经济增长阶段，也必须围绕如何解决新时代社会主要矛盾展开，就是满足人们日益增长的美好生活需要，关键一点就是提高人们生活水平。党的十九大报告为我们描绘了到 21 世纪中叶“全体人民共同富裕基本实现”的美好前景，在全国人民共同努力下，这个美好愿景也必将实现。

新中国成立以来，特别是改革开放以后，我国居民收入有了明显提升，消费水平随之上升。2018 年，人均国内生产总值 64644 元，约为 9590 美元，接近 1 万美元，达到中等国家收入水平。全国居民人均可支配收入 28228 元，扣除价格因素，比 1978 年实际增长 24. 8 倍，年均实际增长 8. 5%。40 年间，我国居民用 31 年时间实现人均收入跨万元大关，用 5 年时间实现人均收入跨 2 万元大关，目前正向人均收入 3 万元大关迈进。全国居民人均消费支出 19853 元，扣除价格因素，比 1978 年实际增长 19. 5 倍，年均实际增长 7. 9%。基于我国经济未来可期的快速增长态势，加上我国劳动者教育程度和劳动能力的提升，劳动生产率不断提升，劳动者报酬在国民收入中的比重稳步上升，加上居民的收入渠道不断拓展，我国居民的可支配收入必将有明显的上升。假定未来几年，居民的收入增长在 6. 5% 的水平上，到 2020 年，我们的中等收入群体比重可以达到 43%，到 2025 年可以超过 50%，中国将进入中等收入群体为主的“橄榄形”社会。到 21 世纪中叶，人均 GDP 将达到发达国家水平，再逐步跨越“中等收入陷阱”，成功进入高收入国家行列。收入来源渠道多元化，低收入群体的社会保障日益完善。人民消费能力显著提升，物质产品极大丰富，消费结构不断升级，居住条件和质量显著提升，医疗保健服务水平全面提高，产品和服务的质量明显改善，人民群众关切的食品安全公共问题得到有效解决，符合环境友好型的绿色产品成为主流。

保障居民收入的快速稳定增长，需要持续进行收入分配改革，在初次分配中更多地保障劳动者权益，提高劳动者报酬占国民收入分配中的比重。再次分配中，更多地关注和保障低收入群体的权益，通过税收政策和社会保障政策给低收入群体转移更多的福利和保障。履行好政府再分配调节职能，加快推进基本公共服务均等化，缩小收入分配差距。在提高居民收入的各种途径和措施中，最为关键的是提高就业质量，切实保障普通劳动者的就业权利。一方面，随着科技进步和人工智能等大范围推广，众多劳动力岗位越来越多地被机器提供，特别是制造业生产线的工作岗位越来越少，对就业能力较低的劳动者而言面临巨大的挑战。另一方面，随着我国劳动者收入提高，工厂用工成本增加，导致部分国际资本向劳动力成本更低的东南亚等国家转移，也对我国的就业市场产生一定的挑战。因此，未来一段时期，科技进步和产业转移是不可避免的长期趋势，我国劳动力市场将面临较大的挑战。政府保障经济发展的工作重心是坚持就业优先战略和积极就业政策，实现更高质量和更充分就业。持续大规模开展职业技能培训，注重解决结构性就业矛盾，鼓励创业带动就业。继续提供全方位公共就业服务，改革高等教育体制，更加注重青年职业能力培养，促进高校毕业生等青年群体、农民工多渠道就业创业。通过改革人才管理的体制机制，破除妨碍劳动力、人才社会性流动的弊端，人人都有通过辛勤劳动实现自身发展的机会，真正地让每个微观个体都能实现“中国梦”。

（四）社会主义市场经济体制完善

新中国成立 70 年来的经济发展，带给我们足够丰富的经验和教训，要想健康稳定发展，关键在制度改革释放各类要素的活力，才能提高社会生产力。党的十九大报告提出我国要坚持全面深化改革，只有改革开放才能发展中国、发展社会主义、发展马克思主义。必须坚持和完善中国特色社会主义制度，不断推进国家治理体系和治理能力现代化，坚决破除一切不合时宜的思想观念和体制机制弊端，突破利益固化的藩篱，吸收人类文明有益成果，构建系统完备、科学规范、运行有效的制度体系，充分发挥我国社会主义制度优越性。展望未来，我们面临新时代经济发展有了更高起点，同时面临更多机遇和更多挑战，更是需要继续推进制度改革和创新，对不适应甚至束缚新时代经济发展体制机制进行改革，应对未来经济发展过程中产生的新问题。可以预期，在制度改革和创新方面，我们将继续发展和完善社会主义制度，除了要继续推进市场体系建设、财政体制改革、金融体制改革、国有企业改革、收入分配改革、科教文卫管理体系改革、社会保障体制改革以外，还会加快推进行政管理体制改革，完善经济宏观调控体系。未来的国民经济发展过程，我们会更好地正确处理好政府和市场关系，市场在资源配置中的决定性作用能够得到很好的落实，各类市场主体在市场中享受更加公平的地位，各类资源能够得到更加有效的配置和利用。

当然，完善的制度体系改革不是一蹴而就，有效的管理体制和机制也要不断努力推进改革。根据党的十九大报告提出的坚定不移贯彻创新、协调、绿色、开放、共享的新发展理念，坚持和完善我国社会主义基本经济制度和分配制度，巩固和发展公有制经济，鼓励、支持、引导非公有制经济发展，使市场在资源配置中起决定性作用，有助于推动新型工业化、信息化、城镇化、农业现代化同步发展。随着经济快速发展，人们生活水平的日益提高，全体人民基本脱贫，大部分人过上小康生活，中产人群的比例越来越大，大家在经济改善基础上的政治觉悟越来越高，对社会公共事务的参与兴趣提高以及对自身群体利益的诉求，人们的思想将得到更大的解放，旧有的思想束缚和制度障碍会逐步得到解除。思想禁锢会被历史抛弃，全社会的聪明才智得到发挥，改革过程中的失误和错误得以避免，错误的认识和固执的传统会得以排除。以人为本的思想将会成为社会共识，人的最大发展需求将会被制度设计和完善，充分反映和尊重各类阶层的诉求，全社会各类群体潜力得以发挥，共同为经济社会发展贡献力量，实现全社会的公平和正义。新的发展理念将加快制度改革，激发社会活力，推动理论创新和实践创新，不断丰富和发展中国特色社会主义，持续推进改革开放，保障中国特色社会主义市场经济的快速发展，稳步实现中国经济社会发展的战略目标，加快进入中等发达收入国家，为实现中华民族伟大复兴奠定良好经济基础。

（五）建设创新型国家

坚持科技创新战略，提升科技创新能力作为国家竞争和提升国际地位的根本途径，历史证明，创新是引领发展的第一动力，是建设现代化经济体系的战略支撑。我国历来非常重视科技创新，改革开放之初，就提出科技是第一生产力，全国上下掀起了热爱科学、鼓励创新的热潮。多年来，我国就坚持大力实施科技驱动发展战略，要加快建设创新型国家，科技创新日新月异，创新型国家建设成果丰硕，天宫、蛟龙、天眼、悟空、墨子、大飞机等重大科技成果相继问世，推动我国科技实现了跨越式发展，为国民经济的升级提效发挥了巨大的作用。党的十九大报告再次提出，要瞄准世界科技前沿，强化基础研究，实现前瞻性基础研究、引领性原创成果重大突破。加强应用基础研究，拓展实施国家重大科技项目，突出关键共性技术、前沿引领技术、现代工程技术、颠覆性技术创新，为建设科技强国、质量强国、航天强国、网络强国、交通强国、数字中国、智慧社会提供有力支撑。加强国家创新体系建设，强化战略科技力量。深化科技体制改革，建立以企业为主体、市场为导向、产学研深度融合的技术创新体系，加强对中小企业创新的支持，促进科技成果转化。倡导创新文化，强化知识产权创造、保护、运用。培养造就一大批具有国际水平的战略科技人才、科技领军人才、青年科技人才和高水平创新团队。①

有正确的科技创新规划和设计，完善的工业体系做基础，持续不断的教育投入和人才培养，科技创新体系的支撑，全社会科技创新的氛围，广大企业和科技人才的努力，有巨大的科技应用市场，有理由相信，我国的科技发展速度完全可以赶超世界科技先进发达国家，并且在很多方面可以实现“弯道超车”，在未来占据科技发展的制高点。未来一段时期，我国科学技术发展一定能够达到与我国经济社会发展相适应的目标，基础科学和前沿技术研究综合实力显著增强，取得一批在世界具有重大影响的科学技术成果，自主创新能力显著增强，科技促进经济社会发展和保障国家安全的能力显著增强，科技发展为全面建设小康社会提供强有力的支撑，使

①　习近平：决胜全面建成小康社会　夺取新时代中国特色社会主义伟大胜利——在中国共产党第十九次全国代表大会上的报告，2017 年 10 月 18 日。

中国进入创新型国家行列，为在 21 世纪中叶成为世界科技强国奠定基础。具体来看，我国科学技术的发展，一是掌握一批能够全面提升国家竞争力的装备制造业和信息产业核心技术，制造业和信息产业技术水平进入世界先进行列，制造业和信息产业的规模在国民经济中的比重显著增强，在对外出口的国际贸易中发展关键作用。二是农业科技整体实力进入世界前列，在农业现代化基础上促进农业综合生产能力的提高，而且有效保障食物安全和食品质量。三是能源开发、节能技术和清洁能源技术取得突破，大大优化能源结构，清洁能源和可持续能源使用比例大大提升，主要工业产品单位能耗指标达到或接近世界先进水平，有效破解能源对国民经济生产和消费的制约，保障我国能源安全，维护经济发展稳定。四是在重点行业和重点城市建立循环经济的技术发展模式，为建设资源节约型和环境友好型社会提供科技支持，为我国加快实现美丽中国建设提供技术保障，更好地满足人民群众对良好生态环境的期望。五是医药科技实现重大突破，重大疾病防治水平显著提高，艾滋病、肝炎等重大疾病得到遏制，新药创制和关键医疗器械研制取得突破，具备产业发展的技术能力，明显提升我国居民医疗健康保障水平。六是国防科技基本满足现代武器装备自主研制和信息化建设的需要，为维护国家安全提供保障，有效推进军民融合发展，国防经济成为国民经济的重要组成部分。七是通过改革教育和科研管理体系，培育和发展一批具有世界水平的科学家和研究团队，在科学发展的主流方向上取得一批具有重大影响的创新成果，信息、生物、材料和航天等领域的前沿技术达到世界先进水平。

（六）全面开放新格局形成

世界经济发展历史和我国实践证明，只有开放才能发展经济、才能繁荣富强，闭关锁国只能落后挨打。改革开放为中国融入世界经济体系开启了新的征程，中国加入 WTO 为中国快速发展开放经济打开了机遇之门，对外开放为中国利用世界市场发展经济提供了难得的历史机遇，世界各国也因为中国的加入获益匪浅。我国是世界经济一体化的受益者，也是世界经济发展的贡献者和国际经济合作的维护者，为世界经济发展和解决就业脱贫做出卓越贡献。党的十九大报告提出要推动形成全面开放新格局，要以“一带一路”建设为重点，坚持“引进来”和“走出去”并重，遵循共商共建共享原则，加强创新能力开放合作，形成陆海内外联动、东西双向互济的开放格局。拓展对外贸易，培育贸易新业态新模式，推进贸易强国建设。实行高水平的贸易和投资自由化便利化政策，全面实行准入前国民待遇加负面清单管理制度，大幅度放宽市场准入，扩大服务业对外开放，保护外商投资合法权益。凡是在我国境内注册的企业，都要一视同仁、平等对待。优化区域开放布局，加大西部开放力度。赋予自由贸易试验区更大改革自主权，探索建设自由贸易港。创新对外投资方式，促进国际产能合作，形成面向全球的贸易、投融资、生产、服务网络，加快培育国际经济合作和竞争新优势。①

站在新的历史时期，我国也有更大的勇气和信心去面对世界经济发展的风云变幻，将以更大的胸怀和更宽广的责任去融入世界经济体系，建设更加自由、更加广泛的开发型经济，为世界经济的稳定发展贡献更多的中国力量。中国必将继续坚持对外开放的基本国策，坚持打开国门搞建设，积极促进“一带一路”国际合作，努力实现政策沟通、设施联通、贸易畅通、资金融通、民心相通，打造国际合作新平台，增添共同发展新动力。中国不但从世界经济体系中获益，获得发展机遇，还将承担起更多的大国责任，帮助更多的国家融入世界经济一体化合作体系，同时还会加大对发展中国家特别是最不发达国家的援助力度，促进缩小南北发展差距。中国将继续支持多边贸易体制，促进自由贸易区建设，推动建设开放型世界经济，坚持推动构建人类命运共同体，统筹国内国际两个大局，始终不渝走和平发展道路、奉行互利共赢的开放战略，始终做世界和平的建设者、全

① 习近平：决胜全面建成小康社会　夺取新时代中国特色社会主义伟大胜利——在中国共产党第十九次全国代表大会上的报告，2017 年 10 月 18 日。

球发展的贡献者、国际秩序的维护者。基于我国提出共建“一带一路”倡议已经得到越来越多的国家支持，在全球范围内产生巨大影响，沿线国家正把“一带一路”当作重大发展机遇，加强与中国的经贸合作，我国也必将与广大国家合作，把“一带一路”打造成为顺应经济全球化潮流的最广泛国际合作平台，让共建“一带一路”更好地造福各国人民。

（七）社会保障体系

增进民生福祉是发展的根本目的，保障和改善民生要抓住人民最关心最直接最现实的利益问题，中国共产党的执政之基就是保证人民群众的生活水平不断提高，解决人民群众生活的后顾之忧，坚持在发展中保障和改善民生，这是历史发展的经验总结，也是新中国成立后历经多年来的血泪教训。党的十九大报告中一再强调，要在发展中补齐民生短板、促进社会公平正义，在幼有所育、学有所教、劳有所得、病有所医、老有所养、住有所居、弱有所扶上不断取得新进展，深入开展脱贫攻坚，保证全体人民在共建共享发展中有更多获得感，不断促进人的全面发展、全体人民共同富裕。这是我们奋斗的目标，也是政策实施的依据，在正确的执政方略和全体人民的共同努力下，相信在未来是可以实现的，也是广大人民的期盼所在。

一是教育事业蓬勃发展。中华民族最为重视教育，建设教育强国是中华民族伟大复兴的基础工程，国家历来比较重视教育事业的发展。但根据我国经济社会发展的趋势，以及世界发展的潮流，目前我国的教育体系和管理体制还不能满足我国经济社会发展对教育的要求，还不能满足人民群众对高质量教育的需求。在国家重视、人民期盼、科技进步等多种共同因素作用下，相信我国会继续深化教育改革，加快教育现代化，办好人民满意的教育，培养出真正满足社会需求、家庭和个人满意的人才。从人的综合素质教育出发，从培养德智体美全面发展的现代人格出发，每个孩子都能享有公平而有质量的教育。建立完善的职业教育和培训体系，实现高等教育内涵式发展，坚决提高我国高等教育质量，抛弃形式主义和盲目虚夸的不正之风。能够办好继续教育，建设学习型社会，大力提高国民素质，有效开启民智，使人民群众参与办理人民教育，真正为中华民族的长久健康永续发展培养高质量人才。

二是社会保障体系健全。国家规划按照兜底线、织密网、建机制的要求，全面建成覆盖全民、城乡统筹、权责清晰、保障适度、可持续的多层次社会保障体系。随着我国经济实力显著增强和人民生活水平的不断提高，我国有能力也有必要建立更加完善、更加合理、更加优质的社会保障体系。逐步消除各种生活保障体系中的不公平、不平等现象，特别是要消除少数人群享有的各种特权保障，显著提高农民等弱势群体的歧视性保障，使全体人民纳入一个统一的全面实施的全民参保、公平合理的社会保障体系。在生育、疾病、工商、养老、住房等方面都有合理的安排，使全体人民都能够参与这个社会保障体系，能够从这个时候保障体系获益，能够为如何完善这个社会保障体系发声，吸收各部分群体的意见，保证各部分群体的正当权益。

三是健康中国战略有效实施。人民健康是民族昌盛和国家富强的重要标志，也是国民经济健康持续发展的必要保障。我国已经进入老龄化社会，由于僵化的计划生育政策和日益加大的生活压力，导致我国的综合生育率下降到极低水平，可以预见未来一段时期，我国将进入非常严重的老龄化社会，对中国经济社会发展将会是一个非常大的挑战。所以，尽快完善国民健康政策，提前做好为人民群众提供全方位全周期健康服务的准备工作，已经到了刻不容缓的地步，当然，解决目前的医患矛盾，深化医药卫生体制改革，全面建立中国特色基本医疗卫生制度、医疗保障制度和优质高效的医疗卫生服务体系，健全现代医院管理制度也是非常必须的。未来我国将会加强基层医疗卫生服务体系和全科医生队伍建设，坚持预防为主，倡导健康文明生活方式，预防控制重大疾病。实施食品安全战略，努力解决食品安全问题。大力发展健康产业，积极应对人口老龄化，构建养老、孝老、敬老政策体系和社会环境，加快老龄事业和产业发展。

（八）生态文明

建设生态文明是中华民族永续发展的千年大计，生态环境问题是关系人民群众切身利益和中华民族生存发展的重大课题，解决生态环境问题也是推动和保障经济和社会全面、快速、健康、持久发展的一项重大战略。当前和今后相当长的一段时间，我国都会把建设资源节约型、环境友好型社会放在工业化、现代化发展战略的突出位置，既要解决过去过分注重经济发展而忽略生态环境欠下的环境污染账，逐步改善生态环境破坏对人民群众生活和可持续发展造成的影响。党的十九大对生态文明建设和生态环境保护进行了系统总结和重点部署，提出要坚持人与自然和谐共生，要树立和践行绿水青山就是金山银山的理念，坚持节约资源和保护环境的基本国策，像对待生命一样对待生态环境，统筹山水林田湖草系统治理，实行最严格的生态环境保护制度，形成绿色发展方式和生活方式，坚定走生产发展、生活富裕、生态良好的文明发展道路，建设美丽中国，为人民创造良好生产生活环境，为全球生态安全作出贡献。从绿色发展新理念来看，将坚持人与自然和谐共生作为新时代坚持和发展中国特色社会主义基本方略的重要内容，从生态文明建设的高要求来看，将紧扣新时代我国社会主要矛盾的变化，强化生态环境保护，推动高质量发展，提供更多优质生态产品以满足人民日益增长的美好生活需要，从生态文明建设目标来看，将坚决打好污染防治攻坚战作为决胜全面建成小康社会的三大攻坚战之一，将建设美丽中国作为全面建设社会主义现代化强国的奋斗目标。

绿色生产和消费的法律制度和政策导向会逐步建立，经济体系更加绿色、低碳、循环。能源生产和消费出现革命性进展，清洁低碳、安全高效的能源体系逐步建立。在互联网和人工智能技术的应用下，资源全面节约和循环利用，降低能耗、物耗，实现生产系统和生活系统循环链接。突出环境问题得到有效解决，通过全民共治、源头防治等各种措施，持续实施大气污染防治、加快水污染防治、实施流域环境和近岸海域综合治理。建立完善我国环境污染治理体系，提高污染排放标准，强化排污者责任，健全环保信用评价、信息强制性披露、严惩重罚等制度，从而构建起以政府为主导、企业为主体、社会组织和公众共同参与的环境治理体系。

随着经济社会发展，人民群众对生态环境的要求日益提高，只要我们坚持积极发展质量优先，坚持生态文明建设，我国的生态环境质量总体会得到改善。生产和生活方式的绿色化和低碳化水平会明显上升，在严格的环保政策下主要污染物排放总量大幅减少，各种环境风险得到有效控制，生物多样性下降势头得到控制，生态系统稳定性明显增强，基本形成生态安全屏障，生态环境领域国家治理体系和治理能力现代化取得重大进展，人民群众的生活环境将得到明显改善，生态文明建设水平与全面建成小康社会目标相适应，美丽中国建设目标最终实现。

第二章 70年来中国工业发展的主要成就与成功经验

新中国成立70年来，在中国共产党的坚强领导下，中国的经济发生了翻天覆地的变化，创造了人类经济史上的伟大奇迹，中国已经一跃成为世界第二大经济体和世界第一大工业国。新中国成立以来，中国走出了一条具有中国特色的工业化道路，取得了巨大成功，实现了由工业基础薄弱、技术落后、门类单一向工业基础扎实、技术先进、体系完整的世界工业大国的华丽转身，成为名副其实的世界第一大工业国，进入工业化后期（黄群慧等著，2017）。2018年，中国的工业增加值达到了305160亿元[①]（当年价，初步核算），是1949年的2551倍，按不变价格计算，年均实际增长10.98%。除了工业规模和生产能力不断壮大外，中国的工业结构也在持续优化，工业体系日趋完善，布局更加合理，经济效益和技术水平显著提高，企业竞争力不断增强。正是因为工业的持续快速发展，才推动中国经济持续高速增长，创造了经济增长的奇迹，也推动人民生活质量持续改善和国际地位大幅提升。而中国工业发展的做法和成功经验既对发展中国家和转轨国家提供了重要的“中国经验”，更为全球工业化、现代化进程贡献了“中国智慧”和“中国方案”（刘

① 资料来源：中华人民共和国国家统计局：《中华人民共和国2017年国民经济和社会发展统计公报》，2018年2月28日。

艳红、郭朝先，2018）。

一、新中国成立初期中国工业基本状况

新中国成立初期，百废待兴，中国的工业基础极其薄弱，技术水平非常落后，产能十分低下，与主要发达国家有很大差距，如表 2 - 1 所示。1949 年，中国钢铁产量仅为 15. 8 万吨，不足美国的 0. 22%，只有日本的 5%，不到世界总产量的 0. 1%，不仅远远落后于美国、英国、德国、日本等资本主义强国，与印度相比也有很大的差距。其他工业产品的情况也类似，产量均非常低，而技术含量相对比较高的工业产品，如汽车、电子、通信等，在当时的中国还是空白。1952 年，工业增加值仅为 119. 6 亿元，占 GDP 比重仅为 17. 6%；商品出口总额和进口总额分别仅为 8. 2 亿美元和 19. 4 亿美元，都非常低（见表 2 - 4）。

表 2 - 1　　　　1949 年中国主要工业产品产量与发达国家比较

产品名称	中国	苏联	美国	英国	法国	西德	日本	印度
煤炭（亿吨）	0. 32	2. 36	4. 36	2. 19	0. 53	1. 17	0. 4	0. 32
焦炭（万吨）	—	2430	5773	1574	690	2514	258	191
生铁（万吨）	25	1639	4978	968	841	717	160	164
钢（万吨）	15. 8	2329	7074	1580	915	916	311	137
原油（万吨）	12	3340	24890	16	18	84	19	25
发电量（亿度）	43	783	3451	506	303	357	410	49
硫酸（万吨）	4	220	1037	169	115	114	161	10
化肥（万吨）	0. 6	555	1972	318	707	713	311	9
水泥（万吨）	66	815	3594	936	688	846	328	214
盐（万吨）	299	—	1413	382	244	180	40	202

续表

产品名称	中国	苏联	美国	英国	法国	西德	日本	印度
机床（万台）	0.16	6.5	11.6	—	—	—	0.7	—
汽车（万辆）	—	27.6	625.3	63.1	25.9	16.2	2.7	2.2

资料来源：根据《1984年中国统计年鉴》《国外经济统计资料（1949～1972年）》相关数据整理。

即使到改革开放初期，中国工业的生产能力、整体规模、贸易水平和资产水平仍然比较低，如表2－2～表2－4所示。1980年，中国主要工业产品的产量仍然非常低，尤其是作为工业发展基础的粗钢、原油、发电量等的产量更低，远低于主要发达国家，粗钢的产量仅约为苏联的1/4、美国和日本的1/3，原油的产量更是只有苏联的17.56%、美国的24.98%，发电量也仅是苏联的23.23%、美国的12.77%，化肥的产量约为苏联和美国的一半。与1978年相比，1980年的主要工业产品产量有所增加，但是增幅很小，世界排名也基本没有发生变化，只有原油和发电量分别上升了2位和1位。1980年，工业增加值比新中国成立初期有了大幅度的增加，但仍然只有2014.9亿元，占GDP比重为43.9%；工业制成品出口额非常低，仅为90.05亿美元，占出口商品总额比重仅为49.7%；工业制成品进口额也比较低，为130.58亿美元，占进口商品总额比重为65.2%；工业企业固定资产原价仅4134亿元，比1978年略有增长。

表2－2　1980年中国与部分发达国家主要工业产品产量比较

项目	中国	苏联	美国	英国	法国	德国	日本
粗钢（万吨）	3712	14794	10146	1128	2318	4384	11140
原煤（万吨）	62015	65286	75269	13010	2275	22435	1803
原油（万吨）	10595	60321	42420	7892	120	520	43
发电量（亿度）	3006	12939	23544	2837	2457	3675	5775
水泥（万吨）	7986	12505	6824	1481	2910	3455	43

续表

项目	中国	苏联	美国	英国	法国	德国	日本
化肥（千吨）	12321	24242	23377	1800	4924	9559	1850
棉布（百万米）	13470	8098	3310	314	825	662	1843

资料来源：中华人民共和国国家统计局：《国际统计年鉴（1995）》，统计出版社 1996 年版。

表 2－3　　　　改革开放初期中国主要工业产品产量及世界位次

项目		粗钢（万吨）	原煤（亿吨）	原油（万吨）	发电量（亿千瓦小时）	水泥（万吨）	化肥（万吨）	棉布（亿米）
1978 年	产量	3178. 00	6. 18	10405. 00	2566. 00	6524. 00	869. 30	110. 30
	世界位次	5	3	8	7	4	3	1
1980 年	产量	3712. 00	6. 20	10594. 60	3006. 30	7986. 00	1232. 10	134. 70
	世界位次	5	3	6	6	4	3	1

资料来源：①中华人民共和国国家统计局：《中国统计年鉴（2017）》，统计出版社 2017 年版。
②中华人民共和国国家统计局：《国际统计年鉴（2018）》，统计出版社 2018 年版。

表 2－4　　　新中国成立初期和改革开放初期中国工业发展基本情况

指标	1952 年	1978 年	1980 年
工业增加值（亿元）	119. 6	1621. 5	2014. 9
工业增加值占 GDP 比重（%）	17. 6	44. 1	43. 9
工业制成品出口额（百万美元）	—	—	9005
出口商品总额（百万美元）	820	9750	18120
工业制成品出口额占出口商品总额比重（%）	—	—	49. 7
工业制成品进口额（百万美元）	—	—	13058
进口商品总额（百万美元）	1940	10890	20020
工业制成品进口额占进口商品总额比重（%）	—	—	65. 2
工业企业固定资产原价合计（亿元）	—	3477. 6	4134

注：1952 年和 1978 年数据缺失较多，因此只列出部分指标数据。

二、70年来中国工业发展的主要成就

虽然新中国成立初期中国工业发展的基础非常薄弱，技术落后，产能低下，规模很小，但并没有挡住中国人民大力发展工业的热情。通过中国人民的艰苦奋斗、自力更生，中国工业迅速发展，尤其是改革开放以后，中国工业化进程迅速启动，工业化水平显著提升，中国工业发生了翻天覆地的变化，工业生产能力明显增强，工业规模迅速扩大，工业体系日趋完善，经济效益显著提高。同时，工业产业结构持续优化，布局更加合理，技术水平不断提升，企业竞争力持续提高。中国已经从农业经济大国转变为世界工业大国，成为工业基础牢固、技术水平较高、门类齐全的“世界工厂”，成功迈入工业化后期的后半段，工业成为国民经济的主体和主要财富来源。

（一）工业生产能力明显提高，规模飞速扩大

经过70年的快速发展，中国工业发展水平不断提高，工业生产能力大幅提升，主要工业产品产量飞速增长，许多产品产量暴涨了几千倍。如表2-5所示，2017年，粗钢产量达到83138.1万吨，比1949年增长了519513.1%，位列世界第一位，排位比1978年上升了4位；原煤产量达到35.2亿吨，比1949年增长了10900.0%，位列世界第一位，排位比1978年上升了2位；发电量达到64951.4亿千瓦时，比1949年增长了150949.8%，位列世界第一位，排位比1978年上升了6位；水泥产量达到233084.1万吨，比1949年增长了353057.7%，位列世界第一位，排位比1978年上升了3位；化肥产量达到5891.7万吨，比1949年增长了981850.0%，位列世界第一位，排位比1978年上升了两位；棉布的产量增长相对较慢，增长了40.7倍。上述7种主要工业产品中，除原油外，其他

6 种工业品的产量在 2015 年均已经位列世界第一，而且大部分产品的产量连续多年稳居世界第一，增长非常迅速，其中，化肥的产量增长最为迅速，增长了 9819 倍，还有粗钢、水泥、原油的产量和发电量都增长了千倍以上，展现出中国强大的工业生产能力，使中国成为名副其实的“世界工厂”。

表 2－5　　1949～2017 年中国主要工业产品产量及世界位次

项目		粗钢（万吨）	原煤（亿吨）	原油（万吨）	发电量（亿千瓦小时）	水泥（万吨）	化肥（万吨）	棉布（亿米）
1949 年	产量	16	0.32	12	43	66	0.6	18.9
1952 年	产量	135	0.66	44	73	286	3.9	38.3
1978 年	产量	3178.0	6.2	10405.0	2566.0	6524.0	869.3	110.3
	世界位次	5	3	8	7	4	3	1
1980 年	产量	3712.0	6.2	10594.6	3006.3	7986.0	1232.1	134.7
	世界位次	5	3	6	6	4	3	1
1990 年	产量	5153.0	10.8	13830.6	6212.0	20971.0	1879.7	188.8
	世界位次	4	1	5	3	1	3	1
2000 年	产量	12850.0	13.8	16300.0	13556.0	59700.0	3186.0	277.0
	世界位次	1	1	5	2	1	1	2
2005 年	产量	35324.0	23.7	18135.3	25002.6	106884.8	5177.9	484.4
	世界位次	1	1	5	2	1	1	2
2010 年	产量	63723.0	34.3	20301.4	42071.6	188191.2	6337.9	800.0
	世界位次	1	1	4	2	1	1	1
2015 年	产量	80382.5	37.5	21455.6	58145.7	235918.8	7432.0	892.6
	世界位次	1	1	4	1	1	1	1
2016 年	产量	80760.9	34.1	19968.5	61331.6	241031.0	6629.6	906.8
	世界位次	1	1	5	1	1	1	1

续表

项目		粗钢（万吨）	原煤（亿吨）	原油（万吨）	发电量（亿千瓦小时）	水泥（万吨）	化肥（万吨）	棉布（亿米）
2017 年	产量	83138. 1	35. 2	19150. 6	64951. 4	233084. 1	5891. 7	787. 7
	世界位次	1	1	5	1	1	1	1
变化幅度	产量（%）	519513. 1	10900. 0	159488. 3	150949. 8	353057. 7	981850. 0	4067. 7
	世界位次	4	2	3	6	3	2	0

注：由于缺乏 1978 年之前的世界排名数据，因此 1949 年、1952 年的数据中未体现世界位次，世界位次的变化幅度也只是计算 1978 ~ 2017 年的变化。

资料来源：①中华人民共和国国家统计局：《新中国 55 年统计资料汇编》，统计出版社 2005 年版；

②中华人民共和国国家统计局：《2018 年中国统计年鉴》，统计出版社 2018 年版；

③中华人民共和国国家统计局：《2018 年国际统计年鉴》，统计出版社 2019 年版。

除此之外，汽车、计算机、彩电、金属切削机床等电子和机械产品在新中国成立初期没有能力生产，但目前的生产能力却十分惊人，增长非常迅速。如表 2 - 6 所示，2017 年，汽车产量达到 2901. 8 万辆，比 1978 年增长了 19375. 2%；空调达到 17861. 5 万台，比 1978 年增长了 893075. 5 倍，增长最为迅速。目前中国在家电、服装、纺织品、日用工业品、微机等领域已成为全球重要的制造业工厂或生产基地。

表 2 - 6　中国的汽车、计算机和彩电的产量

年份	汽车（万辆）	计算机（万台）	彩电（万台）	金属切削机床（万台）	发电机组（万千瓦）	电冰箱（万台）	空调（万台）	洗衣机（万台）	集成电路（亿块）
1949	—	—	—	—	—	—	—	—	—
1952	—	—	—	—	—	—	—	—	—
1978	14. 9	—	0. 4	18. 3	483. 8	2. 8	0. 02	0. 04	0. 3
1980	22. 2	—	3. 2	13. 4	419. 3	4. 9	1. 3	24. 5	0. 2

续表

年份	汽车（万辆）	计算机（万台）	彩电（万台）	金属切削机床（万台）	发电机组（万千瓦）	电冰箱（万台）	空调（万台）	洗衣机（万台）	集成电路（亿块）
1990	51.4	8.2	1033.0	13.5	1225.4	463.1	24.1	662.7	1.1
2000	207.0	672.0	3936.0	17.7	1249.0	1279.0	1826.7	1443.0	58.8
2005	570.5	8084.9	8283.2	51.1	9200.0	2987.1	6764.6	3035.5	270.0
2010	1826.5	24584.5	11830.0	69.7	12880.2	7295.7	10887.5	6247.7	652.5
2015	2450.4	31418.7	14475.7	75.5	12431.4	7992.8	14200.4	7274.5	1087.2
2016	2811.9	29008.5	15769.6	67.3	13119.8	8481.6	14342.4	7620.9	1318.0
2017	2901.8	30678.4	15932.6	60.9	11822.9	8548.4	17861.5	7500.9	1564.6
变化幅度（%）	19375.2	374026.5	3983055.0	232.2	2343.8	305199.6	89307550.0	18752100.0	514395.2

注：计算机产量的变化幅度为 1990～2017 年的变化幅度，其余均为 1978～2017 年的变化幅度。

资料来源：①中华人民共和国国家统计局：《新中国 55 年统计资料汇编》，统计出版社 2005 年版；

②中华人民共和国国家统计局：《2018 年中国统计年鉴》，统计出版社 2018 年版。

工业生产能力的快速提高，极大地推动了工业规模的迅速扩大。如表 2－7 所示，1952 年，工业增加值仅为 119.6 亿元，而到 2017 年，工业增加值已经达到 27.8 万亿元，是 1952 年的 2327.2 倍，年均增长 12.7%。工业生产规模的迅速扩大，使得工业产品不仅满足了国内工农业生产和人民生活的需要，还大量出口，而且出口种类不断增多，产品的档次和质量也不断提高，成为拉动中国经济增长的重要引擎，使中国成为世界第一大出口国。1980～2017 年，工业制成品出口额由 90.05 亿美元增长到 21456.4 亿美元，增长了 238.3 倍，年均增长 15.9%；而同期的出口商品总额增长相对较为缓慢，增长了 124.9 倍，年均增长 13.9%，使得工业制成品出口额占出口商品总额比重迅速增长，由 1980 年的 49.7% 上升到 94.8%。

表2－7　　1952~2017年中国工业发展状况

指标	1952年	1978年	1980年	1993年	2000年	2016年	2017年
工业增加值（亿元）	119.6	1621.5	2014.9	14248.8	40259.7	247877.7	278328.2
工业制成品出口额（百万美元）	—	—	9005	75078	223743	1992444.4	2145638.1
出口商品总额（百万美元）	820	9750	18120	91740	249200	2097631.2	2263371.3
工业制成品出口额占出口商品总额比重（%）	—	—	49.7	81.8	89.8	95.0	94.8

资料来源：根据国家统计局相关数据整理。

（二）工业体系不断完善，国际地位稳步提升

新中国成立以后尤其是改革开放后，依托人口红利和改革红利，中国实行“外向型”经济发展战略，大力引进外资，加快出口加工贸易，凭借廉价劳动力优势，积极承接国际产业转移，积极融入全球分工体系，从主要承接劳动密集型产业到大力发展资本与技术密集型产业，产业转型升级不断加快，产业技术内涵和水平不断提升，在推动贸易和经济快速发展的同时也建立起全球规模最大、门类最齐全的工业体系，工业素质也不断提高，成为全球产业链和供应链的关键节点。在2010年前后，中国已经建立起独立、完整的工业体系，是全世界唯一拥有联合国产业分类中全部39个工业大类的国家，被誉为“世界工厂”和全球“制造中心”。

由表2－8可知，中国工业发展突飞猛进，2014年工业增加值达到4.52万亿美元，比2000年增长了7.19倍，而同期的世界工业增加值仅增长了1.36倍，中国工业增加值占世界的比重由5.9%上升到20.5%，在世界上的地位越来越高；从制造业增加值来看，也可以得到同样的结果，

2004 年，中国的制造业增加值仅为 6252.2 亿美元，占世界的 8.7%，但到 2014 年，中国的制造业增加值已经达到 3.18 万亿美元，占世界的 25.3%。强大的工业生产，使得中国的工业产品出口也大大增加，工业产品出口占全球比重快速提升，2014 年，中国工业制成品出口额达到 2.2 万亿美元，比 2000 年增长了 9.01 倍，占世界的比重从 4.6% 提高到 17.5%。而高科技产品的出口增长更为迅速，增长了 12.38 倍，占世界的比重从 3.6% 提高到 26.0%；中国的高科技产品出口占制成品出口的比重也上升明显，由 19.0% 上升到 25.4%，而世界的高科技产品出口占制成品出口的比重则由 24.4% 下降到 17.1%。以上这些指标都表明新中国成立以后中国工业发展非常迅猛，工业体系日趋完善，而且高科技产业发展迅速，使得中国工业在全球的地位不断提升，在世界工业中具有举足轻重的作用。

表 2-8　　2000~2014 年中国与世界工业发展状况比较

项目		2000 年	2005 年	2010 年	2012 年	2014 年
工业增加值（现价亿美元）	中国	5516.1	10749.5	28304.5	38756.6	45182.1
	世界	93305.4	129217.4	182893.2	212236.3	220508.3
	中国占世界比重（%）	5.9	8.3	15.5	18.3	20.5
制造业增加值（现价亿美元）	中国	6252.2[a]	7336.6	19243.2	26900.9	31842.4
	世界	71742.5[a]	76722.6	104641.5	119378.9	126051.9
	中国占世界比重（%）	8.7[a]	9.6	18.4	22.5	25.3
工业制成品出口额（现价亿美元）	中国	2198.4	7000.8	14760.1	19245.1	22016.1
	世界	47440.2	72612.8	101800.7	118329.7	125666.9
	中国占世界比重（%）	4.6	9.6	14.5	16.3	17.5
高科技产品出口（现价亿美元）	中国	417.4	2159.3	4060.9	5056.5	5586
	世界	11580.1	15856.6	17801.9	19988	21460.9
	中国占世界比重（%）	3.6	13.6	22.8	25.3	26.0

续表

项目		2000年	2005年	2010年	2012年	2014年
高科技产品出口占制成品出口比重（%）	中国	19.0	30.8	27.5	26.3	25.4
	世界	24.4	21.8	17.5	16.9	17.1

注：数据来源于世界银行统计数据库，由于大部分指标只有2000～2014年的数据，因此为了方便对比，表中只列出这段时间的数据；a为2004年数据。

（三）工业企业规模不断壮大，经济效益显著提高

新中国成立后，中国工业企业快速发展，工业企业数量显著增长，由1960年的25.4万家增长到1978年的34.8万家；改革开放后增长更为迅速，由1978年的34.8万家增长到1997年的53.4万家；1998～2006年，由16.5万家增长到30.2万家；2007～2010年，由33.7万家增长到45.3万家；2011～2017年，由32.6万家增长到37.2万家。

工业企业的资产规模和销售规模上升也非常迅速，1978年工业企业固定资产原价仅3477.6亿元，到2016年时已经上升到65.1万亿元，增长了186.1倍，年均增长14.8%；工业企业资产总计由1978年的4525亿元上升到2017年的112.2万亿元，增长了246.9倍，年均增长15.2%。工业企业工业销售产值由2000年的8.4万亿元增长到2016年的115.2万亿元，增长了12.8倍，年均增长17.8%；工业企业出口规模也不断扩大，工业企业工业出口交货值由1998年的1.1万亿元增长到2017年的12.4万亿元，增长了10.4倍，年均增长8.8%。

工业企业的迅速发展也创造了大量的就业，第二产业就业人员数由1952年的1531.0万人增长到2017年的21824.0万人，增长了13.3倍，年均增长4.2%。虽然就业人数的增长相对比较慢，但从另一角度说明工业劳动生产率和单位就业人员创造的价值提升更加迅速，企业的经济效益提升明显。1952～2017年，人均工业增加值增长了162.3倍，年均增长8.2%；1978～2017年，工业企业利润总额增长了124.0倍，年均

增长13.2%，而人均工业企业利润增长了38.8倍，年均增长9.9%（见表2-9）。

表2-9　　1978~2016年中国工业企业发展状况

指标	1952年	1960年	1978年	1998年	2000年	2010年	2016年	2017年
工业企业单位数（个）	—	254000	348400	165100	162900	452872	378599	372729
工业企业固定资产原价合计（亿元）	—	—	3477.6	64832.1	78646.3	334839.4	650592.7	—
工业企业资产总计（亿元）	—	—	4525	108822.0	126211.0	592882.0	1085865.9	1121909.6
工业企业工业销售产值（亿元）	—	—	—	—	83678.2	684735.2	1151950.1	—
工业企业出口交货值（亿元）	—	—	—	10842.0	14575.0	89910.1	117842.7	123932.00
工业企业利润总额（亿元）	—	—	599.4	1458.0	4393.0	53050.0	71921.4	74916.3
第二产业就业人员数（万人）	1531.0	4112.0	6945.0	16599.7	16219.1	21842.1	22350.0	21824.0
人均工业增加值（元）	781.2	1381.8	2334.8	20563.6	24822.4	75600.1	110907.2	127533.1
人均工业企业利润（元）	—	—	863.0	878.3	2708.5	24288.0	32179.6	34327.5

注：1997年及以前年份统计范围为全部工业企业（包括个体工业），1998~2006年统计范围为全部国有及年主营业务收入在500万元以上非国有工业企业，2007~2010年统计范围为年主营业务收入达到500万元及以上的工业法人企业，2011年后，统计范围的工业企业起点标准从年主营业务收入500万元提高到2000万元；由于缺少工业就业人员数的统计数据，所以用第二产业就业人员数来代替；人均工业增加值为工业增加值除以第二产业就业人员数，人均工业企业利润为工业企业利润总额除以第二产业就业人员数。

资料来源：根据《新中国55年统计资料汇编》、各年《中国工业经济统计年鉴》《中国统计年鉴》相关数据整理。

从工业企业类型来看，各类型企业发展都非常迅速，而且经济效益显著提高，尤其是内资企业和外资企业。1998～2017 年，内资企业数增长了 1.35 倍，外资企业数增长了 1.31 倍，而港澳台企业数仅增长了 45%；内资企业资产总计增长了 9.35 倍，外资企业数增长了 10.20 倍，而港澳台企业数增长了 7.99 倍；内资企业利润额增长了 53.36 倍，外资企业数增长了 52.36 倍，而港澳台企业数增长了 33.32 倍。从占比来看，内资企业占绝对统治地位，内资企业单位数占比达到 80% 以上，资产占比也在 80% 左右，利润占比达到 70% 以上；其次是外资企业，而港澳台企业占比最低。从变化趋势来看，1998～2017 年，内资企业在所有工业企业的比重呈现先下降后上升的态势，而港澳台企业和外资企业则呈先上升后下降的态势，而这可能是由于早期中国实行了对外资和港澳台资的众多优惠政策，使得外资企业及港澳台企业在中国发展非常迅速，规模扩张很快；随着一些优惠政策的取消或者力度的下降，外资企业及港澳台企业的发展速度有所放缓，在工业企业中的比重有所下降，而这也说明内资企业的竞争力在不断增强，许多企业已经可以与外资企业及港澳台企业相抗衡（见表 2－10）。

表 2－10　　1998～2016 年中国工业企业登记注册类型状况

项目			1998 年	2000 年	2005 年	2016 年	2017 年
企业单位数	工业企业单位数（个）		165100	162900	271800	378599	372729
	内资企业	绝对数（个）	138658	134440	215448	329045	325271
		占比（%）	84.0	82.5	79.3	86.9	87.3
	港澳台企业	绝对数（个）	15725	16490	27559	23429	22724
		占比（%）	9.5	10.1	10.1	6.2	6.1
	外资企业	绝对数（个）	10717	11955	28828	26125	24734
		占比（%）	6.5	7.3	10.6	6.9	6.6

续表

项目			1998 年	2000 年	2005 年	2016 年	2017 年
企业资产总计	工业企业资产总计（亿元）		108822	126211	244784	1085866	1121910
	内资企业	绝对数（亿元）	87495.1	100497	180476	873122	905912
		占比（%）	80.4	79.6	73.7	80.4	80.7
	港澳台企业	绝对数（亿元）	10375.4	11864.8	23874.8	88300	93288
		占比（%）	9.5	9.4	9.8	8.1	8.3
	外资企业	绝对数（亿元）	10951.5	13849.3	40433.7	124444	122710
		占比（%）	10.1	11.0	16.5	11.5	10.9
企业利润额	工业企业利润总额（亿元）		1458	4393	14802.5	71921.4	74916.3
	内资企业	绝对数（亿元）	1039.39	3111	10661.7	54324	56503.9
		占比（%）	71.3	70.8	72.0	75.5	75.4
	港澳台企业	绝对数（亿元）	206.07	534.02	1391.87	6604.11	7072.0
		占比（%）	14.1	12.2	9.4	9.2	9.4
	外资企业	绝对数（亿元）	212.54	748.46	2748.94	10993.4	11340.4
		占比（%）	14.6	17.0	18.6	15.3	15.1

资料来源：根据《中国工业经济统计年鉴》《中国统计年鉴》相关数据整理。

（四）结构不断优化，布局更加合理

新中国成立初期，我国工业基础极其薄弱，而重工业是资金和技术密集型行业，因此重工业发展缓慢，比重较低，1952 年重工业总产值仅为 124 亿元，仅占工业总产值的 35.5%。但重工业是整个工业发展的基础，世界上主要的工业化国家都经历过工业重型化过程，没有重工业的发展，轻工业发展也会受到很大的限制。因此，在经济恢复和建设时期，我国以重工业发展为重点，重工业总产值迅速上升，从 1952 年的 124 亿元上升到 1965 年的 679 亿元；重工业比重也迅速上升，由 1952 年的 35.5% 上升到 1965 年的 48.4%，并于 1970 年达到 53.8%。随着改革开放政策的实施，我国在大力发展重工业的同时，也积极承接具有劳动密集型特征的纺织、

食品、玩具等轻工业转移，大力发展轻工业，使轻重工业发展更加均衡，1989年中国轻重工业的比重已经达到49：51。20世纪90年代后，以美国、日本为代表的发达经济体的产业结构加速高度化，重点发展信息技术产业，而将资本密集型的重化工业与技术密集型的电子和机械制造环节向中国转移，这促使中国工业体系进一步完善。2000年，我国重工业比重首次超过60%，随后迅速增长，2006年达到70.2%，首次超过70%，一直到2014年均保持在70%以上。此外，伴随着国际产业转移的还有丰富的外资和先进的国际技术，中国不断引进、吸收、再创新，有效地推动工业技术水平的提升和产业结构的加速升级，先进制造业比重不断提升（见表2－11）。

表2－11　　1952～2016年中国轻重工业结构

项目		1952年	1965年	1978年	1990年	2000年	2005年	2016年
轻工业企业工业销售产值	绝对数（亿元）	225	723	1826	11813	33093.6	76573.0	363805.2
	比重（%）	64.5	51.6	43.1	49.4	39.5	31.0	31.6
重工业企业工业销售产值	绝对数（亿元）	124	679	2411	12111	50584.5	170373.4	788144.9
	比重（%）	35.5	48.4	56.9	50.6	60.5	69.0	68.4

注：1952～1990年为轻工业总产值和重工业总产值数据。
资料来源：根据《中国工业经济统计资料1949～1984》和各年《中国统计年鉴》相关数据整理。

从轻工业发展来看，我国轻工业发展同样非常迅速，轻工业比重呈现先下降后提高再下降的趋势，1952年轻工业总产值占工业总产值的比重为64.5%，随后逐年下降，1978年为43.1%，到1990年时上升到49.4%，但之后又逐渐下降，2000年时比重低于40%，到2016年时，进一步下降到31.6%。由此可见，改革开放初期，中国工业基础比较薄弱，而工业发展的比较优势在于轻工业，国家适时采取优先发展轻工业的战略，使得轻工业快速发展，比重迅速上升。1997年后，随着国际产业发展形势的变化和中国工业生产力的大幅提升，中国告别了“短缺经济”，民众对汽车、住房等耐用消费品的需求日益提升，推动中国工业结构调整升级，进入了再重工业化和高加工度化时期，中国工业实现了从轻型化阶段向重型化阶段转变，这也是资本密集型和技术密集型产业快速发展、实现工业转型升级的重要时期，成功迈入工业化后期，自此轻工业和重工业呈现相互促进、相互协调、同步发展的格局（见表2－11）。

除了轻重工业发展更加协调外，我国工业部门结构也在不断优化升级。当前，我国工业部门之间的经济技术联系和数量比例相对比较合理，能够充分有效地利用我国现有土地、矿产和劳动力资源，发挥我国工业发展比较优势，促进工业协调快速发展。如表2－12所示，2017年，41个工业部门中，企业单位数比较多的是农副食品加工业、化学原料和化学制品制造业、非金属矿物制品业、金属制品业、通用设备制造业、电气机械和器材制造业，均超过2万家，总数达到全部企业单位数的40.4%，这些行业的用工人数也比较多，均超过300万人。企业单位数比较少的是石油和天然气开采业、开采辅助活动、其他采矿业、烟草制品业这样的垄断行业，企业单位数不到200个，用工人数也比较少。流动资产总计、利润总额和工业销售产值最高的行业有3个，分别是计算机、通信和其他电子设备制造业、化学原料和化学制品制造业、汽车制造业，流动资产占比分别为11.2%、6.2%和8.5%，利润额占比为7.7%、7.8%和9.2%，工业销售产值占比分别为8.5%、7.5%和7.0%，说明我国工业技术水平不断提高，技术密集型和资金密集型行业已经成为工业生产的重要部门。

表2－12　　2017年分行业规模以上工业企业主要指标

行业	企业单位数（个）	流动资产总计（亿元）	利润总额（亿元）	平均用工人数（万人）	工业销售产值（亿元）
总计	372729	534080.9	74916.3	8957.9	1151950.1
煤炭开采和洗选业	4435	19517.7	2952.7	346.6	19843
石油和天然气开采业	124	2674	326.4	67.2	6774.2

续表

行业	企业单位数（个）	流动资产总计（亿元）	利润总额（亿元）	平均用工人数（万人）	工业销售产值（亿元）
黑色金属矿采选业	1523	2750.1	159.9	35.8	6213.8
有色金属矿采选业	1457	2104.5	533.2	39.6	6322.4
非金属矿采选业	3305	1527.7	330.1	38.6	5603.9
开采辅助活动	182	1363.8	-93.7	26.8	1412
其他采矿业	20	10.9	1.3	0.3	30.7
农副食品加工业	24661	16836.1	3101.2	371.3	68857.8
食品制造业	8862	7649.6	1840.7	197.7	23544.4
酒、饮料和精制茶制造业	6714	9380.5	2006.9	148.2	19034.3
烟草制品业	122	7484.5	971.5	18.8	8855.8
纺织业	18726	11782.8	1914	391.2	40287.4
纺织服装、服饰业	14600	7390.6	1213.4	387.2	23664.8
皮革、毛皮、羽毛及其制品和制鞋业	8293	4115.8	910.3	251	15190
木材加工和木、竹、藤、棕、草制品业	8859	2799.8	758.9	125.1	15119.7
家具制造业	6149	3199.5	568.6	124.6	8826.8
造纸和纸制品业	6628	6900.8	1016.4	119.2	14832.7
印刷和记录媒介复制业	5621	3078.3	542.2	95.5	8178.5
文教、工美、体育和娱乐用品制造业	9085	5382.3	905.8	216.4	16897.4
石油加工、炼焦和核燃料加工业	1790	13155.9	2205.3	82.3	34077.5
化学原料和化学制品制造业	23366	33333.1	5840.6	434.2	86789.6
医药制造业	7532	16765.1	3324.8	220.8	28417.7
化学纤维制造业	1799	3348.7	436.6	45.5	7879.8
橡胶和塑料制品业	18452	12697.3	1798.1	322.3	32764.6
非金属矿物制品业	34489	24869.5	4383.1	536.1	63057.5
黑色金属冶炼和压延加工业	7712	26236.1	3442.9	293.3	60343.8
有色金属冶炼和压延加工业	6929	19695.6	2011.5	217.5	48879

续表

行业	企业单位数（个）	流动资产总计（亿元）	利润总额（亿元）	平均用工人数（万人）	工业销售产值（亿元）
金属制品业	20562	15313	1983.7	351.7	39335
通用设备制造业	23655	26294.4	3121.9	428.2	48337.1
专用设备制造业	17760	24356.2	2481.6	332.5	37672.9
汽车制造业	14908	45327	6890.9	487.8	80440.4
铁路、船舶、航空航天和其他运输设备制造业	4824	14555	948.8	168.3	20293.2
电气机械和器材制造业	23934	43404.9	4657.5	603.7	74163.8
计算机、通信和其他电子设备制造业	16095	59671.8	5741.7	911.7	98457.2
仪器仪表制造业	4507	6534.8	887.4	104.5	9441.4
其他制造业	1849	1492.3	174.8	38.7	2832.2
废弃资源综合利用业	1584	1365.2	227.2	17.4	4133.1
金属制品、机械和设备修理业	363	914.5	60.6	15.2	1218.8
电力、热力生产和供应业	7634	21699.7	3469.9	269.7	55760.6
燃气生产和供应业	1700	3191.6	577.8	30.2	6097.7
水的生产和供应业	1919	3910	290.3	45.5	2067.6

注：工业销售产值为 2016 年数据。

资料来源：根据《中国统计年鉴（2018）》相关数据整理。

从高技术产业发展来看，中国高技术产业发展迅速，高技术产业企业数由 1995 年的 18834 家上升到 2016 年的 30798 家，增长了 63.5%，年均增长 2.4%，占全部工业企业比重由 3.2% 上升到 8.1%；高技术产业出口交货值增长也很快，1995 ~ 2016 年增长了 45.6 倍，年均增长 20.1%，占全部工业企业比重由 2000 年的 23.2% 上升到 2016 年的 44.5%；高技术产业利润增长更为迅猛，1995 ~ 2016 年增长了 56.9 倍，年均增长 21.3%，占全部工业企业比重由 10.9% 上升到 14.3%。可见，中国的高技术产业不仅规模快速扩大，而且经济效益提升更为迅速（见表 2 - 13）。

表 2－13　　1995～2016 年中国高技术产业发展状况

项目		1995 年	2000 年	2005 年	2011 年	2016 年
高技术产业企业数	绝对数（个）	18834	9758	17527	21682	30798
	占工业企业比重（%）	3.2	6.0	6.4	6.7	8.1
高技术产业出口交货值	绝对数（亿元）	1125.23	3388.38	17635.97	40600.33	52444.61
	占工业企业比重（%）	—	23.2	36.9	40.8	44.5
高技术产业利润额	绝对数（亿元）	178.04	673.46	1423.229	5244.936	10301.8
	占工业企业比重（%）	10.9	15.3	9.6	8.5	14.3

资料来源：根据《中国统计年鉴（2018）》相关数据整理。

从空间布局来看，中国工业的区域分布格局不断优化，区域平衡发展取得显著成效。新中国成立初期，东部和西部地区是我国工业发展的主要区域，工业企业大部分集中于此，工业企业单位数占比分别达到 59.5% 和 30.2%。随着社会主义建设的推进，东部和西部地区的工业企业数量迅速下降，其他地区工业企业迅速发展，截至 1978 年，东部和西部地区的工业企业单位数占比已经分别下降到 38.5% 和 25.7%，而中部和东北地区的工业企业单位数占比则分别上升到 24.2% 和 11.5%。改革开放初期，东部地区作为改革开放的前沿，凭借优先对外开放的政策机遇和明显的区位优势，吸引了大量外资，以及中西部地区的廉价劳动力资源，使得工业率先获得迅猛发展，而中部、西部、东北地区则发展速度相对较慢，使得东部地区的工业增加值、工业企业的单位数、资产、销售产值、出口交货值和利润总额等指标均远远超过其他地区，差距悬殊，区域工业发展极不平衡。随着西部大开发、振兴东北老工业基地和中部崛起等区域发展战略的持续推进，以及区域优势的变化和产业的转移，中部、西部、东北地区的工业发展不断加速，奋起直追，区域之间的差距逐渐缩小，区域发展更加平衡。当然，东部地区的工业经济仍然占全国的“半壁江山”，各项指标均占全国的一半以上。

如表 2－14 所示，从工业增加值来看，1993～2000 年，东部地区增长了194.3%，高于其他三个地区，但2000～2016年，增速为589.1%，远低于中部和西部地区，仍高于东北地区。从工业企业单位数来看，1978～2000年，东部地区的增速远高于其他三个地区，但2000～2016年，增速仅为11.5%，远低于中部和西部地区。工业企业利润总额的情况也类似，1978～2000年，东部地区的增速远高于其他三个地区，但2000～2016年，增速远低于中部和西部地区。此外，2000～2016年，东部地区的工业企业资产总计、工业企业销售产值、工业企业出口交货值的增速均远低于中部和西部地区。综上所述，新中国成立后尤其是改革开放后，四大区域的工业发展速度都比较快。分时间段来看，1952～1978年，中部和东北地区发展速度超过东部和西部地区；1978～2000年，中部、西部和东北地区的发展速度均远低于东部地区，2000年后，中西部奋起直追，以更高的发展速度逐渐缩小与东部地区的差距。需要注意的是，四大区域中，东北地区的发展速度相对比较慢，与其他地区的差距逐渐拉大，工业企业出口交货值、工业企业利润总额均被中西部地区反超。

表2－14　　1978～2016年中国四大区域工业企业发展状况

<table>
<tr><th colspan="3">项目</th><th>1952年</th><th>1978年</th><th>2000年</th><th>2005年</th><th>2016年</th><th>1978～2000年增幅</th><th>2000～2016年增幅</th></tr>
<tr><td rowspan="8">工业增加值</td><td rowspan="2">东部</td><td>绝对数（亿元）[a]</td><td>—</td><td>7559.0</td><td>22246.5</td><td>51078.1</td><td>153305.3</td><td>194.3%</td><td>589.1%</td></tr>
<tr><td>比重（%）[a]</td><td>—</td><td>53.8</td><td>57.7</td><td>59.6</td><td>53.8</td><td>—</td><td>—</td></tr>
<tr><td rowspan="2">中部</td><td>绝对数（亿元）[a]</td><td>—</td><td>2471.1</td><td>6515.7</td><td>14980.5</td><td>62361.4</td><td>163.7%</td><td>857.1%</td></tr>
<tr><td>比重（%）[a]</td><td>—</td><td>17.6</td><td>16.9</td><td>17.5</td><td>21.9</td><td>—</td><td>—</td></tr>
<tr><td rowspan="2">西部</td><td>绝对数（亿元）[a]</td><td>—</td><td>2211.4</td><td>5479.5</td><td>12187.5</td><td>52974.7</td><td>147.8%</td><td>866.8%</td></tr>
<tr><td>比重（%）[a]</td><td>—</td><td>15.7</td><td>14.2</td><td>14.2</td><td>18.6</td><td>—</td><td>—</td></tr>
<tr><td rowspan="2">东北</td><td>绝对数（亿元）[a]</td><td>—</td><td>1809.1</td><td>4337.0</td><td>7462.0</td><td>16535.5</td><td>139.7%</td><td>281.3%</td></tr>
<tr><td>比重（%）[a]</td><td>—</td><td>12.9</td><td>11.2</td><td>8.7</td><td>5.8</td><td>—</td><td>—</td></tr>
</table>

续表

项目			1952年	1978年	2000年	2005年	2016年	1978～2000年增幅	2000～2016年增幅
工业企业单位数	东部	绝对数（个）	240649	111797	96702	185397	219540	83.4%	11.5%
		比重（%）	59.5	38.5	59.4	68.2	58.0	—	—
	中部	绝对数（个）	21546	70331	31524	39823	88678	64.0%	38.5%
		比重（%）	5.3	24.2	19.4	14.6	23.4	—	—
	西部	绝对数（个）	122213	74670	23248	29444	52407	19.8%	33.7%
		比重（%）	30.2	25.7	14.3	10.8	13.8	—	—
	东北	绝对数（个）	20007	33239	11411	17171	17974	77.5%	-29.4%
		比重（%）	4.9	11.5	7.0	6.3	4.7	—	11.5%
工业企业资产总计	东部	绝对数（亿元）	—	—	68921.4	147495.5	582071.1	—	744.5%
		比重（%）	—	—	54.6	60.3	53.6	—	—
	中部	绝对数（亿元）	—	—	20753.2	37623.6	212912.4	—	925.9%
		比重（%）	—	—	16.4	15.4	19.6	—	—
	西部	绝对数（亿元）	—	—	21500.3	38081.8	220854.2	—	927.2%
		比重（%）	—	—	17.0	15.6	20.3	—	—
	东北	绝对数（亿元）	—	—	15036.3	21583.5	70028.3	—	365.7%
		比重（%）	—	—	11.9	8.8	6.4	—	—
工业企业销售产值	东部	绝对数（亿元）	—	—	54083.8	168125.4	668691.3	—	1136.4%
		比重（%）	—	—	64.6	68.1	58.0	—	—
	中部	绝对数（亿元）	—	—	11790.2	33099.1	254035.3	—	2054.6%
		比重（%）	—	—	14.1	13.4	22.1	—	—
	西部	绝对数（亿元）	—	—	9586.2	26746.4	173671.6	—	1711.7%
		比重（%）	—	—	11.5	10.8	15.1	—	—
	东北	绝对数（亿元）	—	—	8218.1	18975.4	55551.8	—	576.0%
		比重（%）	—	—	9.8	7.7	4.8	—	—

续表

项目			1952 年	1978 年	2000 年	2005 年	2016 年	1978～2000 年增幅	2000～2016 年增幅
工业企业出口交货值	东部	绝对数（亿元）	—	—	12644.8	42716.3	95102.3	—	652.1%
		比重（%）	—	—	86.8	89.5	80.7	—	—
	中部	绝对数（亿元）	—	—	629.8	2039.2	12467.3	—	1879.6%
		比重（%）	—	—	4.3	4.3	10.6	—	—
	西部	绝对数（亿元）	—	—	470.2	1177.2	7642.3	—	1525.5%
		比重（%）	—	—	3.2	2.5	6.5	—	—
	东北	绝对数（亿元）	—	—	830.3	1808.5	2630.9	—	216.9%
		比重（%）	—	—	5.7	3.8	2.2	—	—
工业企业利润总额	东部	绝对数（亿元）	—	328.4	2819.5	9384.5	44622.0	758.6%	1482.6%
		比重（%）	—	55.5	64.2	63.4	62.0	—	—
	中部	绝对数（亿元）	—	70.0	353.4	1796.4	14963.6	404.6%	4134.2%
		比重（%）	—	11.8	8.0	12.1	20.8	—	—
	西部	绝对数（亿元）	—	69.0	393.8	2057.6	10196.4	471.0%	2489.2%
		比重（%）	—	11.6	9.0	13.9	14.2	—	—
	东北	绝对数（亿元）	—	124.8	826.8	1564.1	2139.4	562.8%	158.8%
		比重（%）	—	21.1	18.8	10.6	3.0	—	—

注：a 由于缺少 1978 年的工业增加值数据，因此表格中 1978 年的数据为 1993 年工业增加值的值。

（五）技术水平持续提高，企业竞争力明显提升

新中国成立初期，我国工业发展非常落后，技术水平很低，1952 年的人均工业增加值仅为 781.2 元（见表 2－9）。随着工业的快速发展，工业管理体系日趋完善，企业经营管理水平迅速提升，职工技能和技术水平不断提高，1978 年的人均工业增加值已经上升到 2334.8 元，是 1952 年的 3.0 倍；1998 年进一步上升到 20563.6 元，是 1952 年的 26.3 倍，是 1978

年的8.8倍；2017年时达到127533.1元，是1952年的163.3倍，是1978年的47.5倍。

企业技术水平的提高还体现在企业发明专利的大幅增加和新产品销售收入的快速提升上。由表2－15可知，规模以上工业企业发明专利申请数快速提升，2004～2016年，增长了13.0倍，由20456件上升到286987件；规模以上工业企业新产品销售收入增长也非常快，2004～2016年，增长了6.7倍，达到17.5万亿元。这些都说明中国工业企业的技术水平获得了显著提升。而技术水平的快速提升离不开在科技创新方面的持续投入，2004～2016年，规模以上工业企业有研发活动企业数增长了408.9%，研发项目数增长了573.0%，研发人员全时当量增长了398.6%，研发经费支出增长了890.9%，研发经费占主营业务收入的比重由0.6%增长到0.9%。

表2－15　2004～2016年中国规模以上工业企业科技发展状况

项目	2004年	2008年	2012年	2016年	2004～2016年增速
规模以上工业企业发明专利申请数（件）	20456	59254	176167	286987	1302.9%
规模以上工业企业新产品销售收入（亿元）	22808.6	57027.1	110529.8	174604.2	665.5%
规模以上工业企业有研究与试验发展活动企业数（个）	17075	27278	47204	86891	408.9%
规模以上工业企业研究与试验发展项目数（项）	53641	143448	287524	360997	573.0%
规模以上工业企业研究与试验发展人员全时当量（万人/年）	54.2	123.0	224.6	270.2	398.6%
规模以上工业企业研究与试验发展经费支出（亿元）	1104.5	3073.1	7200.6	10944.7	890.9%
规模以上工业企业研究与试验发展经费支出与主营业务收入之比（%）	0.6	0.6	0.8	0.9	50.0%

改革开放后，中国的工业企业抓住机遇，不断完善现代企业制度，逐步建立适应市场竞争的管理机制。尤其是我国加入 WTO 以后，我国工业企业积极参与国际分工，不断提升创新能力和技术水平，着力提高企业核心竞争力，努力拓展国际市场，获得了迅速的发展，华为、中兴、海尔、联想等一大批企业在国际市场上产生了重要影响。林等（2018）运用基于理想窗宽的 DEA 视窗分析模型，对 2006 ~ 2015 年中国各类型工业企业的技术创新效率进行了研究，发现中国工业企业的整体技术创新效率呈上升趋势。具体来看，除 2015 年外，中型企业的技术创新效率都比大型企业更高，这表明一直以来，中型企业都具有更强的技术创新动力，是技术创新的主体，而大型企业受各种因素（比如垄断的市场地位）的影响，进行技术创新的主动性和积极性反而不如中型企业，技术创新效率并不高。但随着创新型国家建设和创新驱动战略的加快推进，大型企业的技术创新效率也在不断提高，在 2015 年超过中型企业。而国有及国有控股企业的技术创新效率非常低，2006 年的效率值仅为 0.272，是所有类型企业中最低的，但随着国企改革的不断推进，国有及国有控股企业的技术创新发展非常快速，技术创新效率不断提高，在 2015 年达到 1。相对而言，中国的民营企业一直都具有很强的创新活力，其创新能力和效率远高于很多国有企业，因此 2006 ~ 2014 年，民营企业的技术创新效率一直都比国有及国有控股企业高。而中国的内资企业在技术创新投入、创新环境等方面不如外资企业和港澳台企业，因此一开始的技术创新效率比它们低很多，但随着中国改革开放的日益深入，内资企业发展很快，也越来越重视技术创新，技术创新效率和能力迅速提高（见表 2 - 16）。

表 2 - 16　2006 ~ 2015 年中国各类型工业企业技术创新效率状况

企业类型	2006 年	2007 年	2008 年	2009 年	2010 年	2011 年	2012 年	2013 年	2014 年	2015 年	平均值
大型企业	0.336	0.359	0.470	0.584	0.583	0.641	0.719	0.822	0.881	0.964	0.636
中型企业	0.462	0.419	0.584	0.710	0.728	0.750	0.883	0.980	0.974	0.876	0.737

续表

企业类型	2006年	2007年	2008年	2009年	2010年	2011年	2012年	2013年	2014年	2015年	平均值
国有及国有控股企业	0.272	0.289	0.436	0.578	0.585	0.642	0.705	0.775	0.877	1.000	0.616
民营企业	1.000	0.884	0.766	0.823	0.801	0.988	1.000	1.000	1.000	1.000	0.926
内资企业	0.326	0.354	0.484	0.625	0.614	0.745	0.857	0.940	0.992	1.000	0.694
港澳台商投资企业	0.515	1.000	0.630	0.695	0.689	0.836	0.909	0.970	0.978	1.000	0.822
外商投资企业	0.717	0.757	0.727	0.787	0.898	0.952	0.963	1.000	1.000	1.000	0.880

资料来源：Lin S. F., Sun J., Wang S. Y.. Dynamic Evaluation of the Technological Innovation Efficiency of China's Industrial Enterprises［J］. *Science and Public Policy*, 10 August 2018.

此外，中国企业大力实施“走出去”战略，在全球绝大部分国家和地区都有投资，积极参与国际分工与竞争，国际市场的拓展能力显著增强。2007年，中国工业对外直接投资净额仅为63.4亿美元，到2016年已经达到345.1亿美元，增长了4.4倍，年均增长20.7%。而且企业的国际竞争力大幅提升，华为、联想等已经成为具有国际影响力的著名企业。金碚等（2013）运用RCA指数对2001~2011年中国4个部门总计35类工业制成品的竞争力进行了评价，研究发现：中国的低技术制成品的国际竞争力很强，而且中国具有明显的供应链效率优势，该优势会随着产业规模的扩大而不断增强，这在相当程度上抵消了劳动力成本上涨对产品国际竞争力造成的负面影响；中国的高技术制成品具有一定的国际竞争力，并呈不断提高的态势。

三、70年来中国工业发展的成功经验

新中国成立70年来，中国工业目前已建成了门类齐全、体系完整、产

能巨大的工业体系，一个人口十几亿的发展中国家，在短短几十年内从工业化初期发展到工业化后期（黄群慧，2017），从工业基础薄弱国成为世界第一制造大国和全球第二大经济体，这在人类工业化历史上前所未有。综合来看，这些举世瞩目的成就的取得与党中央正确的指导思想、坚持改革开放、资源的有效配置与利用，以及坚持因地制宜的工业发展路径息息相关。

（一）跨越发展的工业化思路提供了工业发展的思想指引

新中国成立初期，我国国民经济处于恢复时期，虽然工农业生产在短短四年内超过了战前水平，但工业基础仍旧非常薄弱，远远落后于美国、苏联等发达国家。因此，瞄准工业发达国家，制定赶超目标以求尽快缩小差距、实现工业的跨越式发展（张幸莲，2009），成为我国社会主义工业化道路上的重要特征。跨越发展的工业化思路总结来看包括如下方面。

一是尽快实现工业化。1949 年之后，我国在工业化发展目标制定上，争取在一定时间内超过发达工业化国家，虽然工业化发展经历了曲折的变化过程，但加快实现工业化的基本思想未曾改变。同时面临薄弱的工业基础现实，制定了有序严格的工业化建设战略，并以快速工业化为目标，力争在实施过程中实现时间上的节约。

二是发扬社会主义的制度优势。社会主义制度为工业化提供了优越的制度基础，资本积累可以通过社会主义生产目标，从国内获得资金积累，而无须像资本主义国家以殖民掠夺、索取赔款等方式获取资金积累。且国内积累的方式可以依据再生产原理通过迅速发展经济，在资金积累规模和速度上建立较大优势。此外，社会主义制度下，工业化发展方针较资本主义更具优势，可以通过国家计划，优先发展更重要的工业产业，从而在工业化进程上节约时间。

三是积极学习先进技术。新中国成立初期，经济和技术都十分落后，积极学习和借鉴其他国家的先进技术和成功经验，是我国工业实现跨越式发展的必然选择。早期通过向苏联学习工业化战略、建设经验和管理体制，并引进先进技术设备；改革开放后，积极引进国外先进技术，并发挥后发优势自主创新，推进了工业的快速发展和经济的持续增长。

总结来看，短短70年我国从落后的工业基础薄弱国，发展成为制造业第一大国和世界第二大经济体，得益于以毛泽东、邓小平、江泽民、胡锦涛和习近平为核心的党中央的正确的工业化思想的引导，在跨越式工业发展道路上实现了对很多发达国家的赶超，并逐步发展成为自立自强、自主创新的现代化工业大国。

（二）深化改革赋予了工业发展的动力源泉

新中国成立初期，在薄弱的基础条件下，如何处理轻工业、重工业与农业的关系，以满足众多人口的生活需要成为当时工业化道路上的重要内容。在改革开放前，我国实行了高度集中的计划经济体制，先后经历了优先发展重工业、工业农业并举发展、先农业后工业以及农业为基础工业为主导的四个发展时期。虽然经历了“大跃进”等曲折，但仍旧利用有限的资源生产了国家急需的工业产品，为后期工业发展打下了坚实的基础。然而在此期间，工业发展缓慢，生产力提高速度不能满足人民的生活需要。1978年党中央适时提出改革开放战略，我国工业经济体制改革也顺应时代的发展逐步开展起来。工业经济改革主要体现在三个方面，即所有制改革、宏观调控体系和工业管理体制（卢福财、秦川，2008）。

所有制改革方面，以企业为核心，首先针对国有企业，实行政企分离。采用承包制和股份制等方式，将企业管理、财务管理和人事任用等方面发挥企业自主权，使其脱离政府的计划经济体制，接受市场“看不见的手”的机制调节，提升企业的活力。此外，大力鼓励非公有制经济的发展，促进乡镇企业、私营企业等多种所有制企业的繁荣。并形成了以公有制和其他多种所有制公平竞争、共同发展、相互促进的格局，从而充分解放和发展了生产力，促进了工业经济发展和社会进步。

宏观调控体系改革方面，国家致力于建立与市场经济运行相配套的宏观调控体系。首先，充分发挥市场作用，建立了劳动力、生产资料、资本等自由流通的市场，促进商品市场和要素市场上各类资源的价格形成机制，推进资源的合理配置。在此“看不见的手”充分发挥作用的基础上，深化财政和金融体制改革。财政改革方面，通过合理的税收、补贴等财政政策，规范中央、地方政府和企业之间的利益分配关系；金融体制改革方面，加强中央银行和商业银行的职能建设，利用和创新各类适用于市场调控的货币政策，推进利率市场化形成机制并着力活跃和发展证券市场，改革汇率形成机制，使资金在市场的流转过程中，充分发挥市场经济的血液作用，推进工业企业的发展。

工业管理体制改革方面，从政府直接管理企业转向间接管理企业。即通过改革政府机构、转变政府职能，使政府由计划经济时代对企业进行直接管理，转向依靠法律、经济调控手段实行间接管理。在深化改革的过程中，逐渐减少专门的经济管理部门，设立国有资产监督管理机构，通过工业综合协调和管理部门制定合理的产业政策引导企业的生产和经营，以尽可能释放企业活力，增强企业竞争力。

目前，改革已从经济领域扩展到其他各个领域，并仍处于不断深化的过程中。中国工业的快速腾飞与发展，正得益于极大的改革深度与广度，在快速的市场化和国际化进程上，有效激发了企业的活力，使工业发展获得了源源不竭的发展动力。

（三）坚持开放提供了工业发展的广阔舞台

“开放是国家繁荣发展的必由之路。”对外开放作为我国的基本国策，通过“引进来”和“走出去”为工业发展吸引了发展历程上亟需的资金、技术等资源，又提供了企业向外发展的广阔舞台。

二十世纪四五十年代起，以原子能、电子计算机、空间技术和生物工程等技术为标志的第三次科技革命在美国开始兴起，至 80 年代，美国、日本等发达国家将产业重心转向高技术化、信息化和服务化行业，并将资本密集型和劳动密集型产业向其他国家转移。在这场国际性产业转移浪潮中，我国适时的改革开放政策，抓住了这一难得的历史机遇，顺利承接了这一轮产业转移的众多需求，并借此融入了世界经济体系，参与全球产业分工，极大促进了中国工业发展，并影响着世界经济格局。

在“引进来”方面，我国对外经贸工作中极为注重吸引和利用外资。以最优惠的税收、土地、收费等政策吸引外资进入，加上中国庞大而廉价的劳动力资源和宽松的环境管制，承接了国际产业大转移。不仅引进了资金和技术，还有先进企业的管理经验、供应链、营销渠道和品牌，并发展成为“世界工厂”和“制造中心”，迅速融入了全球产业链。自改革开放以来，我国利用外资数额绝对值在2011年以前逐年增长，到达548.3亿美元的巅峰，且多年来居发达国家首位。2005年以前占全球总外商直接投资比例达70%，截至2009年该比例降至50%。近些年该比例有所下降，工业利用外资额出现下降，服务业成为利用外资主体。

在“走出去”方面，早期我国通过充分发挥资源和劳动力等资源要素价格低廉的优势，积极参与国际市场竞争。随着国家综合实力的提升和多双边务实合作的开展，我国对外投资迅速增长。2007~2013年间，年均增长达31.4%，随后增长速度有所下降，2017年首次出现负增长，但投资规模仍仅次于美国和日本，居全球第三。在“一带一路”的政策引领下，2017年我国对外投资额在“一带一路”沿线国家增长了31.5%，直接投资流量达201.7亿美元。根据商务部数据，2016年我国对外直接投资规模已超过了利用外资额，成为资本净输出国。可以预计不久的将来，工业也将成为资本净输出领域之一。

总之，对外开放为我国工业快速发展引进了资金、技术和先进的发展经验，同时为我国融入全球产业链，开拓全球市场提供了广阔的舞台；同时为我国企业提升国际影响力，走出国门、走向世界提供了宽松的渠道；更通过对外投资弥补了我国资源短缺，促进市场多元化，提升资本在全球范围内的优化配置，带动经济增长和工业的发展。

（四）丰富的资源要素奠定了工业发展的物质基础

土地、厂房、设备、原材料和劳动力等生产资料是工业赖以发展的物质基础。我国工业的快速发展，离不开丰富的土地资源和自然资源以及廉价的劳动力资源。土地资源方面，我国幅员辽阔，可供开发和利用的工业用地丰富，在政府产业政策的支持下，工业用地价格较为低廉。虽然面临近些年土地价格的快速上涨，但工业用地的价格增幅最小。2003～2019 年第一季度，全国主要监测城市地价平均上涨了 288.04%，其中商服用地价格上涨了 311.21%，住宅用地价格上涨了 570.37%，而工业用地价格仅上涨了 79.31%①。2019 年第一季度工业用地价格为 841 元/平方米，仅相当于综合用地价格的 19.20%、商服用地价格的 10.97% 和住宅用地价格的 11.72%。改革开放后，全国各地新兴起很多高新技术产业开发区、经济技术开发区、工业开发区等，极大促进了经济的发展和产业的集聚，而其发展都离不开土地资源的支持。

自然资源方面，我国具有丰富的矿产资源，已探明的矿产资源总量约占全球的 12%，居世界第三位，仅次于美国和俄罗斯。国家自然资源部发布的《中国矿产资源报告 2018》显示，我国已发现矿产 173 种，其中新发现矿种天然气水合物，同时煤炭、石油、天然气、锰矿、金矿、石墨等主要矿产查明资源储量增长。丰富的矿产资源为各个工业部门的发展提供了充裕的生产资料，低廉的价格有效降低了产品成本，提高了企业利润，从而迅速积累资金扩大再生产和再投资，且形成的价格优势提高了进入国际市场的竞争力。

劳动力资源方面，我国是世界人口最多的国家。大量的劳动力供给和就业压力极大促进了劳动密集型产业的发展，且劳动力供过于求使得工资增长缓慢，企业的劳动力要素成本低廉，大大降低了企业成本，提升了企

---

① 中国地价信息服务平台：http：//www.landvalue.com.cn/。

业利润空间，有助于企业快速积累资本扩大生产规模。尤其改革开放以来，我国对于教育的投入不断加大，使得全民整体教育水平不断提高，劳动力素质不断提升，有力促进了劳动生产率的快速提升。

此外，在工业化建设初期，我国经济增长形式较为粗放，以高污染、高耗能、高排放换取经济的高速发展。因此资源利用效率较低，能源结构不合理、能源技术装备水平和管理水平相对落后。近年来，粗放式经济增长模式对于资源消耗和环境污染的负面影响已经被广泛认知，我国将经济增长与节能环保兼顾的可持续发展列入基本国策，清洁的新能源受到越来越多重视，政府出台了各类政策引导企业提升能效水平和资源利用水平，这些努力也初见成效。

（五）因地制宜开拓了工业发展的特色路径

中国工业崛起的过程，也是地方各级政府和人民积极性与创造性充分调动的过程。新中国成立70年以来，尤其改革开放以后，各地根据自身经济特点和时代机遇开创出了很多特色鲜明的工业发展模式，也形成了各具特色的工业区（李金华，2019）。如“珠江三角洲模式”，令以广州、深圳为中心的珠江流域走出了一条特色的沿海地区新工业化发展道路。该模式具有政府主导、外向经济、民营经济快速市场化和国内国外两个市场联动的鲜明特征，以家电、纺织服装、食品饮料、计算机和电子等产业为主。另外，长江三角洲地区涌现出“苏南模式”和“浙江模式”，以发展乡镇集体经济和民营经济为主，产业集中于综合性加工、化工、机械和轻纺等。在海峡经济带地区出现了以发展民营企业为主的“温州模式”“泉州模式”和“晋江经验”，其产业集中于石化、纺织服装、鞋业、建材、修船造船等。此外还有各具自身产业特色的东北工业基地、辽西走廊工业区、兰州—西安工业区、西南工业区、环渤海工业区等。这些工业区具备优良的基础设施、良好的规模效益和雄厚的技术力量，产品竞争力强。

各个地区工业特色的形成，离不开国家对群众首创精神的支持，鼓励各地政府和企业根据地区资源禀赋、经济条件、文化习惯，探索和开拓适合当地的区域工业化模式和经济发展路径。“一花独放不是春，万紫千红春满园”，我国工业的全面发展得益于全民积极性的调动和各地因地制宜所开拓出来的特色工业发展模式。

四、新时代中国工业发展的前景展望

党的十九大报告指出，当前世界正处于大发展大变革大调整时期，世界多极化和经济全球化仍在发展，世界政治经济格局出现新变化。如何应对新出现的不确定、不稳定和不安全因素，应对国际金融危机的冲击，是新时代的重大考验。我国正处于转变发展方式和优化经济结构的关键时期，对外开放面临着国内外形势的复杂变化。在新形势下，我国要深入总结我国工业发展的成功经验，坚持对外开放，使中国发展道路获得更广泛的理解与认同，营造良好的国际环境。更要在现有发展基础上，加强理论创新和中国特色社会主义工业路径的探索，在新时代顺应发展要求，将工业发展由高速度发展转向高质量发展，走新型工业化道路，并加强技术的自主研发。

（一）从高速度发展转向高质量发展

经过多个五年计划的发展，我国在 2015 年总体上进入了工业化后期阶段。2020 年后，工业化进程将由基本实现工业化向全面实现工业化迈进。根据“中国制造 2025”规划，我国将在 2035 年前后制造业实现整体达到世界制造强国阵营中等水平。这些目标的实现，必须着力面对当前工业发展所存在的问题，从注重高速度发展转向注重高质量发展。

“六五”计划之后，我国实行了优先发展沿海地区的非均衡发展战略，通过经济特区和港口开放优惠政策，有效促进了东部沿海地区工业的快速发展和经济的增长，然而也使得东部地区与中西部地区的差距拉大，区域发展不平衡。因此在未来，要注重发展效率，同时兼顾公平。从顶层设计上，加强工业发展总体格局的战略部署和区域定位，综合考虑各地区的自然禀赋、市场区位等因素，合理进行产业转移。

同时，中西部地区工业发展还存在发展不充分的问题。需要进一步立足各地发展的基础、优势和功能定位，实施区域协调发展战略，保持各地发展特色，避免同质化竞争。在第四次科技革命的浪潮下，支持中西部地区抓住新工业革命和产业变革的机遇，承接产业价值上的高端环节和先进产业，同时协调各地区工业生产要素的资源配置，提升区域要素供给质量，实现错位发展、优势互补的格局。

实现高质量发展，还要将工业增长驱动力从资金转向创新。在新一轮科技革命的浪潮中，各国都在竞争高端产业主导权。我国也正面临产业结构从资本密集型向技术密集型转变的关键时期。国际环境和国内发展需求都促使我们必须加强工业创新，促进产业高端化，建成创新驱动的现代化经济体系。

此外，高质量发展还需提升实体经济供给质量。在前几十年快速发展中，我国发展成为实体经济大国，但从产品、企业和产业的供给质量上，都还足以达到实体经济强国的水平。因此未来需要加强供给侧结构性改革，加快建设协调发展的产业体系，促进产业转型升级。

（二）五化协同，走新型工业化道路

中国工业化进程不同于发达国的串联式发展（郭朝先，2018），即工业化、信息化、城镇化、农业现代化和绿色化先后发展。而我国工业化过程是“压缩型”的，用六七十年走完了发达国家两三百年的工业化进程。因此在工业基础扎实度、技术原创性、产品精致化等方面都存在不足。正在兴起的第四次工业革命，对我国工业发展既是机遇也是挑战。在新时代

背景下，我国工业化的发展必须与信息化、新型城镇化、农业现代化和绿色化协调发展（五化协同），走新型工业化道路。

推动新型工业化的发展，当前必须在“中国制造 2025”的规划和实施下，推动互联网、大数据、人工智能和实体经济深度融合。通过乡村振兴战略促进农业、工业和服务业的融合发展，处理好工业化与现代农业化、工业化与城镇化的关系，促进农业现代化水平的提升，推进城镇化进程中实体经济的转型升级。

在长远的未来，实现工业可持续发展，需要推进工业的绿色化进程，发展绿色制造业。绿色制造也称环境意识制造，即在产业设计、制造、包装、运输、使用到报废的产品全生命周期中，最小化对环境的负面影响，最大化资源利用效率，促进经济和社会的协调发展。因此，未来工业发展过程中，还需要进一步开发绿色产品、建设绿色工厂、打造绿色园区、发展绿色企业、强化绿色监管，实现工业体系的绿色化和工业化进程的可持续化。

（三）从技术引进转向加强自主创新

现代国际环境变化风云诡谲，随着中美贸易战拉开序幕，国际贸易形势出现新的变化。改革开放 40 多年以来，我国的技术引进主要为发达国家的二手技术和同步技术，而对技术重引进、轻消化的问题，导致“引进—落后—再引进”的不良循环。尤其在现在全面建成小康社会和全面实现工业化的关键时期，不能做其他国家的技术附庸，跟在其他国家之后亦步亦趋。因此，必须围绕创新驱动发展战略，加快推进科技的自主研发和全面创新，形成创新为主要引领和支撑的工业发展模式。

根据 2000 ~ 2014 年面板数据的实证研究（张玲玉，2017），从全国范围内看，自主创新对创新产出作用明显；在东部地区和中部地区，制造业内自主创新对创新产出的作用大于引进创新的作用；技术进步对技术创新的全要素生产率的提高有关键作用。技术创新作用工业发展的推动力，对产业结构优化和新型工业化道路的建设具有重大作用。

在新形势下，推进技术创新可从如下方面着手。一是完善自主创新机制，通过政策导向和支持，鼓励制造企业对自主创新的投入力度；二是根据不同地区所处的不同发展阶段，制定分区域的技术创新战略，提高技术对地区的适应性，全面提升各区域在自身基础上的创新能力；三是对于引进技术的企业，引导其在技术上进行“二次创新”；四是政府主导、以市场需求为导向、以企业为主体，针对共性关键技术问题进行联合攻关，突破高端技术。

第三章
70 年来中国第三产业的发展历程与辉煌成就

一、第三产业是国民经济发展的重要组成部分

（一）现代服务业发展战略

新中国成立以来，尽管经济发展历经波折，但发展经济、提高人民生活水平的主题没有变，人民向往美好生活的愿望没有变。经过多年的艰苦奋斗，我国经济社会发展取得了翻天覆地的变化，经济体系完备化，产业结构升级优化，经济形态多样化，以改善人民生活质量为根本导向，第三产业得到快速发展，成为国民经济中的重要组成部分，取得了举世瞩目的成就，新技术、新产业、新业态以及新的商业模式纷纷涌现，已经成为促进国民经济增长、提高人民群众获得感的重要力量和基石。

党的十九大报告①提出我国经济已由高速增长阶段转向高质量发展阶

① 习近平：决胜全面建成小康社会夺取新时代中国特色社会主义伟大胜利——在中国共产党第十九次全国代表大会上的报告，2017 年 10 月 18 日。

段，正处在转变发展方式、优化经济结构、转换增长动力的攻关期，建设现代化经济体系是跨越关口的迫切要求和我国发展的战略目标。关于发展第三产业的第一个重要的战略就是深化供给侧结构性改革，支持传统产业优化升级，加快发展现代服务业，瞄准国际标准提高水平。第二个重要的战略就是加快建设创新型国家。要瞄准世界科技前沿，强化基础研究，实现前瞻性基础研究、引领性原创成果重大突破。加强应用基础研究，拓展实施国家重大科技项目，突出关键共性技术、前沿引领技术、现代工程技术、颠覆性技术创新，为建设科技强国、质量强国、航天强国、网络强国、交通强国、数字中国、智慧社会提供有力支撑。第三个重要的战略就是推动形成全面开放新格局。要以“一带一路”建设为重点，坚持“引进来”和“走出去”并重，遵循共商共建共享原则，加强创新能力开放合作，形成陆海内外联动、东西双向互济的开放格局。拓展对外贸易，培育贸易新业态新模式，推进贸易强国建设。实行高水平的贸易和投资自由化便利化政策，全面实行准入前国民待遇加负面清单管理制度，大幅度放宽市场准入，扩大服务业对外开放，保护外商投资合法权益。

随着我国工业体系的日益完备和现代产业体系的构建，加上我国加快推进新型工业化、信息化、城镇化、农业现代化同步发展，对第三产业发展提出了更高的要求，现代服务业已经成为国民经济发展的重要增长点和重要战略方向，将为国民经济增长、优化经济结构、解决就业、提高生活水平做出决定性贡献。

（二）第三产业的兴起与作用

第三产业的兴起和发达，是生产力发展和社会进步的必然结果，也是社会分工进一步发展和劳动生产率提高的必然趋势。社会生产力的迅速发展和科技进步促进了为生产服务的第三产业的发展，社会化分工体系必然要求第三产业发展，为第一、第二产业更好地发展提供专业服务。第一、第二产业劳动生产率的提高解放了更多的劳动力，从而能够为第三产业提供劳动力来源。社会生产力和社会水平的提高，提高了居民消费水平，促进了消费结构的变化，为第三产业发展提供了广阔的市场和空间。市场经济的发展，特别是区域经济往来和全球经济一体化的快速推进，极大地促进了贸易经济的发展，这都为第三产业发展提供了丰厚的土壤。当然，在经济社会发展的历史长河中，第三产业的内涵、类型及其在经济发展过程中的关键角色与重要作用都在发生变化，相关理论与实践活动都随着第三产业的发展而发展。

早在 17 世纪，英国古典经济学家威廉·配第在《政治算术》一书中最早阐述了关于第三产业的思想，他在对英国经济结构的演进历程进行系统研究后发现，在经济的不断发展过程中，产业中心将逐渐由有形财物的生产转向无形的服务性生产，劳动力首先从农业向工业（制造业）转移，然后再从工业（制造业）向商业转移。其后，法国经济学家萨伊（Say）、西斯蒙弟（Sismondi）、李斯特（List）、马克思等经济学家都从不同的角度对第三产业进行过分析，在不同程度上揭示了第三产业经济范畴所涉及的经济规律。近代以来，从 1935 年英国经济学家费雪最先提出“第三产业”这一理论概念到 1957 年克拉克把第三产业称作“服务性产业”，将“配第定律”完善为“配第 – 克拉克定律”，第三产业理论初具体系。

第三产业的发展也是与日俱进，取得了长足进步，特别是第二次世界大战以后，以美国为首的欧美国家经济快速发展，产业体系日益完备，金融、贸易、交通、教育、科技和生活服务等第三产业空前繁荣，第三产业发展水平也可以看作衡量一个国家经济发展水平的重要标志。一个国家经济发展水平越高，其第三产业在国民经济中所占比重就越高，这是经济理论长期研究得出的结论，也是从世界各国经济发展的实践所证明的。表 3 – 1 列出了目前世界上主要经济体国家的经济总量、经济发展水平和产业结构的对比情况，各国按照人均 GDP 高低排序。总体来看，经济越发达、人均 GDP 越高的国家，其第三产业在国民经济中的比重就越高，像卢森堡、英国、法国、荷兰等国家的第三产业比重超过 80%，其他高收入国家的第三产业比重也都在 70% 以上。但卡塔尔等中东国家依靠石油工业，第二产业占比较高，是属于特殊情况。中国、印度、印度尼西亚等中等国家和低收入国家的第三产业比重还比较低，欠发达国家更是如此。因此，随着经济发展水平的提高，第三产业比重提升是一个普遍的经济规律。

表3－1　　　部分国家（地区）经济发展水平和产业结构的比较

国家（地区）	GDP（亿美元）	人均GDP（美元）	第一产业比重（%）	第二产业比重（%）	第三产业比重（%）
卢森堡	623	104499	0.3	10.9	88.8
瑞士	6790	80343	0.7	24.7	74.6
挪威	3995	75704	1.9	29.3	68.8
爱尔兰	3314	68885	1.2	36.2	62.6
卡塔尔	1669	63249	0.2	56.9	42.9
美国	194854	59928	1.0	25.4	73.6
新加坡	3239	57714	0.0	23.2	76.8
丹麦	3299	57219	1.4	20.1	78.5
澳大利亚	13234	53794	2.8	23.0	74.2
瑞典	5356	53253	1.1	22.2	76.8
荷兰	8306	48483	1.9	17.4	80.7
奥地利	4168	47381	1.2	25.3	73.5
中国香港	3414	46194	0.1	7.2	92.7
芬兰	2523	45805	2.4	24.3	73.3
加拿大	16471	44871	1.7	24.8	73.5
德国	36932	44666	0.8	28.0	71.2
比利时	4948	43467	0.7	19.6	79.7
新西兰	2041	42583	5.4	20.4	74.2
以色列	3533	40544	1.2	19.6	79.2
英国	26379	39954	0.6	17.9	81.5
法国	25825	38484	1.5	17.4	81.1
日本	48724	38430	1.2	29.3	69.5

续表

国家（地区）	GDP（亿美元）	人均GDP（美元）	第一产业比重（%）	第二产业比重（%）	第三产业比重（%）
意大利	19438	32110	1.9	21.6	76.5
韩国	15308	29743	2.0	35.9	62.2
西班牙	13143	28208	2.7	21.9	75.4
沙特阿拉伯	6867	20849	2.5	45.5	52.0
俄罗斯	15784	10749	3.6	30.5	66.0
土耳其	8515	10546	6.1	29.2	64.8
巴西	20536	9812	4.6	18.4	77.0
墨西哥	11509	8910	3.4	30.0	66.5
中国	122377	8827	7.9	40.5	51.6
南非	3489	6151	2.3	25.9	71.8
印度尼西亚	10154	3846	13.2	39.4	47.5
印度	26507	1979	15.6	26.5	57.9
高收入国家	516259	41352	1.3	22.9	75.8
欧盟	173388	33836	1.5	22.1	76.4
世界	809348	10749	3.6	25.4	71.0

资料来源：根据国家统计局相关资料整理。

虽然我国经济发展取得了巨大成就，第三产业发展也是欣欣向荣，但无论从国际比较、发展现状，还是从未来趋势等角度分析，我国第三产业发展还不够成熟，与经济发展的需要有一定的差距，仍具有较大的发展前景和提升空间。从我国经济发展历史经验对未来趋势的判断，今后我国将加快经济转型速度，加快产业结构优化升级步伐，通过大力发展第三产业来实现转方式、调结构，第三产业将会成为经济优化升级的主导。一是我国将建设全面开放型经济体系，全面参与国际经济体系，全面参与国际竞争，这都需要我国大力发展第三产业。我国需要深度参与经济全球化，要适应世界经济向服务型经济转型的总体趋势，要与国际市场中第三产业发展相对接。为了更好地帮助我国制造业和货物贸易的国际竞争力，必须加快发展第三产业，帮助第一、第二产业提升产品的核心价值和附加价值。大力发展服务贸易和技术贸易，可以增加贸易的平衡，加强资本、技术、劳动力的国际流动，更好地促进我国对国际国内两个市场、两种资源的配置。二是提炼经济发展新动能需要加快发展第三产业。多年来，我国一直在倡导和实践转变发展方式，提升经济发展的可持续性。要从以资源投入为主的粗放型经济转型以科技、劳动投入为主的内涵型经济，要从以投资、出口推动经济增长的推动型经济向以消费促进经济增长的拉动型经济。经济发展的根本目的是提高居民生活水平，就要扩大居民消费。我国人均GDP快要接近一万美元，在这一大背景环境下，如何满足居民消费升级，提高居民消费水平，就需要第三产业发力，促进消费结构的升级，推进居民消费逐步从舒适型向享受型转变，居民消费的衣食住行变得更加多样、高档，物质消费比重逐步下降，而文化、娱乐、休闲、健康等方面的消费比重不断加大，这些都将成为第三产业快速增长的重要支撑。三是科技进步和人工智能等快速发展，需要大力发展现代服务业和生产服务业，促进产业体系更加高端，产业结构更加优化，服务体系更加完善。现代科学技术的快速发展，大大提高劳动生产率，极大减少了对工人的需求，必将释放大量劳动力，第三产业成为接受大量劳动力的稳定器。产业科技化水平提高，对劳动者素质提出了更高的要求，教育的发展成为重中之重。另外，为生产服务的科学技术、金融、互联网和人工智能，等等，都将是未来第三产业快速发展的着力点。

（三）新兴服务业的崛起

费雪最早提出了三次产业区分的标准，他认为第一、第二、第三产业这些概念在某种意义上是与人类需要的紧迫程度有关的。第一产业为人类提供满足最基本需要的食品，第二产业满足其他更进一步的需要，第三产业满足人类除物质需要以外的更高级的需要，如生活中的便利、娱乐等各种精神上的需要，所以，产业的划分是把经济发展与人类的需要变化联系起来的。克拉克发展了费雪的提法，他根据各部门接近最终消费远近的原则，把产业结构明确地划分为三大部门：第一大部门以农业为主，主要包括直接利用自然资源等部门；第二大部门以制造业为主，还包括采矿业；第三大部门主要是非物质生产部门和无形产业部门，包括批发商业、零售商业、银行业、信托业、运输业等服务业。克拉克提出的产业结构按三大部门划分，第三产业的性质就是服务。此后，一些经济学家在进行产业划分时正式沿用了这两套产业的概念，即第一、第二、第三产业或者农业、工业、服务业。由于费希尔最早提出了第三产业的概念和三次产业的分类方法，克拉克关于第三产业的理论概述及产业分类方法得到学术界和政府机构的广泛使用，因而他们也被公认为三次产业分类法的创始人。

第二次世界大战以后，学术界开始研究编制国民经济核算体系，制定产业划分标准，得到联合国的采纳和推广。20 世纪 60 年代初，为统一三次产业的划分，“经济合作与发展组织”（OECD）提出的划分方法，即把所有经济活动区分为农业、工业和服务业三大部门。其中，农业为第一产业；工业为第二产业，主要包括制造业、采掘业和矿业、建筑业、公共事业（煤气、电力、水）；服务业为第三产业，包括运输业、通信业、仓储业、批发和零售贸易业、金融业、房地产业、科学、教育、新闻广播、公共行政和国防，以及社会事务、娱乐和个人服务等。此后，联合国根据世界经济发展的变化，多次修订完善国民经济核算体系，对产业分类的划分也做了调整，使之更能够反映世界经济的新情况、新变化和新特征，满足各国对国民经济核算和调控的需要。

新中国成立后，我国以马克思主义和列宁主义为理论指导，推进社会主义改造，按照苏联模式全面实施计划经济，国民经济核算采用的是物质产品平衡表体系（MPS），主要是核算农业和工业的物质产品，理论体系和官方文件并不认同服务业，更没有对服务员进行价值核算。直到改革开放以后，在发展商品经济的过程中，才逐步接受西方经济学理论中关于服务业的概念和界定，开始研究和统计服务业。1985 年，我国政府开始借鉴联合国和 OECD 普遍采用的三次产业分类方法，国家统计局发布了《关于建立第三产业统计的报告》，首次规定了我国三次产业的划分范围。1993 年，我国的统计体系开始全面采用联合国推荐的国民经济核算体系（SNA），与世界各国的经济核算体系接轨，从而对三次产业，特别是服务业进行较为全面的核算和统计。此后在 2003 年、2012 年、2017 年，分别修订和完善了我国的国民经济核算体系，对产业的分类标准都做了详细的设计和调整。在 2018 年和 2019 年，更是密集出台了《文化及相关产业分类》《生产性服务业统计分类（2019）》《生活性服务业统计分类（2019）》《国家科技服务业统计分类（2018）》《体育产业统计分类（2019）》《健康产业统计分类（2019）》等一系列关于服务业的产业分类和统计标准，更好地满足统计上监测“三新”经济活动规模、结构和质量等需要，能够反映先进制造业、互联网 +、创新创业、跨界综合管理等“三新”活动，有利于对新业态进行理论研究和统计分析。

2017 年，国家统计局再次对 2012 年《三次产业划分规定》进行了修订，具体见表 3－2。与 2012 年印发的《三次产业划分规定》相比，此次修订主要在以下方面作出调整：“农、林、牧、渔服务业”更名为“农、林、牧、渔专业及辅助性活动”；“开采辅助活动”更名为“开采专业及辅助性活动”；“装卸搬运和运输代理业”更名为“多式联运和运输代理业”；“仓储业”更名为“装卸搬运和仓储业”；“房地产业”内容变更；新增大类“土地管理业”；“广播、电视、电影和影视录音制作业”更名为“广播、电视、电影和录音制作业”；“基层群众自治组织”更名为“基层群众自治组织及其他组织”。

表 3－2　　2017 年《国民经济行业分类》关于第三产业的划分

门类	大类	名称
A	05	农、林、牧、渔专业及辅助性活动
B	11	开采专业及辅助性活动
C	43	金属制品、机械和设备修理业

续表

门类	大类	名称
F		批发和零售业
	51	批发业
	52	零售业
G		交通运输、仓储和邮政业
	53	铁路运输业
	54	道路运输业
	55	水上运输业
	56	航空运输业
	57	管道运输业
	58	多式联运和运输代理业
	59	装卸搬运和仓储业
	60	邮政业
H		住宿和餐饮业
	61	住宿业
	62	餐饮业
I		信息传输、软件和信息技术服务业
	63	电信、广播电视和卫星传输服务
	64	互联网和相关服务
	65	软件和信息技术服务业
J		金融业
	66	货币金融服务
	67	资本市场服务
	68	保险业
	69	其他金融业
K		房地产业
	70	房地产业
L		租赁和商务服务业

续表

门类	大类	名称
	71	租赁业
	72	商务服务业
M		科学研究和技术服务业
	73	研究和试验发展
	74	专业技术服务业
	75	科技推广和应用服务业
N		水利、环境和公共设施管理业
	76	水利管理业
	77	生态保护和环境治理业
	78	公共设施管理业
	79	土地管理业
O		居民服务、修理和其他服务业
	80	居民服务业
	81	机动车、电子产品和日用产品修理业
	82	其他服务业
P		教育
	83	教育
Q		卫生和社会工作
	84	卫生
	85	社会工作
R		文化、体育和娱乐业
	86	新闻和出版业
	87	广播、电视、电影和录音制作业
	88	文化艺术业
	89	体育
	90	娱乐业
S		公共管理、社会保障和社会组织

续表

门类	大类	名称
	91	中国共产党机关
	92	国家机构
	93	人民政协、民主党派
	94	社会保障
	95	群众团体、社会团体和其他成员组织
	96	基层群众自治组织及其他组织
T		国际组织
	97	国际组织

资料来源：根据国家统计局网站（http：//www. stats. gov. cn）相关数据整理。

随着第四次工业革命浪潮的到来，互联网和人工智能应用于经济社会发展的方方面面，对人类经济活动产生深远的影响，在产业结构和新的业态方面都有重大突破，服务业的发展也是与时俱进，从生产性服务到生活性服务，新的服务业形态层出不穷，在国民经济中发挥了越来越重要的作用，深刻地影响了未来经济发展的趋势，也表现出与过去传统经济发展模式迥异的特征和变化趋势，值得引起学者们进行更多的深入研究和广泛关注。

随着经济转型的压力和需求越来越大，发展现代服务业一直是近年来的核心发展方向。“十二五”规划纲要就“营造环境，推动服务业大发展”做了详细阐述，并提出“把推动服务业大发展作为产业结构优化升级的战略重点，营造有利于服务业发展的政策和体制环境，拓展新领域，发展新业态，培育新热点，推进服务业规模化、品牌化、网络化经营，不断提高服务业比重和水平。“十三五”规划纲要就“加快推动服务业优质高效发展”做了专门阐述，提出要“开展加快发展现代服务业行动，扩大服务业对外开放，优化服务业发展环境，推动生产性服务业向专业化和价值链高端延伸、生活性服务业向精细和高品质转变。”国家连续对发展现代服务业做出战略性规划，是基于我国经济社会发展的趋势和产业升级的需要，有其深刻的社会背景。一是经济快速发展推动了中产崛起，加上我国老龄化趋势在加速攀升，人口周期的变化导致消费服务业迎来黄金发展期，随着收入和人口结构的变化，居民消费由实物转向服务，食品消费比重迅速下降，而医疗、交通、教育、娱乐等消费占比快速上升，人口老龄化和代际更替带来最显著的变化就是健康市场相关需求快速爆发，带动体育、健身、美容、医药服务等产业需求快速增长。二是服务业发展助力产业结构升级，生产性服务业加速崛起。中国制造业已经从粗放增长期进入成熟期，发展生产性服务业将加速产业链的升级和价值提升，从制造环节过渡到研发设计、销售流通环节。根据国际经济发展趋势，当前生产性服务业重点发展方向主要涵盖：研发设计、第三方物流、融资租赁、信息技术服务、节能环保服务、检验检测认证、电子商务、商务咨询、服务外包、售后服务、人力资源服务和品牌建设。三是创新将成为现代服务业发展的最重要引擎，现代服务业研发投入不断增大，技术创新对服务业的推动作用日益明显。商业模式创新也成为现代服务业企业竞争力的重要体现。现代服务业的商业模式比较复杂，且随着时代的进步，全新的现代服务业商业模式层出不穷。

二、70年来中国第三产业发展历程回顾

1. 抑制发展阶段（1949～1978年）

新中国成立到改革开放前，第三产业长期发展缓慢，比重偏低。新中国成立之后，在很长一段时期内，全面实施计划经济，受重生产、轻服务传统观念影响，在不断强调抓好农业生产的同时，长期实行重工业优先发展的赶超战略，集中力量进行了大规模工业化建设。而不重视对第三产业的人、财、物投入，重工轻商，重积累轻消费，一些服务功能和环节往往

只是依附在工业部门和工业企业之中。在当时计划经济体制下，形成了“大而全”“小而全”的生产、服务管理模式，社会服务业发展和就业都受到各种约束，束缚了第三产业的正常发展。第三产业发展缓慢主要受到三个方面因素的影响。一是指导理论：计划经济时代，完全以苏联经济发展模式为指导，信奉列宁的计划经济理论，没有活学活用马克思主义，把服务部门看成不创造剩余价值的非生产部门，没有正确认识服务业发展是促进经济进步的重要途径，在实际中歧视“非生产部门”，使第三产业的资源投入受阻，发展被遏制。二是发展战略：在我国工农业体系比较完备，工农业已有较大发展基础的时候，没有及时把第三产业的发展列入国家经济发展战略。“四个现代化”只有工农业现代化，忽略了第三产业现代化，一般的发展规划和政策也缺乏对第三产业的顾及。三是政策失误：对人民生活水平提高的长期忽视，压制了资源投入和劳动力进入服务业，长期把服务业活动当作资本主义因素来批，挫伤了服务业发展的积极性，国家政策长期实行服务低价制，损害了服务业的利益。

到 20 世纪 70 年代末期，国民经济比例严重失调，农产品、消费类工业品严重供应不足，原材料、能源、交通运输等基础产业和基础设施的发展严重滞后，服务业发展极其缓慢。统计数据表明，从 1952 年到 1980 年，三次产业增加值结构由 50.7∶21.0∶28.3 变为 30.4∶49.0∶20.6，就业结构由 83.5∶7.4∶9.1 变为 68.7∶18.3∶13.0。近 30 年时间，第三产业增加值在国民经济中的比重下降了 7.7 个百分点，就业比重仅增加 3.9 个百分点。从国际比较来看，第三产业产值比重在 1982 年为 22%，在世界银行统计的 93 个国家和地区中排倒数第 2 位；第三产业的就业比重在 1980 年仅为 13.0%，在 126 个国家和地区中排第 106 位。

2. 恢复起步阶段（1978～1990 年）

我国政府及学术界对于第三产业的发展和性质还存在一定的分歧，但是第三产业的重要性及其起步发展已经开始受到广泛的关注。1979 年，我国在经济结构调整的调研活动中，开始注意到第三产业过于落后会对人民群众的日常生活造成不利影响，一些研究报告中开始使用“第三部门”“第三部类”等相关概念，将国家经济结构由传统的“农业、轻工业、重工业”扩展到“农业、轻工业、重工业及服务业”。1981 年上半年，以《世界经济导报》为代表的中国媒体开始广泛关注第三产业的相关概念、发展原因、分类、作用、趋势等理论问题，掀起第三产业理论探讨的小高潮。1984 年，时任中央领导人在会议及考察过程中提出大力发展第三产业的方针。1985 年 4 月，国务院同意并转发了国家统计局《关于建立第三产业的报告》，全面建立第三产业统计，形成统计制度，较为明确地划分和界定了第三产业的领域和范畴。同年，《中共中央关于制定国民经济和社会发展第七个五年计划的建议》把“加快发展为生产和生活服务的第三产业，逐步改变第三产业同第一、第二产业比例不协调的状况”列为经济建设的战略布局的“第四条方针”。1986 年“七五计划”中明确指出要大力发展第三产业，并规定了第三产业的发展目标，特别是提出要大力开展咨询服务，积极发展金融、保险、信息等事业，并规定了第三产业的发展目标。这是在中国第五年计划中首次出现“第三产业”概念。自此，第三产业的发展开始进入较为迅速的增长阶段。从 20 世纪 80 年代初开始，第三产业迅速起步发展。其中商业流通、饮食服务等传统第三产业发展较快，第三产业是在基数较低的基础上迅速增长，比重提高快。80 年代，第三产业增加值平均每年增长 10.9%，超过同期国民生产总值平均增长 8.9% 的速度。第三产业占国民生产总值的比重明显提高。这一时期，第三产业增加值由 1979 年的 878.9 亿元快速增长到 1990 年的 5888.5 亿元，第三产业占 GDP 的比重也从 1978 年的 23.9% 增加到 1990 年的 31.5%，超过第一产业比重近 10 个百分点，并逐步接近第二产业。但是，传统第三产业发展受国民经济波动影响较大，在 1989 年开始的三年治理整顿期间，国民经济发展速度放慢，第三产业发展速度下降明显，商业服务业甚至出现了负增长。

3. 全面发展时期（1991～2008 年）

进入 20 世纪 90 年代，以邓小平 1992 年南方谈话和同年 10 月党的十四大召开为标志，中国经济体制改革加快推进，进入了建立社会主义市场经济体制的新阶段。伴随着市场经济体制改革的推进，经济发展也再次进入快车道，呈现出蓬勃发展的新势头，第三产业也再次迎来了新的发展机遇。同年 6 月，国务院召开了全国加快第三产业发展的工作会议，做出了《关于加快发展第三产业的决定》，首次提出了大力发展第三产业的重大决策，强调“必须使第三产业有一个全面、快速的发展”。提出加快发展第三产业的目标、重点，以及十三条主要政策和措施，要求全党和各级政府高度重视第三产业、各级党政领导干部要统一思想，转变观念，开阔思路，发挥创造性，动员广大干部群众，为实现加快发展第三产业这一重大战略任务而努力奋斗。此后，党的十五大报告（1997）、十六大报告（2002）、十七大报告（2007）均阐述了第三产业的发展方向及目标，为我国第三产业的快速发展提供了战略导向作用。在具体实施计划和发展方向上，为了解决服务业依然存在的供给不足、比重偏低、结构落后、质量不高、竞争力差等问题，2001 年，国务院印发《“十五”期间加快发展服务业若干政策措施的意见》，在行业结构、企业改革和重组、市场准入、对外开放、产业化、用地结构及资金投入等方面提出具体发展措施。其后，根据“十一五”规划纲要确定的服务业发展总体方向和基本思路，国务院相继印发了《关于加快发展服务业的若干意见》（2007）、《关于加快发展服务业若干政策措施的实施意见》（2008），进一步从发展结构、发展布局、发展环境、农村服务业、对外开放水平及改革、资金投入和政策扶持力度对第三产业的发展措施进行完善与优化，明确了第三产业发展的方向、目标、主要任务和政策措施。这一时期，我国第三产业发展活力迸发，增长速度较快，走上了全面发展的快车道。三次产业增加值比重由 24.5：41.8：33.7（1991）调整为 11.3：48.6：40.1（2008），第三产业增加值由 1991 年的 7337 亿元提高到 2008 年的 120487 亿元，第三产业已经成为改善人民群众生活水平、优化产业结构、提升经济活力、提高就业水平、推动我国经济增长的重要引擎，在国民经济中发挥了越来越重要的作用。

4. 全面跃升阶段（2009 年至今）

金融危机爆发后，我国经济进入新常态，供给侧结构性改革深入推进，互联网和人工智能发展如火如荼，在经济发展的各领域产生广泛而深远影响，第三产业发展也迎来重要战略机遇期，进入全面跃升阶段。国家“十二五”规划纲要提出，要把推动服务业大发展作为产业结构优化升级的战略重点，营造有利于服务业发展的政策和体制环境。2012 年，党的十八大报告提出了推动服务业特别是现代服务业发展壮大的任务要求，进一步为服务业发展指明了方向。此后，党中央、国务院十分重视第三产业发展，陆续出台一系列政策措施，从财税、信贷、土地和价格等方面不断深化、细化和完善第三产业发展的相关政策体系，有力地促进了我国第三产业健康快速发展。2014 年，国务院首次对生产性服务业发展做出了全面部署，印发《关于加快发展生产性服务业促进产业结构调整升级的指导意见》，提出了引导市场主体行为的发展导向，明确了政府创造良好环境的工作重点。2017 年，为了推进服务业改革开放和供给创新，国家发展与改革委员会（以下简称发改委）制定了《服务业创新发展大纲（2017～2025 年）》，为我国第三产业的全面发展进一步提供指引。“十三五”规划专门提出要加快推动服务业优质高效发展，同时开展加快发展现代服务业行动，扩大服务业对外开放，优化服务业发展环境，推动生产性服务业向专业化和价值链高端延伸、生活性服务业向精细和高品质转变，包括促进生产性服务业专业化、提高生活性服务业品质、完善服务业发展体制和政策等具体措施。

统计数据表明，目前我国第三产业规模不断扩大，在国民经济中占比超过 50%，传统产业加速转型升级，新兴产业不断涌现，就业结构发生明显变化，服务业就业蓄水池功能日趋明显。2011 年，第三产业已成为三次产业中吸纳从业人员最多的产业，2012 年第三产业的产业增加值超过第二产业，2015 年，第三产业增加值占比首次超过 50%。2009～2018 年，第三产业增加值占国内生产总值的比重从 43.4% 上升至 52.2%，提高了 8.8

个百分点，比第二产业比重高出 12.5 个百分点。伴随着第三产业的服务领域日益拓宽，服务业领域不断丰富，新产业、新模式、新业态争相涌现，互联网、信息服务业、邮政快递业、现代金融服务业、旅游业、高技术服务业等现代服务业迅速发展，第三产业在促进就业、拉动消费、改善民生、发展经济等方面发挥了积极重要作用，对经济社会发展的支撑和带动作用日益显著。

三、70 年来中国第三产业发展的积极成效

经过不断加强认识，完善政策，调整计划，我国第三产业不断发展壮大，服务产品从供给稀缺走向相对丰富，实现了跨越式发展，无论是数量还是质量上都取得了长足进步，产业内部结构也得到了持续不断的优化升级，逐步缩小了与世界主要发达国家的差距，我国开始迈入以服务经济为主导的新时代。未来全面深化改革开放，服务业规模持续扩大，实力不断增强，转型升级加快，新兴服务业蓬勃兴起，第三产业发展潜力和活力将进一步释放，继续保持平稳快速增长，在促进经济发展和“两个一百年”的奋斗目标中发挥积极的作用。综观多年来我国第三产业的发展，主要呈现出以下几方面的发展特征：

1. 第三产业波动中快速稳定增长，势头猛劲

新中国成立以来，我国第三产业主要经历了抑制发展、恢复起步、全面发展、全面跃升四个阶段，在改革开放前的抑制发展阶段，面临重重困难，1952 年，第三产业增加值只有 151 亿元，到 1978 年增长到 905 亿元，增长比较困难。但在改革开放以后，第三产业出现了飞速发展的情况，1990 年迅速达到了 6111 亿元，1993 年就突破万亿元大关，2000 年达到了 39898 亿元，2007 年超过 10 万亿元，2018 年超过 46 万亿元。新中国成立 70 年来，第三产业名义产值增长了 2400 多倍，扣除物价通胀的影响，实

际增长了 70 倍（见图 3－1）。第三产业增长速度也发生了较大的变化，改革开放前，受到历次政治运动的影响，第三产业增长幅度经常性出现大幅度波动。改革开放以后的一段时期，由于经济体制改革和管理制度的变迁，导致我国第三产业增长不稳定，但总体维持在较高的增长水平上。2008 年金融危机爆发以后，受到国际经济形势和国内经济转型升级的影响，我国经济整体增长速度开始下滑，第三产业的增速也是保持较为平稳。

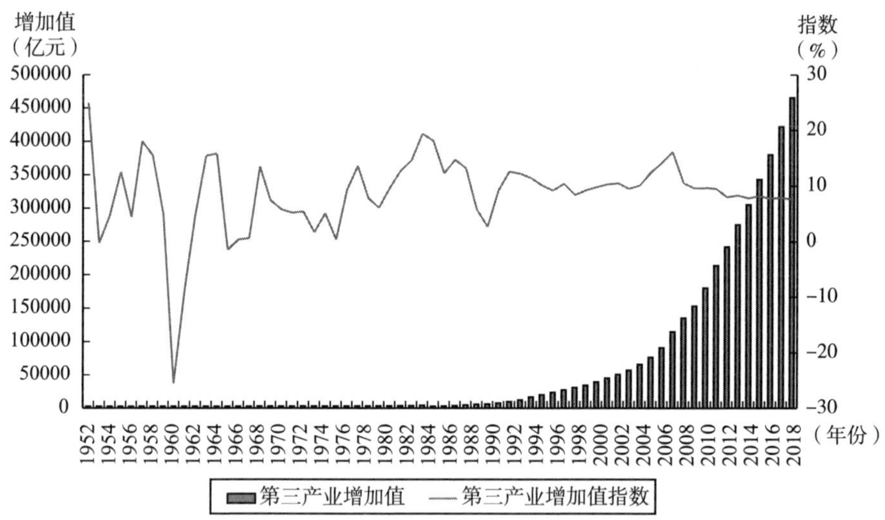

图 3－1　1952 ~ 2018 年第三产业增加值和增速

资料来源：根据国家统计局（data. stats. gov. cn）相关数据整理。

新中国成立以来，我国第三产业主要经历了恢复起步、全面发展、全面跃升四个阶段，除了改革开放以前的抑制发展阶段，第三产业的年均增长速度均超越了 GDP 的年均增速。按不变价格的实际增长速度来看，1952 ~ 2018 年，第三产业增加值年均递增速度为 8.4%，高于同时期 GDP 年均 8.13% 的递增速度。分阶段来看，1952 ~ 1978 年的抑制发展阶段，第三产业增加值年均增长速度为 5.41%，明显低于同时期 GDP 年均 6.17% 的增长速度。改革开放后 1978 ~ 2018 年，第三产业增加值年均递增速度为 10.39%，显著高于同时期 GDP 年均 9.43% 的递增速度。其中，尤其是 1978 ~1990 年阶段，第三产业的年均增长率超出同时期 GDP 年均递增速度 2.3 个百分点，表现出了强劲的增长速度。这充分体现出改革开放以来，以国家为主导推动第三产业发展的一系列方针政策的正确性和适应性，释放了第三产业发展活力，激发了第三产业发展潜力，促进了第三产业的快速发展，也带动了经济整体发展。当然，与 1978 ~1990 年相比，尽管中国第三产业在 1991 ~2008 年度、2009 ~2018 年度年均递增速度略有放缓，但年均递增速度仍均超过了同时期的 GDP 年均递增速度（见表 3 -3）。

表 3 -3　1952 ~2018 年各主要阶段第三产业和 GDP 的年均增长速度　单位：%

年份	第三产业增加值	国内生产总值（GDP）
1952 ~2018	8.40	8.13
1952 ~1978	5.41	6.17
1978 ~2018	10.39	9.43
1978 ~1990	11.31	9.01
1991 ~2008	10.87	10.53
2009 ~2018	8.42	7.95

资料来源：根据国家统计局（data.stats.gov.cn）相关数据整理。

从增长速度来看，我国第三产业增加值增长率的发展态势与国内生产总值（GDP）增长率基本上走势一致，但在改革开放以后的多数年是高于 GDP 增长率的。其中，1952 ~1978 年实施计划经济，没有实施改革开放，第三产业增加值的增长率相对较低。改革开放以后的 20 世纪 80 年代，第三产业增加值增长率变化起伏较大，但是高于 GDP 增长率。1991 年至今，表现逐步平稳，增速普遍高于 GDP 的增速。从政策因素来看，1978 年前是计划经济时代，观念和政策上都不支持甚至压制服务业发展，但改革开放以后，政府恢复以经济建设为中心，推动第三产业发展的战略地位开始受到重视，关于大力发展第三产业的方针和政策的实施效果也逐渐显现。

特别是 1992 年邓小平南方谈话和党的十四大的召开，建设有中国特色社会主义市场经济取得主导地位，建立社会主义市场经济体制改革目标的明确带来一系列宏观调控利好政策，为第三产业的快速发展带来了机遇。第三产业增速高于 GDP 增速，一方面是经济发展规律使然，世界范围内各国都表现出经济越发达，第三产业比重越高的特征，这就需要第三产业以更高的速度增长，提高其在国民经济中的比重。另一方面是过去落后的第三产业为当前服务业快速发展提供了后发优势，属于弥补型赶超增长（见图 3－2）。

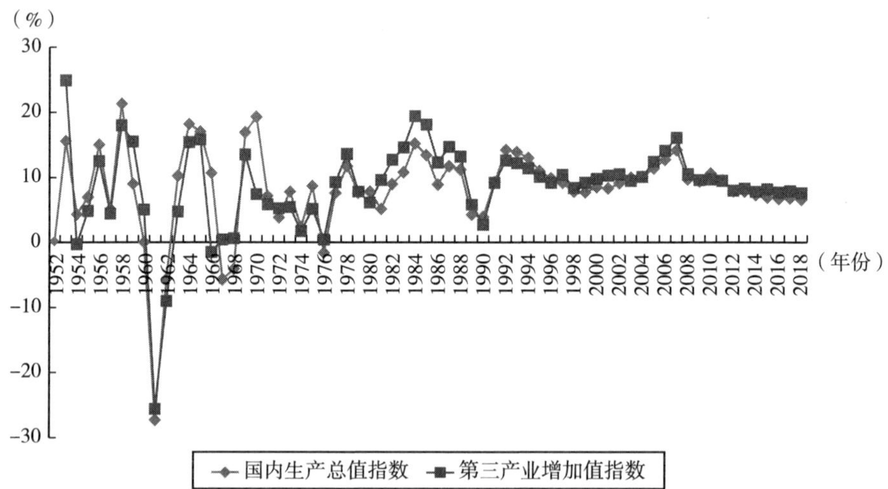

图 3－2　1952～2018 年第三产业增加值增长率与 GDP 增长率对比

资料来源：根据国家统计局（data. stats. gov. cn）相关数据整理。

2. 第三产业占 GDP 比重持续上升，地位凸显

从经济理论研究和经济发展实践来看，三次产业在国民经济中比重变化有一定的规律，随着社会生产力的提高，第一产业比重越来越小，第二产业比重先上升再下降，第三产业比重逐步提升，我国经济长期以来发展变化的现象，充分证明了这个经济规律。

从三次产业占比的变化趋势分析，新中国成立后长期以来第一产业和第三产业占GDP比重是逐步下降的，第二产业比重在波动中上升，这是由于这个阶段我国一方面要稳定发展农业，另一方面重点发展工业，建立和完善工业体系，从而导致第三产业占比逐步下降。还有一个特征是中国第三产业占比与第一产业占比呈现出显著的反方向发展态势，尤其是1978～1985年改革开放初期阶段，第三产业占比出现了下滑，而第一产业占比逆向增加的现象。这是由于在改革开放初期，首先从农业土地改革开始的，受到政策放开的影响，农民的积极性被充分调动，农业产出迅速扩张，使得其在国民经济中的比重得到提升。为解放思想，进一步推动第三产业快速发展，1987年党的十三大报告中明确指出“重视发展第三产业，努力实现一、二、三产业协调发展”，为此后第三产业长期稳步增长奠定政策基础（见图3－3）。

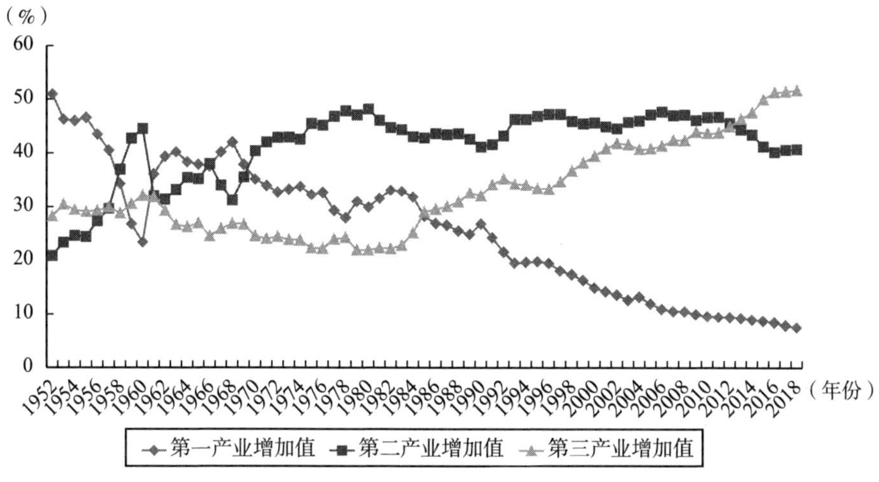

图3－3 1952～2018年中国三次产业占GDP比重变化趋势

资料来源：根据国家统计局（data. stats. gov. cn）相关数据整理。

改革开放以来，三次产业占比呈现出稳步增长态势，但也有一些波动。一个明显的分界点是1985年，1985年之前，我国产业结构比重顺序是“二、一、三”，1985年我国第三产业产值占GDP比重达到29.4%，超过第一产业比重 1.5 个百分点，这是我国第三产业在 GDP 中的比重首次超过第一产业比重。1985 年之后，一直到 2012 年 18 年间，我国第一产业的比重持续下降，第三产业的比重则明显上升，且不断向第二产业的占比靠拢，产业结构的比重态势逐步由“二、一、三”转变为“二、三、一”。第二个关键分界点是 2012 年，第三产业产值占 GDP 比重继续上升，达到 45.5%，首次超过第二产业比重，高出 0.1 个百分点，我国产业结构的比重态势逐步由“二、三、一”转变为“三、二、一”，直至目前，第三产业占比已经达到 52.2%，超过第一产业占比 45 个百分点，超过第二产业占比 11.5 个百分点。尽管我国第三产业占比增长幅度很大，但与国际发达国家相比，与我国经济发展的未来趋势与人民生活水平提高的要求来看，仍然有很大差距，还有很大的发展空间，未来第三产业在我国产业结构优化升级方面仍有很大挑战。

3. 第三产业内部结构不断优化，传统行业占比下降，新兴服务业占比上升

随着我国第三产业的快速发展，在国民经济中的比重不断上升，同时第三产业中的内部结构不断优化，主导产业发生了较大变化，总体呈现出由传统服务业为主向现代服务业为主的趋势。传统的批发零售、交通运输等服务业占比明显下降，金融业、房地产业占比显著上升，软件和信息技术等新兴服务业快速崛起。

1952 年，在第三产业中占比排名前三位的子行业分别为批发和零售业，交通运输、仓储及邮政业，住宿和餐饮业，其中批发和零售业占比达到 36.6%，远远超过其他子行业。1978 年，占比排名前三位的子行业分别为批发和零售业，交通运输、仓储及邮政业，房地产业，但相比较于 1952 年，批发和零售业占比明显下降；1990 年的第三名被金融业取代，而到了 2018 年，前三名则是批发和零售业、金融业、房地产业，金融业占比超过了交通运输业，成为第二名，而房地产业同样超越了交通运输业，排名第三位。这个变化明显体现了第三产业内部结构的巨大变化。其中，批发和零售业、住宿和餐饮业的占比是逐步下降的，2018 年两类行业占比较 1952 年分别下降 18.5 个、4.3 个百分点。而交通运输、仓储和邮政业占比均先升后降，交通运输、仓储及邮政业占比下降最大，1978 年达 20.4%，降至 2018 年的 8.7%。而金融业和房地产业的占比是逐步上升的，比 1952 年分别增加了 8.7 个和 5.5 个百分点（见表 3 –4）。

表 3 –4　　1978 ~2018 年我国第三产业增加值构成

指标	1952 年	1978 年	1990 年	2000 年	2008 年	2018 年
第三产业合计	100	100	100	100	100	100
批发零售业	36.6	27.2	21.0	20.6	19.4	18.1
交通运输、仓储和邮政业	15.1	20.4	19.3	15.6	12.1	8.7
住宿和餐饮业	7.7	5.0	5.0	5.4	4.9	3.4
金融业	6.1	8.6	18.9	12.2	13.5	14.8
房地产业	7.3	9.0	11.0	10.5	10.9	12.8
其他行业	27.2	29.8	24.8	35.6	39.2	42.1

资料来源：根据国家统计局（data. stats. gov. cn）相关数据整理。

注：其他行业包含信息传输、软件和信息技术服务业，租赁和商务服务业，科学研究和技术服务业，水利、环境和公共设施管理业，居民服务、修理和其他服务业，教育，卫生和社会工作，文化、体育和娱乐业，公共管理、社会保障和社会组织共 9 个门类行业。

20 世纪 90 年代初期是我国第三产业内部结构明显变化的分界点，各子行业占比发生了较大变化。在 1990 年之前批发零售业，交通运输、仓储和邮政业，其他行业以及金融业占比的波动幅度很大，在各年都不稳定，尤其是批发零售业占比经历了过山车式的起伏波动，从 1952 年的 36.6% 上升到 1954 年的 42.2%，在下降到 1978 年的 27.2%，到 1982 年的 14.41%，然后又波动上升到 1988 年的 31.72% 的顶峰。1990 年之后，在邓小平南方谈话和党的十四大召开等利好政策作用下，第三产业获得全面腾飞式发展，新型的服务业层出不穷，发展迅速，使得传统行业如批发零售业，交通运输、仓储和邮政业，住宿与餐饮业呈现出总体下滑的趋势（见图3－4）。

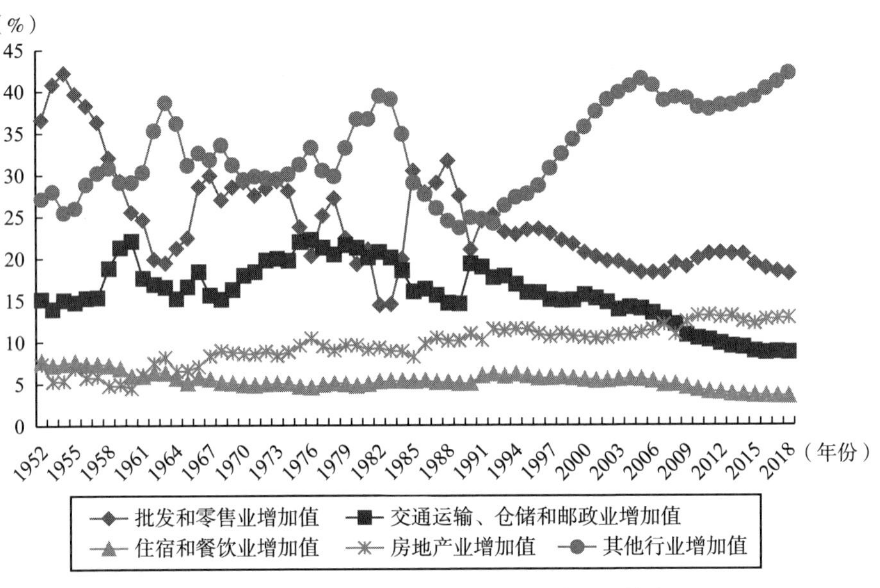

图3－4　1952～2018年我国第三产业内部结构占比

资料来源：根据国家统计局（data. stats. gov. cn）相关数据整理。

1990年之后出现稳步上升的主要是金融业、房地产业和其他行业，自我国确立社会主义市场经济体制改革以来，全面启动金融体系整顿、银行业的商业化改革，以及1998年住房市场化体制改革等一系列重大改革措施开始实施，金融业、房地产业快速发展，成为第三产业中的重要组成部分。2006年以来，两大产业发展显著提速，占比快速上升，金融业占比由1978年的8.68%上升至2018年的14.8%，房地产业则从1990年的占比由11%上升至2018年的12.8%（见图3－4）。

2008年之后，美国次贷危机引发的全球金融危机对世界经济产生重大影响，为了破解金融危机对我国宏观经济产生的不利影响，迅速恢复国民经济的正常增长，国家颁布了一系列的宏观调控政策及刺激扩大内需等方法，我国第三产业迎来了发展的新机遇，很多其他新兴行业均又焕发了生机，尤其是以互联网和相关服务业及其带动下的快递业、软件和信息技术服务业等的发展，各种新型服务业欣欣向荣，表现出来前所未有的强劲增长态势，在第三产业中的比重明显提升。其中，互联网和相关服务业规模保持快速增长，营业利润继续快速上升，企业所得税保持稳步增长态势，网络游戏、电子商务领域保持活跃。另外，在电子商务平台服务带动下，快递业也迎来井喷式发展。（见表3－5）。

表3－5　快递业、信息传输软件和信息技术服务业、租赁和商务服务业的增长速度

单位：%

指标	2018年	2017年	2016年	2015年
互联网和相关服务业	20.3	20.8	17.4	—
快递业	21.8	28.0	51.4	48.0
软件和信息技术服务业增加速度	30.7	26.0	18.1	14.8
租赁和商务服务业增加速度	8.9	10.9	11.0	9.2

注：工信部2017年、2016年综合数据。以上数据均以上年同期为基期。软件和信息技术服务业包括软件开发，信息系统集成服务，信息技术咨询服务，数据处理和存储服务，集成电路设计服务和其他信息技术服务等行业。互联网和相关服务业统计对象是持有增值电信业务许可证的企业，主要包括互联网数据中心业务、互联网接入服务、信息服务业务，其中信息服务业务又包括网络游戏及电子商务平台服务业务，网络游戏，包括客户端游戏、手机游戏、网页游戏等。

资料来源：根据《中国统计年鉴（2018）》和2017年、2018年《中华人民共和国国民经济和社会发展统计公报》的相关数据整理。

4. 第三产业对GDP增长的贡献率和拉动率双双持续上升，成为经济增长的重要稳定器

新中国成立以来，三次产业对GDP增长的贡献率和拉动率在变化趋势上与三次产业占GDP比重的变化趋势具有一致性，但波动相对较大。新中国成立之初到改革开放之始，第三产业对GDP增长的贡献率也是非常大的起伏波动，贡献率大小介于第一产业与第二产业之间，最高达到132%，

最低是－6.6%。1978年以来绝大多数年份，第三产业增量占我国GDP增量的比重，即第三产业增长对GDP增长的贡献率是低于第二产业的。这体现了长期以来，促进我国经济增长的主要推力是以第二产业为主，但这种情况在改革开放以后开始发生改变，第三产业正在成为我国经济增长的新动力（见图3－5）。

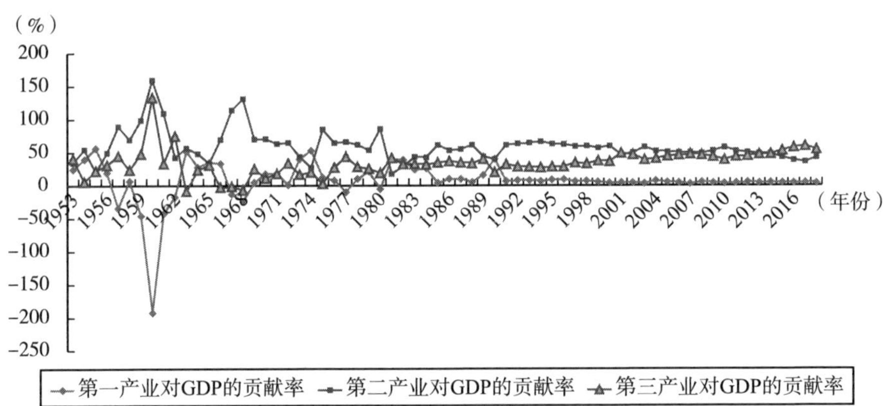

图3－5　1952～2018年我国三次产业对GDP增长的贡献率

资料来源：根据国家统计局（data. stats. gov. cn）相关数据整理。

自改革开放以来，第三产业对GDP增长的贡献率在波动中呈上升趋势，对经济增长的作用越来越明显。20世纪80年代前中期，第三产业贡献率基本稳定在30%～40%之间。80年代末，因为当时国内出现了较为严重的通货膨胀，第三、第二产业贡献率双双出现了下滑，反而是第一产业成为当时支撑经济增长的重要力量。90年代以来，在市场经济体制改革过程中，第三产业发展迅速，对GDP增长贡献率波动上升。特别是到2001年中国加入WTO，政府加强了对产业政策的宏观调控，第三产业发展越来越迅速，对经济增长的贡献率顺势而上，有了一个明显跳跃式的上升，并于2015年超过并取代第二产业成为经济增长最主要的贡献力量，年均贡献率高达46.6%。这个变化充分证明了近几年来我国产业转型的成效显著，第三产业内部结构方面也开始逐渐由批发零售、住宿餐饮等传统服务业转向以金融、保险、网络信息服务为主的等新兴服务业（见图 3－6）。

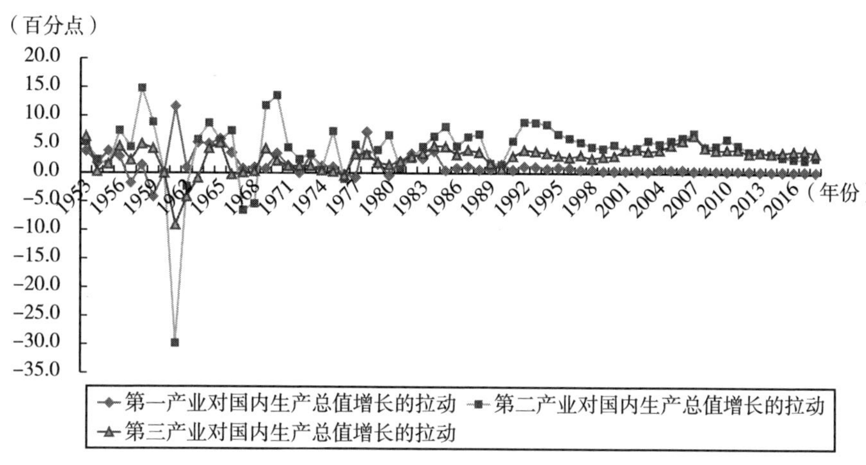

图 3－6　1952～2016 年我国三次产业对 GDP 增长的拉动

资料来源：根据国家统计局（data. stats. gov. cn）相关数据整理。

再结合三次产业对经济增长的拉动作用分析，1952 年以后，第三产业对经济增长的贡献也是起伏波动，而且波动的幅度很大，极不稳定，这是与整个经济发展的态势有关。1980～1981 年，我国 GDP 增长出现了骤降，突然从 7.8% 下降到了 5.9%，就在第二产业对 GDP 增长的贡献率和拉动率也同样出现暴跌的同时，第三产业却逆势而上，对经济增长的拉动有大幅度的上升，成为经济增长的稳定器，对稳定当时经济局势发挥重要作用，也为第三产业的后续发展打下了良好的根基。20 世纪 80 年代中后期，第三产业对 GDP 拉动率基本稳定在 3～4.8 个百分点之间。90 年代以来，经过 1989 年、1990 年的最低潮，1998 年亚洲金融危机后，第三产业再次经历了新一轮快速发展，对经济增长的拉动有了较大的提高。2008 年国际金融危机爆发后，第二、第三产业对经济增长的拉动都出现回落，此后走势出现明显分化，而第三产业则基本保持在 4 个百分点左右，成为三期叠加特殊时期我国 GDP 增长的重要稳定器。

四、70 年来中国第三产业发展的成功经验

（一）坚持解放思想，为第三产业发展扫除障碍

在新中国成立初期很长一段时期内，由于受意识形态和国际政治局势等众多因素的影响，我国第三产业的发展受到严重抑制，发展极其缓慢，导致经济结构严重失调，不但不能在经济发展中起到正常作用，为第一产业和第二产业的发展提供服务，甚至不能满足人民群众的基本生活需求，当然也为我们吸取教训提供了反面教材。改革开放后，为全面深入推动我国经济快速发展，能够从上至下深入理解并推动第三产业发展的重要性，在政府的引导下，学术理论界就关于第三产业的性质和发展的问题展开了激烈的大讨论，激烈的理论探讨和思想解放确立了第三产业的地位和重要性，关键是解放思想，端正思路，认识到第三产业在国民经济发展中的重要作用，为第三产业发展扫除障碍。第三产业的发展不仅是人民物质生活水平提高的需要，更是影响一国或地区产业竞争力和国际竞争力的关键因素，是第一、第二、第三产业协调发展的必不可少的重要组成部分，也是经济发展规律的重要体现，第三产业的发展和第一、第二产业的发展是相互依存、互为促进的共生关系。随着经济发展的全面推动，产业分工的不断细化，工农业生产各个环节的专业化程度不断提升，将需要一系列的围绕生产环节的服务业，诸如运输、销售、售后维护等生产性服务来连接与协调各生产部门之间的工作。所以，第三产业是经济发展到不同阶段的必然需要，是不以人的意志为转移的，忽略或者故意压制第三产业发展，必然会受到经济规律的惩罚。我国经济要从长远角度，保持健康稳定增长，从根本上扭转我国长期以来三次产业结构失衡的状况，只有不断地促进和

加快第三产业，尤其是生产性服务业的发展。好在改革开放以后，我国经济发展思想得到不断解放，纠正了过去的错误观念和做法，固有的保守思想逐步得到破除，第三产业的地位逐步确立，发展空间不断壮大，特别是1992年党的十四大报告指出，“根据我国经济的现实情况和发展趋向，应当大力促进第三产业的兴起。第三产业的兴旺发达，是现代化经济的一个重要特征。发展我国商业、金融等第三产业，不仅有利于促进市场发育，提高服务的社会化、专业化水平，提高经济效益和效率，方便和丰富人民生活，而且可以广开就业门路，为经济结构调整、企业经营机制转换和政府机构改革创造重要条件。加快第三产业的发展，使之在国民生产总值中的比重有明显提高。”由此，解放思想，突破理论和政策的束缚，逐步确立了我国第三产业发展的重要性和巨大意义，成为促进我国第三产业的快速、健康、稳定发展的助推器。当前，尽管我国第三产业获得了快速发展，成绩斐然，但还远远不够，应该继续解放思想，遵循经济发展规律，继续接触不利于第三产业发展的一些束缚，扫除阻碍第三产业发展的各种障碍，为第三产业发展奠定良好基础，使之成为我国经济发展的重要增长点，成为我国经济增长质量提升的推进剂，成为满足人民群众对美好生活向往的助力器。

（二）坚持深入改革，保障第三产业发展的市场机制

改革开放以来国民经济快速发展的经验表明，只有而且必须进行改革，大力推进制度创新和体制机制的改革，深入推进社会主义市场经济体系建设，才能保证第三产业健康发展。自改革开放以来，党中央对加快发展我国第三产业的重要性及其意义的认识也逐步加强，陆续修改和颁布了一系列关于加强第三产业发展的宏观产业政策，为我国第三产业兴起奠定了基础。1985年以国务院转发国家统计局《关于建立第三产业统计的报告》为标志，肯定了第三产业在国民经济中的地位，明确了大力发展第三产业的方针。1992年国务院颁布了关于加快发展第三产业的决定，首次作

出了大力发展第三产业的重要战略决策。同年党的十四大报告指出大力促进第三产业的兴起，是经济现代化发展的一个重要特征。1993 年发布的《全国第三产业发展规划基本思路》制定了第三产业发展的目标、重点和指导原则。之后党的十五大报告强调要鼓励和引导第三产业加快发展。这一系列的宏观战略和产业政策逐步确立了第三产业在产业结构优化升级、转变经济增长方式等方面的重要地位，为第三产业的快速发展奠定了政策基础。进入 21 世纪以来，党中央和各级地方政府对发展第三产业的宏观政策更为具体，不但在大的理论指导、发展方针方面做出了决策部署，还出台了一系列具体的发展规划、实施计划、政策措施和工作安排，强调生产性服务业和科技服务业对我国经济发展中的重要性，陆续出台了家庭、养老、健康、文化创意等生活性服务业发展指导意见，明确了服务业发展的方向、目标、主要任务和政策措施。事实证明，我国第三产业能够全面快速发展离不开这些宏观产业政策的坚定支持。

（三）坚持对外开放，为第三产业提供良好国际空间

改革开放以来，我国大力发展对外经贸关系，不但坚持发展货物贸易，还坚定不移地推进了服务领域的对外开放，通过循序渐进地推进我国服务业领域的开放，吸引国际竞争对手，引入国际服务业的资金、技术和管理经验，从而促进我国服务业的快速发展，成为第三产业快速发展的重要经验。相对于第二产业快速发展的健全的工业体系，第三产业是国际化程度较低的产业部门，由于其商品自身的无形性、生产与消费不可分离性以及不可储存性等特点，在国际市场上就是竞争力较弱，我国服务贸易出口额从 1995 年开始出现逆差，且规模逐年增加，直到现在也是如此，特别是技术贸易、金融服务等领域，服务贸易的逆差规模较大。我国于 2001 年加入世界贸易组织（WTO），严格遵守加入 WTO 的服务贸易领域开放的各项承诺，对服务贸易总协定 12 个大类中的 9 个大类、近 100 个小类作出了渐进开放的承诺，占全部服务行业的 62.5%，部分第三产业向国际资本开

放，受到大型跨国公司竞争的冲击。为尽快适应国际竞争压力，我国政府选择了把服务外包作为大力发展服务贸易的重要抓手。在 2006 年发布的“十一五”规划纲要中，专门针对服务业外包提出：“加快转变对外贸易增长方式，建设若干服务业外包基地，有序承接国际服务业转移”。在较长一段时期，以涉及数据处理、承接信息管理、财会核算、技术研发、工业技术等业务的服务外包成为我国服务贸易的主力军，在国内形成了一批外包产业基地，培育了一批具备国际资质的服务外包企业，大大提升了我国服务业在国际市场的竞争力。为鼓励服务业加快发展，国务院于 2007 年和 2008 年先后发文提出要坚定不移地推进服务领域对外开放，鼓励外商投资服务业，着力提高利用外资的质量和水平。近年来，我国服务业外商直接投资（实际使用金额）规模不断增加，占全部外商直接投资比重明显上升，其中房地产业、租赁商务服务业、批发零售业以及金融业是外商直接投资的集中领域，大大促进了我国第三产业的快速发展。另外，近年来为进一步促进服务业国际化发展，我国政府陆续签署一系列区域性多边或双边贸易协定，旨在减少和消除对外贸易壁垒，诸如亚太贸易协定、中国—东盟自贸区协定、中智、中巴、中新等双边自贸区协定，这些自由贸易协定的签署可以有效地推动我国第三产业发展的国际化道路和国际竞争力，可以说，对外开放带来的国际竞争助推了第三产业的快速发展。

（四）坚持简政放权，为第三产业发展营造良好环境

服务业的特殊性，决定了第三产业市场主体众多，吸纳劳动力就业人数众多，需要公平良好的营商环境、稳健的市场机制，才能健康快速发展。从 20 世纪 80 年代后期，我国开始了以市场化为主线的改革，为提高第三产业的市场竞争能力，减少政府对服务行业的不当干涉，对一部分原来附属于政府部门的服务行业进行了剥离，如金融、电信、邮政、民航、交通等部门，按照现代企业制度，实施政企分离，保障企业自主运营、自负盈亏的市场主体地位，极大地激发了企业的积极性，激发了市场活力，

大大提升了企业经营效率，产生良好效果，促进了第三产业的快速发展。从历史经验和教训来看，我国第三产业的快速发展离不开一个稳健优化的市场管理体制，正是通过在服务行业实行政企分开，引入市场竞争机制，完善市场竞争结构，建立市场化的价格形成机制，形成自主经营、自负盈亏的现代企业市场管理体制，才使得第三产业具备了良好的发展环境。我们要继续推进行政管理体制改革，推进简政放权，建设法治社会，各级政府依法行政，推行行政管理的负面清单，严格限制不合理的政府干预，重点打造公平、公正的市场环境，提供高效的服务，给予企业市场主体最大的自主经营权，使第三产业高效发展。

五、经济新常态下中国第三产业的发展特点

在经历了改革开放以来多年的高速发展后，中国经济发展的内外部环境发生了深刻的变化：一方面，2008 年金融危机发生后，世界经济复苏过程缓慢，后危机时代的产能过剩、需求不足的迹象在世界范围内广泛存在，中国经济面对的外部需求也相应地出现常态性萎缩；另一方面，中国经济增长的资源环境约束日益加强，人口老龄化逐渐加剧，产业结构转型升级步伐滞后于发达经济体，中国经济发展的内在动能亟待加强。在这一背景下，2013 年 12 月 10 日，在中央经济工作会议上的讲话上习近平总书记首次提出中国经济“新常态”的概念，并在其后多次阐释这一“新常态”重大战略判断，深刻揭示了中国当前经济发展阶段的新变化。2014 年 11 月 9 日，习近平总书记在亚太经合组织工商领导人峰会开幕式上的演讲上指出，中国经济呈现出新常态，有几个主要特点：一是从高速增长转为中高速增长。二是经济结构不断优化升级，第三产业、消费需求逐步成为主体，城乡区域差距逐步缩小，居民收入占比上升，发展成果惠及更广大民众。三是从要素驱动、投资驱动转向创新驱动。基于习近平总书记关于“经济新常态”的战略判断可以看出，把握第三产业发展趋势与

规律对于认识、适应和引领经济新常态至关重要。当前，第三产业已经成为驱动我国经济发展的关键引擎，是稳定经济增长、促进经济发展、优化经济结构及扩大就业规模的重要部门。因此，探索新常态下中国第三产业发展的新特点，认识新常态下中国第三产业发展的新矛盾，有利于快速提升第三产业的发展水平，形成建立以第三产业主导的经济发展基本格局，是主动认识、适应及引领经济新常态的战略需要，具有重要的理论和实践意义。

全要素生产率（total factor productivity，TFP）这一概念来源于宏观经济学领域，是对一个国家（经济体）或地区进行宏观经济分析和预测的重要指标之一。一般地，TFP 增长率指的是当全部生产要素（包括资本、劳动、土地，但通常略去土地不计）投入不变时，生产量仍能增加的部分。因此，TFP 增长率并不是指所有投入要素的生产效率，这里的“全”针对的是经济增长过程中所有的无形生产要素，因此 TFP 增长率通常用于衡量去除掉所有生产要素外的纯技术进步在生产中的作用，在数值上表现为去除各有形要素投入贡献后的残差。由于这一指标最早由索洛提出，所以又被称之为索洛残差。从整体和系统的角度出发，一个国家（经济体）或地区的全要素生产率较高，则说明其各有形生产要素进行资源优化组合的效果较好。对于发展水平较低的经济体而言，基于各种历史及现实原因，其与发达经济体存在明显的技术差距，经济增长过程更加依赖资本、劳动力等有形要素的投入；当一个国家（经济体）或地区的经济水平增长到一定发达程度后，其经济增长过程的后发优势逐渐下降，经济发展对于资本、劳动力及土地等有形要素的依赖性日益下降，经济增长过程向更加依赖全要素生产率的有效提升方向转化。当前，在经历多年的改革开放后，中国经济增长已经进入新常态下的平台期，认识和适应我国经济发展的新常态，首先要充分意识到伴随着我国经济发展的支撑要素条件的转化，传统模式下的粗放型经济增长已经结束，要成功实现经济转型，跨越中等收入陷阱，就要从有形要素支撑的经济增长，转向依靠全要素生产率的提升路径上来。因此，提高全要素增长率已经成为适应和引领中国经济新常态的关键举措。在新一轮的产业结构转型过程中，探析第三产业全要素生产率的波动规律，分析我国第三产业在新常态下的内在增长机制，可以有效发挥第三产业在发展中的“黏合剂”作用，对于研究中国经济长期及短期增长路径，指导政策制定实践具有重要意义。

在此前的研究中，大多数学者将三次产业作为一个整体，从宏观经济系统论的视角对全国或某些特定区域的域内全要素生产率进行了分析和测算。如，郭庆旺和贾俊雪（2005）对 1979 ~ 2014 年间的中国全要素生产率进行了测算；张小蒂和李晓钟（2005）对长三角地区全要素生产率进行了估算和分析；王志刚及龚六堂（2006）对改革开放后中国各区域间的全要素生产率进行了比较和增长率分解等等。此外，部分学者聚焦于三次产业中某个产业或进一步细分的某一行业的全要素生产率及其变化趋势研究。如，朱钟棣和李小平（2005）基于分行业面板数据研究了中国第二产业的全要素生产率变化趋势；史修松和徐康宁聚焦于建筑业，对 1993 ~ 2003 年间建筑业的全要素生产率进行了实证研究；赵梦楠和周德群（2007）关注了中国煤炭行业的全要素生产率在不同区域的演化趋势等等。近些年，随着服务业的蓬勃发展，第三产业全要素生产率分析逐渐引起了学者们的广泛关注。如，杨向阳（2012）采用 Hicks – Moorsteen 指数测算了东部 9 个省份的第三产业全要素生产率的增长率，肯定了技术进步对第三产业增长的贡献；与此相反，王耀中和张阳（2011）面向 27 个省份数据的测算结果发现中国第三产业的全要素生产率处于下降趋势；原毅军（2009）在对细分后的生产性服务业的省际面板数据进行 DEA 测算后证明我国生产性服务业的全要素生产率存在下降趋势，第三产业内部结构不平衡性较为突出。综上所述，全要素生产率的相关研究已经引起学术界的广泛重视，在理论基础和实证研究方面均受到了广泛认可，研究手段和方法业已趋向成熟，但是在第三产业全要素生产率的测算、分析和预测领域中学者们的相关研究依然存在很多争论，具体包括如下四个主要方面：（1）第三产业经济增长的主要源泉是否是全要素生产率？（2）第三产业全要素生产率处于上升还是下降趋势?(3)影响第三产业全要素生产率的关键因素识别结果不一。(4)对第三产业全要素生产率地区差异测算的结果存在分歧。全面分析第三产业全要素生产率领域存在的主要争论后可以发现，上述研究争论主要源自样本和方法的差异性，既各相关研究采用的样本数据结构（变量组合）不同、时期不同、数据分析方式不同。

鉴于此，本书在对中国第三产业的相关概念、发展历程进行详细阐述后，基于全要素生产率视角，对后金融危机时代中国经济发展新常态下第三产业的新特点进行深入探析，试图回答以下几个问题：第一，面向过去，中国经济新常态下，第三产业经济增长的主要原因是什么？第二，面向现状，中国经济新常态下，第三产业经济增长的区域差异和内部结构如何？第三，面向未来，中国第三产业的发展趋势将出现何种变化?

在测算全要素生产率过程中，索洛（1975）最早提出通过估算总量生产函数，计算产出增长率扣除各投入要素增长率后得到的残差的方法来估算系统的全要素生产率，这一方法也被称为索洛残差。然而，索洛残差采用生产函数进行测算，一些学者在用这一方法测算改革开放以来的中国经济增长实践数据时出现了失效的现象，部分原因在于在用生产函数估计弹性系数时有可能出现残值，而索洛方法的核心就是求出残差，因此对于结果的解释力会产生一定影响。除索洛残差外，基于数据包络分析方法的 Malmquist 指数方法应用也较为普遍。Malmquist 指数最初由马姆奎斯特（Malmquist）于 1953 年提出，卡夫（Caves）、克里斯滕森（Christensen）和迪尔沃特（Diewert）于 1982 年开始将这一指数应用于生产效率变化的测算。1994 年，罗尔夫（RolfFäre）等人将这一理论的一种非参数线性规划法与数据包络分析法（DEA）理论相结合后，Malmquist 指数开始在部门生产效率测算与评价领域被广泛应用，当前，采用 Malmquist 指数测算 TFP 已经受到学术界的广泛认可。

在采用数据分析方法计算全要素生产率的过程中，需要选取效率评价对象的投入和产出指标，这一指标选取过程会对评价结果产生重要影响，也是前述学术界关于第三产业全要素增长率争论的重要引致因子之一。

当前，研究者们对第三产业产出过程的测算主要考虑两个指标。一是考虑采用增量指标（如第三产业增加值或 GDP 增长率）进行衡量，代表学者包括杨向阳（采用第三产业增加值）及叶裕民（采用第三产业 GDP 增长率）等；二是采用总量指标计量产业产出，如愿毅军、张小蒂等学者均采用 GDP 作为衡量产出的测算指标。通过对中国第三产业宏观经济运行数据进行分析可以发现，增加值指标在测算过程中并未考虑到中间产品的转移价值，然而第三产业中很多细分行业正是承担着中间投入的职能，对中间产品进行重复计算更加可以充分地反映出生产性服务业的发展情况，因此采用增量指标并不是合适于本书的研究对象，由此，依据数据的可获得性和有效性，本书采用第三产业 GDP（1978 年不变价格平减）作为产出衡量指标。

依据前述理论分析可知，在采用 DEA－Malmquist 进行产业发展效率评价时投入指标一般包括两个方面，一是劳动投入，二是资本投入。关于劳动投入，因为不同地域和年份的收入差距较大，因此未采用劳动报酬指标，而选取第三产业及其细分行业的从业人员数量作为衡量指标。关于资本投入，本书采用第三产业全社会固定资产投资资本存量这一指标来进行衡量，由于国家统计局数据库中并未给出资本存量相关数据，因此在实证分析过程中采用张军（2004）等学者的永续盘存法进行系统测算，具体计算公式如下：

$$K_t = I_t + (1 + \delta) K_{t-1}$$

上式中 K_t 表示的是第 t 期一国（地区）第三产业（或某一行业）的资本存量，δ 是既定的折旧率参数，I_t 表示第 t 期固定资产投资。本书所有数据均来自《中国统计年鉴》（2008～2018 年）及《中国第三产业统计年鉴》（2018）。

本节以 2008～2017 年间我国各行业及各省市自治区的面板数据为基础，基于 DEAP2.1 软件，采用产出导向的规模收益可变 DEA 模型测算中国第三产业的全要素生产率，并对其进行分析，试图从生产的相对效率视角探究新常态下中国第三产业发展的新特点。

历史经验表明，伴随着一个国家或地区的经济规模增长和产业结构演变，第三产业一般会呈现出日益趋好、不断壮大的发展态势。对一个经济体而言，其进入到后工业化时期的标志性指标即为第三产业的产值和吸纳就业人数占比超过第一产业和第二产业。如图 3－7 所示，从 GDP 占比可以看出中国第三产业在 2008 年经济危机后经历了短暂的低迷期，在 2010 年以后迅速攀升，直至 2015 年首次占比超过 50%，成为拉动经济增长的第一引擎。与此同时，我国第三产业就因人员数量占比一致处于稳步前进状态，从 2008 年的 33.2% 上升至 2017 年的 44.9%。

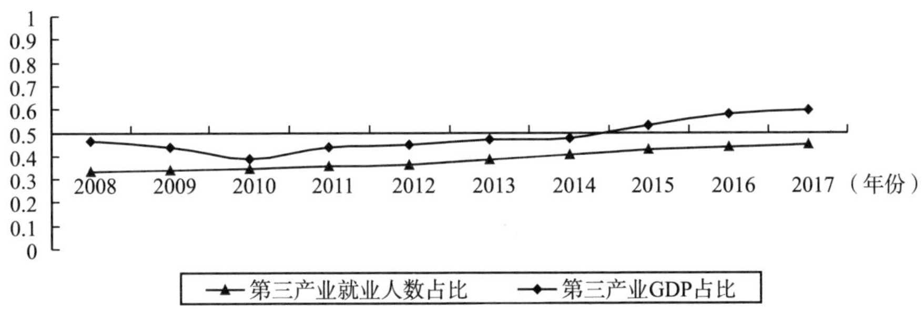

图 3－7　2008～2017 年间第三产业 GDP 及就业人数占比示意图

资料来源：根据国家统计局相关数据整理。

本节将 2008～2017 年间的 10 年面板数据作为 DEAP2.1 的输入，将决策单元数量设置为 1，考察期数设置为 10，最终得到全要素生产率测算结果如图 3－8 所示：

图 3－8 描述了 2008～2017 年间中国第三产业全要素生产率变化的整体趋势。从图中可以看出，2008 年全球金融危机后，我国第三产业迅速复苏，并连续在 2010 年和 2011 年呈现出全要素生产率持续上涨的积极发展态势。2011 年之后，我国逐步进入经济新常态，第三产业全要素相应地呈现出下降趋势，在这一期间，全要素生产率增长水平从 2010 年的 2.6% 下降至 2012 年的 －4.3%。究其原因，一方面，新常态下中国经济增速逐步

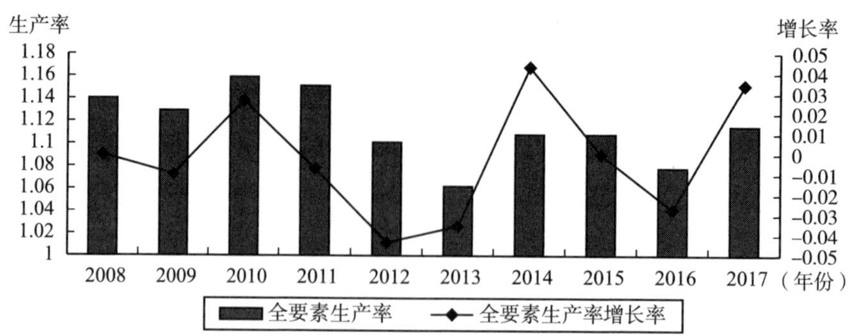

图 3-8　2008～2017 年间中国第三产业全要素生产率变化示意图

资料来源：根据国家统计局官方网站数据计算所得。

放缓，经济发展的目标发生变化，要素投入逐步向智能制造等部门转移，在一定程度上限制了第三产业的继续发展。另一方面，经过对全要素生产率进行分解可以发现，我国第三产业的全要素生产率主要来源于技术进步率，技术效率和规模效率对第三产业发展影响较小，因此这一阶段我国第三产业全要素生产率一个主要解释是技术进步率出现显著下降趋势，这一原因与前文所述的要素投入也具有密切联系。2013 年之后，我国第三产业全要素生产率增长率再次出现显著上升趋势，虽然经历波动时期，但是总体停留在明显高于 2102～2013 年这一谷底水平的范围，并在 2016～2017 年间增长态势向好。总体来看，伴随着中国经济逐步适应新常态下的发展环境，供给侧结构性改革、放管服等政策红利开始释放，第三产业全要素生产率增长率在下落触底后开始呈现出波动回升态势。

为了进一步了解新常态下第三产业全要素生产率空间演变的特点和趋势，我们对各省份的全要素生产率进行了测算，并分别以省份及其所述行政区域（华北、东北、华东、华中、华南、西南及西北）为单元，分别测算了十年内的全要素生产率的变化率。根据测算结果可知，从全国情况来看，在时间序列数据整体上考察，我国各省份第三产业的全要素生产率的分阶段平均值均大于 1，且呈现出缓慢增长、逐年进步的整体趋好发展态势。进一步将全要素生产率分解为技术效率、规模效率和技术进步率后可以发现，我国各省份第三产业的全要素生产率变化大部分均来自技术进步率，这说明我国第三产业已经得到了较快的发展，第三产业全要素生产率的增长和提升主要依赖于科研、R&D 的投入，技术效率及规模效率对全要素生产率贡献不明显。此外，六大行政区域间全要素生产率增长存在着显著的空间不平衡性，各区域内部的省份间也存在着一定的不平衡性。具体地，在 2012 年之前，华东地区和华南地区全要素生产率显著高于其他地区，然而在 2012 年之后我国经济逐步步入新常态后，沿海发达省份全要素生产率逐步出现下降趋势，华东、西南及东北区划内省份全要素生产率增长较快，与沿海区域的第三产业全要素生产率差异描述不再显著，西北地区区域内全要素生产率增长不平衡性则更加显著，陕西省第三产业全要素生产率增长显著领先于其他省份。

此外，我们还分析了第三产业内部各组成行业的全要素生产率在我国经济进入新常态前后十年间的变化情况，具体测算结果如图 3 –9 所示：

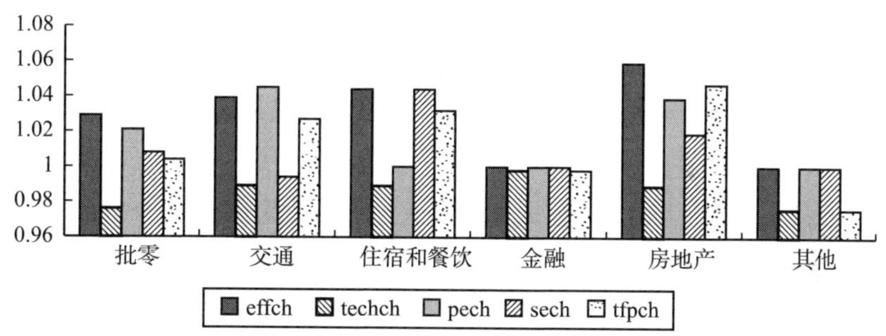

图 3 –9　第三产业内部各组成行业的全要素生产率在我国的变化情况

注：其中 effch 指数是效率值的变化，techech 指数是技术的变化，pech 指数是纯技术效率的变化，sech 指数是规模效率的变化，tfpch 指数是全要素生产率的变化。这里指数的计算都是以 1 为分界线，大于 1，说明这一指数值变化是正向的。

图 3 –9 显示的是以产出角度，可变报酬模式下分行业全要素生产率的变化情况归纳。根据图示结果可知，就新常态下第三产业内部各产业发展而言，批发和零售业的 effch 指数为 1.029，说明其效率值在十年间增长 2.9%，技术变化是小于 1 的（0.976），说明其技术变化在十年间出现了

下降的趋势，总体而言，新常态下批零行业的全要素生产率指数变化幅度不大，维持在年均0.04%的增长状况。相对地，交通运输、仓储及邮电通信业的技术效率变化显著小于1，规模效率变化显著大于1，说明经济新常态下交通运输、仓储及邮电通信业的全要素生产率虽然出现大幅上升趋势（tfpch =1.027），但是生产率的提升依然主要依赖于规模拉动，技术效率存在很大的上升空间。住宿和餐饮业的发展状态与交通运输、仓储及邮电通信业类似，虽然十年间的全要素生产率保持年均3.2%的增长率，略超过第三产业的平均增长率，但是其全要素生产率的提升大幅依赖要素投入，与交通运输、仓储及邮电通信业的技术进步率变化率持平，均低于标准水平11个百分点。金融业和其他行业的全要素生产率在所有测算单元中低于分界线，这说明新常态下我国金融业与其他行业发展还存在一定不足，通过考察具体指标可以发现二者的规模效率变化保持不变，金融业的技术进步变化贡献率更大一些，接近标准水平，然而其他行业的技术进步还有很大发展空间。房地产业的全要素生产率增长则主要来自纯技术效率及规模效率的拉动，技术进步率略有不足。

六、建设现代服务业强国，促进中国第三产业高质量发展的战略举措

新中国成立70年来，中国第三产业发展不断提速，产业总体保持较快的良好发展态势，第三产业在国民经济结构中所占比例不断上升，对GDP增长的贡献率稳步提高，已经成为我国第一大产业和驱动经济增长的主要引擎。据国家统计局数据显示，自第三产业在我国GDP中所占比重到2015年第一次超过50%后，2017年第三产业占GDP比重达到了51.6%，2018年中国第三产业占GDP的比重已经达到52.2%，较第二产业高11.5个百分点，同年我国第三产业对经济增长贡献率业已接近60%，第三产业已经成为中国经济未来增长的重要推手，对国民经济运行和经济结构调整

具有深刻影响。此外，近年来，我国着重推进“放管服”“营改增”等一系列简政放权举措，促进放管结合，优化市场监管，有效降低了企业交易的制度性成本，服务产品逐步从供给稀缺走向相对丰富，第三产业的发展质量明显提升，涌现出了一批新产业、新业态和新模式，逐步成为我国经济发展的新动能和新增长点。但也要看到，我国第三产业的发展质量和整体水平与传统发达国家相比还有较大差距。资料显示，经济合作与发展组织（OECD）国家成员方第三产业占 GDP 比重大致为 70% 左右，我国第三产业发展现状距离这一水平还有很大差距，从发展质量上看，在关键要素的全要素生产率方面与美国、日本等国依然差距明显，第三产业发展的短腿现象并没有得到根本性的改善，产业发展任重道远。

伴随着中国特色社会主义进入新时代，我国社会主要矛盾已经转化为人民日益增长的美好生活需要和不平衡不充分的发展之间的矛盾。社会主要矛盾的变化是关系全局的历史性变化，不仅是生产力不断发展的必然结果和经济社会特定历史发展阶段的客观反映，也是党和国家调整国家战略、优化政策体系的理论基石。面向新时代中国经济发展的新使命，党的十九大报告明确提出“支持传统产业优化升级，加快发展现代服务业，瞄准国际标准提高水平”“放宽服务业准入限制，完善市场监管体制”“大幅度放宽市场准入，扩大服务业对外开放”等要求。新时代下，建设现代服务业强国，促进第三产业高质量发展是建设现代化经济体系、推动中国经济高质量发展的重要支撑，是有效解决发展不平衡不充分问题的重要抓手，是满足人民群众美好生活需要的重要举措。

当前，世界经济复苏进程缓慢，中美贸易摩擦不断升级，世界处于百年未有之大变局，曾经由西方发达国家主导的自由主义经济秩序正在衰落，以中国为代表的新兴经济体的经济地位日益提升，正在从全球经济秩序的边缘走向中心，初步进入国际分工引领者行列。这一特殊的历史机遇期，给中国经济发展带来机遇的同时也在带来挑战。第三产业是中国现代产业体系的重要组成部分，在国民经济和社会发展中的作用不断提高，面对经济发展过程中内外环境的诸多不确定性，更好地推动现代服务业体系建设，必须以新发展理念为指导，勇于改革，大胆突破，加快构建第三产业科技创新体系，着力夯实人才资源支撑体系，大力促进产业融合发展，建立健全制度环境体系，扩大形成第三产业对外开放新格局，多措并举促进第三产业高质量增长，有效对冲经贸摩擦的影响，增强经济增长韧性，推动中国经济平稳健康发展。

（一）完善科技创新链，有效提高第三产业发展水平

要满足人民群众日益增长的美好生活需要，就需要持续推进第三产业供给侧结构性改革，在医疗、养老、保险及文化等关键缺口加速发展，突破供给瓶颈，全面提高服务产品供给数量和质量。新兴服务业是指伴随着信息技术的发展和知识经济的出现、伴随着社会分工的细化和消费结构的升级而新生的行业，或用现代化的新技术、新业态和新的服务方式改造提升传统服务业而产生的，向社会提供高附加值、满足社会高层次和多元化需求的服务业。我国消费结构逐渐升级，第三产业产品消费已经成为我国居民消费结构升级的主要方向，只有着力发展面向民生的生活性服务业，有效增加第三产业的产品供给，不仅仅是低端产品供给数量，更应强调高端产品供给质量，才能去切实、全面、高效地更好满足人民群众日益增长的物质文化需要。第三产业与人民群众的生产方式和生活方式紧密联系，第三产业创新可以有效促进新产品和新技术对新模式和新业态的驱动和引领作用，快速提高人民群众的幸福感和获得感。科技创新是第三产业又好又快发展的关键动能，利用科技创新和技术进步，提高第三产业发展水平，扩展生产性服务业，消费性服务业，可以加快形成现代服务业体系，切实提升第三产业增加值比重和经济增长贡献率，扩大第三产业吸纳就业水平，从而进一步提高第三产业综合竞争力。一是要重视自主创新。中美贸易摩擦等历史实践反复告诫我们，产业发展的关键核心技术是要不来、买不来、讨不来的，只有坚持关键技术可控，才能真正把握产业发展方向，掌握产业发展的主动权。第三产业与人民群众日常生活息息相关，要

把满足人民对美好生活的向往作为第三产业自主创新的落脚点，把惠民、利民、富民、改善民生作为第三产业自主创新的重要方向，要面向制约老百姓安全感、幸福感和获得感的“卡脖子”项目，抢占全球范围内第三产业科技创新的制高点。二是要持续完善创新机制和创新模式。支持新技术、新工艺、新业态和新模式的“落地生根”，鼓励新技术与第三产业的广泛结合，充分发挥信息化对拓展第三产业广度与深度的巨大作用，推动信息技术在服务领域深度应用，推进数据资源开放共享，促进服务业数字化智能化发展。

（二）拓展延伸产业链，优化升级第三产业发展结构

新中国成立70年来，中国第三产业规模不断扩大，吸纳就业人数不断增加，为改善人民生活水平，提高国家综合经济竞争力发挥了重要作用。然而，如前所述，中国第三产业发展水平与世界发达国家相比还有较大差距，全要素生产率在不同产业和区域分布不均衡性较为突出，其中一个重要原因在于中国第三产业发展缺乏完整的产业链及合理的内部机构，要加快发展现代服务业，提高第三产业在国民经济中所占的比重，必须构建完整的产业链，打通第三产业产品的上、中及下游行业，通过产业链自身内部的创新发展及乘数效应等举措降低交易成本。

第一，以培育新兴服务业为第三产业发展主要方向。新兴服务业发展是第三产业创新的具体表现形式和引领经济发展的重要引擎，为第三产业经济增长提供核心动力。新兴服务业是指伴随着信息技术的发展和知识经济的出现、伴随着社会分工的细化和消费结构的升级而新生的行业，或用现代化的新技术、新业态和新的服务方式改造提升传统服务业而产生的，向社会提供高附加值、满足社会高层次和多元化需求的服务业。新兴服务业具有典型的技术含量高、附加值高、驱动力较强的知识密集型产业特征，是第三产业发展过程中的突破口，也是引领第三产业走向价值链中高端的重要抓手。

第二，合理调整第三产业内部结构。第三产业内部门类繁多，特点各不相同，需要分类区别对待。首先，提升生活服务业层次，在建设现代化经济体系过程中应重点发展休闲旅游、文化娱乐、健康养老等满足人们更高身心健康与快乐需求的服务业，通过提升生活服务业发展层次满足人们对美好生活的追求。其次，加快生产服务业发展。生产服务业是全球价值链中的战略环节，是制造业乃至整个产业结构升级的助推器，是汇集优质生产要素形成聚集效应的黏合剂。建设现代化产业体系必须高度重视现代生产服务业，通过制造业服务业化推动中国制造向中国服务进而向中国创造转变。

第三，着力促进产业融合发展。随着第三产业的发展步伐不断加快，第三产业与第一产业和第二产业，第三产业内部各部门之间的关系也在动态调整中，产业融合的必要性和迫切性愈加突出。从产业结构演进的国际规律角度分析，应当着力促进第三产业与不同产业的融合发展，尤其是生产性服务业与人工智能、大数据等先进技术的跨界融合，将产业融合发展作为传统第三产业改造升级的优先路径，通过在关键领域有的放矢融合发展，探索第三产业结构优化升级的突破口。一个比较有代表性的融合方向是生产性服务业和制造业的融合发展，具体包括两个关键领域：一是制造业的服务化，即制造业延伸产业链条至第三产业，为第三产业提供产品服务。二是服务型制造，即通过第三产业了解消费者需求后，快速、高效地进行生产。产业融合发展既有利于发挥不同产业的自身优势，也有利于探索产业转型升级的可行化路径，政府应当进一步优化产业融合的政策环境，夯实产业融合的要素支撑，推动现代农业、制造业服务化转型，促进经济服务化、服务信息化，从而尽快形成多层次、多支撑、多渠道、多元化产业融合发展的新格局。

（三）构建形成人才链，培育夯实第三产业发展动能

随着信息技术与互联网技术浪潮的推动，技术革命正深刻地影响着人

类发展的历史，逐渐改变着人类的生产生活方式。目前，第三产业在发展过程中不断呈现出新的发展趋势，新技术、新业态纷纷涌现，产业融合趋势势不可当。这一背景下，人才、人力资本成为第三产业快速发展的核心要素。现代服务业是第三产业发展的未来，是在科技创新能力、制造业水平和社会消费需求发展到一定程度后出现的，其本身即是知识经济时代的产物，是产业结构升级的目标和方向，具有技术含量高的典型特点。面向现代服务业的第三产业发展方向对人才提出了较高的要求，然而与发达国家相比，我国第三产业高层次和高技能人才缺口仍然较大，产业升级所引发的人才需求与人才培养之间不匹配，我国第三产业的高素质人才无论在数量上，还是在质量上都难以满足发展所需，这一瓶颈极大地制约了中国第三产业的国际竞争力。高素质人才是第三产业高质量发展的基础和核心资源。因此，当前和今后一个时期，要健全第三产业人才保障机制，引导人才向第三产业汇聚。第三产业的高质量发展需要科研创新人才，也需要专业技能人才，因此需要对教育和培训水平进行整体性的改善，一方面要完善科研创新人才的培养和支持体系，另一方面还要注重加强产业技能人才的开发和培训，做好义务教育和职业教育的有效衔接。在科研人才的培养方面，要依据第三产业的发展需要，优化高等院校的专业和学科设置，既要有指导性还要有前瞻性，形成科学的人才培养模式，为第三产业科技创新提供有效支持。在技能型人才的培养方面：一是支持国内高校、职业学校加强第三产业相关学科专业建设和人才培养基地建设，构建强有力的人才培养和支持体系。二是完善政府购买培训机制，鼓励职业院校、培训机构提供普惠性第三产业职业技能培训，鼓励更多人才加入第三产业职能阵营。三是引导高校和企业开展深度合作，创新应用型、复合型第三产业人才培养模式。应用型人才和复合型人才是第三产业缺口较大的方面，也是第三产业人才支持体系的关键领域。四是积极稳妥推进职业教育改革开放步伐，积极引进国外优质的教育教学资源，投入资金培育高水平的中外合作办学项目，通过引入国外先进的职业教育培训体系，优化国内第三产业人才培养机制，有效夯实第三产业高质量发展的人才支撑。此外，还要重视提高人力资源的配置效率问题。人才和合理配置，有利于提高劳动生产率，充分释放人才红利，对经济发展具有显著的正向促进作用。

（四）建立健全制度链，持续改善第三产业发展环境

目前，我国第三产业管理体制上存在职能交叉、多头管理、力量薄弱等问题。常常发生政出多门的现象，而且部门间缺乏相应的协调机制，出现问题时各职能部门间相互推诿时有发生，多头管理最后变成了无人管理。另外，因受创新要素的影响，高科技对第三产业的支撑作用不够，在现有的管理体制机制作用下，高校和研究机构推进产、学、研一体化和技术转化受到制约，从而为企业提供创新的科研成果转化率较低。第三产业企业对制度环境非常敏感，营造公平竞争的市场环境、强化事中事后监管，是更好发展服务业的迫切要求。同时也要看到，第三产业分工复杂、专业性强，对监管机构的能力和监管人员的素质也都提出了较高要求。目前，我国第三产业监管体系建设严重滞后，将资质要求等同于监管、以考试培训替代监管等误区在不同程度上依然存在，监管能力不足、监管手段落后等方面的问题尤为突出。

把深化改革、扩大开放摆在突出重要位置。放松管制和促进竞争是释放第三产业发展潜能的治本之策。要加大重点领域关键环节市场化改革力度，最大程度释放市场主体活力和创造力。一方面，突出市场主导、企业主体，放宽市场准入，破除各类显性隐性准入障碍，打破市场分割和地方保护，深化国有服务企业改革，推动事业单位改革取得突破性进展，形成各类市场主体公平竞争、竞相发展的生动局面。另一方面，强调创新监管、优化服务，推动监管方式由按行业归属监管向功能性监管转变、由具体事项的细则式监管向事先设置安全阀及红线的触发式监管转变、由分散多头监管向综合协同监管转变、由行政主导监管向依法多元监管转变。同时，完善法律法规体系，营造公平普惠政策环境，加强知识产权、信息安全、社会信用、消费者权益保护等基础性制度构建和战略性基础设施建

设。服务业开放是我国新一轮对外开放的重中之重，要按照服务全局、积极有序的原则推进重点领域对外开放，优先放开对弥补发展短板、促进产业转型升级、提高人民生活质量具有重要作用的领域，优化外资准入管理，提高市场准入透明度和可预期性，在开放中提升服务供给质量和竞争力。同时，鼓励我国服务企业开拓全球市场，提升全球服务市场资源配置能力。

一是要完善服务业行业管理体制。建议深入推进投资管理制度创新，用好负面清单的管理制度，进一步简政放权，大幅放宽市场准入，减少行政审批项目，使各类市场主体可依法依规平等进入负面清单之外的领域。对外资全面实行准入前国民待遇加负面清单的管理制度，建立健全与负面清单管理制度相适应的外商投资安全审查制度。与此同时，要完善事中、事后监管的规则，加强监管人才队伍建设，加强监管体系建设，推动监管方式由按行业归属监管向功能性监管转变、由交叉监管和分散多头监管向综合协同监管转变，维护公平竞争的市场秩序。对电子商务等行业，要将各项监管职能有机衔接、深度整合，开展常态化市场监管。完善互联网环境下的市场管理机制，规范网络经营行为，保障网络消费安全。继续推进全国统一市场建设，消除各地方对外地服务业企业的歧视性规定和行为。对企业总部已经办理的证照，各地方不再重新审批和办理。

二是切实加强服务业行业标准和行业规范建设。深化标准化工作改革，深入开展国家级服务业标准化试点，充分发挥政府部门、行业协会、行业内领军企业的作用，分类推进服务业重点领域标准研制工作，逐步建立与国际接轨的服务业标准体系。开展面向新兴服务业态的服务模式、服务技术与服务市场等标准化探索研究。促进内外资企业公平参与标准化工作。以促进服务业提升质量、打造品牌为着力点，实施服务业标准化行动。围绕服务业质量监测，针对重点服务业态，加强服务质量监测标准的研制，统一服务业质量监测的基本流程、方法。

三是继续推进和深化垄断性行业改革。以市场化和培育有效竞争为目标导向，继续推进和深化垄断性行业改革，将自然垄断环节与可引入竞争的环节分开，逐步放开可引入竞争的环节，面向社会资本扩大市场准入，消除进入壁垒，打破各种形式的行政垄断，增强垄断性行业的竞争活力进而降低服务价格、提高服务质量。与此同时，要继续加强监管体系建设，对重要公用事业、普遍服务等开展有效的经济规制。

第四章 70年来中国产业结构的发展演变与建设成效

产业结构与国家经济发展密不可分。一个国家的经济发展不仅表现为经济总量的增长，同时必然伴随着产业结构的逐步演进[①]。经济总量的增长会带动产业结构的优化，而产业结构的优化也会推动经济总量的增长。二者相辅相成、互为因果。而且，产业结构是经济结构的主要内容。在新常态下，提升中国经济综合竞争力的关键手段之一就是经济结构的优化升级，也就包含了产业结构的进一步优化。因此，在回顾与展望新中国成立70年中国经济综合竞争力时，系统研究产业结构的演变历程及其取得的成效具有重要的理论和现实意义。

一、70年来中国产业结构的演变历程

世界经济发展的历史证明，在工业化进程中，任何一个国家的产业结构都呈现出明显的阶段性特征。也就是说，伴随工业化进程，产业结构是不断调整和变化的，而且是逐渐趋向于合理化和高级化的。由于经济体制和发展方式的不同，每个国家产业结构的演变历程也呈现出了不同的规

① 邹东涛：《中国经济发展和体制改革报告》，社会科学文献出版社2018年版。

律。但只有形成符合本国国情的产业结构才能真正推动经济向高质量发展。在对比世界发达国家产业结构的演变历程的基础上，总结中国产业结构的演变规律，有利于揭示产业结构演变的动因，进而为中国产业结构的优化提供可行性建议，助力中国经济高质量发展。

就世界发达国家产业结构的演变，主要选取美国、德国、日本和韩国四个国家展开论述。而且，对产业结构演变阶段的划分，主要依据四个国家的工业化进程。首先，就美国而言，产业结构演变可以分为四个阶段：第一个阶段是工业化起飞阶段，以第一产业为主导，城市非农经济与农村农业经济互动协调；第二个阶段是工业化初期阶段，以第二产业为主导，工业在工农业产值中的比重远超农业；第三个阶段是工业化后期阶段，以第三产业为主导，产业结构呈现出轻化和高度化的特征；第四个阶段是再工业化阶段，以高新技术产业为主导，通过技术革新恢复实体经济。总的来看，美国的产业结构演变的特征为主导产业不断更替、产业技术不断创新的动态过程。其次，就德国而言，产业结构演变可以分为三个阶段：第一阶段是工业快速发展阶段，第一产业比重不断下降，第二产业快速发展，比重不断上升；第二阶段是产业结构调整阶段，劳动密集型制造业向国外转移，第三产业比重持续上升，产业结构发生改变；第三阶段是再工业化阶段，以信息技术为主的新经济产业迅速发展，第二产业发展略有恢复，但第三产业仍占主导地位。总的来看，德国的产业结构演变的特征为以市场竞争为前提，重视科技创新。就日本而言，产业结构演变可以分为四个阶段：第一个阶段是工业化初始阶段，以发展战略性产业为主，第二产业比重不断提升；第二个阶段是快速工业化阶段，第二产业由资本密集型向技术密集型转变；第三个阶段是产业结构调整阶段，由重化工业向知识密集型产业转变，再向信息化产业过渡；第四个阶段是后工业化阶段，技术密集型产业占据主导地位。总的来看，日本的产业结构演变特征为政府主导，科技立国。就韩国而言，产业结构可以分为四个阶段：第一个阶段是工业化初期，以劳动密集型产业为主；第二个阶段是工业化中期，以资本密集型产业为主；第三个阶段是工业化后期，以技术密集型产业为主；第四个阶段是后工业化时期，以知识密集型产业为主。总的来看，韩国的产业结构演变特征为坚持出口导向，扶持重点产业。

纵观以上分析，可以看出，世界主要发达国家产业结构演变的共同点是在经济发展的后期，高新技术产业为主导产业，具有较大的产业比重。这对中国产业结构的调整具有借鉴意义。新中国成立的前 30 年，经济发展处于探索时期，呈现出质量不高、总量不大的特点。改革开放以后，对内改革、对外开放的全面展开，让中国经济实现了翻天覆地的变化。经历了 40 年的高速增长，经济规模不断扩大，已经成为世界第二大经济体①。然而，这种高速增长是以高投入、高消耗、高污染为代价的，是一种不可持续的发展模式。在新常态下，为适应经济增长由高速转向中高速，促进经济向高质量发展，转变经济发展方式、优化经济结构迫在眉睫。作为经济结构优化的重要环节，产业结构的调整具有必要性，既是转变经济发展方式的客观要求，是供给侧结构性改革的核心任务。当前中国已经处于工业化发展的中后期，但产业结构的高级化水平与世界主要发达国家相比，还存在较大差距。梳理中国产业结构的演变历程，为进一步的优化升级所面临的困难和瓶颈探寻可行性路径。新中国成立以来，根据经济体制和产业政策的变化，以及三次产业产值比重（如表 4－1 和图 4－1 所示），中国产业结构的演变历程大体可以分为四个阶段。

第一个阶段：优先快速发展重工业下的产业结构（1949～1978 年）。在这一时期，中国主要实行的是单一公有制和计划经济体制，并优先快速发展重工业，而轻视轻工业的发展，导致“畸重畸轻”的产业结构。第二个阶段：纠正失衡和均衡发展的产业结构（1979～1997 年）。在这一时期，中国实行改革开放战略，并开始纠正产业结构的失衡，推动农、轻、重的协调发展。第三个阶段：重化工业重启下的产业结构（1998～2012 年）。

① 中国经济从 1978 年到 2011 年，在长达 32 年的时间里保持了年均 9.78% 的高速增长。2012～2017 年国内生产总值分别增长 7.7%、7.7%、7.4%、6.9%、6.7%、6.9%。

表4－1　70年来三次产业产值比重、就业比重以及GDP增长率　单位：%

年份	人均GDP（1980年美元价格）	GDP增长率	三次产业产值比重			三次产业就业比重			年份	人均GDP（1980年美元价格）	GDP增长率	三次产业产值比重			三次产业就业比重		
			第一产业	第二产业	第三产业	第一产业	第二产业	第三产业				第一产业	第二产业	第三产业	第一产业	第二产业	第三产业
1952			50.5	20.8	28.7	83.5	7.4	9.1	1969	161.0	16.9	37.5	35.4	27.1	81.6	9.1	9.3
1953	92.8		45.9	23.2	30.9	83.1	8.0	8.9	1970	181.5	19.3	34.8	40.3	24.9	80.8	10.2	9.0
1954	110.8		45.6	24.5	29.9	83.1	8.6	8.2	1971	203.7	7.1	33.6	41.9	24.4	79.7	11.2	9.1
1955	113.3		46.2	24.3	29.5	83.3	8.6	8.2	1972	213.0	3.8	32.4	42.8	24.8	78.9	11.9	9.2
1956	120.0		43.1	27.2	29.7	80.6	10.7	8.7	1973	215.5	7.8	32.9	42.8	24.2	78.7	12.3	9.0
1957	134.3		40.1	29.6	30.3	81.2	9.0	9.8	1974	227.3	2.3	33.4	42.4	24.1	78.2	12.6	9.2
1958	134.6		34.0	36.9	29.2	58.2	26.6	15.2	1975	230.6	8.7	32.0	45.4	22.7	77.2	13.5	9.3
1959	159.1		26.5	42.6	30.9	62.2	20.6	17.2	1976	244.0	－1.6	32.4	45.0	22.6	75.8	14.4	9.7
1960	169.1		23.2	44.4	32.4	65.7	15.9	18.4	1977	233.4	7.6	29.0	46.7	24.3	74.5	14.8	10.7
1961	148.7	－27.3	35.8	31.9	32.3	77.2	11.2	11.7	1978	246.8	11.7	27.7	47.7	24.6	70.5	17.3	12.2
1962	126.5	－5.6	39.0	31.3	29.7	82.1	7.9	9.9	1979	266.7	7.6	30.7	47.0	22.3	69.8	17.6	12.6
1963	121.6	10.3	39.9	33.1	27.1	82.5	7.7	9.9	1980	282.3	7.8	29.6	48.1	22.3	68.7	18.2	13.1
1964	127.6	18.2	38.0	35.3	26.6	82.2	7.9	9.9	1981	305.1	5.1	31.3	46.0	22.7	68.1	18.3	13.6
1965	145.3	17.0	37.5	35.1	27.4	81.6	8.4	10.0	1982	324.4	9.0	32.8	44.6	22.6	68.1	18.4	13.4
1966	170.1	10.7	37.2	37.9	24.9	81.5	8.7	9.8	1983	344.0	10.8	32.6	44.2	23.2	67.1	18.7	14.2
1967	179.4	－5.7	39.8	33.9	26.3	81.7	8.6	9.7	1984	361.7	15.2	31.5	42.9	25.5	64.0	19.9	16.1
1968	163.9	－4.1	41.6	31.1	27.2	81.7	8.6	9.7	1985	391.7	13.4	27.9	42.7	29.4	62.4	20.8	16.8

续表

年份	人均 GDP（1980 年美元价格）	GDP 增长率	三次产业产值比重			三次产业就业比重			年份	人均 GDP（1980 年美元价格）	GDP 增长率	三次产业产值比重			三次产业就业比重		
			第一产业	第二产业	第三产业	第一产业	第二产业	第三产业				第一产业	第二产业	第三产业	第一产业	第二产业	第三产业
1986	461.4	8.9	26.6	43.5	29.8	60.9	21.9	17.2	2002	1696.0	9.1	13.3	44.5	42.2	50.0	21.4	28.6
1987	493.6	11.7	26.3	43.3	30.4	60.0	22.2	17.8	2003	1802.0	10	12.3	45.6	42.0	49.1	21.6	29.3
1988	508.0	11.2	25.2	43.5	31.2	59.4	22.4	18.3	2004	1890.2	10.1	12.9	45.9	41.2	46.9	22.5	30.6
1989	574.0	4.2	24.6	42.5	32.9	60.0	21.6	18.3	2005	2129.9	11.4	11.6	47.0	41.3	44.8	23.8	31.4
1990	605.1	3.9	26.6	41.0	32.4	60.1	21.4	18.5	2006	2357.7	12.7	10.6	47.6	41.8	42.6	25.2	32.2
1991	614.1	9.3	24.0	41.5	34.5	59.7	21.4	18.9	2007	2548.3	14.2	10.2	46.9	42.9	40.8	26.8	32.4
1992	652.5	14.2	21.3	43.1	35.6	58.5	21.7	19.8	2008	2895.8	9.7	10.2	47.0	42.9	39.6	27.2	33.2
1993	691.6	13.9	19.3	46.2	34.5	56.4	22.4	21.2	2009	3412.6	9.4	9.6	46.0	44.4	38.1	27.8	34.1
1994	743.3	13	19.5	46.2	34.4	54.3	22.7	23.0	2010	3467.3	10.6	9.3	46.5	44.2	36.7	28.7	34.6
1995	882.1	11	19.6	46.8	33.7	52.2	23.0	24.8	2011	3777.0	9.6	9.2	46.5	44.3	34.8	29.5	35.7
1996	1032.9	9.9	19.3	47.1	33.6	50.5	23.5	26.0	2012	4350.7	7.9	9.1	45.4	45.5	33.6	30.3	36.1
1997	1177.2	9.2	17.9	47.1	35.0	49.9	23.7	26.4	2013	4679.0	7.8	8.9	44.2	46.9	31.4	30.1	38.5
1998	1304.8	7.8	17.2	45.8	37.0	49.8	23.5	26.7	2014	5085.9	7.3	8.7	43.3	48.0	29.5	29.9	40.6
1999	1399.2	7.7	16.1	45.4	38.6	50.1	23.0	26.9	2015	5468.9	6.9	8.4	41.1	50.5	28.3	29.3	42.4
2000	1444.8	8.5	14.7	45.5	39.8	50.0	22.5	27.5	2016	5756.8	6.7	8.1	40.1	51.8	27.7	28.8	43.5
2001	1555.0	8.3	14.0	44.8	41.2	50.0	22.3	27.7	2017	5948.5	6.8	7.6	40.5	51.9	27.0	28.1	44.9

资料来源：原始数据来源于国家统计局数据库；人均 GDP（1980 年美元价格）、GDP 增长率、三次产业的产值和就业比重是利用原始数据进一步计算得到，其中 GDP 增长率是将 GDP 换算成 1978 年价格以后求得。

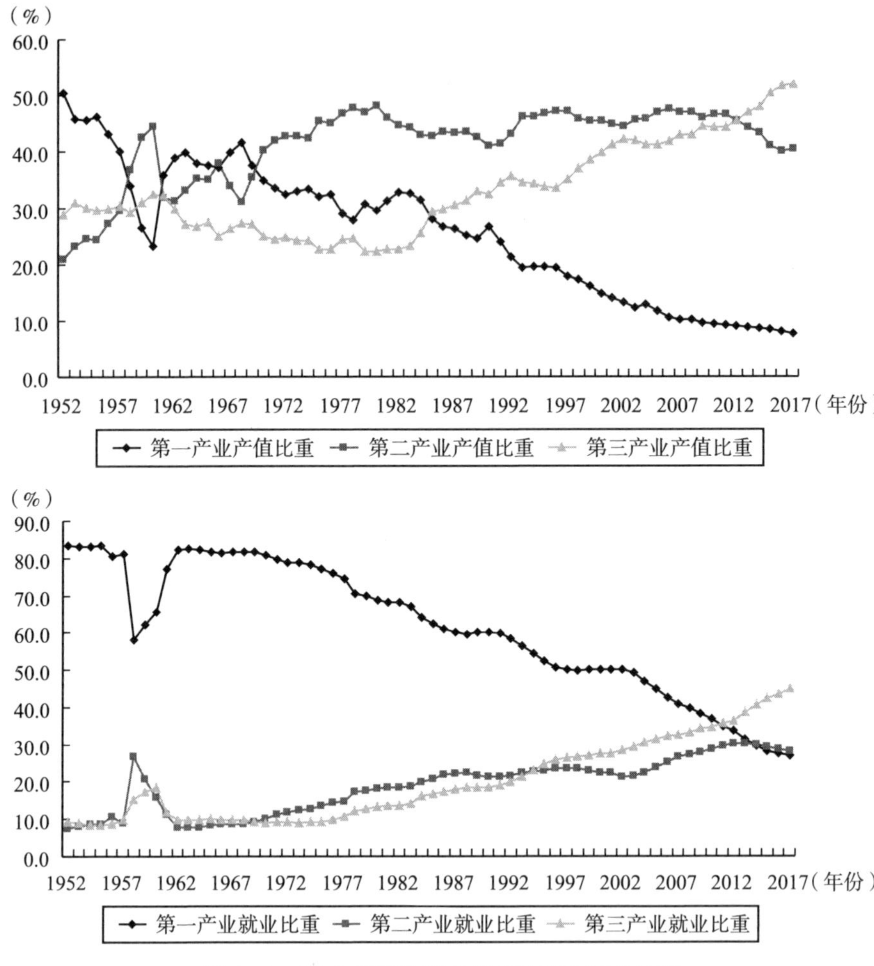

图4－1　70年来三次产业产值比重和就业比重

资料来源：根据表4－1整理而得。

在这一时期，中国逐步确立市场经济体制，居民消费和对外出口进一步扩大，而且居民消费结构和商品出口结构升级以及投资率上升，直接带动重化工业重启。第四个阶段：经济新常态下的产业结构（2013年至今）。经济新常态下，中国经济发展迈入“三期叠加”的阶段，由需求侧转向供给侧对产业结构进行调整，并通过“一带一路”倡议、质量型的“人口红利”以及战略性新兴产业等途径达到提质增效的目标。研究每一阶段中国产业结构的特点、成因以及存在的问题，总结经验教训，为新常态下实现“双中高”目标，全面建成小康社会发挥历史借鉴作用。

关于中国产业结构的演变历程，具体内容如下：

（一）优先快速发展重工业下的产业结构（1949 ~ 1978 年）

这一阶段是新中国成立的初期，百废待兴。为快速恢复经济发展，重振国家经济，中国开始实施重工业优先发展的赶超战略。根据新中国成立初期国家战略的转变，可以从四个阶段来看：首先，国民经济恢复时期（1949 ~ 1952 年）。据统计，1949 年，中国工业产值仅占工农业产值的 30%，其中重工业更是仅占 7.9%。可以说，工业基础非常的薄弱，重工业极不发达。在此背景下，中国面临的最大问题就是如何实施工业化战略才能带动整个国民经济的发展？工业发展应该从何处起步？因此，这一时期的中国主要处于恢复时期，重工业虽然有所发展，但仍然无法满足大规模的经济建设。1949 年，农业、轻工业和重工业的比重为 70∶22.1∶7.9。而到 1952 年，这一比重已经转变为 56.9∶27.8∶15.3。实际上，世界发达国家的现代化进程已经进入中后期，而且西方国家仍然对中国经济实行全面封锁政策。这就导致中国很难获得较好的国际市场。如果继续遵循工业化的一般规律，优先发展农业和轻工业，则很难摆脱落后，实现赶超。因此，为尽快建立中国独立的工业体系，以毛泽东为代表的党中央领导决定，放弃农业和轻工业优先发展的策略，制定了“重工业优先发展”的方针。其次，第一个五年计划时期（1953 ~ 1957 年）。1953 年 6 月，毛泽东在全国财经会议上听取编制五年计划情况汇报时指出：“为了保证国家的独立，我们在编制五年计划时要把建设重点放在重工业上，以增强国防力量，向社会主义前进。”毛泽东的讲话和“一五计划”标志着中国开始真正意义上实行“重工业优先发展”的赶超战略。因此，在这一阶段，中国以大规模工业建设为主，并集中力量进行156项重点项目及其配套项目。一大批重要的制造业部门也相应成立。中国初步建立了工业化基础。1952~1957年，农业产值在工农业中的比重下降到43.3%，轻工业产值在全部工业中的比重下降到55%，而重工业在全部工业中的比重上升到45%。第三，“大跃进”及其之后的国民经济调整时期（1958~1965年）。这一阶段，中国实行工业化“大跃进”，仍然坚持以重工业为中心的发展战略，而且是“以钢为纲”。毛泽东提出了“超英赶美”的目标，即中国在钢铁产量上用15年时间赶上或超过英国，用50年时间超过美国。到1960年，中国重工业的产值占工业总产值的比重迅速提高到66.6%，而轻工业下降到33.4%，农轻重的比例关系为21.8：26.1：52.1。但是，工业化“大跃进”不是健康发展，是畸形的，不仅造成了产业结构的严重失调，而且扰乱了国民经济秩序。因此，1960年以后，在“调整、巩固、充实、提高”的八字方针指导下，中国进入国民经济调整时期。“八字方针”的中心是调整，适当控制基本建设规模，不再一味追求重工业的发展速度，特别是钢铁工业的发展速度。这一时期，中国更加强调各产业的协调发展，使工业和农业之间、重工业和轻工业之间的比例趋于协调。最后，“文化大革命”及“洋跃进”时期（1966~1978年）。1966~1975年是中国“三五”“四五”计划的执行时期。两个五年计划实际承担了完成工业化的艰巨任务。加之，中国片面强调为备战服务，搞“三线建设”“大办五小”和“完整的工业省”。这就导致中国重新步入“重型化”的轨道。同时，这段时间中国也在经历“文化大革命”，经济发展和产业结构升级都受到影响。1976~1978年，在经济发展的指导思想上又出现了“急于求成”的错误倾向，加快、加强了对工业化的推动，史称“洋跃进”。因此，到1978年，中国虽然初步实现了工业化目标，但同时也出现了各产业间、轻重工业间等的结构性矛盾，社会经济关系紧张。比如，三次产业增加值的比例为28.1：48.2：23.7；农轻重总产值的比例关系为24.8：32.4：42.8；在工业总产值中，轻重工业的比例为43.1：56.9；工业和农业总产值的比例构成达到75.2：24.8；等等。这些数据都凸显出产业结构失调的问题。

总的来看，1953～1978 年，工业总产值的年均增长速度为 11.4%，其中重工业为 13.8%，而同期农业总产值的年均增长速度仅为 2.7%。从三次产业来看，第一产业、第二产业和第三产业增加值的年均增长速度分别为 2.1%、11% 和 5.5%，其中第二产业中工业增加值为 11.5%。同期国内生产总值年均增长速度为 6.1%。也就是说，第二产业和工业增加值的年均增长速度高于国内生产总值 4.9 个和 5.4 个百分点，而第一、三产业增加值的年均增长速度不仅显著低于第二产业，而且低于国内生产总值 4 个和 0.6 个百分点。因此，可以说优先快速发展重工业的政策，有“强攻”和“冒进”的性质，让中国快速走上了工业化道路，但同时也导致了农、轻、重发展不协调，产业结构严重失衡的局面。①

（二）纠正失衡和均衡发展的产业结构（1979～1997 年）

1978 年十一届三中全会召开以后，中国走上了“拨乱反正”的道路。其中，经济调整是改革开放初期“纠偏”的首要任务，而纠正产业结构失衡又是经济调整的重要内容。从改革开放初期的国民经济调整来看，可以分为两个阶段。第一个阶段为 1979～1980 年。在这个阶段，重点调整农、轻、重之间的比例关系，提高城乡居民收入。第二个阶段为 1981～1982 年。在这个阶段，着重解决国民收入超分配问题，降低基础设施建设规模，抑制消费，平衡财政收支，稳固经济局势。相对于 20 世纪 60 年代初期的调整，此次国民经济调整出现了新的问题和挑战。首先，改革和市场成为调整的重要因素。其次，行政手段不再是调整的唯一手段，需要处理好与改革开放的关系。最后，需要解决巨大的就业压力。

伴随国民经济调整和改革开放的全面展开，农、轻、重之间的比例关系得到很大改善，三次产业结构也有了明显升级。从表 4－1 和图 4－1 的

① 根据《新中国 50 年系列分析报告之二：结构大调整经济高增长》相关数据整理。

结果可以看出，产业结构已经迈入正常发展的轨道。具体地：首先，从三次产业占GDP的比重来看，第一产业的比重显著下降，第二产业变化不大，第三产业显著提高。1978～1997年，第一产业从27.7%下降到17.9%，降低9.8个百分点；第二产业从47.7%下降到47.1%，降低0.6个百分点；第三产业从24.6%提高到35%，提高了10.4个百分点。值得一提的是，这一段时期是改革开放以来，第三产业的比重上升最快的时期。同时，产业结构与贸易结构具有联动效应。产业结构的调整也必然会导致贸易结构的变化。1980年，工业制成品出口额占出口商品总额的比重仅为49.7%，到1997年，已经达到86.9%，提高37.2个百分点。同期，初级产品出口额占出口商品总额的比重从50.3%大幅度下降至13.1%，降低37.2个百分点。其次，从三次产业的就业比重来看，第一产业的比重快速下降，第二产业和第三产业都快速上升。1978～1997年，第一产业从70.5%下降到49.9%，降低20.6个百分点；第二产业从17.3%提高到23.7%，提高了6.4个百分点；第三产业从12.2%提高到26.4%，提高了14.2个百分点，上升速度显著高于第二产业。最后，从工业内部结构来看，轻重工业结构也实现了均衡发展。在全部工业总产值结构中，1978年轻工业和重工业的比例为43.1∶56.9，到1997年变为49.0∶51.0。

这一时期中国的产业结构得到纠正，并实现均衡发展，可以归结为三个方面的原因。第一，经济体制改革起到至关重要的作用。制度是经济增长和社会发展的决定性因素①。在农村，改革开放以前，传统的农村经济体制对农业生产力形成束缚，抑制了农村经济的发展。改革开放以来，农村经济体制改革围绕家庭承包责任制全面展开，释放了农业生产力，并推动其快速提高。由此，农村剩余劳动力数量不断增加，推动乡镇企业蓬勃发展。这不仅加快了农业科技的发展，而且使得乡村工业的规模不断扩大，以新的发展方式推动中国工业化进程，是产业结构调整的关键因素。

---

①［美］R. 科斯、A. 阿尔钦、D. 诺斯等著，刘守英译：《财产权利与制度变迁：产权学派与新制度学派译文集》，上海三联书店1991年版。

在城市，经济体制改革主要围绕两个方面：一是允许个体和私营经济发展，允许集体经济自主经营和分配；二是改革国有企业的经营管理体制，通过实行“责任制”和“放权让利”，充分调动国有企业员工积极性。第二，强大的市场需求发挥基础性作用。改革开放以前，受高积累、低消费政策以及“大跃进”“文化大革命”等因素的影响，中国经济在很长一段时间内都处于“短缺状态”，生活消费品严重不足，人民生活水平低下。改革开放以后，市场需求得到充分释放，为产业经济的发展提供了庞大、广阔的卖方市场。尤其是轻工业，市场需求极其旺盛。这也是产业结构调整的基础。第三，对外开放起到推动作用。开放条件下的新经济增长理论认为，对外开放创造了“中国奇迹”。在开放条件下，跨国技术的扩散带来了外溢效应和规模经济效应，抵消了边际资本报酬递减的影响，并带动产业生产率和经济增长率稳步提高，是产业结构调整的主要推动力。而且，对外开放可以充分发挥中国的人口优势，为产业经济发展提供人力保障。同时，对外开放让中国可以更好地利用国内外资金，积极拓展国内外市场，大大减轻了产业经济发展的资金瓶颈。

（三）重化工业重启下的产业结构（1998～2012 年）

这一时期，中国成功摆脱亚洲金融危机的影响，实现经济“软着陆”。与此同时，1998 年底，中国人均 GDP 超过 800 美元，提前完成了国民经济翻两番的目标。伴随市场经济体制的逐步确立，国民经济“短缺”的状态基本结束，但国内居民收入差距迅速扩大。中国由“卖方市场”进入“买方市场”。为扩大内需，加快改革开放，中国实行了积极的财政政策和稳健的货币政策。因此，“铁公基”（铁路、公路、机场、水利等重大基础设施）成为政府投资的重要领域。加之，为降低 2008 年世界金融危机对国内经济发展造成的冲击，实现经济平稳过渡，政府进一步扩大对“铁公基”的投资。因此，重化工业重启是这一时期产业结构变化的主要特征。具体地，可以归结为以下两个方面的原因：

首先，经济增长动力发生了重要变化。传统意义上，拉动经济的“三驾马车”为消费、投资、出口。1998年以前，消费是拉动经济增长的主要动力。而1998年以后，“温饱”不再是居民消费的主体，转而增加对“住行”方面的需求。也就是说，居民消费结构升级，对经济增长的拉动作用也显著下降。1978～1997年，年均消费率为62.3%，1998～2012年为54.8%，下降7.5个百分点。消费对经济增长的贡献率也由61.3%降低为54.3%。同期，投资率由37.3%上升为41.1%，提高3.8个百分点。投资对经济增长的贡献率也由29.1%提高到48.3%。其次，改革开放以来，中国充分利用国际市场，发展对外贸易。尤其是加入WTO以后，中国紧紧抓住战略机遇期，使得出口快速增长，并成为“世界工厂”。1978～1997年，中国的出口额占世界出口的比重还不足3%。但在1998～2012年，这一比重已经达到11.1%，并先后在2007年和2009年，超越美国和德国，成为世界第一大商品出口国。而且，工业制成品以及高技术产品的出口也在世界各国中处于领先的位置。①

一方面，拉动经济的“三驾马车”发生了结构性变化。消费对经济增长的拉动作用减弱，未来还充满着很多的不确定性。政府只能依靠投资和出口来支撑经济的快速增长。另一方面，这一时期，中国的投资环境和出口环境都处于历史的黄金时期。政府依靠投资和出口来支撑经济增长，不仅见效快，而且回报高。因此，可以说，政府依靠投资和出口既是形势所迫，更是大势所趋。而投资更多涉及的是重化工业领域。投资率上升，也就必然会带动重化工业的发展。正是在此背景下，中国出现了重化工业重启下的产业结构。

（四）经济新常态下的产业结构（2013年至今）

经济新常态下，中国产业结构面临转型升级，并由需求侧转向供给

① 郭旭红、武力：《新中国产业结构演变论述（1949—2016）》，载于《中国经济史研究》2018年第1期。

侧，主要表现在三个方面：首先，高端产品产能不足，低端产品产能过剩。中国的大型民航客机、数控机床、石化装备等主要依赖进口。光伏电池、多晶硅、风电设备等新兴产业，其产能利用率也低于发达国家的平均水平。而钢铁、水泥、玻璃等传统行业的产能却严重过剩。这说明，在产业发展中，无效和低端产业供给较多，而有效和中高端产业的供给显著缺乏。其次，技术创新明显不足。根据 2014 年世界知识产权组织、康奈尔大学和欧洲工商管理学院联合发布的《2014 年全球创新指数报告》，中国全球创新指数排名第 29 位，创新投入分指标第 45 位，创新产出分指标第 16 位。与世界主要发达国家相比仍然有很大的差距。目前，中国不仅缺乏基础性、共性和前瞻性技术研发的大型骨干企业，也缺乏高精尖技术创新型的战略新兴产业，更缺乏提高科技创新成果转化率的技术供给机构①。最后，能源效益偏低。中国仍然是世界上最大的能源消费国。2016 年，中国占全球能源消费量的 23%，全球能源消费增长的 27%。这不仅高于西方发达国家，也高于金砖国家巴西的能源消耗。总之，新常态下，中国的产业结构转型迫在眉睫。应该扩大有效和中高端供给，缩小无效和中低端供给，以解决新常态下的结构矛盾。因此，中国可以从三个途径带动产业结构改革。第一，"一带一路"倡议。"一带一路"倡议实施，增加了中国高铁、核电出口的机遇，同时也为国内的产能过剩提供了广阔的空间。第二，提高"人口红利"的质量。中国数量型的"人口红利"正在逐渐减弱。通过提高质量型的"人口红利"，有利于技术创新，进而优化产业结构。第三，战略性新兴产业。移动互联网、新能源汽车等战略新兴产业的快速发展，将成为新常态下新的经济增长点。应该将战略性新兴产业作为产业结构转型的主攻方向。

总的来看，新中国成立 70 年来，中国紧紧围绕以发展为主题、以结构调整为主线，在发展中促进结构调整，以结构调整促进经济发展，实现了经济增长与结构调整良性互动。70 年来，中国的产业结构发生了多次调整

① 郭旭红：《新常态下我国产业结构转型升级研究》，载于《华东经济管理》2016 年第 1 期。

和变化，呈现出由低级到高级、由严重失衡到基本合理的发展变动轨迹。在每一个阶段，三次产业在经济发展中的地位也是不同的。新中国成立初期，为迅速恢复国民经济发展，初步实现工业化，优先发展重工业也是“无奈之举”。但是，改革开放以后，中国三次产业的发展定位发生了巨大转变，可以总结为：巩固和加强第一产业、提高和改造第二产业、积极发展第三产业。就三次产业增加值占GDP的比重来看，第一产业明显下降，由1952年的50.5%下降到2017年的7.6%，下降了42.9个百分点；第二产业逐步上升，由20.8%上升到40.5%，上升了19.7个百分点；第三产业大幅上升，由28.7%上升到51.9%，上升了23.2个百分点[①]。可以看出，中国的三次产业结构不断优化升级，基本实现了由工农业为主向三次产业协同发展的转变。其次，伴随着产业结构的调整，三次产业的就业结构也发生了显著变化。第一产业就业人数占总就业人数的比重由1952年的83.5%下降到2017年的27.0%，下降了56.5个百分点；第二产业就业人口所占比重由7.4%上升至28.1%，上升了20.7个百分点；第三产业就业人口所占比重由9.1%上升至44.9%，上升了35.8个百分点。可以看出，从事工业和服务业的就业人口显著增加，大多数就业人口从事农业的局面已经有了明显改善。新中国成立70年以来，服务业的大发展是中国产业结构优化的最鲜明特征。改革开放以前，相较于现代服务业（金融业、房地产业等），传统服务业（如交通运输、餐饮、住宿业、批零贸易等）得到了长足发展，为增加就业、方便群众生活发挥了重要作用。而改革开放以后，随着经济发展水平的提高以及服务业市场需求的多样化发展，现代服务业实现了快速发展[②]。总之，新中国成

① 1978年，第二产业增加值占GDP的比重为47.7%，第三产业为24.6%。也就是说，第二产业的上升主要是在1978年以前，之后变动并不大，而第三产业的上升主要在1978年以后，之前变动不大。

② 1952年、1978年和2017年，批发和零售业、交通运输、仓储和邮政业增加值占GDP的比重分别为14.6%、11.5%、14%，而金融业、房地产业为3.8%、4.3%。可以看出，1978年以前，传统服务业占据主要地位，现代服务业发展不足。而1978年以后，传统服务业的比重变化不大，现代服务业逐渐发展，比重显著增加。

立 70 年来，中国产业结构演变的特征表明，中国现代经济的结构特征正越来越明显。

二、70 年来中国产业结构演变的绩效分析

（一）产业结构的国际比较

经济学家威廉·配第、克拉克、库兹涅茨等对西方发达国家的产业结构演变规律进行探讨、总结以后，发现伴随工业化的发展和人均收入水平的提高，三次产业收入结构和就业结构具有一定的变化趋势。首先，产值结构的变化趋势是：第一产业产值比重不断下降，第二、第三产业产值比重不断上升；工业化进入中期以后，伴随人均收入水平的进一步提高，第三产业就业比重上升速度高于产值比重上升速度。其次，就业结构的变化趋势是：第一产业就业比重不断降低，第二产业和第三产业就业比重的变化并不显著；大量农业剩余劳动力向第三产业转移，导致第一产业的就业比重持续下降，第三产业就业比重持续上升。

钱纳里和塞尔奎因的《发展形势：1950～1970 年》对样本国家产业结构高级化呈现出来的特征进行统计分析，并建立“标准结构”模型，称为塞尔奎因—钱纳里模式。这个模式以一定范围内的人均 GDP 为基础，给出一国三次产业的产值比重和就业比重。其中，表 4－2 为塞尔奎因—钱纳里模式的产值结构，表 4－3 为劳动力结构。参照塞尔奎因—钱纳里模式，本章对中国三次产业的产值比重和就业比重进行了整理（见表 4－1），并在此基础上进行比较分析和总结差异。可以看出：中国的第一产业和第三产业的产值比重和人均 GDP 的关系变化基本遵循赛尔奎因—钱纳里模式，而第二产业的变化趋势并不一致；就实际数据而言，中国三次产业的产值比

重都与赛尔奎因—钱纳里模式相差较大①；中国三次产业的就业比重与人均GDP的关系变化完全遵循赛尔奎因—钱纳里模式；就实际数据而言，中国三次产业的就业比重与赛尔奎因—钱纳里模式非常接近②；第三产业的就业比重上升速度高于产值比重的上升速度③。

表4－2　赛尔奎因—钱纳里模式产值结构　单位：%

产业类别	人均国民生产总值的基准水平（1980年美元价格）					
	300美元以下	300美元	500美元	1000美元	2000美元	4000美元
第一产业	46.3	36.0	30.4	26.7	21.8	18.6
第二产业	13.5	19.6	23.1	25.5	29.0	31.4
第三产业	40.1	44.4	46.5	47.8	49.2	50.0

资料来源：杨公仆等：《产业经济学》，复旦大学出版社2005年版。

表4－3　赛尔奎因—钱纳里模式劳动力结构　单位：%

产业类别	人均国民生产总值的基准水平（1980年美元价格）					
	300美元以下	300美元	500美元	1000美元	2000美元	4000美元
第一产业	81.0	74.9	65.1	51.7	38.1	24.2
第二产业	7.0	9.0	13.2	19.2	25.6	32.6
第三产业	12.0	15.9	21.7	29.1	36.3	43.2

资料来源：杨公仆等：《产业经济学》，复旦大学出版社2005年版。

---

① 1981年，中国人均GDP为305.1美元，三次产业的产值比重分别为31.3%、46%、22.7%；1988年，中国人均GDP为508美元，三次产业的产值比重分别为25.2%、43.5%、31.2%；1996年，中国人均GDP为1032.9美元，三次产业的产值比重分别为19.3%、47.1%、33.6%；2005年，中国人均GDP为2129.9美元，三次产业的产值比重分别为11.6%、47%、41.3%；2012年，中国人均GDP为4350.7美元，三次产业的产值比重分别为9.1%、45.4%、45.5%。因此，整体上，相对于赛尔奎因—钱纳里模式，中国三次产业的产值比重相差较大。

② 1981年，中国人均GDP为305.1美元，三次产业的就业比重分别为68.1%、18.3%、13.6%；1988年，中国人均GDP为508美元，三次产业的就业比重分别为59.4%、22.4%、18.3%；1996年，中国GDP为1032.9美元，三次产业的就业比重分别为50.5%、23.5%、26%；2005年，中国人均GDP为2129.9美元，三次产业的就业比重分别为44.8%、23.8%、31.4%；2012年，中国人均GDP为4350.7美元，三次产业的就业比重分别为33.6%、30.3%、36.1%。因此，整体上，相对于赛尔奎因—钱纳里模式，中国三次产业的就业比重比较接近。

③ 1952～2017年，第三产业的就业比重年均增长0.55个百分点，而产值比重为0.36个百分点。

就第二产业的产值比重而言，根据表 4 -2 和表 4 -3 的结果，赛尔奎因—钱纳里模式认为在人均国民生产总值为 300 美元以下时，第二产业的产值比重分别为 13.5%，到 4000 美元时，增加到 31.4%。而伴随人均 GDP 的提高，中国第二产业的产值比重起伏不定，忽高忽低，并没有呈现出逐渐上升的态势。尤其是 1970 年以后（人均 GDP 超过 181.5 美元），这一比重仅在 40% ~50%之间上下波动。因此，这与赛尔奎因—钱纳里模式存在一定差别。实际上，这也与中国不同时期的产业政策密切相关。新中国成立以来，中国的经济发展战略、产业政策不断调整。同时，第二产业的发展地位也是不断变化的，或优先发展，或均衡发展。总的来说，在新中国成立 70 年的工业化进程中，中国的产业结构变化是具有中国特色的。中国未来产业结构的优化和调整，应该在总结中国产业结构历史演变的基础上，借鉴国际经验。

（二）产业结构变动对经济增长的效应分析

1. 各个产业对 GDP 的贡献率

某一产业对 GDP 的贡献率指该产业增加值增量与 GDP 增量之比[①]。它反映了该产业的发展状况以及对国民经济增长作用的大小，其计算公式为：

$$\text{某一产业对 GDP 的贡献率} = \frac{\text{该产业增加值增量}}{\text{GDP 增量}}$$

一般来说，伴随经济发展，第一产业对 GDP 的贡献率逐渐较少，而第二产业和第三产业对 GDP 的贡献率逐渐增加。表 4 -4 给出了中国三次产业对 GDP 的贡献率。

① 参照《中国统计年鉴》。

表 4－4　　三次产业对 GDP 的贡献率①　　单位：%

年份	第一产业贡献率	第二产业贡献率	第三产业贡献率	年份	第一产业贡献率	第二产业贡献率	第三产业贡献率
1978	9.8	61.8	28.4	1998	7.2	59.7	33
1979	20.9	53.6	25.6	1999	5.6	56.9	37.4
1980	－4.8	85.6	19.2	2000	4.1	59.6	36.2
1981	40.5	17.7	41.8	2001	4.6	46.4	49
1982	38.6	28.8	32.6	2002	4.1	49.4	46.5
1983	23.9	43.5	32.7	2003	3.1	57.9	39
1984	25.6	42.7	31.7	2004	7.3	51.8	40.8
1985	4.1	61.2	34.8	2005	5.2	50.5	44.3
1986	9.8	53.2	36.9	2006	4.4	49.7	45.9
1987	10.2	55	34.8	2007	2.7	50.1	47.3
1988	5.4	61.3	33.4	2008	5.2	48.6	46.2
1989	15.9	44	40.1	2009	4	52.3	43.7
1990	40.2	39.8	20	2010	3.6	57.4	39
1991	6.8	61.1	32.2	2011	4.1	52	43.9
1992	8.1	63.2	28.7	2012	5	50	45
1993	7.6	64.4	28	2013	4.2	48.5	47.2
1994	6.3	66.3	27.4	2014	4.6	47.9	47.5
1995	8.7	62.8	28.5	2015	4.5	42.5	53
1996	9.3	62.2	28.5	2016	4.1	38.2	57.7
1997	6.5	59.1	34.5	2017	4.8	35.7	59.6

资料来源：根据国家统计局数据库相关数据整理。

① 国家统计局只公布了 1978 年以后的数据。

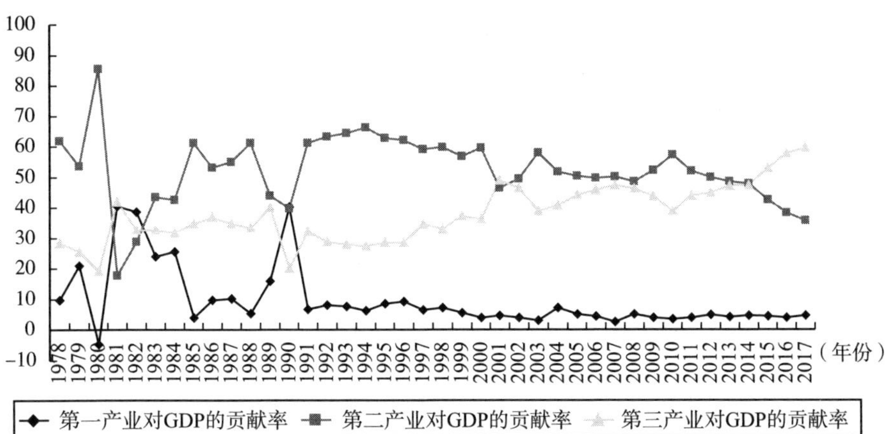

图 4－2　三次产业对 GDP 的贡献率的变化趋势

资料来源：根据表 4－4 整理而得。

从表 4－4 可以看出，整体上，第一产业和第三产业对 GDP 的贡献率基本符合预期，而第二产业与预期是相违背的，并没有增加，而是下降。第一产业对 GDP 的贡献率由 1978 年的 9.8% 下降为 2017 年的 4.8%，第三产业对 GDP 贡献率由 28.4% 上升到 59.6%，而第二产业则由 61.8% 下降到 35.7%。这说明，中国的第三产业对拉动 GDP 增长逐渐发挥主导作用，其次是第二产业，第一产业的最小。特别地，在 1980 年，第一产业对 GDP 的贡献率是负值，为 －4.8%。从图 4－2 可以看出，在 1992 年以前，三次产业对 GDP 的贡献率波动剧烈，上下起伏不定，没有显著趋势。而且，第一产业和第二产业的变动方向是相反的。这表明，1992 年以前，三次产业的贡献率变化不稳定，存在失衡的现象。1992 年以后，第一产业对 GDP 的贡献率呈现出缓慢下降的趋势，第二产业快速下降，而第三产业则快速上升。

2. 产业结构变动对经济增长的影响

（1）理论模型推导

假定生产函数为：

$$Y=F(K, L, t) \tag{4-1}$$

其中，Y表示产出，K是资本，L是劳动，t是时间。对式（4-1）两端同时对t求导，并整理得：

$$\frac{dY/dt}{Y}=\alpha\frac{dK/dt}{K}+\beta\frac{dL/dt}{L}+\frac{dF/dt}{Y} \tag{4-2}$$

其中 $\alpha=\frac{\partial F}{\partial K}\times\frac{K}{Y}$，$\beta=\frac{\partial F}{\partial L}\times\frac{L}{Y}$分别代表资本产出弹性和劳动产出弹性。同时，设，$GY=\frac{dY/dt}{Y}$，$GK=\frac{dK/dt}{K}$，$GL=\frac{dL/dt}{L}$，$GA=\frac{dF/dt}{Y}$，GY是产出增长率，GK是资本增长率，GL是劳动增长率，GA是全要素生产率（TFP）的增长率。因此，如果已知产出（Y）、资本（K）、劳动（L）的数据，可以估算出资本（K）和劳动（L）的产出弹性，并计算出全要素生产率（TFP）对经济增长的贡献度。进一步，通过引入经济增长的结构变量$\frac{Y_i}{Y}$、$\frac{K_i}{K}$、$\frac{L_i}{L}$，可以对全要素生产率进行分解，并可以探讨产业结构变动对经济增长的影响。具体内容如下：

假定生产函数为：

$$Y=AK^{\alpha}L^{\beta}e^{tr} \tag{4-3}$$

其中，α、β分别表示资本产出弹性和劳动产出弹性，r表示技术变化率。对式（4-3）两边取对数，并求导得：

$$GY=\alpha\times GK+\beta\times GL+r$$

$$\Rightarrow GA=GY-\alpha\times GK-\beta\times GL \tag{4-4}$$

为了体现出产业结构变动对经济增长的影响，进一步细分为一、二、三产业，并考察其生产函数。仍然采用式（4-3），得：

$$Y_i=A_iK_i^{\alpha}L_i^{\beta}e^{tr_i}\quad(i=1, 2, 3) \tag{4-5}$$

其中$Y=\sum_{i=1}^{3}Y_i$，$K=\sum_{i=1}^{3}K_i$，$L=\sum_{i=1}^{3}L_i$。同样地，三次产业的全要素生产率的增长率为

$$GA_i=GY_i-\alpha\times GK_i-\beta\times GL_i \tag{4-6}$$

将式（4－6）两边同时乘以各产业产值占总产出的比重$\frac{Y_i}{Y}$，并求和，得：

$$\sum_{i=1}^{3}\frac{Y_i}{Y}\times GA_i = \sum_{i=1}^{3}\frac{Y_i}{Y}\times GY_i - \sum_{i=1}^{3}\frac{Y_i}{Y}\times(\alpha\times GK_i + \beta\times GL_i) \tag{4-7}$$

用式（4－4）减式（4－7），得：

$$GA = \sum_{i=1}^{3}\frac{Y_i}{Y}\times GA_i + \sum_{i=1}^{3}\frac{Y_i}{Y}\times(\alpha\times GK_i + \beta\times GL_i) - (\alpha\times GK + \beta\times GL) \tag{4-8}$$

因为，
$$\frac{dK_i}{K_i} = \frac{d(K_i/K)}{K_i/K} + \frac{dK}{K},\ \frac{dL_i}{L_i} = \frac{d(L_i/L)}{L_i/L} + \frac{dL}{L} \tag{4-9}$$

设 $G\left(\frac{K_i}{K_i}\right) = \frac{d(K_i/K)}{K_i/K}$，$G\left(\frac{L_i}{L_i}\right) = \frac{d(L_i/L)}{L_i/L}$分别表示第 i 个产业资本投入比例的变化率和劳动投入的变化率，将式（4－9）代入式（4－8）整理得到：

$$GA = \sum_{i=1}^{3}\frac{Y_i}{Y}\times GA_i + \sum_{i=1}^{3}\frac{Y_i}{Y}\times\left[\alpha_i\times G\left(\frac{K_i}{K_i}\right) + \beta_i\times G\left(\frac{L_i}{L_i}\right)\right] + \left[\left(\sum_{i=1}^{3}\frac{Y_i}{Y}\times\alpha_i - \alpha\right)\times GK + \left(\sum_{i=1}^{3}\frac{Y_i}{Y}\times\beta_i - \beta\right)\times GL\right]$$

全要素生产率的增长率可以分解为三个部分：第一部分是各产业全要素生产率的增长率的加权和，反映了技术进步对产出增长的贡献；第二部分是资本和劳动在各产业所占的比重变化所带来的经济增长，反映了资本和劳动由低效率的产业向高效率产业转移所带来的经济增长；第三部分是各产业的资本和劳动的产出弹性不同带来的经济增长。其中，第二部分是从要素投入的角度解释产业结构变动对经济增长的影响；而第三部分是从要素产出的角度解释产业结构变动对经济增长的影响。这就是经济增长的结构效应。

（2）回归结果及分析

采用 1952～2017 年的时间序列数据进行经验分析。数据均来源于国家统计局数据库。其中，产出用 GDP 来代替，且以 1978 年为基期进行消胀处理；

资本投入用资本存量代替。对资本存量的估算，采用张军（2004）在《中国省际物质资本存量估算：1952～2000》一文中提出的系统算法——永续盘存法，公式为：

$$K_t = I_t + (1-\delta)K_{t-1}$$

其中，K_t 为 t 期资本存量，δ 为折旧率，定为 0.96，K_{t-1} 为 t－1 期资本存量，I_t 为 t 期固定资本形成总额（1952 年价格）。1952～1995 年固定资本形成总额的隐含平减指数（1952＝100）的计算方法如下，以 1987 年的固定资本形成总额指数（1952＝100）为例：

$$1987\text{年固定资产投资价格指数}(1952=100)=\frac{1987\text{年固定资本形成额（当年价格）}}{1987\text{年固定资本形成总额指数}(1952=100)\times 1978\text{年固定资本形成总额（当年价格）}}$$

1995～2017 年固定资本形成总额的隐含平减指数（1952＝100）是采用固定资产投资价格指数来代替。最后，对于所有变量都取对数处理。用 EViews8.0 进行回归分析，得到结果如表 4－5 所示：

表 4－5　　生产函数的回归估计结果

变量	国民经济生产函数	第一产业生产函数	第二产业生产函数	第三产业生产函数
lnK	0.7763*** (19.34)	0.3288*** (8.32)	0.7081*** (19.18)	1.0029*** (15.02)
lnL	0.4242** (2.49)	1.0572*** (6.35)	0.9410*** (6.16)	0.0858 (0.30)
AR（1）	1.2737*** (11.91)	1.2575*** (11.20)	0.9320*** (8.30)	1.2988*** (11.93)
AR（2）	－0.4916*** (－4.61)	－0.4901*** (－4.49)	－0.4887*** (－4.41)	－0.4028*** (－3.71)
常数项	－3.1069** (－2.08)	－7.1419*** (－4.91)	－8.8970*** (－6.76)	－2.8287 (－1.08)

续表

变量	国民经济生产函数	第一产业生产函数	第二产业生产函数	第三产业生产函数
R-squared	0.9990	0.9976	0.9970	0.9988
Adjusted R-squared	0.9990	0.9975	0.9968	0.9988
F-statistic	15010.8100	6241.7090	4933.5350	12676.7600
Prob（F-statistic）	0.0000	0.0000	0.0000	0.0000
Durbin - Watson stat	1.7817	2.1384	1.9462	1.7496

注：*** 表示在 1% 的显著性水平下显著，** 表示在 5% 的显著性水平下显著，* 表示在 10% 的显著性水平下显著；括号内的值为 t 值。

从上面的回归结果可以看出：首先，除第三产业生产函数中劳动的产出弹性不显著以外，其他三个函数中资本和劳动的产出弹性都在 1% 的显著性水平显著。其次，四个生产函数的资本和劳动的产出弹性之和都大于 1，表明新中国成立 70 年以来，整个国民经济以及三次产业都呈现规模报酬递增。再次，四个生产函数的资本和劳动的产出弹性都大于 0，表明资本和劳动的投入在整个国民经济和三次产业中都具有正向推动作用。最后，在国民经济和第三产业的生产函数中，资本的产出弹性都显著大于劳动的产出弹性，表明在整个国民经济和第三产业中，资本密集型产品要多于劳动密集型产品，即资本投入的功效高于劳动投入。而在第一产业和第二产业的生产函数中，劳动的产出弹性显著大于资本的产出弹性，表明在第一产业和第二产业中，劳动密集型产品要多于资本密集型产品，即劳动投入的功效要高于资本投入。

（三）三次产业的比较劳动生产率分析

比较劳动生产率，又称相对国民收入，是衡量产业结构素质、评价产业结构整体效应水平的重要指标。比较劳动生产率是某产业的国民收入

（或 GDP）相对比重和就业人口的相对比重的比值，反映该产业单位劳动力所创造的国民收入（或 GDP），其计算公式为：

$$\text{某一产业的比较劳动生产率} = \frac{\text{该产业的国民收入（或 GDP）的相对比重}}{\text{该产业的劳动力相对比重}}$$

比较劳动生产率越高，表明劳动生产率越高，经济效益越好。从产业结构整体来看，当三次产业的比较劳动生产率较为接近时，社会资源会得到优化配置，产业结构总体效益也会达到较高水平。

从表 4 - 6 中的结果可以看出：1952 ~ 1958 年，第三产业的比较劳动生产率最高，其次是第二产业，第一产业最低[①]；1959 ~ 2017 年，第二产业的比较劳动生产率最高，其次是第三产业，第一产业最低。总的来看，新中国成立 70 年来，第二、三产业的比较劳动生产率始终高于三次产业的平均水平；而且，与第二、三产业相比，第一产业的比较劳动生产率始终是最低的，而且具有较大差距。从图 4 - 3 可以看出：（1）整体上，第一产业的比较劳动生产率曲线整体上波动较为平缓，接近水平状态，没有呈现出上涨或下降的态势，且长期处于较低水平。这表明第一产业的劳动力已经出现剩余，且人力资本投入低，必然导致劳动生产率下降，产业整体素质不高。（2）第二产业和第三产业的比较劳动生产率曲线分别从 1962 年和 1964 年开始呈快速下降趋势。在此之前，二者的曲线起伏不定，并无明显规律。1985 年以后，二者的曲线开始缓慢下降，趋于平缓。整体上看，第二、三产业的比较劳动生产率呈下降状态，且第二产业的下降幅度要高于第三产业。（3）历年三次产业的比较劳动生产率分布连续、有序。这表明新中国成立 70 年以来，三次产业并不存在明显的断层和不协调。而且，整体上看，三次产业的比较劳动生产率有逐渐接近的趋势，表明社会资源配置正在逐步优化，产业结构的总体效益逐步改善。

① 注意：1957 年，第二产业的比较劳动生产率高于第三产业。

表 4－6　　　　三次产业的比较劳动生产率

年份	第一产业	第二产业	第三产业	年份	第一产业	第二产业	第三产业	年份	第一产业	第二产业	第三产业
1952	0. 60	2. 81	3. 17	1974	0. 43	3. 36	2. 62	1996	0. 38	2. 00	1. 29
1953	0. 55	2. 90	3. 47	1975	0. 41	3. 36	2. 43	1997	0. 36	1. 99	1. 33
1954	0. 55	2. 84	3. 63	1976	0. 43	3. 12	2. 32	1998	0. 34	1. 95	1. 39
1955	0. 55	2. 84	3. 62	1977	0. 39	3. 15	2. 28	1999	0. 32	1. 97	1. 43
1956	0. 53	2. 54	3. 41	1978	0. 39	2. 76	2. 02	2000	0. 29	2. 02	1. 45
1957	0. 49	3. 28	3. 11	1979	0. 44	2. 67	1. 77	2001	0. 28	2. 01	1. 49
1958	0. 58	1. 39	1. 92	1980	0. 43	2. 64	1. 71	2002	0. 27	2. 08	1. 48
1959	0. 43	2. 06	1. 80	1981	0. 46	2. 51	1. 67	2003	0. 25	2. 11	1. 43
1960	0. 35	2. 79	1. 77	1982	0. 48	2. 42	1. 68	2004	0. 28	2. 04	1. 35
1961	0. 46	2. 86	2. 76	1983	0. 49	2. 37	1. 63	2005	0. 26	1. 98	1. 32
1962	0. 47	3. 94	2. 99	1984	0. 49	2. 16	1. 59	2006	0. 25	1. 89	1. 30
1963	0. 48	4. 32	2. 74	1985	0. 45	2. 05	1. 75	2007	0. 25	1. 75	1. 32
1964	0. 46	4. 49	2. 69	1986	0. 44	1. 99	1. 74	2008	0. 26	1. 73	1. 29
1965	0. 46	4. 18	2. 74	1987	0. 44	1. 95	1. 71	2009	0. 25	1. 65	1. 30
1966	0. 46	4. 34	2. 56	1988	0. 43	1. 95	1. 71	2010	0. 25	1. 62	1. 28
1967	0. 49	3. 92	2. 71	1989	0. 41	1. 96	1. 80	2011	0. 26	1. 58	1. 24
1968	0. 51	3. 62	2. 80	1990	0. 44	1. 92	1. 75	2012	0. 27	1. 50	1. 26
1969	0. 46	3. 88	2. 92	1991	0. 40	1. 94	1. 82	2013	0. 28	1. 47	1. 22
1970	0. 43	3. 94	2. 77	1992	0. 36	1. 99	1. 80	2014	0. 29	1. 45	1. 18
1971	0. 42	3. 74	2. 69	1993	0. 34	2. 06	1. 63	2015	0. 30	1. 40	1. 19
1972	0. 41	3. 59	2. 70	1994	0. 36	2. 03	1. 49	2016	0. 29	1. 39	1. 19
1973	0. 42	3. 49	2. 69	1995	0. 38	2. 03	1. 36	2017	0. 28	1. 44	1. 16

资料来源：根据表 4－1 中的数据进一步计算而得。

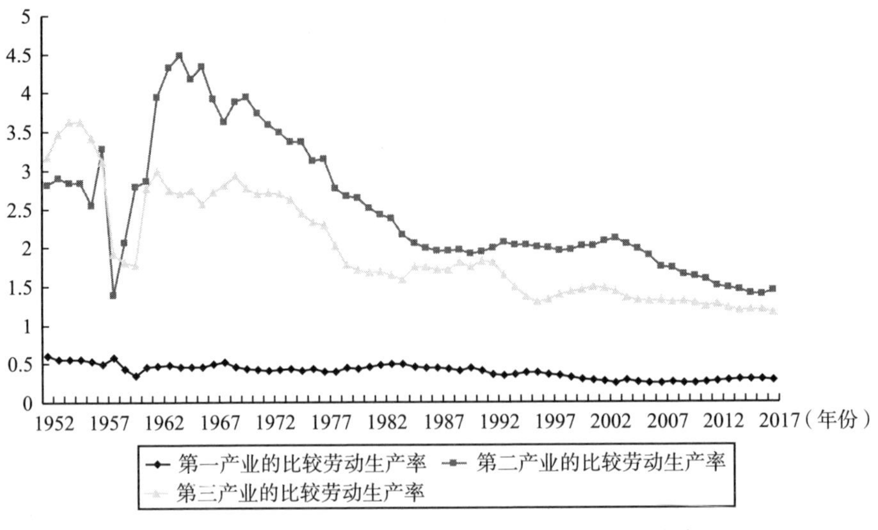

图4－3　1952～2017年三次产业的比较劳动生产率

资料来源：根据表4－6整理而得。

（四）产业结构增长的波动分析

产业结构增长是指各产业部门的稳定增长和相互之间的协调增长。产业结构的“突变”或剧烈波动都是结构效益的表现。为衡量产业结构增长的波动情况，采用如下指标：

$$\sigma_i = \left[\frac{\sum(X_{it} - \overline{X}_i)^2}{n}\right]^{1/2}$$

$$V_i^\sigma = \frac{\sigma_i}{\overline{X}_i} \times 100\%$$

其中，σ_i 为第i产业的标准差；X_i^t 为第i产业第t年的增长速度；$\overline{X}_i$ 为第i产业考察期内增长速度的平均值；n为考察期内年数；V_i^σ 为标准差系数（离散系数）。给出了计算结果。

考虑到在不同组数据之间比较波动的差异性，标准差系数要优于标准差，表4－7给出了三次产业增长速度的标准差和标准差系数。从表中的结果可以看出，中国三次产业标准差和标准差系数都较大，表明三次产业增长的稳定性较小。这也是导致经济增长大起大落的直接原因之一。而且，第二产业的标准差系数最大，其次是第一产业，最后是第三产业。因此，第二产业的增长波动要高于第一产业和第三产业。相对而言，第三产业增长最平稳。这可能由于第一、第二产业的科技含量低，对外部冲击缺乏缓冲能力，易剧烈波动。

表 4－7　　产业结构增长的波动　　单位：%

产业类别	标准差	标准差系数
第一产业	5.98	114.63
第二产业	12.59	124.54
第三产业	8.39	88.35

三、70 年来中国产业结构演变的状况分析

产业结构是经济体系的基础和重要内容，构建合理的产业结构与现代产业体系是推进现代化建设的核心与关键。新中国成立以来，我国产业体系逐步建立，产业结构不断优化，真正实现了从传统农业国家迈向工业化强国的伟大转变。通过国家的“五年计划”“五年规划”，快速推动了第二、第三产业的发展，实现了产业结构的优化调整与经济的健康发展。尤其党的十八大以来，随着创新驱动发展战略深入实施，结构调整和转型升级持续加快，新业态、新模式不断涌现，新产品新服务快速成长。特别是我国抓住了信息化与工业化深度融合的浪潮，众多高技术、高附加值、顺应转型升级趋势的新产业，已成长为推动我国制造业发展的新引擎，有力拉动着经济增长①。但需要指出的是，当前我国产业仍面临着需求不足、

① 王政：《新产业点燃中国经济新引擎（跨越）》，载于《人民日报》2017 年 9 月 26 日第 9 版。

产能过剩，产业升级形势依然严峻的问题。党的十九大报告明确指出，发展不平衡不充分的一些突出问题尚未解决，发展质量和效益还不高，创新能力不够强，实体经济水平有待提高，生态环境保护任重道远。党的十九大报告还提出，我国经济已由高速增长阶段转向高质量发展阶段，正处在转变发展方式、优化经济结构、转换增长动力的攻关期，推动产业健康发展，建设现代化经济体系是跨越这一关口的迫切要求。① 为此，清楚了解新中国成立70年来我国产业结构的演变与发展状况，以及当前发展中存在的问题，对推动我国产业结构优化升级具有重要意义。

（一）70年来中国产业结构变化情况

新中国成立70年来，我国从农业国发展成为工业化国家，产业结构总体呈现出高级化的演进趋势。尤其近年来，第三产业和新兴产业快速发展，并逐渐成长为国民经济的主导产业，有力地推动了我国产业体系的健康发展。

1. 三次产业发展及其构成变化分析

2017年我国国内生产总值为827122亿元，比上年增长6.9%。其中，第一产业增加值65468亿元，增长3.9%；第二产业增加值334623亿元，增长6.1%；第三产业增加值427032亿元，增长8.0%。第一产业增加值占国内生产总值的比重为7.9%，第二产业增加值比重为40.5%，第三产业增加值比重为51.6%。② 相较于新中国成立初期可谓发生了翻天覆地的变化。1952年我国国内生产总值仅为679亿元，其中第一产业增加值342.9亿元，第二产业增加值141.8亿元，第三产业增加值194.3亿元。

① 易信：《加快我国产业结构转型的中长期建议》，载于《经济日报》2018年6月21日第14版。

② 国家统计局：《中华人民共和国2017年国民经济和社会发展统计公报》，2018年2月28日：http：//www.stats.gov.cn/tjsj/zxfb/201802/t20180228_1585631.html。

第一产业增加值占国内生产总值的比重为 50. 5%，第二产业增加值比重为 20. 9%，第三产业增加值比重为 28. 6%。可以发现新中国成立初期，我国产业结构中第一产业占比超过 50%，是典型的农业国。对比现在可以发现，无论从产业产值，还是三次产业结构，当前都比当初有了十分明显的提高与改善（见表 4 –8、图 4 –4）。

表 4 –8　　社会主义建设以来的三次产业产值与比重　　单位：亿元

年份	总值	国内生产			三次产业比重（%）		
		第一产业	第二产业	第三产业	第一产业	第二产业	第三产业
1952	679. 0	342. 9	141. 8	194. 3	50. 5	20. 9	28. 6
1953	824. 0	378. 0	192. 5	253. 5	45. 9	23. 4	30. 8
1954	859. 0	392. 0	211. 7	255. 3	45. 6	24. 6	29. 7
1955	910. 0	421. 0	222. 2	266. 8	46. 3	24. 4	29. 3
1956	1028. 0	443. 9	280. 7	303. 4	43. 2	27. 3	29. 5
1957	1068. 0	430. 0	317. 0	321. 0	40. 3	29. 7	30. 1
1958	1307. 0	445. 9	483. 5	377. 6	34. 1	37. 0	28. 9
1959	1439. 0	383. 8	615. 5	439. 7	26. 7	42. 8	30. 6
1960	1457. 0	340. 7	648. 2	468. 1	23. 4	44. 5	32. 1
1961	1220. 0	441. 1	388. 9	390. 0	36. 2	31. 9	32. 0
1962	1149. 3	453. 1	359. 3	336. 9	39. 4	31. 3	29. 3
1963	1233. 3	497. 5	407. 6	328. 2	40. 3	33. 0	26. 6
1964	1454. 0	559. 0	513. 5	381. 5	38. 4	35. 3	26. 2
1965	1716. 1	651. 1	602. 2	462. 8	37. 9	35. 1	27. 0
1966	1868. 0	702. 2	709. 5	456. 3	37. 6	38. 0	24. 4
1967	1773. 9	714. 2	602. 8	456. 9	40. 3	34. 0	25. 8
1968	1723. 1	726. 3	537. 3	459. 5	42. 2	31. 2	26. 7
1969	1937. 9	736. 2	689. 1	512. 6	38. 0	35. 6	26. 5

续表

年份	总值	国内生产			三次产业比重（%）		
		第一产业	第二产业	第三产业	第一产业	第二产业	第三产业
1970	2252.7	793.3	912.2	547.2	35.2	40.5	24.3
1971	2426.4	826.3	1022.8	577.3	34.1	42.2	23.8
1972	2518.1	827.4	1084.2	606.5	32.9	43.1	24.1
1973	2720.9	907.5	1173.0	640.4	33.4	43.1	23.5
1974	2789.9	945.2	1192.0	652.7	33.9	42.7	23.4
1975	2997.3	971.1	1370.5	655.7	32.4	45.7	21.9
1976	2943.7	967.0	1337.2	639.5	32.8	45.4	21.7
1977	3201.9	942.1	1509.1	750.7	29.4	47.1	23.4
1978	3678.7	1018.5	1755.2	905.1	27.7	47.7	24.6
1979	4100.5	1259	1925.4	916.1	30.7	47	22.3
1980	4587.6	1359.5	2204.7	1023.4	29.6	48.1	22.3
1981	4935.8	1545.7	2269.1	1121.1	31.3	46	22.7
1982	5373.4	1761.7	2397.7	1214	32.8	44.6	22.6
1983	6020.9	1960.9	2663	1397	32.6	44.2	23.2
1984	7278.5	2295.6	3124.8	1858.1	31.5	42.9	25.5
1985	9098.9	2541.7	3886.5	2670.7	27.9	42.7	29.4
1986	10376.2	2764.1	4515.2	3096.9	26.6	43.5	29.8
1987	12174.6	3204.5	5274	3696.2	26.3	43.3	30.4
1988	15180.4	3831.2	6607.4	4741.8	25.2	43.5	31.2
1989	17179.7	4228.2	7300.9	5650.6	24.6	42.5	32.9
1990	18872.9	5017.2	7744.3	6111.4	26.6	41	32.4
1991	22005.6	5288.8	9129.8	7587	24	41.5	34.5
1992	27194.5	5800.3	11725.3	9668.9	21.3	43.1	35.6
1993	35673.2	6887.6	16473.1	12312.6	19.3	46.2	34.5
1994	48637.5	9471.8	22453.1	16712.5	19.5	46.2	34.4

续表

年份	总值	国内生产			三次产业比重（%）		
		第一产业	第二产业	第三产业	第一产业	第二产业	第三产业
1995	61339.9	12020.5	28677.5	20641.9	19.6	46.8	33.7
1996	71813.6	13878.3	33828.1	24107.2	19.3	47.1	33.6
1997	79715	14265.2	37546	27903.8	17.9	47.1	35
1998	85195.5	14618.7	39018.5	31558.3	17.2	45.8	37
1999	90564.4	14549	41080.9	34934.5	16.1	45.4	38.6
2000	100280.1	14717.4	45664.8	39897.9	14.7	45.5	39.8
2001	110863.1	15502.5	49660.7	45700	14	44.8	41.2
2002	121717.4	16190.2	54105.5	51421.7	13.3	44.5	42.2
2003	137422	16970.2	62697.4	57754.4	12.3	45.6	42
2004	161840.2	20904.3	74286.9	66648.9	12.9	45.9	41.2
2005	187318.9	21806.7	88084.4	77427.8	11.6	47	41.3
2006	219438.5	23317	104361.8	91759.7	10.6	47.6	41.8
2007	270232.3	27788	126633.6	115810.7	10.3	46.9	42.9
2008	319515.5	32753.2	149956.6	136805.8	10.3	46.9	42.8
2009	349081.4	34161.8	160171.7	154747.9	9.8	45.9	44.3
2010	413030.3	39362.6	191629.8	182038	9.5	46.4	44.1
2011	489300.6	46163.1	227038.8	216098.6	9.4	46.4	44.2
2012	540367.4	50902.3	244643.3	244821.9	9.4	45.3	45.3
2013	595244.4	55329.1	261956.1	277959.3	9.3	44	46.7
2014	643974	58343.5	277571.8	308058.6	9.1	43.1	47.8
2015	689052.1	60862.1	282040.3	346149.7	8.8	40.9	50.2
2016	744127.2	63670.7	296236	384220.5	8.6	39.8	51.6
2017	827121.7	65467.6	334622.6	427031.5	7.9	40.5	51.6

资料来源：1977 年及以前数据来源于《中国统计年鉴（2000）》，1978 年及以后年份数据来源于《中国统计年鉴（2018）》。

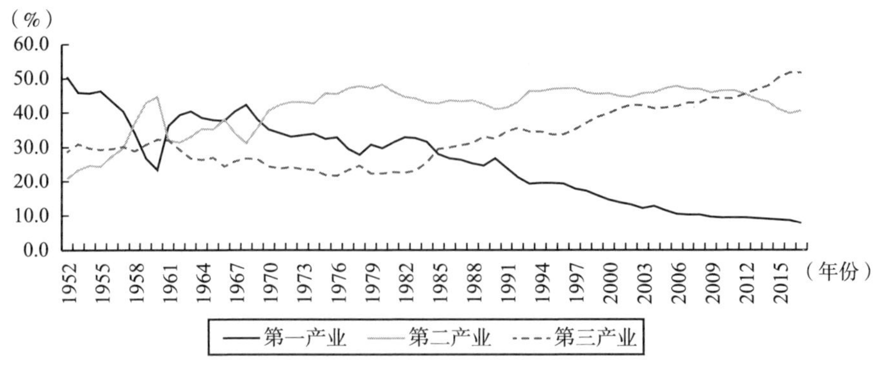

图4－4　三次产业增加值占国内生产总值的比重

资料来源：根据表4－8整理而得。

从图4－4中可以看出，三次产业增加值占国内生产总值的比重呈现出此消彼长的变化趋势。其中第一产业比重呈现出了新中国成立初期显著下降（从1952年的50.5%下降到1960年的23.4%），波动调整（从1961年的36.2%波动上升到1968年的42.2%），以及改革开放后的逐渐下降的趋势（由1978年的27.7%逐渐下降到了2017年的7.9%）；第二产业则呈现出新中国成立初期快速上升（从1952年的20.9%上升到1960年的44.5%），波动调整（从1961年的31.9%波动调整到2006年的47.5%），再逐年下降的趋势（从2007年的46.9%逐年下降到了2017年的40.5%）；第三产业在经历徘徊波动后呈现出快速上升的态势，从1952年的28.6%波动调整到了1978年的24.6%，然后从1979年的22.3%开始逐步提升到了2017年的51.6%，自2015年超过50%以来，仍保持了快速增长。

各产业增加值所占比重的变化与调整，反映出了我国产业体系与经济结构的变化情况。新中国成立初期，尤其是第一个“五年计划”的实施，大力发展新中国工业化，重工业得到快速发展，因此，第一产业比重快速下降，第二产业比重快速上升。随后进入十多年的波动调整，改革开放后，三次产业结构呈现出快速调整的态势，反映出我国产业结构不断走向高级化与合理化的变化特征。

2. 农业产业结构分析

新中国成立 70 年来，农业取得了长足进步与发展。棉花、油料亦呈现快速增长态势，2017 年的产量分别达 565. 30 万吨、3475. 24 万吨，分别比 1949 年增长 11. 73 倍、12. 55 倍，年均增长率分别达 5. 44%、5. 59%。2017 年的糖料产量比 1949 年增长了 39. 09 倍，年均增长率达 27. 50%，是增速最快的农作物。同期，水产品产量年均增长率达 8. 32%。1949 ~ 2017 年，肉类总产量年均增长 7. 27%。1978 ~ 2017 年，牛奶产量年均增长 9. 64%。1982 ~ 2017 年，禽蛋产量年均增长 7. 42%。1949 ~ 2016 年，园林水果产量年均增长 9. 09%。新中国成立以来，中国的粮食、棉花、油料、糖料、畜产品、水果和水产品等重要农产品生产能力显著增强，国家粮食安全保障能力显著提升，农产品市场供给取得了巨大进步，不仅解决了占世界 1/5 人口的吃饭问题，还为加快推进工业化、城镇化进程提供了重要支撑。①

农林牧渔业总产值由 1952 年的 461 亿元（当年价，下同）逐年快速增长到 2017 年的 109331. 72 亿元，年均名义增长率达 11. 22%；改革开放以来（1979 ~ 2017 年）的农业总产值增速达 12. 14%，是改革开放以前（1952 ~ 1978 年）增速（5. 26%）的 2. 31 倍。其中，农业总产值、林业总产值、牧业总产值和渔业总产值的年均名义增长率分别达 10. 13%、12. 60%、13. 45% 和 16. 40%。新中国成立以来农林牧渔业总产值及各项构成年均 10% 以上的高速增长，创造了世界农业发展的奇迹。同时，农林牧渔业结构不断优化。1952 ~ 2017 年，农业产值占比不断下降，下降了 32. 80 个百分点；牧业产值占比和渔业产值占比不断上升，分别上升了 5. 58 个百分点和 9. 29 个百分点；林业产值占比基本保持稳定，尤其是自改革开放以来一直在 4% 左右徘徊。农业内部实现了由“以种植业为主、

---

① 杜志雄、肖卫东：《中国农业发展 70 年：成就、经验、未来思路与对策》，载于《中国经济学人》2019 年第 1 期。

以粮为纲”的高度单一结构向“农林牧渔全面、协调发展”的立体式复合型结构转变。[①] 由此可见，新中国成立以来我国农业快速发展，主要农产品产量大幅度地增加，农业产业结构日趋合理。从而在解决我国温饱问题的基础上，为走向全面小康社会奠定了坚实的基础。

3. 第二产业结构的日趋合理化

新中国成立 70 年来，我国从一个工农业生产受到严重破坏、贫穷的农业国，通过产业结构转型和工业结构升级，建立起门类齐全的现代工业体系，从而跃升为世界第一制造大国，取得了令世人瞩目的成绩。

（1）新中国成立初期到改革开放前的工业化进程。

新中国成立初期，为了快速改变贫穷落后国家的面貌，我国制定了优先快速发展重工业的发展方针。这一时期工业快速恢复和发展，第二产业比重由 1949 年的 13% 提升到了 1958 年的 37%，工业的快速发展带动了城市的发展和人民生活的改善，以及运输业和商业的蓬勃发展[②]。这一产业结构优化升级的运行轨迹，表明国民经济基本处于良性循环的轨道。然而，过于强调重工业的工业化发展，不仅造成了三次产业的不协调，也造成了轻重工业的比例失调。三次产业结构由 1949 年的 68：13：19 调整为 1978 年的 28：48：24，轻重工业比重由 1952 年的 64.5：35.5 变为 1978 年的 43.1：56.9。尽管产业结构存在不协调的状况，但到改革开放前，我国产业结构经过近 30 年的曲折发展，取得了一定的成就，初步建立了比较完整独立的工业体系和国民经济体系[③]。

（2）改革开放以来的第二产业结构。

改革开放 40 年来，第二产业产值、工业产值、建筑业产值，都实现了快速提升。第二产业内部结构不断趋于合理化，其中工业在第二产业中的

---

① 杜志雄、肖卫东：《中国农业发展 70 年：成就、经验、未来思路与对策》，载于《中国经济学人》2019 年第 1 期。

②③ 郭旭红、武力：《新中国产业结构演变述论（1949 ~ 2016）》，载于《中国经济史研究》2018 年第 1 期。

比重有所下降，建筑业所占比重则出现了较大幅度提升。尤其是 2009 年以来，建筑业所占比重提升速度较快（见表 4－9）。

表 4－9　　第二产业产值及其所占比重

年份	第二产业产值（亿元）			所占比重（100%）	
	第二产业产值	工业	建筑业	工业	建筑业
1978	1755.2	1621.5	138.9	92.4	7.9
1979	1925.4	1786.5	144.6	92.8	7.5
1980	2204.7	2014.9	196.3	91.4	8.9
1981	2269.1	2067.7	208.0	91.1	9.2
1982	2397.7	2183.0	221.6	91.0	9.2
1983	2663.0	2399.1	271.7	90.1	10.2
1984	3124.8	2815.9	317.9	90.1	10.2
1985	3886.5	3478.3	419.3	89.5	10.8
1986	4515.2	4000.8	527.3	88.6	11.7
1987	5274.0	4621.3	667.5	87.6	12.7
1988	6607.4	5814.1	811.8	88.0	12.3
1989	7300.9	6525.7	796.1	89.4	10.9
1990	7744.3	6904.7	861.7	89.2	11.1
1991	9129.8	8138.2	1017.7	89.1	11.1
1992	11725.3	10340.5	1417.9	88.2	12.1
1993	16473.1	14248.8	2269.9	86.5	13.8
1994	22453.1	19546.9	2968.8	87.1	13.2
1995	28677.5	25023.9	3733.7	87.3	13.0
1996	33828.1	29529.8	4393.0	87.3	13.0
1997	37546.0	33023.5	4628.3	88.0	12.3
1998	39018.5	34134.9	4993.0	87.5	12.8
1999	41080.9	36015.4	5180.9	87.7	12.6
2000	45664.8	40259.7	5534.0	88.2	12.1

续表

年份	第二产业产值（亿元）			所占比重（100%）	
	第二产业产值	工业	建筑业	工业	建筑业
2001	49660.7	43855.6	5945.5	88.3	12.0
2002	54105.5	47776.3	6482.1	88.3	12.0
2003	62697.4	55363.8	7510.8	88.3	12.0
2004	74286.9	65776.8	8720.5	88.5	11.7
2005	88084.4	77960.5	10400.5	88.5	11.8
2006	104361.8	92238.4	12450.1	88.4	11.9
2007	126633.6	111693.9	15348.0	88.2	12.1
2008	149956.6	131727.6	18807.6	87.8	12.5
2009	160171.7	138095.5	22681.5	86.2	14.2
2010	191629.8	165126.4	27259.3	86.2	14.2
2011	227038.8	195142.8	32926.5	86.0	14.5
2012	244643.3	208905.6	36896.1	85.4	15.1
2013	261956.1	222337.6	40896.8	84.9	15.6
2014	277571.8	233856.4	44880.5	84.3	16.2
2015	282040.3	236506.3	46626.7	83.9	16.5
2016	296236.0	247860.1	49522.2	83.7	16.7

资料来源：根据《中国统计年鉴（2017）》相关数据整理。

（3）近年来的工业发展与新动能、新产业发展。

近年来，在供给侧结构性改革的要求下，我国工业不断提升产业链水平，通过利用技术创新和规模效应形成新的竞争优势，加快解决关键核心技术“卡脖子”问题。在强化工业基础能力建设的同时，培育和发展新的产业集群，逐步建立了全球最完整的产业体系，从而不断提升我国在全球供应链、产业链、价值链中的地位。[①] 2017 年工业增加值接近 28 万亿元，

① 《深化供给侧结构性改革要在巩固增强提升畅通上下功夫》，载于《人民日报》2018 年 12 月 22 日第 1 版。

按可比价计算，比1978年增长53倍，年均增长10.8%。[①] 工业行业内部结构也实现了较大幅度的改善，新动能新产业新业态加快成长，整体工业结构实现了优化提升。尤其是进入新常态以来，我国通过供给侧结构性改革和经济发展转型，特别是在创新驱动发展战略深入实施的过程当中，“双创”对新动能的成长，带动传统产业的转型升级都发挥了积极的作用。新产业、新技术、新业态、新模式与传统产业的融合，带动传统产业的转型升级也取得了积极成效。体现在：一是创新驱动产业迈向了中高端，一些叫得响、数得着的重大科技创新成果不断涌现。高速铁路、核电技术不断突破。人工智能、虚拟现实等新技术也加速兴起，分享经济新的模式广泛渗透，分享经济正在从生活资源向生产资料资源方面延伸等。二是新兴产业领跑创新增长。在一系列有力措施的推动下，传统产业转型升级步伐不断加快。

此外，高技术产业发展迅速，积极推动“中国制造”向“中国智造”迈进，推动中国经济向中高端迈进。依靠创新，我国新产业产品发展迅猛，符合产业升级和消费升级方向的新产品不断涌现。通过积极实施“互联网+”和“中国制造2025”，以大数据、物联网、人工智能为代表的新一代信息技术产业加速孕育，战略性新兴产业快速发展。2017年规模以上工业战略性新兴产业增加值比上年增长11.0%。高技术制造业增加值增长13.4%，占规模以上工业增加值的比重为12.7%。装备制造业增加值增长11.3%，占规模以上工业增加值的比重为32.7%。2017年新能源汽车产量69万辆，比上年增长51.2%；智能电视产量9666万台，增长3.8%；工业机器人产量13万台（套），增长81.0%；民用无人机产量290万架，增长67.0%。[②]

4. 第三产业中现代服务业、新兴服务业快速发展

新中国成立70年来，我国第三产业取得了长足发展，由1949年占国

---

① 张翼：《我国工业增加值增长53倍》，载于《光明日报》2018年9月5日第12版。

② 国家统计局：《中华人民共和国2017年国民经济和社会发展统计公报》，国家统计局网站，2018年2月28日，http://www.stats.gov.cn/tjsj/zxfb/201802/t20180228_1585631.html。

民收入的比重的 19% 提升到 2017 年占国内生产总值的 58.8%。改革开放之前，我国的工业化方针大力推动了第二产业、工业的快速发展，第三产业发展较为缓慢，1958 ~ 1978 年，三次产业比重关系由 34∶37∶29 变为 28∶48∶24，可见第二产业比重快速增加，第三产业比重呈降低趋势。改革开放以后第三产业快速发展，1978 年 ~ 2017 年，我国服务业增加值从 905 亿元增长到了 427032 亿元，当前第三产业的增加值是 1978 年的 471.8 倍。第三产业年均实际增长为 10.5%，比 GDP 年均实际增速高 1 个百分点；服务业占 GDP 的比重从 24.6% 上升至 51.6%；对国民经济增长的贡献率从 28.4% 上升至 58.8%。我国新兴服务业—数字经济、共享经济高速发展。2017 年，我国数字经济规模达 27.2 万亿元，占 GDP 比重为 32.9%，比上年提高 2.6 个百分点。①

近年来，服务业层次不断提升，现代服务业、新兴服务业迅猛发展。改革开放初期，服务业作为“非生产部门”，发展相对滞后，主要以批发零售、交通运输等传统服务业为主。随着经济发展和人民生活水平提高，生产性和生活性服务需求快速增长，现代服务业蓬勃兴起，发展势头迅猛。近年来，战略性新兴服务业快速发展，形成了一批各具特色、业态多样、功能完善的新兴服务业集聚区和产业集群。2016 ~ 2017 年，规模以上战略性新兴服务业营业收入年均增长 16.2%，明显快于规模以上服务业营业收入增速。顺应居民消费升级的大趋势，旅游、文化、体育、健康、养老等幸福产业发展方兴未艾。2013 ~ 2016 年，文化及相关产业增加值年均名义增长 13.7%。2017 年，国内旅游人数和旅游收入分别达到 50 亿人次和 45661 亿元，比 1994 年分别增长 8.5 倍和 43.6 倍。②

服务业就业蓄水池功能日趋明显。1978 ~ 2017 年，服务业就业人员由

---

① 陈炜伟：《改革开放以来我国服务业快速发展》，新华网，2018 年 9 月 10 日，http：//www.xinhuanet.com/2018 - 09/10/c_1123408566.htm。

② 国家统计局：《经济结构实现历史性变革发展协调性显著增强——改革开放 40 年经济社会发展成就系列报告之二》，国家统计局网站，2018 年 8 月 29 日，http：//www.stats.gov.cn/ztjc/ztfx/ggkf40n/201808/t20180829_1619600.html。

4890万人增长到34872万人，年均增长5.2%，分别高出全部就业人员和第二产业就业人员年均增速3.5个和2.2个百分点。2017年底，服务业已成为我国就业市场的主体，就业人员占全部就业人员的比重为44.9%，高于第二产业16.8个百分点。党的十八大以来，“大众创业、万众创新”助推服务业新动能蓬勃发展，服务业吸纳就业能力显著增强。2012～2017年，服务业就业人数增加7182万人，而第一产业、第二产业分别减少4829万人和1417万人。据测算，2009～2012年期间，服务业每增长1个百分点，带动新增就业70万人；2016年，服务业每增长1个百分点，能创造约120万个就业岗位，服务业拉动就业能力明显增强。①

（二）当前中国产业结构存在的不足与问题

1. 三次产业结构有待进一步优化，服务业仍需快速发展

尽管我国第一产业增加值占总产值的比重由1949年的68%下降到2017年的7.9%，但相比较于发达国家，这一产业的比重仍然较大。工业产业增加值比重由1949年的13%波动调整为2017年的40.5%，尽管有所优化，但整体符合新兴国家的特点，与韩国相似，但相较于发达国家这一产业的比重仍然较大。第三产业增加值比重尽管已经超过了50%，有了大幅度的提高。然而，与发达国家相比，服务业的比重仍然较小。无论是与美国、日本或欧洲传统发达国家相比，还是与新兴发达国家韩国相比，我国这一产业增加值比重仍然较小，今后仍需快速发展（见表4-10）。

① 国家统计局：《服务业在改革开放中快速发展 擎起国民经济半壁江山——改革开放40年经济社会发展成就系列报告之十》，国家统计局网站，2018年9月10日，http://www.stats.gov.cn/ztjc/ztfx/ggkf40n/201809/t20180910_1621829.html。

表 4－10　　2017 年部分国家三次产业增加值比重　　单位：%

国家	农业	工业	服务业
中国	7.9	40.5	51.6
日本	1.2*	29.3*	68.8*
韩国	2.0	35.9	52.8
加拿大	1.4**	27.5**	64.7**
美国	1.0*	18.9*	77.0*
法国	1.5	17.4	70.2
德国	0.6	27.6	61.9
意大利	1.9	21.4	66.3
英国	0.5	18.6	70.1
澳大利亚	2.8	23.0	67.0

注：* 为 2016 年数据，** 为 2014 年数据。
资料来源：根据《中国统计年鉴（2018）》相关数据整理。

2. 三次产业就业结构不合理，第一产业就业比重过高

尽管我国产业就业结构不断优化，2017 年，全国就业人员中，第一产业就业人员占 17.5%；第二产业就业人员占 26.6%；第三产业就业人员占 55.9%。第三产业从业人员就业占比近 5 年呈持续上升趋势，成为吸纳就业的主力军。然而，我国产业就业结构仍然不够合理。从图 4－5、图 4－6 中可以看出，相比较于 5% 贡献率，第一产业就业却占到了将近 17%，呈现出极不匹配的比例，反映出第一产业劳动力过剩，有大量劳动力仍滞留在第一产业，第一产业的劳动效率低下的问题。从表 4－11 中可以看出，第二产业就业比重相对趋于合理；尽管第三产业就业比重不断上升，但 55.9% 的就业比重，与美国的 79.4%、日本的 70.9%、德国的 71.5%，以及韩国的 70.3% 相比，仍然过低，第三产业的发展潜力没有得到充分发挥。

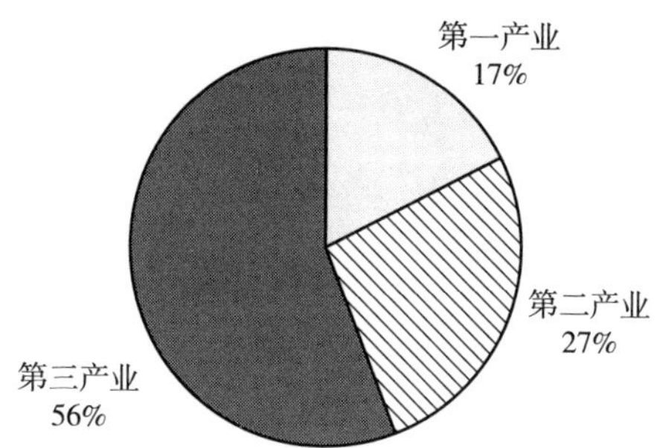

图 4-5　2017 年三次产业就业结构

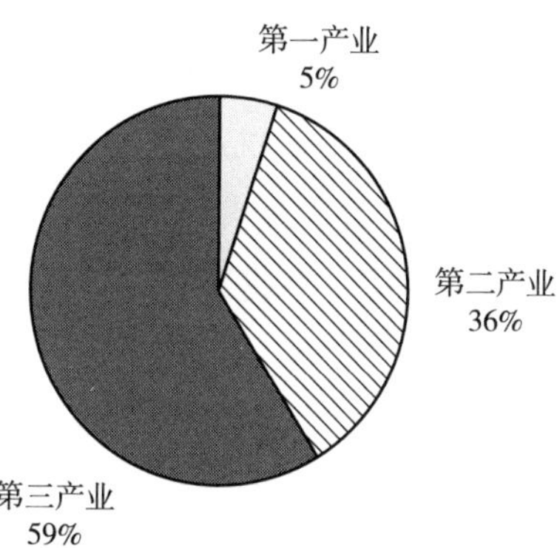

图 4-6　2017 年三次产业贡献率

资料来源：《中国统计年鉴（2018）》。

表 4-11　　2017 年部分国家三次产业就业结构　　单位：%

国家	第一产业	第二产业	第三产业
中国	17.5	26.6	55.9
日本	3.5	25.6	70.9
韩国	4.9	24.8	70.3
加拿大	2.0	19.6	78.4
美国	1.7	18.9	79.4
法国	2.9	20.4	76.8
德国	1.3	27.3	71.5
意大利	3.9	26.3	69.8
英国	1.1	18.4	80.5
澳大利亚	2.6	19.1	78.3

资料来源：根据《中国统计年鉴（2018）》相关数据整理。

3. 高技术产业创新能力仍需提升，新兴产业发展缓慢

随着新一轮国际产业分工与产业变革的兴起，世界各国纷纷实施“创新战略”，以期通过推动高技术产业发展，占领世界分工体系的高端。如美国制定的“2015创新新战略”，德国的“工业4.0”，以及我国实施的“中国制造2025”战略等，其思路都是通过在高技术行业实现技术突破，通过技术创新，抢占新兴产业制高点。然而，当前我国高技术发展存在众多问题，整体技术能力不足，产业处于国际垂直分工体系的低端，技术创新和市场培育受体制机制制约矛盾凸现，高层次创新型人才匮乏，多元化的长效投入机制尚未建立，产业持续发展动力不足等，[①] 致使创新能力不足。尤其在研发投入上，“十三五”规划纲要中明确指出，研究与试验发展经费投入强度要从2015年的2.1%提高到2020年的2.5%。然而，2017年全年研究与试验发展（R&D）经费支出17500亿元，比上年增长11.6%，与国内生产总值之比为2.12%[②]。也就是说2017年仅比2015年提高了0.02个百分点。研发投入提升缓慢，在一定程度上限制了我国高技术产业创新能力的提升。

此外，我国新兴产业发展缓慢，还表现为应用与普及度不高。当前，云计算、大数据等新兴技术快速发展，但在数据中心等基础设施加快建设的同时，相应的信息技术服务发展缓慢，缺乏市场的普及与应用。乡村、落后地区的移动数据设施缺乏，应用普及度极低。我国新兴领域企业的能力和水平难以满足市场期望。目前我国云服务企业在服务可靠性、服务流程合理性、服务界面易用性、服务协议规范性等方面均存在一定的不足，与国际领先的云服务提供商相比存在一定差距。大数据企业对数据挖掘分析技术的把握尚不成熟，总体以跟随国外企业为主，难以满足大数据大规

---

① 搜狐网：《2016年中国高技术产业发展形势展望》，2018年4月28日，http：//www.sohu.com/a/229764706_100139203。

② 国家统计局：《中华人民共和国2017年国民经济和社会发展统计公报》，2018年2月28日，http：//www.stats.gov.cn/tjsj/zxfb/201802/t20180228_1585631.html。

模应用的需求。①

4. 区域产业发展不平衡，产业结构优化程度不同

受地理因素、资源因素以及改革开放政策影响不同，我国不同区域间在发展程度上存在差异，反映在产业结构上，尤其是产业结构优化程度上，这种差异也较为明显。从表 4 - 12 中可以看出，就各省市 2017 年产业结构综合分析而言，东部地区第二、第三产业发达，占 GDP 比重较大。而中西部地区第二、第三产业增长速度虽然也较快，但在 GDP 中的所占比重有限，第一产业的比重总体上还较高。第一产业占比超过 10% 的有 9 个省份，除海南外，皆为东北与中西部地区。第三产业占比超过 50% 的 13 个省份中，除黑龙江、甘肃、辽宁、山西和西藏外，都是东部沿海省份。

表 4 - 12　　2017 年各省份三次产业构成　　单位：%

地区	第一产业	第二产业	第三产业
北京	0. 4	19. 0	80. 6
天津	0. 9	40. 9	58. 2
河北	9. 2	46. 6	44. 2
山西	4. 6	43. 7	51. 7
内蒙古	10. 2	39. 8	50. 0
辽宁	8. 1	39. 3	52. 6
吉林	7. 3	46. 8	45. 8
黑龙江	18. 6	25. 5	55. 8
上海	0. 4	30. 5	69. 2
江苏	4. 7	45. 0	50. 3
浙江	3. 7	42. 9	53. 3

① 聂光悦、韩一正、王婉晖：《我国信息服务产业发展现状、存在问题及前景展望》，载于《科学与财富》2016 年第 18 期。

续表

地区	第一产业	第二产业	第三产业
安徽	9. 6	47. 5	42. 9
福建	6. 9	47. 7	45. 4
江西	9. 2	48. 1	42. 7
山东	6. 7	45. 4	48. 0
河南	9. 3	47. 4	43. 3
湖北	9. 9	43. 5	46. 5
湖南	8. 8	41. 7	49. 4
广东	4. 0	42. 4	53. 6
广西	15. 5	40. 2	44. 2
海南	21. 6	22. 3	56. 1
重庆	6. 6	44. 2	49. 2
四川	11. 5	38. 7	49. 7
贵州	15. 0	40. 1	44. 9
云南	14. 3	37. 9	47. 8
西藏	9. 4	39. 2	51. 5
陕西	8. 0	49. 7	42. 4
甘肃	11. 5	34. 3	54. 1
青海	9. 1	44. 3	46. 6
宁夏	7. 3	45. 9	46. 8
新疆	14. 3	39. 8	45. 9

资料来源：根据《中国统计年鉴（2018）》相关数据整理。

5. 产业走出去准备不足，未能有效对接开放需要

新中国成立 70 年来，我国的产业实现了体系逐步健全，到快速增长。从而使工业技术水平大幅度提升，初步完成了技术引进、消化吸收到自主创新的产业发展路径，并逐步形成了产业国际输出能力。因此，“一带一路”倡议不仅有助于沿线国家经济增长与产业结构升级，也有助于我国产业“走出去”向全球延伸，促进我国新兴业态的发展，实现产业结构转型升级。然而，当前我国产业“走出去”面临着产业外向性不足的问题。一是，传统内部区域空间格局有限。东部地区外向型发展程度已经很高，进一步增长的空间极其有限。再加上我国区域产业发展不平衡，制约了外向型经济竞争能力的进一步提升。二是，传统产业（出口）优势难以维系。我国前一轮外向型经济通过发挥自身比较优势，承接中低端产业和产品价值增值环节的国际梯度转移，在中低端产业尤其制造业形成大规模生产能力和出口能力。然而，在新的发展条件和形势下，依托传统产业（出口）结构发展外向型经济，不仅难以有进一步拓展发展的空间，甚至可能遭遇被压缩的巨大风险，所产生的现实约束效应愈发明显。① 这使得我国产业一时难以有效对接“一带一路”等开放状况的需要。

四、加快推进中国产业结构优化升级的对策措施

（一）加快发展先进制造业，带动制造业优化升级

制造业是一个大国经济实力的基础与核心。没有制造业，经济建设及创造就业机会的力量将大大弱化，国家经济发展也无从谈起。由于当前产业发展中技术越来越密集，技术发展变化速度越来越快。因此，通过技术创新，加快发展先进制造业，为各国在当前产业竞争中提供了一条突破路径。通过知识生产和技术创新，并将其应用到传统制造业优化升级以及发展先进制造业中去，将会带来产业的系统性提升，推动整体制造业水平的发展。为此，建设现代化经济体系，一定要加快发展先进制造业，推动互

① 戴翔、张二震：《我国外向型经济发展如何实现新突破》，载于《南京社会科学》2017 年 9 月 19 日。

联网、大数据、人工智能同实体经济深度融合。创新是发展新技术、新科技的基础，为此，要加快实施创新驱动发展战略，强化现代化经济体系的战略支撑，加强国家创新体系建设，强化战略科技力量，推动科技创新和经济社会发展深度融合，塑造更多依靠创新驱动、更多发挥先发优势的引领型发展。① 发展先进制造业需要一个创新的、有许多相互关联要素的生态系统，包括企业家、工人、税收政策。因此，要构建现代化经济体系的制度保障，来推进先进制造业的发展；要加快完善社会主义市场经济体制，坚决破除各方面体制机制弊端，激发全社会创新创业活力，为制造业的创新发展奠定社会基础。

传统制造业在我国工业发展中，多属基础性、民生性产业，在稳定增长、吸纳就业、改善民生方面的作用不可替代，建设制造强国离不开传统制造业。新时代下，以先进制造业带动传统制造业转型升级，是实现产业优化发展的必然路径。为此，首先，要以创新为引领，充分挖掘传统制造业的创造潜能。新科技革命条件下，传统制造企业创新不再局限于常规路径的行业内技术进步，更重要的是融合移动互联、智能技术、大数据等新一代信息技术，推动传统制造设备智能化、生产自动化、管理信息化，打破传统路径依赖、破解发展瓶颈制约。② 传统制造业与新兴产业并没有明确的分界，传统制造应善于融合吸收新兴产业的创新经验、新兴技术、新型材料，新型模式。开展短期产品研发和前瞻技术趋势研究，逐步形成研究、储备、开发和生产四级技术创新体系，解决传统产品和制造技术的迭代更新难题，使传统产业加快实现转型升级，焕发新风采。其次，提升传统制造业品质，打造有影响力的中国制造精品。从产品层面看，由低价低质巨量迈向高质量、高品牌影响力，是传统制造业优化升级的直观成效。质量是产品的生命线，要通过材料、技术和工艺的多方革新，采用先进质

① 习近平：《深刻认识建设现代化经济体系重要性》，中新网，2018 年 1 月 31 日：http://www.chinanews.com/gn/2018/01-31/8437897.shtml。

② 谢振忠：《支持传统制造业优化升级要做好五项赋能》，赛迪智库，2018 年 6 月 21 日：https://www.ccidgroup.com/sdgc/11570.htm。

量管理方法，逐步改变传统产品低质劣质的状况。标准是话语权、是领先力，要引导企业强化标准意识，严格按照或高于国内国际标准生产，同时鼓励企业和有关机构参与和主导标准制定，努力从“中国制造”迈向“中国制标”。向全世界输出中国制造精品。最后，要整合产业发展平台，建设集聚高效的产业发展载体。传统制造业一般都存在起步早、布局分散，产业链协作弱、产品竞争趋同失序、污染排放不集中等突出问题。因此，要加快平台分类整合优化，健全服务导向的体制机制，全面升级各类开发区、工业园区、产业集群等平台，建立高效产业发展载体。谋划全方位布局，推进建设一批世界级先进制造业集群，推进现有传统制造领域国家新型工业化产业示范基地的提升①，进而整体推进传统制造业优化升级。

（二）优化产业就业结构，提升产业劳动效率

就业结构与产业结构之间存在着密切关系，二者相互影响，相互作用，只有二者的结构相适应，才能促使经济的良性发展，推进就业。② 然而，当前我国产业结构与就业结构并不适应，就业结构滞后产业结构的调整。在当今世界新经济快速发展的背景下，第一产业无法再对劳动力的就业产生强带动作用，新经济、新动能、新业态的出现使就业结构加快了转型升级的速度，就业结构的转型升级已刻不容缓。为此，一是应加快城镇化进程。城镇化发展将会有效地促使劳动力从第一产业向二三产业转移，在减少第一产业就业压力的同时，为二三产业提供劳动力供给。根据中国社会科学院的统计，截至 2015 年，我国城市化率达到 52.28%，超过半数；而未来 20 年有望达到 68%，③ 表明我国城镇化仍有较大的发展空间。为此，可以通过加大公共基础设施资金投入、鼓励开办中小型民营企业、

① 谢振忠：《支持传统制造业优化升级要做好五项赋能》，赛迪智库，2018 年 6 月 21 日：https://www.ccidgroup.com/sdgc/11570.htm。

②③ 赖德胜、纪雯雯：《新经济成为就业结构转型升级新动能》，中工网，2018 年 1 月 30 日：http://job.workercn.cn/310/201801/30/180130074323326.shtml。

发展现代物流业和信息产业、关注地区旅游资源开发等方式发展第三产业，推动地区城镇化水平的提升，改善就业结构，实现就业结构的转型升级，也为第一产业规模化经营与现代化生产腾出空间。二是，要加强劳动者教育培训，提升劳动生产效率。尽管我国经济总量快速增长，但劳动生产效率与发达国家相比，还较为低下。2015 年中国的劳动生产率的数据是美国的 1/14，现在是美国的 1/10 还低一些。[①] 要提高劳动生产率，就需要提升人力资本，使劳动力成为知识、技术密集型人才资源，为产业优化升级提供不竭的动力保障与资源保障。为此，应加大对劳动者的教育培训力度，提高教育培训水平，增强教育培训指导，以提高我国人力资本的质量，促进就业结构转型升级，提升产业整体生产效率。

（三）加快第三产业发展，打造新兴服务业

2015 年以来，我国第三产业增加值比重首次超过 50%，已经成为我国国民经济中的第一大产业。经济发展实现了由工业主导向服务业主导加快转变，对国民经济运行及经济结构调整产生了深刻影响。服务业不仅是减缓经济下行压力的“稳定器”，也是促进传统产业改造升级的“助推器”，更是孕育新经济新动能成长的“孵化器”，需要大力加快发展。[②] 但与发达国家相比，我国第三产业增加值的比重仍然较低，仍处于快速发展阶段。为此，应创造良好的发展环境，促进第三产业快速发展。尤其是应加快第一、第二、第三产业融合发展，推动第三产业向高端迈进。打造新兴服务业，一方面要重点发展生产性服务业。大力发展电子商务、云计算服务、物联网服务、融资租赁、第三方物流、信息咨询、检验检测、服务外包等新兴服务业，力争形成新的增长点；另一方面，推进生活性服务业发展。做好供给侧与需求侧相适应，找准社会需求与市场需求，培养消费热点，

---

① 祁斌：《中美之间劳动生产率的巨大差异有巨大互补性》，财经网，2018 年 5 月 20 日：http://finance. caijing. com. cn/20180520/4455700. shtml。

② 宁吉喆：《如何看待我国服务业快速发展》，载于《求是》2016 年第 20 期。

促进商贸流通、文化旅游、餐饮住宿等行业扩张规模体量、转变发展方式，以适应个性化、多样化消费需求，推动智慧城市、医疗健康、家庭服务和社区商业等领域加速发展、提升质量。

（四）推进产业区域间合理转移，实现整体产业优化升级

实现我国区域间产业深入合作与合理对接，实现区域产业协调发展，对提升区域产业整体实力，乃至我国产业整体优化升级都具有重要意义。为此要加强区域与区域之间的产业协作，持续推进产业转移与结构调整，优化区域产业空间布局。首先，坚持区域协调发展，推动形成统筹东中西、协调南北方的区域协同联动发展新布局。加快优化产业区域发展空间布局，增强区域产业发展协调性，推动构建生产要素有序自由流动、地区比较优势有效发挥、区域发展差距合理适度、基本公共服务均等化、经济社会发展与资源环境承载能力相适应的区域协调发展新格局。推进区域产业结构调整与区域间产业转移，发挥规划的协调引导作用，减少区域间的重复性建设和产业同构现象，优化区域间产业协作体系。要充分考虑区域内在因素与区域间的关联带动，根据东中西部产业集聚度的差异，引导和形成完善的城市分工协作体系，提高中西部地区对要素的吸引和利用能力，强调中心城区对外围发展的“涓滴效应”，应充分考虑地理区位和要素禀赋，承接产业转移，避免被锁定于价值链低端。

（五）推进“一带一路”建设，深化产业升级与合作

当今国际社会单边主义、贸易保护主义、逆全球化思潮不断涌现，严重影响并冲击着现有国际秩序与全球经济治理体系，国际合作走向变得更加不确定。但在全球化背景下，国际合作仍是大势所趋，我国提出的平等包容、合作共赢，以及人类命运共同体等理念，符合当今国际社会的全球治理思路。尤其是中国提出“一带一路”倡议，创新国际经济合作模式和

全球治理思想，为世界提供实现互利共赢合作的中国方案，体现了中国作为国际社会负责任一员的责任担当。[①] 与“一带一路”参与国开展产业合作与区域经济合作，是“一带一路”建设的关键环节。可以预期，随着“一带一路”建设走向深入，中国与沿线国家的经济合作机会将不断增多，并将引领各国经济向好发展，尤其是对推动各国的产业发展，乃至推动各国产业结构优化升级，带来良好的机遇。

然而，需要注意的是，沿线国家国情不同，经济社会发展水平不同，要实现合作共赢，就需要在维护本国利益的同时，创新合作模式，实现差异化、多层次的经济合作，拓展区域经济合作的广度和深度，提升经济合作针对性和质量效益。对于处于前工业化阶段的国家，主要需求是大力发展工业企业，促进工业生产快速发展。处于工业化中期的国家，主要需求是提高工业生产的技术水平。而处于工业化后期的国家，主要需求则是发展高新技术和关键核心技术，实现转型升级。[②] 深化“一带一路”经济合作，就是要针对不同国家的实际产业发展情况，实现产业合作有效对接，释放各国的发展潜力。抓住产业这一经济之本，促进各国产业发展规划相互兼容、相互促进。[③] 因此，我国产业在与沿线国家进行合作发展中，要提高产业外向性水平，实现有效对接，在提升我国产业转型升级的同时，带动沿线国家的产业发展。

---

①②③ 程承坪、吴方：《新知新觉：深化“一带一路”经济合作》，载于《人民日报》2018年8月16日第7版。

第五章 70年来中国区域经济发展的实践探索与发展成效

新中国成立70年来，中国共产党领导中国人民实现了从站起来、富起来到强起来的历史飞跃，尤其是改革开放以来中国取得了举世瞩目的发展成就，昂首迈入了新时代。在70年的发展历程中，中国区域经济发展也经历了由低水平的区域均衡发展到区域非均衡协调发展再到强调区域协调发展的转变，区域发展政策日益完善，区域发展格局不断优化。深入探索新中国成立70年来中国区域经济发展演变的历程，总结区域经济发展的经验，分析研判区域经济发展的未来走向，对于加快提升区域经济协调程度、促进区域经济高质量发展具有重要的意义。本章首先系统回顾了新中国成立70年中国区域经济发展演变的历程，并实证分析了70年来中国31个省份（不含港澳台）中东部、东北、中部、西部四大区域之间的发展差异演变，接着总结了70年来中国区域经济发展的主要经验，最后展望了我国区域经济发展的未来走向。

一、70年来中国区域经济发展演变的历程回顾

区域发展问题一直是政府和学术界关注的热点问题。世界范围内普遍存在着区域发展差距问题，如何缩小区域差距、促进区域协调发展成为各

国共同的研究议题。中国地域辽阔，国情特殊，区域自然条件、资源禀赋程度、经济社会基础等存在较大的差异，决定了中国区域发展的不平衡特征更为显著。马克思主义经典作家分析了资本主义社会及其以前各种社会形态的经济运行状况，论述了取代资本主义形态的社会主义社会的区域发展问题，形成了独特的马克思主义区域发展观。他们提出了平衡生产力布局理论，认为各区域有计划地均衡配置生产力是实现区域平衡发展的主要手段，并提出了“按照一个统一的大的计划协调地配置自己的生产力”① “把农业和工业结合起来，促进城乡对立逐步消失”② 等区域生产力布局的基本原则，对研究中国区域发展问题具有重要的指导意义。新中国成立 70 年来，在马克思主义区域发展观的指导下，为缩小区域间的发展差距，促进区域经济的协调发展，学术界和政府部门“摸着石头过河”，不断在理论、政策、战略等方面进行探索和创新，取得了丰硕的理论成果，积累了宝贵的发展经验，创造性地提出了一系列逐步实现区域经济协调发展和共同发展的政策主张。回顾 70 年来中国区域经济发展演变的历程，主要经历了以下三个阶段：

（一）重点发展内地、追求区域经济均衡发展的阶段（1949～1978 年）

由于不同历史发展阶段的社会物质生产方式具有历史传承性，新中国区域经济发展的不平衡是在以前生产力畸形分布的基础上演变而来的。而且，这一不平衡又集中体现为沿海和内地发展的极端不平衡。根据国民党政府经济部 1947 年发表的对全国 20 个主要城市的调查，上海、天津、青岛和广州四个沿海城市的工厂数和工人数占全国的 70%。③ 由此可见，新中国成立之前，中国绝大部分地区处于落后的传统农业社会，属于近代的工业部分占国民经济的比重不到 10%，其中 70% 以上又处于沿海地区。

① 《马克思恩格斯选集》（第 3 卷），人民出版社 1995 年版，第 646 页。
② 《马克思恩格斯选集》（第 1 卷），人民出版社 1995 年版，第 294 页。
③ 陈真：《中国近代工业史资料（第四辑）》，上海三联书店 1961 年版，第 13 页。

新中国成立后，为改变区域发展不平衡的局面，中国共产党积极探索和创新，逐渐形成并实施了重点发展内地、推进区域均衡发展的战略。1953年，中共中央开始确立了优先发展重工业的战略思想。但是，随着大规模工业建设的展开，合理布置沿海和内地生产力的布局问题逐渐凸显。“一五”时期，为了适应建设区域经济的需要，国家根据各地区的自然地理位置和原有经济基础，将全国划分为沿海与内地两大经济地带。1956年，毛泽东在《论十大关系》中把沿海与内地关系问题作为推进中国社会主义现代化事业的十大关系之一。针对历史上形成的工业集中在沿海的不合理状况，毛泽东精辟论证了沿海和内地的发展关系，即“沿海的工业基地必须充分利用，但是，为了平衡工业发展的布局，内地工业必须大力发展。”① 而且，明确指出，在利用沿海工业基础的同时，要把工业建设的重点放在内地，实现平衡工业发展布局的目标。1958年，中央设立七大“经济协作区”，试图建立不同水平、各具特色、工业体系和经济体系比较完整、均衡发展的经济区域。同年8月，中共中央批准的《国家计划委员会党组关于第二个五年计划的意见》提出，必须“把保证速度和合理布局这两个方面正确地结合起来”，加强沿海地区对内陆地区的支持，指出“为了保证速度，某些原来工业基础较好的地区，在工业上进行适当的扩建改建是需要的，但是为了促进全国经济比较均衡的发展，必须积极地建设经济落后地区的工业。经济发达地区应当积极支援经济落后地区，沿海工业基地应当积极支援内地。”② 20世纪60年代，针对国际局势的变化，国家从国防需要出发，根据各个区域国防战略位置的重要性，在区域经济发展和布局上将全国分为一线、二线和三线三类区域。其中，经济建设和工业布局的重点放在三线地区。在这一战略布局和政策引导下，国家不仅在内地特别是西部地区投入巨额资金，而且以行政指令方式将沿海地区的重要企业整体或部分向内地迁移，这在相当程度上改善了中国过去极不合理的

① 毛泽东：《论十大关系》，引自《毛泽东文集》（第7卷），人民出版社1999年版，第25页。

② 《国家计划委员会党组关于第二个五年计划的意见》，引自中共中央文献研究室编：《建国以来重要文献选编》（第十一册），中央文献出版社1995年版，第436页。

区域经济布局，初步奠定了内地发展的经济基础。

总体而言，改革开放以前的区域发展战略是：强调各个区域的均衡发展，区域发展战略的中心是内地。从全国基本建设投资在沿海和内地的分配上分析，“一五”时期，内地基本建设投资占沿海和内地投资总和的比重为47.8%，“二五”时期为53.9%，调整时期为58%，“三五”时期达到最高的66.8%，“四五”时期为53.5%，1952～1975年为55%①，1976～1978年为55.6%②。显然，在这些政策指引下，这一阶段的中国区域经济发展的格局主要表现为：内地经济发展速度迅速提高，与沿海的差距有一定程度上的缩小；各个地区逐渐形成自给自足、独立完整的经济结构和体系。然而，这些均衡发展战略的实施，虽然对于改善中国区域生产力布局和加强内地经济基础起到积极的作用，却忽视了中国的基本国情和世界的发展趋势，超越了中国经济发展的现实，从而导致既没有达到使内地经济发展水平和效益与沿海地区均衡的目的，又人为地抑制了沿海地区的经济发展，使东部沿海地区在世界新技术革命挑战中丧失了机遇，加剧了中国与世界发达国家和地区的差距。据统计，1965～1978年的13年间，中国国民收入与美国国内生产总值的差距由10.1倍扩大到16.2倍；与日本的差距由0.4倍扩大到6.9倍；与联邦德国的差距由0.7倍扩大到4.2倍。就是与发展中国家印度相比，中国的地位也相对下降了，1965年印度国内生产总值相当于中国国民收入的80%，而1978年则上升为90%。③

（二）实施东部沿海优先发展、先富带动后富的区域非均衡协调发展战略阶段（1978～1990年）

1978年中共召开十一届三中全会以后，我国正式提出了实行“改革

① 陆大道：《中国工业布局的理论与实践》，科学出版社1990年版，第26页。

② 国家统计局：《中国固定资产投资统计资料（1950～1985）》，中国统计出版社1987年版，第104页。

③ 刘国平：《中国经济与世界经济发展的比较》，湖南人民出版社2000年版，第180页。

开放”的总方针和总政策。认识到改革开放前实施区域均衡发展战略的弊端，改革开放后中国区域经济发展的指导思想也发生了历史性的转折，结合马克思主义平衡生产力布局思想和区域分工协作思想，既强调要实现区域均衡、协调发展这一区域发展的目标，又强调在区域分工协作的基础上发挥区域优势，由此提出了东部沿海优先发展的区域非均衡协调发展战略。1978 年 12 月，在中央工作会议上，邓小平提出了让部分地区先富起来并带动全国共同富裕的经济政策，强调“这是一个大政策，一个能够影响和带动整个国民经济的政策。”① 由此，在总结改革开放前区域经济发展取得的积极成果的基础上，立足中国区域经济发展实际情况，借鉴西方经济学相关的区域经济理论，中国区域经济发展的指导思想由均衡发展向非均衡发展转变，区域发展战略的重点也相应地由向内地倾斜转变为优先发展东部沿海地区，通过东部沿海地区优先发展形成辐射示范作用，从而带动中西部地区经济共同发展。在区域非均衡发展战略的指导下，1979 年中央决定设立深圳、珠海、汕头、厦门经济特区，率先推动东部沿海地区开放。在此基础上，沿海地区的对外开放区域不断扩展延伸。1984 年，14 个沿海港口城市和海南岛分别被确定为开放城市和开放地区，使中国沿海地区的对外开放扩大形成为南北全线的战略布局；1985 年，珠江三角洲、长江三角洲和闽南三角地区被确定为经济开放区，随后又扩大到山东、辽东两个半岛，从而形成了一个沿海开放地带。② 20 世纪 80 年代中期，西方经济学的“经济梯度推移”理论被引入中国，成为政府和学术界划分经济地带、研究区域问题、制定和调整区域政策的重要依据。1986 年通过的“七五”计划首次明确提出中国区域经济发展三大地带的划分，并界定了东、中、西部三大地带的范围，着重突出东部沿海地区的优先发展地位，将国家投资的重点集中于东部沿海地区。这也是中国在五年计划中首次按照东部、中部和西部进行地域划分

① 邓小平：《解放思想，实事求是，团结一致向前看》，引自《邓小平文选》（第 2 卷），人民出版社 1994 年版，第 152 页。

② 高伯文：《中国共产党区域经济思想研究》，中共党史出版社 2004 年版，第 295 页。

并提出开发的顺序，明确体现了效率优先、非均衡发展的区域发展战略思想。考虑到实施非均衡发展可能导致“两极分化”，邓小平明确提出要先富带后富，要实现东西部相互促进、共同发展，决不允许出现“两极分化”。1988 年 9 月，邓小平第一次将沿海和内地的发展关系概括为“两个大局”的思想，指出：“沿海地区要加快对外开放，使这个拥有两亿人口的广大地带较快地先发展起来，从而带动内地更好地发展，这是一个事关大局的问题。内地要顾全这个大局。反过来，发展到一定的时候，又要求沿海拿出更多力量来帮助内地发展，这也是个大局。那时沿海也要服从这个大局。”① “两个大局”构想是共同富裕构想在区域发展战略上的总体阐释，强调了区域经济非均衡中的均衡，体现了社会主义本质和社会主义根本任务的要求，也为中国在 20 世纪 90 年代后实施区域协调发展战略奠定了基础。

顺应区域发展战略的调整，从 20 世纪 80 年代初起，国家重点项目投资向东部沿海地区大幅度倾斜。根据统计资料显示，1982～1989 年，东、中、西部三大地带累计投资分别为 1214.1 亿元、712.2 亿元和 285.8 亿元，各占累计总投资的 48.8%、28.6%和 11.5%（不包括未列入地区的投资）。其中，东、中、西部重点项目投资比例为 1∶0.59∶0.24。② 东部地区投资额比中西部总投资还高，尤其是东西部之间的投资差距巨大。改革开放后的 10 多年，非均衡发展的区域战略造就了东部沿海地区经济核心区和增长极，不仅使东部沿海地区成为中国国民经济整体高速增长的支撑点和强大的“经济引擎”，而且也形成了先发展起来的地区带动整个国民经济快速增长的局面，先富带动后富的效应明显。这可以从改革开放前后各区域经济增长速度的对比反映出来，1952～1978 年东部、中部、西部三大地带的人均国民收入年均增长率分别仅为 4.63%、2.92%、3.53%，而 1978～1992 年，东部地带人均国民收入年均增长率快速提升至 8.28%，中

① 邓小平：《中央要有权威》，引自《邓小平文选》（第 3 卷），新华出版社 1993 年版，第 277～278 页。

② 国家统计局投资司：《中国重点建设》，法律出版社 1991 年版，第 13 页。

部地带和西部地带也分别达到 6.73% 和 7.10%。①

（三）实施区域协调发展战略阶段（1991 年至今）

随着改革开放的不断推进，东部沿海地区受益于区域非均衡发展战略取得了较快发展，也一定程度上带动了中西部地区的发展，区域发展差距较改革开放前有所缩小，但区域发展不平衡问题还是比较突出。从“八五”计划开始，促进区域经济协调发展被提到重要的国家战略高度，直到党的十九大报告提出“实施区域协调发展战略”，促进区域协调发展成为中国长期以来指导地区经济发展的基本方针，也是今后较长一段时间我国区域发展的基本方向。具体来看，区域协调发展战略经历了三个发展阶段：

1. 区域协调发展战略的提出与初步形成阶段（1991～2003 年）

1991 年 3 月，《关于国民经济和社会发展十年规划和第八个五年计划纲要的报告》首次提出要“促进地区经济的合理分工和协调发展”，并指出“生产力的合理布局和地区经济的协调发展，是我国经济建设和社会发展中的一个极为重要的问题”。这是首次在政府报告中提出区域协调发展的战略思想，标志着促进区域协调发展被提上国家议事日程。1992 年 10 月，党的十四大报告提出“充分发挥各地优势，加快地区经济发展，促进全国经济布局合理化”的指导思想，并强调“应当在国家统一规划指导下，按照因地制宜、合理分工、各展所长、优势互补、共同发展的原则，促进地区经济合理布局和健康发展”，对于促进区域协调发展具有重要的指导意义。1995 年 9 月，中共十四届五中全会通过的《中共中央关于制定国民经济和社会发展“九五”计划和 2010 年远景目标的建议》更是明确

① 马洪、刘中一：《中国发展研究——国务院发展中心研究报告选》，中国发展出版社 1997 年版，第 40 页。

把“坚持区域经济协调发展，逐步缩小地区发展差距”作为 2010 年前经济和社会发展必须贯彻的重要方针之一。1997 年 9 月，党的十五大报告进一步阐述了促进地区经济合理布局和协调发展的战略思想。随着区域战略部署的调整，我国在继续推动东部地区发展的同时，也开始大力实施西部大开发战略、东北老工业基地振兴等战略，着力解决落后地区的发展问题，以促进区域协调发展。1999 年 11 月，中央经济工作会议部署实施西部地区大开发战略，并于 2000 年 1 月成立了西部地区开发领导小组，推动西部大开发战略实施。党的十六大报告进一步明确提出要“积极推进西部大开发，促进区域经济协调发展”，并提出“中部地区要加大结构调整力度”“东部地区要加快产业结构升级”“东北地区等老工业基地加快调整和改造”等有利于区域协调发展的若干思路。2003 年 10 月，中共中央、国务院发布《关于实施东北地区等老工业基地振兴战略的若干意见》，东北老工业基地振兴战略正式实施。从区域发展的相关战略规划来看，这一阶段的区域协调发展战略主要针对问题较为突出的西部地区和东北地区，并没有兼顾到中国所有地区，还未能真正对中国区域发展问题进行统筹协调，且西部大开发战略和东北老工业基地振兴战略的政策效应还未显现，东部地区在我国确立社会主义市场经济体制之后的发展活力进一步释放，因此区域协调发展水平还较低，区域发展差距甚至还有所扩大。

2. 区域协调发展战略的全面推进阶段（2004～2012 年）

随着西部大开发战略的不断推进和东北老工业基地振兴战略的提出，中部地区经济发展滞后问题日益凸显，面临着“不东不西”的尴尬局面。2004 年 3 月，温家宝同志在政府工作报告中正式提出“促进中部地区崛起”的重要战略构想，并指出“加快中部地区发展是区域协调发展的重要方面”。至此，我国形成了“西部开发、东北振兴、中部崛起、东部率先”的区域发展总体战略。“十一五”规划用了专门一章阐述“实施区域发展总体战略”的具体内容，提出要“坚持实施推进西部大开发，振兴东北地区等老工业基地，促进中部地区崛起，鼓励东部地区率先发展的区域发展总体战略，健全区域协调互动机制，形成合理的区域发展格局”，同时还统筹考虑未来我国人口分布、经济布局、国土利用和城镇化格局，将国土空间划分为优化开发、重点开发、限制开发和禁止开发四类主体功能区，突出区域协调发展过程中的生态环境保护，形成我国国土管理模式和区域经济发展理念上的伟大创新，使区域协调发展的战略思想不断完善，进一步深化了对区域发展规律的认识。2007 年 10 月，党的十七大报告再次强调指出“要继续实施区域发展总体战略，深入推进西部大开发，全面振兴东北地区等老工业基地，大力促进中部地区崛起，积极支持东部地区率先发展”，要“按照形成主体功能区的要求，完善区域政策，调整经济布局”，并将生态文明建设与区域发展布局结合起来，推动区域协调发展。由此可见，这一阶段区域协调发展战略包含的内容更加全面、内涵更加丰富，也取得了更加显著的效果，区域发展差距明显缩小，2004 年东部、东北、中部、西部四大区域的人均 GDP 比值为 1 ∶ 0.70 ∶ 0.44 ∶ 0.37，到 2012 年这一比值为 1 ∶ 0.80 ∶ 0.56 ∶ 0.54，东北、中部、西部地区的人均 GDP 相对东部地区有了明显的增加，区域协调发展水平有所提高。

3. 区域协调发展战略的全面深化阶段（2013 年至今）

党的十八大以后，区域协调发展战略进一步深化，区域政策不断创新发展，形成了区域经济发展的新格局、新动能、新气象。党的十八大报告将“促进区域协调发展”作为“推进经济结构战略性调整”的重点之一，强调要“继续实施区域发展总体战略，充分发挥各地区比较优势，加大对革命老区、民族地区、边疆地区、贫困地区扶持力度”。党的十八大以来，以习近平同志为核心的党中央与时俱进、科学决策，对区域协调发展赋予了新的时代内涵并采取了一系列重大的创新性举措，不断增强区域发展协同性，积极拓展区域发展新空间，推动我国区域协调发展呈现更加全面、更加包容、更加开放的良好态势。这一阶段，国家在继续实施区域发展总体战略的基础上，明确提出了实施“一带一路”建设、京津冀协同发展、长江经济带发展三大战略，构筑起“四大板块＋三个支撑带”的区域发展新战略，对我国区域发展格局起到总体优化和战略提升的作用，有助于形成内外兼顾、陆海统筹、南北互动、东中西协调的区域发展新格局。党的十八届五中全会提出创新、协调、绿色、开放、共享的五大发展理念，把协调发展放在我国经济社会发展全局十分重要的位置。其中，促进区域协调发展是贯彻落实协调发展理念的重要方面。“十三五”规划强调指出，推动区域协调发展要以区域发展总体战略为基础，以“一带一路”建设、京津冀协同发展、长江经济带发展为引领，形成沿海沿江沿线经济带为主的纵向横向经济轴带，塑造要素有序自由流动、主体功能约束有效、基本公共服务均等、资源环境可承载的区域协调发展新格局。党的十九大报告对中国区域发展提出了新要求，将“实施区域协调发展战略”作为“建设现代化经济体系”“增强我国经济创新力和竞争力”的一个重要组成部分，要求“建立更加有效的区域协调发展新机制”，更加明确了实施区域协调发展战略的主要任务和价值取向，必将进一步推动完善我国区域发展的新格局，从而更好地培育和释放我国区域发展的新动能，加快缩小区域发展差距。

二、70 年来中国区域经济发展演进的实证分析

区域经济发展的差异是绝对存在的，国内外学者运用各种不同的方法对中国区域发展差异问题进行实证研究。林毅夫等（1998）利用泰尔指数分解法，把人均 GDP 差异分为东部、中部、西部三大地区内部差异和三大地区之间的差异，对改革开放 20 年中国地区差距的变化趋势进行分析，揭示影响地区差异变化的经济原因。[①] 金相郁等（2006）利用 CV、HHCI、TEC、MLD 分析中国区域发展差距的趋势，包括省际发展差距和东、中、

① 林毅夫，蔡昉，李周：《中国经济转型时期的地区差距分析》，载于《经济研究》1998 年第 6 期。

西部地区发展差距。① 王等（2015）运用扩展 DEA 方法对中国区域经济协同发展进行了实证分析，揭示了中国区域经济协同发展的动态特征和变化趋势。② 王贤彬等（2017）采用全球 DMSP/OLS 夜间灯光遥感数据重新评估了中国地区经济差距动态趋势。③ 刘等（2017）利用变异系数、基尼系数、泰尔指数等分析了中国海洋经济的区域差异。④ 这些实证分析方法从不同角度对中国区域发展差距问题进行了深入研究。本部分按照“十一五”规划提出并沿用至今的东部、东北、中部、西部四大区域划分方法，利用人均 GDP 变异系数、基尼系数、Theil 指数等实证分析新中国成立 70 年来中国 31 个省份及东部、东北、中部、西部四大区域之间的发展差异演变，探索中国区域经济发展的阶段性规律，更好地服务于区域发展的科学决策。

（一）以中国省域人均 GDP 衡量的区域经济差异

人均 GDP 是衡量区域经济发展水平的重要指标。通过收集 1952 ~ 2018 年中国 31 个省市区的人均 GDP，计算出相应的人均 GDP 标准差和变异系数，初步反映出中国省际经济发展差异状况，如图 5 - 1 所示。

从图 5 - 1 可以看出，新中国成立 70 年来，中国省际经济发展的差距总体上呈现相对缩小的趋势。从人均 GDP 的标准差来看，新中国成立到 20 世纪 90 年代初期，中国省际间的绝对差距还比较小，主要是由于受改革开放前国家实施区域均衡发展战略的影响，当时各省份的经济发展水平都还比较低，尽管改革开放初期提出了东部沿海优先发展的区域发展战

---

① 金相郁，郝寿义：《中国区域发展差距的趋势分析》，载于《财经科学》2006 年第 7 期。

② Wang Q, Yu N, Gao X. *Research on Dynamic Evaluation and Comparison of Regional Economic Synergistic Development in China Based on Data Envelopment Analysis* [A]. ISETEM 2015 [C]. Lancaster: DESTECH PUBLICATIONS, INC., 2015: 258 - 262.

③ 王贤彬，黄亮雄，徐现祥，李郇：《中国地区经济差距动态趋势重估——基于卫星灯光数据的考察》，载于《经济学（季刊）》2017 年第 3 期。

④ Liu B, Xu M, Wang J, et al. Regional Disparities in China's Marine Economy [J]. *Plos One*, 2017, 11 (10).

略，但东中西部省份之间的总体差距仍然不大。随着改革开放进程的不断推进，尤其是在1992年邓小平同志南方谈话确立了社会主义市场经济改革的目标之后，东部沿海省份的发展活力进一步释放，各个省份的经济发展规模也不断扩大，由此导致人均GDP的标准差呈现较快的增长趋势，省际间的绝对差距快速扩大。从人均GDP的变异系数来看，新中国成立70年来中国省际间的相对差距出现了阶段性的波动，但总体上呈逐渐缩小的趋势。从新中国成立初期至改革开放前，人均GDP的变异系数呈波动上升态势，由1952年的0.585波动上升至1978年的0.976，说明这一阶段我国省际间的相对差距还比较大；1978～1990年，人均GDP的变异系数由0.976持续下降至0.607，省际间的相对差距不断缩小；1990～2003年，人均GDP的变异系数有所扩大，但幅度不大，由0.607增加到0.764，省际间的相对差距拉大；此后，人均GDP的变异系数由2003年的0.764下降至2018年的0.446，省际间的相对差距呈现持续下降态势，说明我国实施的区域协调发展战略取得了较为显著的成效。

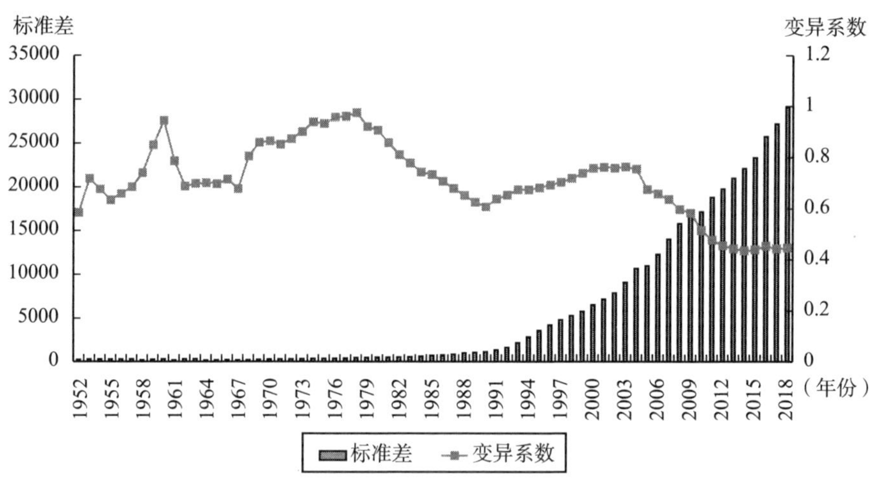

图5－1　70年来中国省域人均GDP的标准差及变异系数变动趋势

进一步地，可以从人均GDP最高省份与最低省份的比值来反映省际间的发展差距，如图5－2所示。新中国成立70年来，这一比值先是由1952

年的 7.4∶1 上升至 1978 年的 14.3∶1，1974 年达到最高的 17.9∶1，再由 1978 年的 14.3∶1 下降至 2018 年的 4.5∶1，充分说明了中国省际间的发展差距在不断缩小。这期间人均 GDP 最高省份与最低省份的比值经历了“先上升—后下降—再上升—再下降”的变化过程，与人均 GDP 变异系数的变化趋势基本一致。1952 年人均 GDP 最高的为上海市，达到 430 元，人均 GDP 最低的为贵州省，只有 58 元，两者比值为 7.4∶1；1978 年人均 GDP 最高的为上海市，达到 2498 元，人均 GDP 最低的为贵州省，只有 175 元，两者比值为 14.3∶1；2008 年人均 GDP 最高的为上海市，达到 74504 元，人均 GDP 最低的为贵州省，只有 9390 元，两者比值为 7.9∶1；2018 年人均 GDP 最高的为北京市，达到 140000 元，人均 GDP 最低的为甘肃省，只有 31336 元，两者比值为 4.5∶1。2014 年人均 GDP 最高省份与最低省份的比值达到新中国成立 70 年来的最低点，为 4.0∶1。

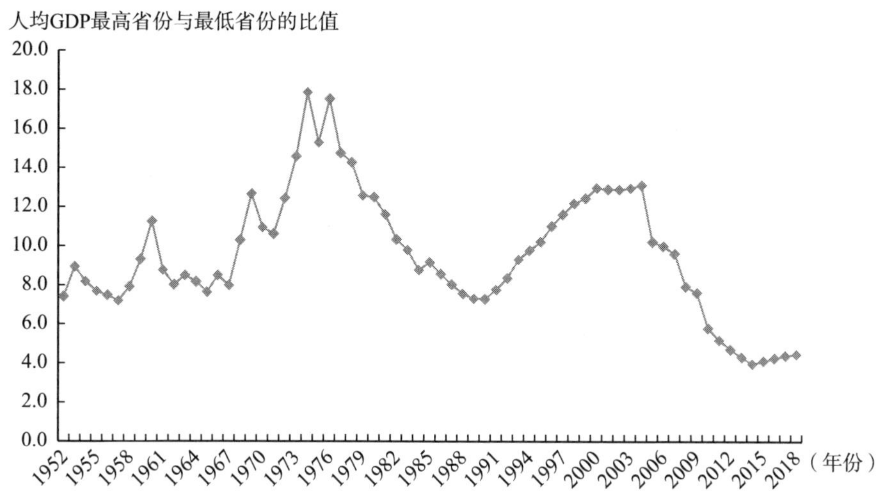

图 5-2　70 年来中国省域人均 GDP 最高省份与最低省份的比值变化

此外，从衡量国家或地区居民收入差距的基尼系数指标来看，我国贫富差距问题依然比较突出，收入分配还比较不平衡。按照联合国规定，基尼系数若低于 0.2 表示收入绝对平均，0.2～0.3 表示比较平均，0.3～0.4

表示相对合理，0.4～0.5 表示收入差距较大，0.5 以上表示收入差距悬殊。一般来说，收入分配差距的“警戒线”是基尼系数等于 0.4，如果根据黄金分割律，其确切值应为 0.382。根据世界银行的报告，20 世纪 60 年代中国的基尼系数大约为 0.17～0.18，收入分配处于绝对平均的状态，这与当时的绝对平均主义有密切的关系。此后，改革开放 40 年的前半阶段中国的基尼系数呈现大幅度波动上升的趋势，收入分配还相对合理，后半阶段基尼系数基本都突破 0.4，并呈现小幅度波动下降的趋势，收入分配差距较大，如图 5－3 所示。根据国家统计局公布的数据，1978 年中国的基尼系数为 0.317，居民收入差距还处于相对合理的水平，而 1994 年基尼系数超过 0.4，此后又波动下降至 1999 年的 0.397，自 2000 年又越过 0.4 的警戒线，并逐年上升，2004 年超过了 0.465，到 2008 年达到了改革开放 40 年的最高值 0.491，之后又有所下降，2017 年基尼系数为 0.467。有学者估计，2018 年中国的基尼系数约为 0.474。目前，北京和上海是中国最发达的一线城市。2017 年，两大城市按购买力平价计算的人均 GDP 与瑞士和美国处于同一水平，而落后的西部省份只有其 1/7 左右。严峻的地区贫富差距问题可能加大中国陷入“中等收入陷阱”的风险，成为中国经济进一步发展的桎梏，不利于中国迈向高收入国家行列，也不利于实现中国经济可持续发展。因此，加快缩小区域差距依然任重道远。

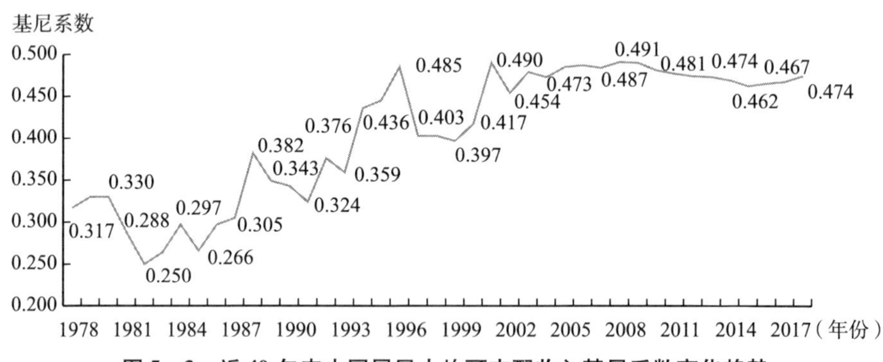

图 5－3 近 40 年来中国居民人均可支配收入基尼系数变化趋势

资料来源：根据国家统计局相关数据整理所得。

（二）以 Theil 指数衡量的中国区域经济差异

Theil 指数也称锡尔指数，最早由泰尔（Theil，1967）① 利用信息理论中的熵概念来计算收入不平等，此后 Theil 指数被广泛运用。Theil 指数是一种具有空间可分解性的区域经济差异分析方法，可以用来分析区域经济差异总体变化过程、区际经济差异和区内经济差异变化的情况，以及区际经济差异和区内经济差异变化对区域经济总体差异变化的影响，并从中获取更多的政策信息。Theil 指数的计算公式如下：

$$T = \sum \frac{g_i}{G}\log\left(\frac{\frac{g_i}{G}}{\frac{p_i}{P}}\right) \tag{5-1}$$

在（5-1）式中，T 为 Theil 指数，用来测度全国区域经济总体差异情况；g_i 表示第 i 个省市区的 GDP 数值；p_i 表示第 i 个省市区的人口数值；G 表示全国的 GDP 数值；P 表示全国的人口数值。

进一步对（5-1）式的 Theil 指数进行分解，可以得到（5-2）式，如下：

$$T = T_b + T_w = T_b + \sum G_m T_{w(m)} \tag{5-2}$$

（5-2）式又可引申出（5-3）式和（5-4）式，如下：

$$T_b = \sum G_m \log\left(\frac{G_m}{P_m}\right) \tag{5-3}$$

$$T_{w(m)} = \sum \frac{g_n}{G_m}\log\left(\frac{\frac{g_n}{G_m}}{\frac{p_n}{P_m}}\right) \tag{5-4}$$

其中，$G_m = \sum g_n$，$n \in m$，m=1，2，3，4（1，2，3，4 分别表示东

① Theil H. Economics and Information Theory. Amsterdam：North-Holland，1967.

部、东北、中部、西部地区，即四大区域，下同）；$P_m = \sum p_n$，$n \in m$，$m = 1, 2, 3, 4$。

在（5－2）、（5－3）、（5－4）式中，T_b 表示区际差异；T_w 表示区内差异，是东部、东北、中部、西部四大区域内部差异 $T_{w(m)}$ 的加权和；G_m 表示第 m 个区域 GDP 占全国 GDP 的比重；P_m 表示第 m 个区域人口占全国人口的比重；g_n 表示第 n 个省份 GDP 占全国 GDP 的比重；P_n 表示第 n 个省份人口占全国人口的比重。

本节中各省市区的 GDP、人口等数据主要来源于《新中国五十五年统计资料汇编》、历年《中国统计年鉴》以及 2018 年各省份统计公报等。基于上述 Theil 指数的计算方法，本书得到了如表 5－1 所示的反映新中国成立 70 年中国区域经济差异的结果。

1. 中国区域经济总体差异变化情况

从反映区域经济总体差异的 Theil 指数来看（如表 5－1 和图 5－4 所示），新中国成立 70 年来中国区域经济总体差异呈现“扩大－缩小”的波动变化并不断趋于缩小的过程。具体来看，1952 年反映区域经济总体差异的 T 值为 0.0528，到 1960 年 T 值达到一个高点，为 0.1005；1960～1967 年，中国区域经济总体差异在缩小，T 值由 0.1005 下降至 0.0473；1967～1976 年，区域经济总体差异又呈扩大趋势，T 值由 0.0473 上升至 0.0739；1976～1990 年，中国区域经济总体差异再呈缩小趋势，T 值由 1976 年的 0.0739 下降至 1990 年的 0.0365；1990～2003 年，区域经济总体差异又在扩大，T 值由 1990 年的 0.0365 提高到 2003 年的 0.0581；2003～2018 年，区域经济总体差异再次趋于缩小，T 值由 2003 年的 0.0581 下降至 2018 年的 0.0303。由此可见，新中国成立 70 年来，中国区域经济总体差异有所波动，但从 70 年来的发展演变来看，未来区域经济总体差异将呈现不断缩小的发展趋势。尤其是党的十九大报告提出了“实施区域协调发展战略”，为促进区域协调发展作出了一系列战略部署，指明了区域经济发展的总体方向，将有利于进一步缩小区域经济发展差异，推动区域经济协调发展。

从区域经济总体差异的构成来看（如表5－1、图5－4和图5－5所示）区际经济差异在1986年之后对区域经济总体差异的影响都要高于区内经济差异，说明东部、东北、中部、西部四大区域之间的经济发展差异仍然是目前区域发展不平衡的主要原因。1952～1986年中国区域经济总体差异更多取决于区内经济差异，说明这一时期东部、东北、中部、西部四大区域内部省份之间的差距较大，四大区域间的不平衡问题还相对不明显。而1986年之后区际经济差异在区域经济总体差异中的比重都高于区内经济差异的比重，2004年区际经济差异的比重达到最高点，T_b/T的值为71.22%，此后这一数值呈现下降趋势，到2017年T_b/T的值为58.63%，仍高于T_w/T，说明四大区域间的差距呈缩小的趋势，但这一差距仍然较大，是影响区域经济总体差异的主要因素。

表5－1　基于Theil指数的70年来中国区域经济差异及其分解

年份	T	T_b	T_w	T_w 东部	T_w 东北	T_w 中部	T_w 西部	T_b/T	T_w/T
1952	0.0528	0.0171	0.0357	0.0698	0.0049	0.0041	0.0242	0.3245	0.6755
1953	0.0680	0.0193	0.0487	0.0984	0.0073	0.0046	0.0244	0.2834	0.7166
1954	0.0657	0.0193	0.0465	0.0900	0.0076	0.0064	0.0277	0.2933	0.7067
1955	0.0579	0.0156	0.0423	0.0855	0.0074	0.0040	0.0233	0.2690	0.7310
1956	0.0629	0.0154	0.0475	0.0952	0.0063	0.0087	0.0271	0.2447	0.7553
1957	0.0621	0.0147	0.0474	0.1022	0.0073	0.0065	0.0166	0.2364	0.7636
1958	0.0722	0.0183	0.0538	0.1149	0.0097	0.0097	0.0203	0.2543	0.7457
1959	0.0831	0.0228	0.0602	0.1245	0.0125	0.0122	0.0254	0.2750	0.7250
1960	0.1005	0.0264	0.0741	0.1540	0.0160	0.0106	0.0304	0.2625	0.7375
1961	0.0670	0.0128	0.0542	0.1105	0.0027	0.0114	0.0221	0.1917	0.8083
1962	0.0554	0.0126	0.0429	0.0873	0.0035	0.0132	0.0153	0.2267	0.7733
1963	0.0589	0.0133	0.0455	0.0926	0.0026	0.0152	0.0161	0.2267	0.7733

续表

年份	T	T_b	T_w	T_w 东部	T_w 东北	T_w 中部	T_w 西部	T_b/T	T_w/T
1964	0.0562	0.0124	0.0438	0.0907	0.0033	0.0117	0.0156	0.2203	0.7797
1965	0.0534	0.0117	0.0417	0.0894	0.0042	0.0103	0.0124	0.2188	0.7812
1966	0.0543	0.0122	0.0421	0.0900	0.0052	0.0089	0.0140	0.2252	0.7748
1967	0.0473	0.0115	0.0358	0.0777	0.0061	0.0058	0.0102	0.2433	0.7567
1968	0.0604	0.0155	0.0449	0.0938	0.0067	0.0054	0.0149	0.2566	0.7434
1969	0.0669	0.0177	0.0492	0.1051	0.0074	0.0059	0.0101	0.2648	0.7352
1970	0.0660	0.0170	0.0490	0.1076	0.0052	0.0057	0.0096	0.2581	0.7419
1971	0.0623	0.0165	0.0458	0.1015	0.0050	0.0058	0.0095	0.2648	0.7352
1972	0.0627	0.0150	0.0477	0.1046	0.0084	0.0047	0.0089	0.2397	0.7603
1973	0.0656	0.0161	0.0494	0.1086	0.0084	0.0054	0.0095	0.2460	0.7540
1974	0.0742	0.0186	0.0556	0.1213	0.0099	0.0040	0.0138	0.2505	0.7495
1975	0.0722	0.0193	0.0529	0.1146	0.0090	0.0048	0.0125	0.2670	0.7330
1976	0.0739	0.0207	0.0533	0.1125	0.0124	0.0038	0.0136	0.2794	0.7206
1977	0.0691	0.0187	0.0504	0.1077	0.0095	0.0041	0.0102	0.2702	0.7298
1978	0.0679	0.0195	0.0484	0.1014	0.0095	0.0053	0.0081	0.2872	0.7128
1979	0.0604	0.0173	0.0431	0.0893	0.0085	0.0077	0.0068	0.2865	0.7135
1980	0.0602	0.0191	0.0411	0.0853	0.0101	0.0047	0.0067	0.3171	0.6829
1981	0.0537	0.0182	0.0355	0.0737	0.0072	0.0040	0.0056	0.3390	0.6610
1982	0.0495	0.0179	0.0316	0.0644	0.0072	0.0052	0.0048	0.3618	0.6382
1983	0.0467	0.0178	0.0289	0.0599	0.0056	0.0031	0.0063	0.3810	0.6190
1984	0.0455	0.0188	0.0266	0.0524	0.0065	0.0055	0.0065	0.4142	0.5858
1985	0.0451	0.0191	0.0260	0.0498	0.0079	0.0039	0.0086	0.4238	0.5762
1986	0.0439	0.0196	0.0242	0.0458	0.0087	0.0036	0.0088	0.4478	0.5522
1987	0.0427	0.0216	0.0211	0.0394	0.0077	0.0029	0.0079	0.5064	0.4936
1988	0.0416	0.0229	0.0187	0.0336	0.0077	0.0027	0.0080	0.5511	0.4489
1989	0.0392	0.0224	0.0168	0.0297	0.0084	0.0032	0.0066	0.5714	0.4286
1990	0.0365	0.0199	0.0166	0.0293	0.0070	0.0038	0.0072	0.5453	0.4547
1991	0.0402	0.0230	0.0172	0.0293	0.0074	0.0042	0.0081	0.5718	0.4282

续表

年份	T	T_b	T_w	T_w 东部	T_w 东北	T_w 中部	T_w 西部	T_b/T	T_w/T
1992	0. 0439	0. 0265	0. 0174	0. 0290	0. 0086	0. 0036	0. 0082	0. 6031	0. 3969
1993	0. 0489	0. 0307	0. 0181	0. 0291	0. 0121	0. 0032	0. 0086	0. 6286	0. 3714
1994	0. 0492	0. 0326	0. 0166	0. 0265	0. 0078	0. 0026	0. 0098	0. 6618	0. 3382
1995	0. 0480	0. 0324	0. 0156	0. 0247	0. 0062	0. 0023	0. 0102	0. 6751	0. 3249
1996	0. 0461	0. 0313	0. 0149	0. 0238	0. 0048	0. 0029	0. 0091	0. 6779	0. 3221
1997	0. 0475	0. 0318	0. 0158	0. 0249	0. 0060	0. 0034	0. 0098	0. 6683	0. 3317
1998	0. 0492	0. 0327	0. 0164	0. 0259	0. 0064	0. 0036	0. 0097	0. 6660	0. 3340
1999	0. 0514	0. 0346	0. 0169	0. 0267	0. 0071	0. 0034	0. 0091	0. 6718	0. 3282
2000	0. 0535	0. 0361	0. 0174	0. 0269	0. 0071	0. 0039	0. 0102	0. 6749	0. 3251
2001	0. 0546	0. 0371	0. 0175	0. 0270	0. 0066	0. 0041	0. 0104	0. 6793	0. 3207
2002	0. 0554	0. 0381	0. 0173	0. 0266	0. 0062	0. 0034	0. 0107	0. 6883	0. 3117
2003	0. 0581	0. 0407	0. 0175	0. 0265	0. 0054	0. 0027	0. 0125	0. 6997	0. 3003
2004	0. 0570	0. 0406	0. 0164	0. 0246	0. 0046	0. 0021	0. 0132	0. 7122	0. 2878
2005	0. 0523	0. 0365	0. 0158	0. 0221	0. 0052	0. 0026	0. 0152	0. 6979	0. 3021
2006	0. 0506	0. 0347	0. 0159	0. 0214	0. 0051	0. 0028	0. 0179	0. 6852	0. 3148
2007	0. 0474	0. 0319	0. 0155	0. 0200	0. 0055	0. 0032	0. 0192	0. 6735	0. 3265
2008	0. 0429	0. 0281	0. 0148	0. 0174	0. 0065	0. 0033	0. 0230	0. 6558	0. 3442
2009	0. 0409	0. 0264	0. 0145	0. 0162	0. 0082	0. 0026	0. 0246	0. 6461	0. 3539
2010	0. 0361	0. 0225	0. 0137	0. 0151	0. 0083	0. 0021	0. 0243	0. 6219	0. 3781
2011	0. 0323	0. 0194	0. 0129	0. 0137	0. 0079	0. 0020	0. 0244	0. 6004	0. 3996
2012	0. 0299	0. 0174	0. 0125	0. 0133	0. 0086	0. 0021	0. 0226	0. 5823	0. 4177
2013	0. 0289	0. 0168	0. 0121	0. 0134	0. 0098	0. 0022	0. 0199	0. 5800	0. 4200
2014	0. 0286	0. 0163	0. 0124	0. 0141	0. 0102	0. 0027	0. 0185	0. 5680	0. 4320
2015	0. 0296	0. 0169	0. 0127	0. 0154	0. 0099	0. 0034	0. 0166	0. 5698	0. 4302
2016	0. 0309	0. 0182	0. 0127	0. 0164	0. 0031	0. 0039	0. 0151	0. 5887	0. 4113
2017	0. 0295	0. 0179	0. 0115	0. 0160	0. 0031	0. 0036	0. 0108	0. 6092	0. 3908
2018	0. 0303	0. 0178	0. 0125	0. 0178	0. 0036	0. 0035	0. 0111	0. 5863	0. 4137

资料来源：根据历年《中国统计年鉴》相关数据整理。

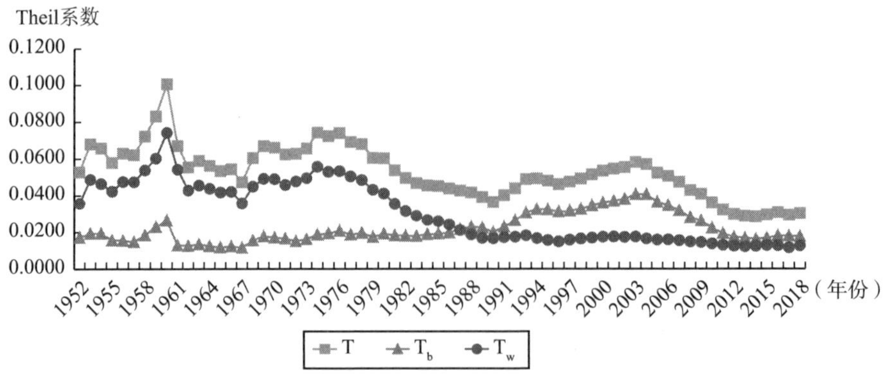

图 5－4　Theil 指数反映的中国区域差距变动情况

资料来源：根据表 5－1 整理所得。

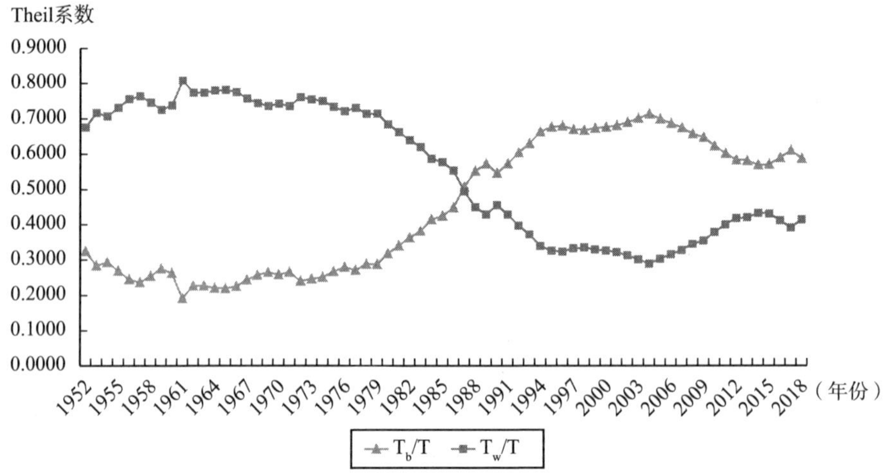

图 5－5　中国区域经济总体差异分解

资料来源：根据表 5－1 整理所得。

2. 区际经济差异变化情况

区际经济差异反映了中国东部、东北、中部、西部四大区域之间的经济发展差异情况。如表 5－1 和图 5－4 所示，新中国成立 70 年来中国区际经济差异总体上呈现波动下降的趋势。1952～1990 年，区际经济差异的变化比较平稳，基本维持在一个较低的水平，T_b 值由 1952 年的 0.0171 变化为 1990 年的 0.0199。1990～2003 年，区际经济差异逐渐拉大，T_b 值由 1990 年的 0.0199 扩大到 2003 年的 0.0407，增加了一倍多，说明随着改革开放的深入和我国实行社会主义市场经济体制改革之后，东部地区的发展速度加快，东部和中西部地区之间的发展差距进一步扩大。2003～2018 年，得益于西部大开发、东北老工业基地振兴、中部崛起等战略的实施以及区域协调发展战略的推进，区际经济差异呈现下降趋势，T_b 值由 2003 年的 0.0407 下降至 2018 年的 0.0178，下降幅度较大，四大区域间发展不平衡问题有所缓解。

3. 区内经济差异变化情况

区内经济差异反映了中国东部、东北、中部、西部四大区域内部各省份之间的经济发展差异情况。如表 5－1 和图 5－4 所示，新中国成立 70 年来中国区内经济差异总体上呈现波动下降的趋势。特别是 90 年代以后，反映区内经济差异的 T_w 值基本维持在［0.012，0.018］这一区间范围内，2017 年的 T_w 值为 70 年来最低，只有 0.0115，区内经济差异达到最小的状态。进一步地分析四大区域内部经济差异情况，如图 5－6 所示，总体上看东部地区的内部经济差异最大，但呈现不断下降的趋势，2008～2015 年东部地区的内部经济差异已小于西部地区。从变化趋势来看，东部地区的内部经济差异变化曲线与中国总体的区内经济差异变化曲线基本吻合，而其他三个区域的内部经济差异变化相对较小，说明我国区内经济差异主要是由东部地区的内部经济差异导致的。东北地区、中部地区的内部经济差异较小，且保持相对平稳的走势，对中国区内经济差异的影响不显著。

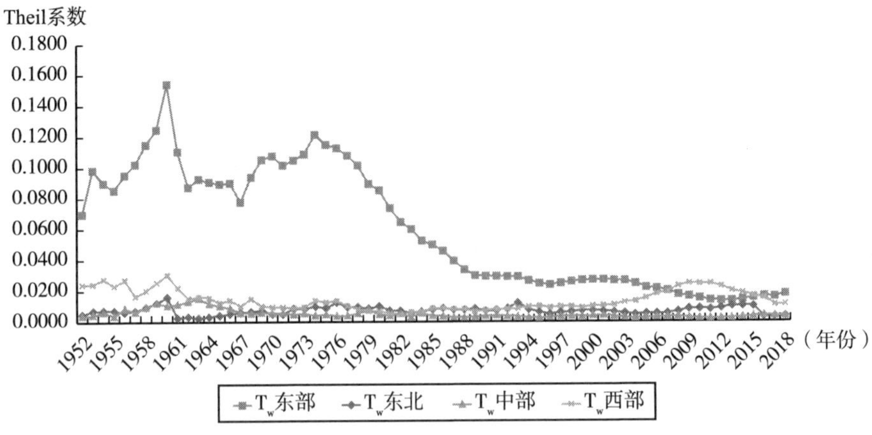

图5－6　中国四大区域内部差异情况

资料来源：根据表5－1整理所得。

三、70年来中国区域经济发展的经验总结

纵观新中国成立70年来中国区域发展演进的历程，可以看到中国区域发展战略经历了“区域均衡发展——区域非均衡协调发展——区域协调发展”的演变，形成了具有中国特色的区域发展思想。这一思想是对马克思主义区域发展观的丰富和完善。在这一演进过程中，中国区域经济发展的战略规划越来越科学，区域格局不断优化，区域差距呈缩小趋势，区域经济发展的协调程度不断提高。梳理和总结70年来中国区域经济发展的经验，对于进一步明确推进新时代中国特色社会主义区域协调发展的道路和方向，具有重要的启示意义。

首先，始终坚持以马克思主义区域发展观为指导是我国区域发展思想演进的根本遵循。马克思主义区域发展观强调社会主义国家可以通过有计划地均衡配置生产力，逐步消灭地区差异，实现区域均衡发展。社会主义发展的根本目标是实现共同富裕，落实到区域发展这一层面，就是要实现区域的均衡、协调、共同发展。不管是新中国成立后至改革开放前提出的区域均衡发展思想，抑或是改革开放后提出的区域非均衡协调发展思想和区域协调发展思想，其最终的落脚点都是为了消灭地区差异，实现区域共同发展，这是与马克思主义的区域发展观完全一致的。新中国成立初期至改革开放前，东部沿海地区发展面临的国际环境比较恶劣，中国共产党在制定区域发展战略时更多考虑的是战备需要，同时基于沿海与内地发展的极度不平衡，提出重点发展内地，平衡区域发展布局，提高落后地区人民的生活水平。改革开放后，我国的区域发展思想首先经历了由均衡发展向非均衡协调发展的转变，强调通过鼓励东部沿海的优先发展来带动其他地区共同发展，提出了“两个大局”的战略思想，致力于缩小区域差距，实现共同富裕。随着改革开放的不断推进，东部沿海地区取得了快速发展，尽管也拉动了中西部地区的发展，但区域发展不平衡问题依旧突出，在此背景下，中国共产党审时度势提出实施区域协调发展的思想，持续推进区域发展总体战略，并不断创新区域协调发展的思路和做法，取得了积极的成效。由此可见，受不同的经济基础、时代背景、社会环境、思维模式等因素的影响，中国共产党的区域发展思想在不同阶段有不同的特点、不同的表现，但最终的目标都是为了缩小区域差距，实现区域均衡发展，符合马克思主义区域发展观的基本要求。

其次，“以人民为中心”是我国的区域发展思想演进的根本立足点。人民立场是中国共产党的根本政治立场，是马克思主义政党区别于其他政党的显著标志。我国的区域发展思想的演进过程也始终蕴含着“以人民为中心”的价值观。新中国成立初期至改革开放前，我国生产力水平较低，人民群众更多追求的是物质需求的满足，“吃得饱”“穿得暖”是广大人民群众的奋斗目标。而当时我国沿海和内地的经济发展不平衡，内地人民群众的生活水平偏低，为了加快内地经济的发展，改善内地人民群众的民生需求，我国实行区域生产力均衡布局战略，重点发展内地经济，沿海与内地的发展差距逐步缩小。改革开放后，随着我国经济发展水平的提升，人民群众的生活水平也得到改善，人民群众不仅追求物质需求的满足，而且还希望有更多精神文化方面的消费，但改革开放前实施的区域均衡发展战略带来的是低水平的共同富裕，为了满足人民群众日益增长的物质文化需求，必须进一步解放和发展生产力，由此提出区域非均衡协调发展战略，通过东部优先发展，极大释放了发展的活力和效率，进一步带动了中西部地区的发展，从而实现了更高水平的共同富裕，更好地满足了广大人民群众日益增长的物质文化需求，这也是“以人民为中心”的价值观的具体体现。随着改革开放的进一步深入，区域发展的差距有所缩小，但区域发展不平衡、不协调问题还是比较突出，城乡差距依然较大，中西部地区人民群众的生活水平与东部地区还存在较大差距，老少边穷地区人民群众的生活水平更低。此外，区域发展过程中积累的生态资源环境矛盾日益凸显，影响了人民群众生活水平和生活质量的提高。为此，中国共产党提出了实施区域协调发展的战略思想，以进一步缩小区域发展差距、城乡发展差距，促进区域协调发展、绿色发展、高质量发展，更好地满足人民日益增长的美好生活需要，保障最广大人民群众的根本利益。

再次，处理好效率与公平的权衡取舍问题是贯穿于中国共产党区域发展思想演进过程的重要内容。区域发展面临着效率与公平的权衡取舍。新中国成立后至改革开放前，我国照搬生产力均衡布局理论，过度强调区域公平发展，导致区域发展效率缺失，区域经济处于低水平的均衡发展状态。由于认识到区域生产力均衡布局的弊端，改革开放后，党中央逐步提出区域经济发展要坚持“效率优先，兼顾公平”，在追求区域经济发展效率的基础上实现更高水平的区域公平发展，由此提出了支持东部沿海地区优先发展、“两个大局”的战略构想。改革开放前十余年，“效率优先，兼顾公平”的价值取向对于缩小区域发展差距起到了一定的作用，但是在确立社会主义市场经济体制之后，随着东部地区经济发展速度进一步加快，“兼顾公平”越来越被淡化，区域发展差距又呈现扩大的趋势，在此背景下，我国区域发展政策开始更加注重扶持中西部等欠发达地区。党的十六届五中全会强调要“更加注重社会公平”，要“加大国家对欠发达地区的支持力度”，为缩小区域差距，“国家继续在经济政策、资金投入和产业发展等方面，加大对中西部地区的支持”。此后，“更加注重社会公平”成为区域经济发展的价值取向。党的十七大报告指出："缩小区域发展差距，必须注重实现基本公共服务均等化""重大项目布局要充分考虑支持中西部发展，鼓励东部地区带动和帮助中西部地区发展"，党的十八大报告也强调"继续实施区域发展总体战略，充分发挥各地区比较优势，加大对革命老区、民族地区、边疆地区、贫困地区扶持力度"，推动区域经济更加公平、更加协调发展。党的十九大报告则首次明确提出"我国社会主要矛盾已经转化为人民日益增长的美好生活需要和不平衡不充分的发展之间的矛盾"，为了解决"不平衡不充分的发展"问题，必然要求区域经济发展更加注重公平、更加注重协调发展。由此可见，新中国成立 70 年来中国共产党区域发展的价值取向经历了由"公平优先"向"效率优先，兼顾公平"再到"更加注重社会公平"的转变过程。

最后，追求区域高质量发展是中国共产党区域发展思想演进的基本路向。新中国成立至改革开放前，我国走的是一条高耗能、低效益的不可持续发展道路，片面追求区域经济总量增长，片面追求区域发展的规模和速度，造成了生态破坏、环境污染、人民生活水平较低等诸多的区域发展问题。改革开放初期，中国共产党深刻反思了传统发展道路的严重弊端，提出要统筹规划区域经济发展和社会发展，但由于这一时期我国的区域发展战略思路仍然是强调通过激发地方经济发展活力来推动中国经济快速增长，GDP 等经济指标是考核地方政府政绩的最主要指标，因此地方政府更多的还是盲目追求经济增长速度，大搞"GDP 竞赛"导致区域生态环境恶化、要素资源浪费、发展效率低下等问题依然较为突出。随着区域经济的快速发展，这些负面影响越来越明显，我国开始更加重视经济增长与社会民生、生态环境的协调发展，更加追求区域经济发展质量的提升，更加强调加快转变经济发展方式，推动区域经济转向高质量发展。1990 年《国务院关于进一步加强环境保护工作的决定》指出"保护和改善生产环境与生态环境、防治污染和其他公害，是我国的一项基本国策"，第一次提出将环境保护作为基本国策。此后，"转方式、调结构"、走"生产发展、生活富裕、生态良好"的文明发展道路、把生态文明建设放在突出地位、坚持绿色发展等成为区域发展战略的重要内容。党的十九大报告提出建设生态文明是中华民族永续发展的千年大计，要求加快生态文明体制改革，建设美丽中国，并把生态文明建设写入党章。这就进一步突出了区域高质量发展的重要性，全面提升区域经济发展质量已成为中国经济转向高质量发展阶段的必然要求。

四、推进新时代中国区域经济发展的政策展望

新中国成立 70 年来，我国采取了一系列重大的区域发展战略与政策举措，切实缩小了区域发展差距，增强了区域发展的协调性，取得了显著的成效。但是，实现区域协调发展仍然任重道远。党的十九大报告提出要“实施区域协调发展战略”“建立更加有效的区域协调发展新机制”，明确了实施区域协调发展战略的主要任务和战略取向，将区域协调发展战略提升到党和国家事业发展全局的高度，对于增强我国区域发展协同性、拓展区域发展新空间，具有重大的战略意义。展望未来，我国区域经济发展政策将不断丰富和完善。

（一）区域发展总体战略将进一步深入实施

“十一五”规划明确提出实施区域发展总体战略并持续推动落实，为促进区域协调发展产生了积极的作用。当前，我国逐步形成“四大板块＋三大战略＋城镇组群”的区域发展战略体系，其中“四大板块”的区域发展总体战略是基础，对区域协调发展进行统筹安排和总体部署。未来区域经济发展仍将以区域发展总体战略为基础，加快缩小区域差距，促进区域协调发展。进一步深入实施区域发展总体战略，更好地发挥其协调区域发展的战略效应，关键在于实行分类指导，优化调整东、中、西、东北四大板块发展战略的重点任务。党的十九大报告提出要“强化举措推进西部大

开发形成新格局，深化改革加快东北等老工业基地振兴，发挥优势推动中部地区崛起，创新引领率先实现东部地区优化发展”。西部地区实施大开发战略以来，经济社会发展取得了重大的进展，增长速度明显加快，但受限于交通区位和自然环境等因素，发展程度依然较低，未来仍需要采取强有力的举措加快推进发展，具体包括：进一步加强基础设施建设，抓住贫困地区脱贫这一历史机遇，稳步提高基本公共服务均等化水平；充分发挥“一带一路”建设的引领带动作用，加快对外开放步伐，提高开放型经济发展水平；着力加强特色优势产业发展，提升产业竞争力和市场化水平；持续推进西部地区生态环境建设，提升生态保障支持能力，筑牢国家生态安全屏障。东北地区面临的主要问题在于体制机制僵化，结构性矛盾突出，要加快东北振兴必须更加强调从深化体制机制改革上找出路，围绕制约东北振兴的主要问题重点突破，着力创新体制机制，加快促进政府职能转变，深化国有企业改革，积极改善营商环境，促进民营经济发展，进一步扩大对外开放与合作，推动改革深化，使东北经济真正“脱胎换骨”。中部地区承东启西、贯通南北，未来发展的方向首先是应进一步强化区位交通优势，构建现代综合交通体系和物流体系；其次是要激活人才、市场、资源等优势，加快建设现代产业体系，更好地承接东部地区产业转移和拓展西部地区市场；再次应增强中心城市和重点城市群的集聚功能，优化资源配置和促进要素流动；最后要全面融入“一带一路”建设，加快发展内陆开放型经济，提升中部地区整体竞争力。东部地区是我国经济发展的先行区，未来应着力强化作为改革开放创新领头羊的使命担当，不断深化自贸试验区、自由贸易港等重大制度探索，引领新兴产业和现代服务业发展，打造具有国际影响力的创新高地，在转型升级、体制创新和全面开放等方面继续走在全国前列，增创东部地区发展新优势。

（二）区域协调发展机制将进一步创新优化

促进区域协调发展，增强区域发展的协同性、联动性、整体性，关键在于深化改革和体制机制创新。因此，党的十九大报告强调，要建立更加有效的区域协调发展新机制。2018 年 11 月，中共中央、国务院发布了《关于建立更加有效的区域协调发展新机制的意见》，就建立更加有效的区域协调发展新机制进行部署，以促进区域协调发展向更高水平和更高质量迈进。当前我国的区域发展战略已经更加突出“带动”和“协同”，更加强调将区域发展的“极化效应”转变为“扩散效应”，增强区域发展的联动协调性。为更好地发挥区域经济发展的扩散效应，未来我国区域发展必然要求加大区域协调发展制度建设力度，以体制机制创新作为推动区域协调发展的引擎，协调解决跨区域发展中的制度性难题，建立更加紧密的区域关系。进一步创新区域协调发展机制，必将要求更加重视发挥市场机制的作用，破除阻碍区域合作与公平竞争的各种障碍和市场壁垒，促进生产要素跨区域有序自由流动，优化生产要素空间布局，推动区域经济分工与合作，加快建立全国统一开放、竞争有序的市场体系，健全市场一体化发展机制，提高区域资源配置效率，促进区域协调发展。区域合作机制将进一步创新发展，在优势互补、互利共赢的基础上将开展更多区域间多层次、多形式、多领域的合作，特别是会更加支持区域合作的组织保障、规划衔接、政策协调、利益分配、信息共享、争议解决等机制创新。区域互利互助机制将不断完善，进一步健全东部发达省份对中西部和东北欠发达省份的对口支援制度，在推动资金、项目帮扶的同时，将更加强调加大在教育、科技、人才等方面的帮扶力度，以增强欠发达地区自身发展能力，促进对口支援从单方受益为主向双方受益深化，形成区域良性互动的新局面。区际补偿机制和利益平衡机制将更加健全，在流域上中下游生态保护补偿、资源开采地区与资源利用地区之间的利益补偿等方面不断探索机制创新，促进区际利益协调平衡。

（三）重大区域发展战略将不断发挥引领作用

党的十八大以来，面对国内外发展形势的新变化，党中央提出了“一带一路”、京津冀协同发展、长江经济带“三大战略”，均取得了显著的成效。2019 年 2 月，《粤港澳大湾区发展规划纲要》印发，加快推进粤港澳大湾区建设也成为一项重大的国家发展战略，进一步推动了我国区域协调发展战略在更大范围与更深层次上的全面升级。党的十九大报告提出：“要以‘一带一路’建设为重点”“推动形成全面开放新格局”；“以疏解北京非首都功能为‘牛鼻子’推动京津冀协同发展，高起点规划、高标准建设雄安新区。以共抓大保护、不搞大开发为导向推动长江经济带发展”。这表明以“一带一路”、京津冀协同发展、长江经济带发展等为主的国家重大区域发展战略对于推动和引领我国区域协调发展意义重大。未来区域发展将进一步强调加强“一带一路”建设与京津冀协同发展、长江经济带发展、粤港澳大湾区建设等国家重大区域战略统筹对接，鼓励国内各个地区参与并融入“一带一路”建设，尤其是促进西部地区、东北地区在更大范围、更高层次上开放，着力推进“五通”重大项目建设，推动共建“一带一路”向高质量发展转变。在推动京津冀协同发展方面，未来将紧紧抓住“疏解北京非首都功能”这一核心要求，努力探索解决“大城市病”的中国特色道路，为全国乃至全世界同类区域发展提供经验借鉴。要以交通、生态、产业三个领域为重点，促进京津冀形成交通互联、生态共治、产业关联的分工协作格局，建设京津冀协同创新共同体。要坚持“世界眼光、国际标准、中国特色、高点定位”的理念，高起点规划、高标准建设雄安新区，努力将其打造成为贯彻新发展理念的创新发展示范区，调整优化京津冀城市布局和空间结构，缩小河北与京津地区发展落差，推动大中城市错位发展和协调发展，有序有效有力疏解北京非首都功能。在推动长江经济带发展方面，充分认识到长江经济带联通东中西部地区的独特优势，按照“共抓大保护，不搞大开发”的要求，把修复长江生态环境摆在突出位置，优化沿江城镇、人口和产业空间布局，推动长江上中下游互动合作，努力将长江经济带打造成为有机融合的高效经济体，更好地发挥长江经济带作为促进东中西区域协调发展的重要支撑带的作用。在粤港澳大湾区建设方面，明确粤港澳大湾区的战略定位，优化粤港澳大湾区空间布局，进一步提高区域发展协调性，深化粤港澳创新合作，建设国际科技创新中心，加快构建具有国际竞争力的现代产业体系，提升生态宜居宜业宜游水平，充分发挥粤港澳大湾区建设在区域发展和全面开放中的辐射引领作用，将其打造为对全球具有辐射力、带动力和吸引力的国际化大湾区。

（四）老少边穷地区将成为促进区域协调发展的重要突破口

老少边穷地区是我国特殊类型困难地区，老少边穷地区发展滞后是制约区域协调发展的重要短板和关键瓶颈。习近平总书记在不同场合多次提到“小康不小康，关键看老乡”，充分说明了没有农村的小康、没有老少边穷地区的小康就没有全国的小康，就无法实现区域协调发展。党的十九大报告提出要加大力度支持革命老区、民族地区、边疆地区、贫困地区加快发展，将扶持老少边穷地区发展放在区域协调发展战略的优先位置，凸显了我们党对老少边穷地区的重视。当前，我国社会主要矛盾已经转化为人民日益增长的美好生活需要和不平衡不充分的发展之间的矛盾，区域发展不平衡是其中的一个主要方面，而老少边穷地区的发展滞后则是不平衡发展的重要原因之一。因此，十九大报告提出要“坚决打赢脱贫攻坚战”“坚持精准扶贫、精准脱贫”，切实解决区域性整体贫困问题，做到脱真贫、真脱贫，重点就在于老少边穷地区。可见，未来一段时间我国必然会更加关注老少边穷地区的发展问题，不断加大力度支持老少边穷地区改善基础设施条件，加快各类基础设施向老少边穷地区延伸和倾斜，着力提高老少边穷地区基本公共服务能力，推动教育事业、卫生事业、文化事业等各项社会事业加快发展。积极培育和发展老少边穷地区的优势产业和特色经济，用好特色资源、发挥比较优势、释放发展潜力，进一步提高这些地区的自我发展能力和持续发展能力。加强老少边穷地区生态环境建设，突出绿色扶贫，守住生态和发展两条底线，促进老少边穷地区将生态资源转化为生态资本。坚持大扶贫格局，创新政府、企业、社会组织等多元化主体对口帮扶模式，通过东西部扶贫协作、金融扶贫、定点扶贫以及项目、技术、智力等灵活多样的扶贫方式，凝聚扶贫开发强大合力，加大对老少边穷地区扶贫支持力度。

（五）创新驱动发展战略将不断激发区域发展新动能

党的十九大报告指出："创新是引领发展的第一动力"，提出要在创新引领领域形成新动能。继续实施创新驱动发展战略、加快建设创新型国家是我国今后较长一段时间的重要任务和主攻方向。区域是实施创新驱动发展战略的基本载体和重要着力点，区域创新是建设创新型国家的重要组成部分。在信息科技日新月异的背景下，区域发展的传统资源禀赋约束以及对空间的依赖性已越来越小，互联网、大数据、云计算等新一代技术能够为落后区域的跨越式发展提供支撑，形成明显的后发优势，如贵州的大数据产业。因此，未来区域经济将更加注重创新发展，更加注重实施创新驱动发展战略，更加倡导创新文化，以市场为导向、企业为主体、政产学研相结合的区域创新体系将加快健全完善，与创新驱动发展要求相适应的制度环境和政策法律体系将不断完善，区域科技创新环境将进一步优化，具有地方特色、体现区域优势、符合科技创新方向的主导优势产业将得到大力扶持和发展。同时，区域创新布局将不断优化，区域之间的创新合作将逐步加强，更深层次的创新合作机制和利益共享机制进一步完善，以协同创新引领区域协调发展的趋势更加明显。总体来看，未来以创新发展厚植区域竞争新优势将成为新常态，有助于不断提高区域经济发展的质量和效益，进一步释放区域发展新动能，增强区域可持续发展能力。

（六）绿色发展理念将贯穿区域发展的全过程

新中国成立 70 年来我国经济发展逐渐从工业文明过渡到生态文明，区域经济由高速增长阶段转向高质量发展阶段，绿色发展理念已成为区域经济发展的重要遵循。绿色发展不仅是提升区域发展质量的重要抓手，也是评价区域发展质量的核心指标。习近平总书记明确指出，各地区各部门要切实贯彻新发展理念，树立“绿水青山就是金山银山”的强烈意识，努力走向社会主义生态文明新时代。当前，全球环境治理进入新阶段，全球经济正面临着绿色转型的战略机遇期，我国的绿色转型也正进入快车道。今后，人民群众对美好生态环境的需求将会越来越强烈，构建绿色、循环、低碳发展的产业体系以及有利于绿色消费的行为模式和制度体系，不仅“迫在眉睫”，而且“势在必行”，这就要求区域经济发展必须将优美的生态环境质量作为发展的目标，提供更多“优质生态产品”，满足人民日益增长的优美生态环境需要。进一步完善主体功能区建设规划，统筹协调推进区域绿色转型发展，优化区域生态格局，全面提升各地绿色治理能力，将是未来我国区域发展的重要内容。党的十九大报告对绿色发展和生态文明建设的诸多深刻论述，将为各地区开展生态文明建设和绿色发展实践指明路线图，推动形成新时代生态文明建设新气象新格局，汇聚起区域绿色发展新动能和建设美丽中国的强大合力。

第六章 70年来中国国有企业改革的发展历程与探索成效

国有企业改革既关系到体量巨大的国有资产保值增值问题，也涉及数目庞大的企业职工生存问题，还与我国经济社会发展紧密关联，是一个复杂而长远的系统工程。新中国成立70年来，中国国有企业在不断探索和改革过程中，找到了符合中国特色社会主义市场经济运行的体制机制和管理模式。这一过程既有成功的经验，也有失败的教训。党的十九大提出要打造一批具有全球竞争力的世界一流企业。国有企业是实现这一目标的重要载体，必将面临严峻的挑战，需要始终坚持社会主义市场经济的改革方向，坚定不移地深化改革。本节将首先回顾中国国有企业在过去70年的改革历程，分析改革的成效和依然存在的争议与问题，也对其中的经验进行归纳总结，并在最后提出党的十九大后继续推进国有企业改革的策略建议。

一、70年来中国国有企业改革的发展历程

新中国成立70年来中国国有企业改革经历了两个截然不同的发展阶段：一是改革开放前的成长与探索；二是改革开放后的市场化改革。改革开放前，全民所有制和集体所有制作为生产资料占有的基本形式，在生

产、流通、分配领域形成了一套与之相适应的计划调控方式，国有企业的行为运作方式正是传统计划体制的缩影。如果计划经济体制不变，单纯调整企业的隶属关系，根本解决不了国有企业存在的弊端。改革开放后，随着市场经济体制的建立和完善，国有企业也踏上了面向市场、适应市场的改革新征程。

（一）改革开放前的国有企业改革

从20世纪50年代开始，国有企业就曾尝试改革。1949～1952年，新中国成立初期，国有企业的来源主要有三个方面：一是为了支援战争，保障供给，各抗日根据地兴办的一些公营企业，新中国成立后，它们就自然转化为社会主义国营企业；二是随着解放战争的胜利，没收的官僚资本主义企业和敌伪工业；三是从新民主主义向社会主义过渡期间，通过和平赎买的方式获得并加以改造的民族资本主义工商业。经过三年经济恢复，国有企业初步形成并占据了绝大部分工业企业的生产以及关系国民经济命脉的重要行业。到1952年底，全国国营工业企业数有9500多个，资产总值由1949年68.9亿元增加到108.4亿元。

在国内外政治经济因素的综合影响下，我国政府明确指出“一五”期间，要集中主要力量进行以156个建设单位为中心的、由限额以上694个建设单位组成的工业建设，优先发展重工业。然而重工业作为资本密集型产业，建设周期长，需要从国外引进大部分设备，初始投资规模巨大，就当时的市场经济状况来看，市场无法自发地为重工业建设聚集足够数量的资金和设备支持。因此，为了保证“一五”计划的顺利进行，我国确立了高度集中的计划经济体制，国营企业实行了统一领导、分级管理的企业管理体制。从1953年起，中国共产党在全国范围内对资本主义工商业进行大规模的社会主义改造，到1954年底，主要的大型私营工业企业多数通过公私合营方式转变为公私合营企业。1955年下半年，部分大中城市出现了资本主义工商业全行业公私合营的趋势。在 1956 年第一季度末，全国全行业公私合营的私营工业达到 99%。“一五”计划的完成，使我国建立起了比较完整的工业体系，形成了一大批由国家建设投资的国有工业企业。到 1957 年底，全国已有国有工业企业 5.8 万个。重工业优先发展的工业道路的确定，同时也意味着高度集中的计划经济体制的确立，随着国营企业规模的扩大，中央高度集权也为日后国企发展埋下了隐患。

从 1957 年底开始，我国开始对国有企业改革，国有企业改革最初表现为调整企业的隶属关系。为了增强企业活力，中央将其管辖的大部分企业下放给地方，但国有企业仍受行政管理，这一改革并没有达到预期效果，反而造成了企业归属关系的混乱。因此，在 1960 年初，大多数下放给地方的企业又重新归中央管理，国企改革以失败告终。

1966 年，我国进入“文革”时期，国民经济开始陷入崩溃边缘。在 1970 年，国有企业尝试第二次改革，中央将所属工业企事业单位彻底下放给地方，扩大地方计划权，这次地方计划权的扩大，使得国有企业改革经过了“轰轰烈烈”的改革后，最终又回到了起点。综合来看，改革开放前的国有企业改革基本处于停滞阶段。

（二）改革开放后的国有企业改革

改革开放以来，我国国有企业改革步伐不断向前，主要经历了政府放权让利、建立现代制度、国有资产管理体制改革、全面深化改革四个阶段。本节全面回顾和总结了自党的十一届三中全会召开以来的有关国有企业改革的相关内容。从 1978 年党的十一届三中全会召开以来，每一届三中全会都对中国经济体制改革，特别是国有企业改革产生了极大的影响，指引着改革的方向。

1. 放权让利阶段（1978~1992年）

新中国成立后，我国基本复制了苏联的计划经济运行模式，并形成了国有国营的企业制度。在这一制度下，全民所有制企业被称为国营企业，虽为国营企业，但从建厂、劳动用工、资金使用、原料选购、生产计划指标、产品销售、利润等都是由国家决定，各个国营企业本身并没有经营自主权，只是国家分散在全国各地的车间或厂房，是国家政府机关的附属物。“文革”结束后，为了尽快恢复生产，中央决策层普遍达成共识，必须扩大企业自主权，搞活国有企业。此后直至1992年党的十四大召开，国有企业改革都处于放权让利阶段。

（1）启动阶段（1978~1984年）：从国营工厂到国营企业。

1978年12月，党的十一届三中全会提出要把全党工作重点转移到社会主义现代化建设上来，决定开始对国家经济管理体制和经营管理方式进行调整和改革。以十一届三中全会为标志，我国正式进入了改革开放和社会主义现代化建设的新时期。

十一届三中全会明确指出，我国经济管理体制存在权力过于集中的严重缺陷，应该有计划地大胆下放，否则不利于充分发挥国家、地方、企业和劳动者个人四个方面的积极性，也不利于实行现代化的经济管理和提高劳动生产率。十一届三中全会确立了以扩大企业自主权为主要形式，调整国家与企业之间利益关系的国有企业改革方针。改革开放的实质就是放权让利，通过权力和资源的再次分配，提高社会生产力和人民生活水平。作为经济体制改革的核心环节，国有企业改革起步于对国有企业进行放权让利，主要体现为两个方面：一是以计划经济为主，结合市场调节，调整国家与企业的关系；二是扩大企业自主权，把企业经营状况同职工的物质利益相挂钩，充分调动企业和职工的积极性。1979年7月，国务院先后颁布了《关于扩大国营工业企业经营自主权的若干规定》《关于国营企业实行利润留成的规定》等5个文件，在四川省进行扩大经营管理自主权的试点，并取得了显著成效。从1979年7月到1980年6月，扩大企业自主权的试点已经扩大到占全国预算内工业产值 60%、利润 70% 的 6600 多家国有大中型企业。从 1981 年起，国务院在国营工业企业中全面推行扩大经营管理自主权工作，这项改革调动了企业生产经营的积极性，增强了企业活力，中国经济也呈现出恢复性增长的良好局面。但是 1979 年的放权让利只是将权力集中到了厂长经理手里，尽管工人获得了更多一些工资，但企业生产效率并没有明显提高，并存在经济秩序混乱、赤字剧增、通货膨胀等诸多问题。

为了进一步完善放权让利，国家以两步“利改税”政策调整国家与国营企业的分配关系。1983 年 2 月，国务院决定对国营企业实行“利改税”，将国营企业向国家上缴利润改为向国家缴纳税金，税后利润由企业支配。1983～1984 年 9 月进行的是第一步“利改税”，其特点是税利并存，凡有盈利的国营大中型企业，按照 55% 税率缴纳所得税，税后利润一部分上缴国家，一部分按国家核定的留利水平留给企业。第一步“利改税”实施以来，由于价格不合理导致的利润水平悬殊问题一直没有解决，国营企业利润上缴比例和数额很难界定。第二步“利改税”从 1984 年 10 月开始实施，实行完全的以税代利，在完善国营大中型企业所得税办法的基础上，取消其他税后利润上缴办法，统一改征调节税。以税代利的改革使得企业和劳动者看到了自己的利益，进而激发了高度的劳动积极性和创造性。第二步“利改税”目的是使企业逐步做到“独立经营、自负盈亏”。

总的来说，这一阶段的国企改革试图在计划经济体制框架内，通过向企业放权让利来增强企业活力，经营管理自主权的扩大和“利改税”制度的实行，激活了国营企业的盈利意识和发展观念，为其逐步适应市场竞争奠定了基础。但这一时期整个体制还是以计划经济体制为主导，大部分商品的价格和企业的生产经营活动仍受行政指令控制，市场调节处于萌芽状态，改革还需进一步深入。

（2）展开阶段（1984～1992 年）：从国营企业到国有企业。

1984 年 10 月 20 日，党的十二届三中全会通过了《中共中央关于经济体制改革的决定》，初步确定了商品经济在社会主义经济结构中的地位，提出“增加企业的活力，特别是增加全民所有制的大、中型企业的活力”是经济体制改革的中心环节。这一阶段国有企业改革的基本思路是逐步推进政企分开，所有权和经营权分离，使企业成为独立经营、自负盈亏的商品生产者和经营者。

会议提出，“为了增强城市企业的活力，……，建立以承包为主的多种形式的经济责任制。”十一届三中全会在决定把全党工作重点转到经济建设上来时指出，为了实现社会主义现代化，必须对经济体制进行改革。之后改革主要在农村进行，通过全面推行联产承包责任制，改革在农村取得了巨大成就。农村实行承包责任制的基本经验同样适用于城市，1986年12月，国务院提出，“推行多种形式的经济承包责任制，给经营者以充分的经营自主权”。承包责任制是在保持国家所有权的前提下，通过签订承包合同，确定国家与企业之间的责、权、利关系，使企业具有经营自主权的管理制度。1987年底，78%的全国预算内全民所有制企业实行了承包制，1988年2月国务院更加明确企业承包制在国有企业改革中的重要地位，规定“包死基数，确保上缴，超收多留，歉收自补”的承包原则。1987～1992年，国务院颁布了《全民所有制工业企业承包经营责任制暂行条例》《全民所有制工业企业法》实施条例，制定了《全民所有制工业企业转换机制条例》，向企业让渡了一定的生产自主权、原料选购权、劳动用工权和产品销售权等14项经营权。承包和租赁推行初期，确实调动了企业和职工的积极性，推动了国有经济的发展，但这期间，伴随着经济高速增长，国家财政收入却在下降，一度出现恶性通货膨胀的严重困境（见表6－1）。这是因为，在承包、租赁过程中，政府对企业约束不强，企业经营者凭借承包、租赁权追求自身利益最大化，只负盈不负亏，导致国有企业面临被掏空的危险。为此，1992年后国务院不再鼓励企业搞承包，并公布了《全民所有制工业企业转换经营机制条例》，“厂长对企业盈亏负有直接经营责任；职工按照企业内部经济责任制，对企业盈亏也负有相应责任”。

表6－1　　1986～1992年经济发展状况

项目	1986年	1987年	1988年	1989年	1990年	1991年	1992年
国内生产总值（亿元）	10376.2	12174.6	15180.4	17179.7	18872.9	22005.6	27194.5
工业生产总值（亿元）	4000.8	4621.3	5814.1	6525.7	6904.7	8138.2	10340.5
企业利润总额（亿元）	877.58	1004.96	1189.91	1000.34	560	642.78	972.35
财政收入占国内生产总值比重（%）	20.45	18.07	15.53	15.51	15.56	14.31	12.81
通货膨胀率（%）	6.5	7.3	18.8	18	3.1	3.4	6.4

资料来源：根据国家统计局网站相关数据整理。

2. 建立现代企业制度阶段（1993～2002年）

20世纪90年代初，苏联解体对社会主义制度形成巨大冲击，社会主义制度下计划和市场的关系也发生了很大变化，对计划体制的改革势在必行，国有企业改革由此进入第二阶段。

（1）明确建立现代企业制度的目标。

国有企业改革初期主要以放权让利为主，之后实行承包制。承包制直接刺激了国有企业增产增收的积极性，促进了企业生产经营，但是承包制在本质上依旧是一种扩权让利，摆脱不了体制缺陷及其弊端。1992年10月，党的十四大提出，“我国经济体制改革的目标是建立社会主义市场经济体制”，“使市场在社会主义国家宏观调控下对资源配置起基础性作用”。自1992年起，国有企业改革沿着市场化方向深入推进。

放权让利改革没有改变国家行使其所有权的基本制度框架，1993年3月，我国修正了宪法，把国营企业改为国有企业。国营企业产权是全民所有，国有企业产权是政府所有，可以委托私人经营，也可以出售。一字之改，准确体现了全民所有制经济的所有权和经营权的区别，更加突出了国有企业的经营自主权。1993年11月，党的十四届三中全会通过了《中共中央关于建立社会主义市场经济体制若干问题的决定》，提出建立现代企业制度是我国国有企业改革的方向。现代企业制度的基本特征是产权明晰、权责明确、政企分开、管理科学。这是对两权分离理论的进一步发展。因为在现代企业产权结构的制约下，政府不能直接控制和经营国有企业。1993年12月，我国第一部《中华人民共和国公司法》（以下简称《公司法》）审议通过，《公司法》确定了企业股东和经营者之间委托－代理的制衡关系。按照《公司法》要求组建及规范现有的股份制企业，成为1994年国有企业改革的一项重要任务。1994年，我国新增股份制企业19847家①。公司制成为国有企业改革的主要形式，国有企业也逐渐变成国有及国有控股企业，此时国家与国有企业之间的关系开始转向以现代产权制度为基础的委托－代理关系。建立现代企业制度的本意是使国营企业摆脱利改税和承包制实行以后的困境，可是在极右势力的误导下，建立现代企业制度变成全盘私有化，严重损害了国有企业的利益。

（2）国有企业战略性改组和“抓大放小”。

1995年9月中共十四届五中全会明确指出，“今后一段时间，特别是九五时期，务必把国有企业的改革真正作为整个经济体制改革的中心环节”。20世纪90年代中后期，国有企业大多面临高负债率、冗员多、社会负担重、员工积极性不高等问题，企业效益逐年下滑，亏损面逐年增大。十四届五中全会通过的《中共中央关于制定国民经济和社会发展“九五”计划和2010年远景目标的建议》指出，“要着眼于搞好整个国有经济，通过存量资产的流动和重组，对国有企业实施战略性改组。这种改组要以市场和产业政策为导向，搞好大的，放活小的，把优化国有资产分布结构、企业组织结构同优化投资结构有机结合起来，择优扶强、优胜劣汰。形成兼并破产、减员增效机制，防止国有资产流失。”

国有企业战略性改组，在国有经济内部进行的同时，还涉及通过国有经济与非国有经济之间的交易来进行。1997年9月，党的十五大指出，“继续调整和完善所有制结构，进一步解放和发展生产力，是经济体制改

① 邵宁：《国有企业改革实录（1998～2008）》，经济科学出版社2014年版。

革的重大任务”，“要从战略上调整国有经济布局。对关系国民经济命脉的重要行业和关键领域，国有经济必须占支配地位。在其他领域，可以通过资产重组和结构调整，以加强重点，提高国有资产的整体质量”，“公有制实现形式可以而且应当多元化”。关于国有企业改革，十五大强调，“建立现代企业制度是国有企业改革的方向”，“把国有企业改革同改组、改造、加强管理结合起来。要着眼于搞好整个国有经济，抓好大的，放活小的，对国有经济实施战略性改组”，“实行鼓励兼并、规范破产、下岗分流、减员增效和再就业工程，形成企业优胜劣汰的竞争机制”“力争到本世纪末大多数国有大中型骨干企业初步建立现代企业制度，经营状况明显改善”。据统计，从 1992 ~ 1996 年，国有经济在全国工业总产值中的比重已由 51.5% 下降到 28.8%，公有制经济占 69.2%，仍然处于主体地位。这一阶段国有经济战线大大收缩，国有企业主要布局在大企业层面。从 1997 年到 2003 年，国有和国有控股工业企业职工人数从 4040 万人减少到 2163 万人，减员幅度达到 40%。

1998 年东南亚金融危机的发生，导致国内很多行业、产品出现了产能过剩、价格下滑的情况，国有企业财务状况也陷入危机。在这种背景下，1999 年 9 月，党的十五届四中全会做出了《中共中央关于国有企业改革和发展若干重大问题的决定》，提出到 2010 年国有企业改革和发展的目标：适应经济体制与经济增长方式两个根本性转变和扩大对外开放的要求，基本完成战略性调整和改组，形成比较合理的国有经济布局和结构，建立比较完善的现代企业制度，经济效益明显提高，科技开发能力、市场竞争能力和抗御风险能力明显增强，使国有经济在国民经济中更好地发挥主导作用。该决定系统阐述了国有经济布局结构调整的指导思想、方针政策和重大原则，提出从战略上调整国有经济布局，坚持有进有退，有所为有所不为，坚持“抓大放小”，推进国有企业战略性改组。“抓大放小”是中共中央对国有经济实行战略性改组的重大决策，抓大是集中力量抓好一批国有大型企业和企业集团，放小是放开放活量大面广的国有小企业。在抓大方面，国家对 1000 户重点企业分类指导，针对放小，国家也出台了相关意见。全国掀起了一股兼并重组、破产、出售的浪潮。值得注意的是，一些地方把放小简单理解为一卖了之，造成了国有资产流失。

与第一阶段的改革相比，这一阶段政企分开的力度更大，现代企业的建立有了更明确的方向，但是在改革的过程中，职工就业困难、收入减少、生活困难等问题依然存在，很多国有企业面临严重亏损。在最困难的 1998 年，2/3 以上国有企业亏损，全国国有企业总利润仅 213.7 亿元。

3. 国有资产管理体制改革阶段（2003 ~ 2013 年）

进入 21 世纪，伴随着中国加入 WTO，国企改革的节奏趋于平稳，重心转向国有资产管理体制改革阶段。在国有资产管理体制改革之前，管理体制是多头管理，管人、管事、管资产存在若干条线，许多部门都可以指挥国有企业。这样的管理体制造成的问题是，企业的经营责任和政府的管理责任说不清楚。2002 年 11 月，党的十六大指出，继续调整国有经济的布局和结构，改革国有资产管理体制，建立中央政府和地方政府分别代表国家履行出资人职责，享有所有者权益，权利、义务和责任相统一，管资产和管人、管事相结合的国有资产管理体制。要深化国有企业改革，进一步探索公有制特别是国有制的多种有效实现形式，大力推进企业的体制、技术和管理创新。除极少数必须由国家独资经营的企业外，积极推行股份制，发展混合所有制经济。按照现代企业制度的要求，国有大中型企业继续实行规范的公司制改革，完善法人治理结构。

2003 年 4 月，国有资产监督管理委员会成立，旨在加强国有资产监督管理，抵制全盘私有化浪潮，防止国有资产流失。此举也被认为是国有企业走向市场，成为独立竞争主体的关键一步。2003 年 10 月，中共中央十六届三中全会通过《中共中央关于完善社会主义市场经济体制若干问题的决定》，该决定提出进一步巩固和发展公有制经济，鼓励、支持和引导非公有制经济发展。大力发展国有资本、集体资本和非公有资本等参股的混合所有制经济，实现投资主体多元化，使股份制成为公有制的主要实现形式。大力发展和积极引导非公有制经济，个体、私营等非公有制经济是促进我国社会生产力发展的重要力量。建立健全现代产权制度，这是完善基本经济制度的内在要求，是构建现代企业制度的重要基础。该决定还表明，要完善国有资产管理体制，深化国有企业改革。建立健全国有资产管理和监督体制，完善公司法人治理结构，加快推进和完善垄断行业改革。到 2013 年初，全国 90% 以上的国有企业完成了公司制股份制改革，大多数国有企业建立了股东会、董事会、经理层和监事会等机构。2003 ~ 2011 年，国有企业营业收入、利润总额、上缴税金都取得了较好的增长（见表 6 – 2）。

表 6 – 2　　2006 ~ 2011 年国有企业经济指标

项目	2006 年	2007 年	2008 年	2009 年	2010 年	2011 年
企业单位数（个）	14555	10074	9682	9105	8726	6707
主营业务收入（亿元）	31437.09	36452	47557	47035	58957	69030
利润总额（亿元）	2011.73	2630	2532	1973	3303	3567
从业人员（万人）	707.21	646.2	695	639.1	638	590.7

注：2003 ~ 2006 年为全部国有工业企业的数据，2007 年以后为规模以上国有工业企业的数据。
资料来源：根据国家统计局网站相关数据整理。

与前两个阶段相比，这一阶段政企分开、政资分开得到了更好的落实。2003 年以后国有企业改革的深入与建立健全国有资产管理体制是分不开的，在新的国有资产管理体制下，国有企业建立了以股份制为主要形式的现代产权制度，国有企业改革真正开始触及改革的核心和本质，改革进入深水区。此时国有企业的发展还是不平衡，不少垄断行业依旧保持较高的进入壁垒，国有企业“行政化”经营色彩依旧浓厚，缺乏竞争机制。

4. 全面深化改革阶段（2013 年至今）

2012 年 11 月党的十八大提出，深化国有企业改革，完善各类国有资产管理体制，推动国有资本更多投向关系国家安全和国民经济命脉的重要行业和关键领域，不断增强国有经济活力、控制力、影响力。2013年新一届政府成立，伴随着经济进入新常态，国有企业改革也进入深水区，更加注重全面深化改革。

2013年11月，党的十八届三中全会通过《中共中央关于全面深化改革若干重大问题的决定》，提出“公有制为主体、多种所有制经济共同发展的基本经济制度，是中国特色社会主义制度的重要支柱，也是社会主义市场经济体制的根基”。这表明国有企业改革的方向既要坚持基本经济制度，又要符合市场经济的要求。为此，十八届三中全会明确指出“国有企业总体上已经同市场经济相融合，必须适应市场化、国际化新形势，以规范经营决策、资产保值增值、公平参与竞争、提高企业效率、增强企业活力、承担社会责任为重点，进一步深化国有企业改革”。国有企业改革的内容包括“积极发展混合所有制经济。国有资本、集体资本、非公有资本等交叉持股、相互融合的混合所有制经济，是基本经济制度的重要实现形式”。“完善国有资产管理体制，以管资本为主加强国有资产监管，改革国有资本授权经营体制，组建若干国有资本运营公司，支持有条件的国有企业改组为国有资本投资公司。”其中成立国有资本运营公司被认为是此次国企改革的一大亮点。组建若干国有资本运营公司和设立国有资本投资公司，在一定程度上是为了厘清政府和市场的关系，从原来的“管资产”转为“管资本”。2014年7月，国资委宣布推出改组国有资本投资公司、发展混合所有制经济、强化董事会职责、央企派驻纪检组等“四项改革”计划。

2015年9月，中共中央、国务院印发了《关于深化国有企业改革的指导意见》，这是新时期指导和推进国有企业改革的纲领性文件，共分8章30条，从改革的总体要求到分类推进国有企业改革、完善现代企业制度和国有资产管理体制、发展混合所有制经济、强化监督防止国有资产流失、加强和改进党对国有企业的领导、为国有企业改革创造良好环境条件等方面，全面提出了新时期国有企业改革的目标任务和重大举措。该意见指出，到 2020 年，在国有企业改革重要领域和关键环节取得决定性成果，形成更加符合我国基本经济制度和社会主义市场经济发展要求的国有资产管理体制、现代企业制度、市场化经营机制，国有资本布局结构更趋合理，造就一大批德才兼备、善于经营、充满活力的优秀企业家，培育一大批具有创新能力和国际竞争力的国有骨干企业，国有经济活力、控制力、影响力、抗风险能力明显增强。此后两年，有关部门相继发布多份与《关于深化国有企业改革的指导意见》配套的文件，形成了以《关于深化国有企业改革的指导意见》为纲领、以若干文件为配套的国有企业改革顶层设计方案，即国企改革“1 + N”体系。“1”是国企改革指导意见，“N”是在国企改革各方面的细则，具体包括《国有企业发展混合所有制经济的指导意见》《国有企业功能定位与分类》《关于国有企业布局和结构调整的指导意见》《国有资本投资公司设立的改革方案》等。

2016 年是国有企业改革从顶层设计基本完成向具体措施、试点方案逐步推进的关键一年。2016 年 2 月，国资委发布国有企业“十项改革试点”落实计划。与“四项改革”计划相比，“十项改革”对国有企业改革的部署重点更加明确，针对性更强。改革试点内容包括探索国企集团整体上市、多类型政府和社会资本合作、混合所有制企业员工持股。2016 年 12 月召开的中央经济工作会议，习近平总书记特别强调，混合所有制改革是国企改革的重要突破口。2017 年，国企在电力、石油、天然气、民航、电信以及军工等领域开展混改试点，引入各类投资者 40 多家，资本超过 900 亿元人民币。截至 2017 年，中国联通、上海贝尔、华录集团等 3 家央企从集团层面开展了混改的探索。

2017 年公司制改制全面提速，中央企业集团层面公司制改制方案已全部批复完成，各省级国资委出资企业改制覆盖率达 95.8%。国有企业效益明显好转，2017 年利润增长 23.5%。这主要得益于供给侧结构性改革的深入推进，2017 年国资委在处置“僵尸企业”、化解过剩产能、推动重组、减轻负债等方面做了大量工作。

2017 年 12 月中央经济工作会议指出，要完善国企国资改革方案，围绕管资本为主加快转变国有资产监管机构职能，改革国有资本授权经营体制，推动国有企业完善现代企业制度，健全公司法人治理结构。种种表述意味着未来仍将进一步深入推进国有企业供给侧结构性改革。2018 年政府工作报告提出国有企业改革的总体思路：推进国资国企改革，制定出资人监管权责清单。深化国有资本投资、运营公司等改革试点，赋予更多自主权。继续推进国有企业优化重组和央企股份制改革，加快形成有效制衡的法人治理结构和灵活高效的市场化经营机制，持续瘦身健体，提升主业核心竞争力，推动国有资本做强做优做大。积极稳妥推进混合所有制改革。落实向全国人大常委会报告国有资产管理情况的制度。国有企业要通过改革创新，走在高质量发展前列。2018 年公司制改制全面完成，83 家中央企业建立了规范的董事会，15035 户中央企业所属的二、三级单位都建立了规范的董事会。另外，2018 年完成了中核集团和中核建、武汉邮科院和电信科研院四家两对中央企业的重组，压减了中央企业法人数量 12829 户，压减比例达 24.6%，取得了较大突破①。2018 年央企和地方企业新增了 2880 户混合所有制改革的企业，混合所有制正在有序推进。

2019 年政府工作报告在国资国企改革方面提到，加强和完善国有资产监管，推进国有资本投资、运营公司改革试点，促进国有资产保值增值；积极稳妥推进混合所有制改革；完善公司治理结构，健全市场化经营机制，建立职业经理人等制度；依法处置“僵尸企业”；深化电力、油气、铁路等领域改革，自然垄断行业要根据不同行业特点实行网运公开，将竞争性业务全面推向市场化。深化国有企业改革是经济体制改革的中心环节，也是一项不断探索的重要工作，习近平新时代中国特色社会主义思想为我国国有企业改革指明了方向，提供了思路，央企和国企要紧密结合自身实际，结合企业所处的行业和业务情况，结合国际经济形势变化和发展趋势，进一步深化改革。

总之，国有企业改革是一个世界性大难题，尤其是针对原计划经济国

① 《国务院国资委就“国有企业改革发展”答记者问》，中国政府网，2019 年 3 月 9 日。

家。苏联和东欧采取的办法是在政权更替时，实行全面私有化，该办法造成了很大的社会代价，所取得的经济效果也不理想。通过回顾和梳理中国国有企业改革的历程，我们发现中国并没有照搬任何国家的经验，走出了一条符合中国特色的国有企业改革道路。

二、70 年来中国国有企业改革取得的积极成效

我国国有企业从无到有，从小到大，已经走过了近 80 年的发展历程，建立起门类齐全的比较完整的工业体系。评价我国国有企业改革成效，不能简单地说是有效还是无效，而应该从多个角度分别评价。从国有企业的工业增加值以及劳动生产率等角度看，国有企业改革的效率得到很大的提高；从国有企业的竞争力和亏损面来看，国有企业的效率仍然不高，在竞争性领域的经营效益不佳；从振兴国民经济、发展战略性产业、弥补市场机制失灵和承担社会的角度来看，国有企业的作用得到了有效发挥。

（一）经营机制转换，企业活力得到释放

转换经营机制是 40 年改革开放过程中国有企业改革的主线。改革开放之前，我国国有企业照搬的是苏联高度集中的计划经济体制下的国营企业管理制度。因此一开始就陷入了僵化的管理体系之中，并随着我国经济的发展和体制的运行而日益严重，成为当时国有企业经营和发展的最大障碍。改革开放前，国有企业已经围绕着中央和地方对国有企业管理权限进行了适时的调整，但由于没有触及根本的经营机制，导致改革措施均以失败而告终，并陷入了“一放就乱、一乱就收、一收就死、一死再放”的怪圈之中。改革开放之初，采用“放权让利”的改革思路，引入承包制撼动了国有企业长期以来自上而下的计划体制的约束，实现了经营机制的多元化。1993 年，建立现代企业制度为被确立为国有企业改革的目标，把改革

推向制度创新的轨道上，政企分开在制度层面逐步实现。2003 年，国有资产监督管理委员会的成立，推动国有企业改革进入完善国有资产管理体制的新阶段，促进国有资本向关系国家安全和国民经济命脉的重要行业和关键领域集中，政资分开在制度层面开始推行。

国有企业经营机制的转换和创新，适应了我国市场经济体制发展的需要，也从根本上开始触及我国国有企业的深层矛盾，增强了国有企业的活力和竞争力。十八届三中全会进一步提出积极发展混合所有制经济、完善国有资产管理制度，改善国有资本授权经营体制。新一阶段国有企业改革的实质是通过不同所有制资本的交叉持股和相互融合，使参与混合所有制的各方都能够发挥各自优势，实现利益共享、优势互补、共同发展。

转换经营机制，实现自主经营是 70 年来我国国有企业改革的主线。改革开放之初，遵循"放权让利"的改革思路，实施承包责任制突破了计划经济体制的约束，实现了经营机制的多元化。1993 年，建立现代企业制度的目标是把改革推向制度创新的轨道上，"政企分开"在管理制度层面逐步实现。2003 年，国有资产监督管理委员会的成立，推动国有企业改革进入完善国有资产管理体制的新阶段，促进国有资本向关系国家安全和国民经济命脉的重要行业和关键领域集中，"两权分离"真正具备了制度基础。

截至 2017 年 9 月，全国国有企业公司制改制的比例达到 90% 以上，中央企业各级子企业公司制改制比例达 92%，中央企业所属企业中股权多元化比例已达到 67.7%①。目前来看，公司制改革的成效显著：一是为后续股份制、多元化、混合所有制、改制上市等等经营机制的持续改革奠定了制度基础。二是国有企业管理层的经营更加独立，责任更加明确。各类国有企业享有法人财产权，成为自主经营、自负盈亏、自担风险、自我约束、自我发展的独立的市场主体。三是公司治理水平得到进一步提升。有

① 周雷：《政策体系引领国企改革全面深入推进》，载于《经济日报》2017 年 9 月 29 日 08 版。

效制衡的法人治理结构逐步建立，市场化经营机制更加灵活高效。

国有企业经营机制的改革与创新，适应了我国经济社会发展和建立市场经济体制的需要，也从根本上触及了国有企业体制上的深层矛盾，增强了国有企业的经营活力和国际竞争力。新时期国有企业改革的实质是要通过不同所有制资本的相互持股和融合，使具有不同优势的混合所有制的各方都能够参与到国有企业的改革中，实现优势互补、共同发展、利益共享。

（二）规模持续扩大，控制力和影响力增强

经过 70 年的改革与发展，国有企业规模不断扩大，实力不断增强，企业固定资产原值和工业总产值逐年增长（见图 6－1）。国有企业的固定资产原值从 1952 年的 148.8 亿元增长到 2017 年的 309410.4 亿元，年均增长 12.24%，工业总产值从 1949 年的 39 亿元增长至 2016 年的 230451.84 亿元，年均增长 15.17%，并且产出增长率大于投资增长率，说明国有企业的规模不断扩大。与此同时，通过组建大型企业集团，我国国有企业的国际竞争力得到显著提升，也因应了国家经济战略布局和产业结构调整的

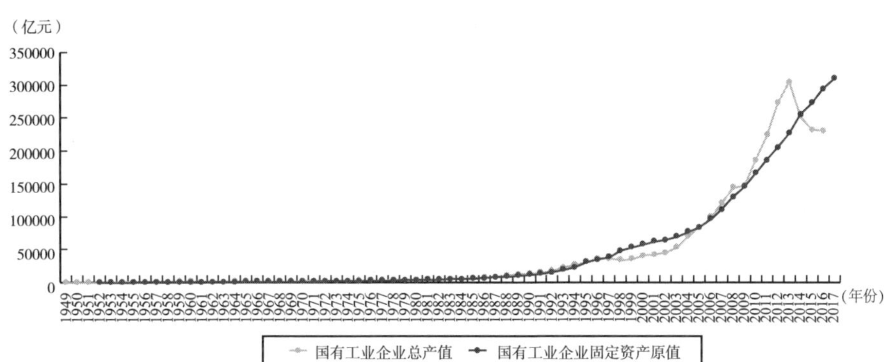

图 6－1　1949～2017 年国有企业固定资产原值与工业总产值

资料来源：根据《中国统计年鉴（2018）》相关数据整理。

要求。国有企业的壮大夯实了我国国有经济的基础。在增长速度方面，随着国有企业经营独立性的增强和现代企业制度的建立，国有企业的潜能不断释放，保持了较快的增长速度。国有资本和大型国有企业集团已经向我国经济命脉和关乎国计民生的行业集中，中央企业有 80% 的资产集中在石油石化、电力、国防、通信、运输、冶金、机械等行业，提供全部的电信和电力服务，绝大部分的石油化工产品，以及 90% 以上的民航和铁路的运量。

在规模不断壮大的同时，我国国有企业的数量却经历了多个增长和减少的过程。从 1957 年的不到 5 万家，通过没收官僚资本和改造民族资本，在 1 年多时间里国有企业的数量猛增至历史最高点 11.9 万家。但这其中有许多是小规模的农村工业企业。随着对这部分企业的整顿和停办，到 1965 年国有企业数量下降到 20 世纪的低点，只剩下 4.59 万家。但随后，国有企业数量又开始缓慢增加，特别是改革开放之后，我国的工业化进程开始快速发展，催生了大量新的国有企业。到 1995 年，国有企业的数量达到第二个高峰的 11.80 万家，推动了我国经济的快速发展和经济体制的转型。在这之后，国有企业体制弊端和经营效率的问题逐步暴露出来，亏损面不断增加，大量重复建设导致了资源浪费。因此，从 1991 年开始，国有企业进行了一系列的改制、改组、兼并、破产等改革手段。国有企业的数量也在这一时期逐年递减，到 2016 年只剩 1.9 万家，但国有企业的资产和工业总产值的增长速度保持不变。在 2018 年中国企业 500 强中，国有及国有控股企业共有 263 家，占全部企业总数的 52.6%；共缴纳税收 3.25 万亿元，占 500 强纳税总额的 80.91%[①]，说明我国国有企业对国民经济的控制力和影响力没有减弱。2018 年中国企业 500 强中营业收入规模在 1000 亿元以上的企业数量为 172 家，其中国有企业 125 家，比 2017 年增加了 7 家，占比达到 72.7%，更有 5 家企业营业收入超过万亿元大关[②]，说明现有的国

① 新华网：《中国企业 500 强榜单发布》，2018 年 9 月 2 日，http：//www.xinhuanet.com/fortune/2018－09/02/c_129945307.htm。

② 任腾飞：《2018 中国大企业发展特征分析报告》，载于《国资报告》2018 年第 9 期。

有企业规模仍在不断壮大，已经建立起具有较强竞争力的大型企业和大型企业集团（见表 6－3）。

表 6－3　1957～2017 年中国国有工业企业数　单位：万个

年份	1957	1958	1960	1965	1970	1975	1978	1980
国有企业单位	4.96	11.90	9.60	4.59	5.74	7.50	8.37	8.34
年份	1985	1990	1995	2000	2005	2010	2016	2017
国有企业单位	9.37	10.44	11.80	5.35	2.75	2.03	1.90	1.90

资料来源：历年《中国工业经济统计年鉴》，2000 年以后的数据包括国有控股工业企业。

（三）效益显著提升，效率和风险问题依然存在

经营效益是国有企业改革的基本目标之一，也是改革成效的衡量标准。新中国成立之初，在计划经济管理体制下，国有企业盈利空间有限，但通过集中有限资源发展现代工业生产，国有的工业企业得到较快发展，盈利水平逐渐增强（见图 6－2）。1952 年，我国国有工业企业的利润总额为 28.2 亿元，到 1957 年上升到 78.8 亿元，5 年内增加了一倍。但之后的数年间，计划经济体制阻碍了国有企业的进一步发展，从 1965 年到 1977 年的 12 年间，国有企业的利润总额只增加不到一倍。改革开放后，国有企业的经营状况得到改善，特别是在经营自主权逐步下放之后。从 1995 年开始，国有工业企业利润水平快速提升，到 2016 年，国有工业企业的利润总额已经达到了 12324.34 亿元。而根据国务院国有资产监督管理委员会最新报告的数据，2017 年全国的国有企业营业收入达到了 50 万亿元，利润达到了 2.9 万亿元，比 2016 年分别增长了 14.7% 和 23.5%，达到了金融危机之后的最高水平（见图 6－3）。

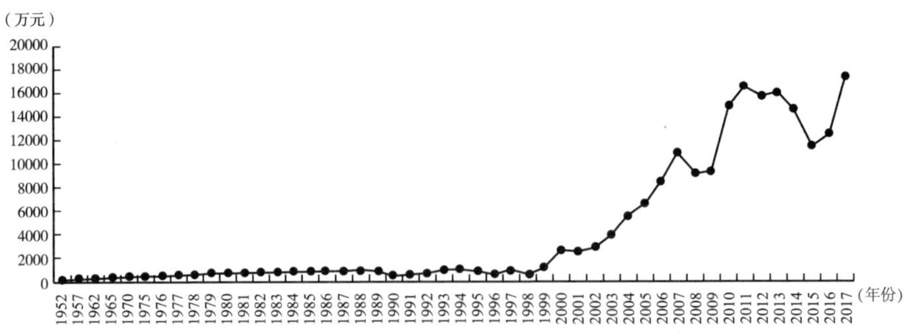

图 6 – 2　1952 ~ 2017 年我国国有控股工业企业利润总额

资料来源：根据历年《中国工业经济统计年鉴》相关数据整理。

图 6 – 3　2008 ~ 2017 年我国国有控股企业利润总额

资料来源：根据中华人民共和国财政部资产管理司相关数据整理。

虽然国有企业利润总额得到了快速增长，但新中国成立以来，反映国有企业经营效率的几个指标都波动较大。如图 6 – 4 所示，每百元固定资产原值和每百元工业产值实现的利润在 70 年间呈现了多个阶段的波动，1952 ~ 1962 年这 10 年间总体下降，之后的 10 年整体上升，但之后的 30 年都持续下降，一直到 2000 年以后才又开始逐步上升。2007 年，国有企业两项指标分别为 9. 8 元和 9 元，达到了 1987 年之后的新高。但 2008 年受到国际金融危机影响，两项指标又出现了大幅下降且影响至今。到 2017 年，两项效率指标分别回落到 5. 7 元和 5. 8 元，这说明国有企业进一步提升经营效率的压力仍然较大。

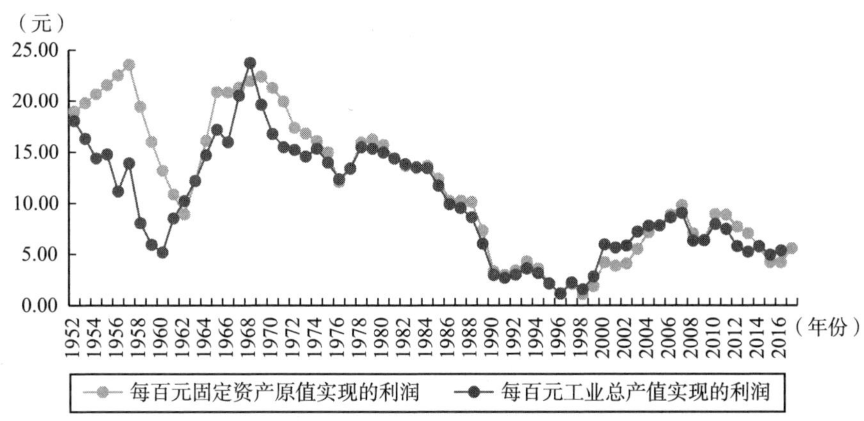

图 6 - 4　1952 ~ 2016 年我国国有企业盈利情况

资料来源：根据历年《中国统计年鉴》相关数据计算。

注：每百元固定资产原值实现的利润 = 国有工业企业利润总额 ÷ 国有工业企业固定资产原价 × 100，每百元工业产值实现的利润 = 国有工业企业利润总额 ÷ 国有工业企业总产值 × 100。

从另一个角度看，国有企业的亏损问题从新中国成立初期就一直存在，风险比较明显。尤其是在计划经济体制下，由于经营动力不强和经营水平不高，经营亏损的国有企业比例和数额逐年增加，即便到了在改革开放之后，亏损问题依然长期存在。如表 6 - 4 所示，改革开放之后，国有企业的亏损情况不但没有改善，反而与总体规模一样，呈现逐年上升趋势，且亏损面也有逐年扩大的趋势，1998 年达到国有企业亏损面的历史高点——48.58% 的国有企业都经营亏损。1998 年后，国有企业经过三年的脱困期改革，亏损面才逐渐缩小。2008 年后，随着国有企业经营自主性的提升，亏损情况才开始好转，一部分长期亏损的国有企业开始扭亏为盈。到了 2011 年，国有企业的亏损面控制到了近几十年的历史最低水平。但由于市场竞争加剧，到 2015 年国有企业的亏损总额达到历史新高的 5134.39 亿元。之后，国有企业开始推行降杠杆、减负债、防风险的供给侧结构性改革，亏损总额开始快速下降，但经营风险依然严峻。

表6－4　新中国成立以来我国国有工业企业亏损情况　单位：亿元

年份	国有控股工业企业亏损总额（1）（亿元）	全国工业企业亏损额（2）（亿元）	（1）/（2）（%）	国有企业亏损面（%）
1972	32.3	63.1	51.19	—
1975	55.1	56.8	97.01	31.4
1978	42.1	45.1	93.35	23.9
1982	47.6	55.8	85.30	21.4
1986	54.5	72.4	75.28	9.8
1990	348.8	453.7	76.88	27.6
1994	482.6	772.5	62.47	24.1
1998	1150.7	1736.9	66.25	41.4
2002	668.5	1131.6	59.08	36.1
2006	1175.8	2272.3	51.74	31.9
2010	1133.5	2359.2	48.05	21.4
2011	2285.3	3913.2	58.40	20.6
2012	3011.97	5672.66	53.10	24.0
2013	2792.46	5571.32	50.12	24.7
2014	3678.8	7035.43	52.29	26.7
2015	5134.39	9366.84	54.81	28.9
2016	4962.7	8289.55	59.87	25.6
2017	3956.38	7130.16	55.49	—

资料来源：根据历年《中国工业统计年鉴》及中华人民共和国国家统计局相关数据整理。

（四）影响力不断增强，但国际竞争力有待提升

新中国成立初期到改革开放之前，国有企业没有竞争，管理者也无需对业绩负责，盈亏都由国家承担。改革开放之后，外资企业开始进入国内市场，民营企业得到快速发展，国有企业开始面临越来越大的经营压力，

但通过市场竞争，国有企业自身也得到发展壮大。从技术创新方面看，国有企业落实创新发展战略，不断加强研发投入，取得了大量自主创新成果。2000～2017 年，中央企业获国家科技进步一等奖 19 项，二等奖 154 项，分别占该奖项的 47.5% 和 27.1%。2017 年国家科技奖励中，中央企业获奖 83 项，占全国奖项的 35.2%，并被成功地运用于航空航天事业、基础设施建设、奥运等项目建设。1995～2018 年，我国进入世界 500 强的内地企业从 3 家上升到 83 家（见表 6－5）。①

表 6－5　　　　我国进入世界 500 强内地国有企业

项目	1995 年	2000 年	2005 年	2010 年	2015 年	2018 年
美国企业	151	178	176	140	127	126
日本企业	149	107	81	71	54	52
中国企业	3	11	18	54	106	120
国有企业	3	9	15	40	83	83
国企营业收入（10 亿美元）	—	188.89	447.20	1799.78	5492.00	5496.53
国企利润总额（10 亿美元）	—	3.55	28.60	113.96	295.84	259.88

资料来源：根据历年《财富》世界 500 强企业相关数据整理。

但与世界 500 强企业相比，中国国有企业盈利能力较弱的短板也十分明显。进入 2018 年世界 500 强的国有企业平均利润率只有 3.5%，低于世界 500 强 4.6% 的平均水平，也远低于上榜的中国内地民营企业 7.2% 的利润率。如果去掉利润率较高的 14 家金融企业，剩下 69 家国有企业的平均利润率只有 1.6%。这说明在面对同样的国内市场情况下，中国民营企业相比国有企业取得了更好的盈利表现。

如果将国有企业与民营企业、“三资”企业的盈利能力进行对比，国

① 根据历年《财富》世界 500 强企业相关数据整理。

有企业竞争力不强的问题就更加凸显。国有企业和民营企业的资产总额分别占全国资产总额的 37.9% 和 22.0%，也就是国有企业的资产总额是民营企业的 1.7 倍，但民营企业的主营业务收入和利润总额却都达到了国有企业的两倍以上，这其中还包括了国有企业在垄断行业获得的高利润率。如表 6 – 6 所示，国有企业总资产收益率和净资产收益率都低于全国工业企业的平均值，其原因是国有企业还有许多资产闲置问题尚未解决，且资产负债率相对较高。

表 6 – 6　2016 年国有、民营、三资企业的收益指标比较　单位：%

收益指标 / 企业类别	总资产收益率	净资产收益率	资产负债率	销售利润率	成本费用利润率
国有及国有控股工业企业	2.95	7.7	61.6	5.2	6.3
民营企业	10.6	21.6	50.7	6.2	7.17
“三资” 企业	8.27	17.99	54.01	7	8.33
全国工业企业平均水平	6.62	15	55.87	6.21	7.3

注：根据数据的可得性，其中总资产收益率 = 利润/总资产，净资产收益率 = 利润/净资产，资产负债率 = 负债/资产，销售利润率 = 利润额/主营业务收入，成本费用利润率 = 利润/主营业务成本（由于 2016 年统计数据没有统计税金及其附加与增值税，指标为利润直接除以主营业务成本，三资企业为外商投资和港澳台商投资）。

资料来源：根据《中国工业经济统计年鉴（2017）》相关数据整理。

三、70 年来中国国有企业改革中亟待解决的问题

新中国成立以来，我国对国有企业的改革步伐就从未停止。在漫长的探索与总结过程中，中国国有企业适应了从计划经济体制向市场经济体制的转变，实现了从国家经营向现代企业治理的转变，兑现了从一家独大到与国内外企业激烈竞争的转变。从对国有企业改革成效的分析中就可以看出，改革的过程将是漫长的，当前国有企业还存在以下四个方面亟待解决的问题：

（一）关于国有企业经营效率高低的争议

国有企业对整个国民经济的效率是正面还是负面影响，在近二三十年是个极具争议的问题。一部分学者认为国有企业由于其本身的天然属性，难以改变其本身经营低效和对市场公平竞争环境的破坏。2018 年世界 500 强企业中，中国大陆上榜的 111 家企业中有 83 家为国有企业。国有企业凭借着垄断地位获得特殊的资源、专有的政策和超额的利润，甚至可以设置进入门槛。从 20 世纪 90 年代开始，我国陆续在电信、航空、电力、铁路、银行、保险等传统垄断行业引入市场竞争机制，鼓励民营企业加入。改革的目的既是为了提高垄断行业国有企业的运营效率，也有利于满足人们日益增长的多元化需求。2000 年以后，在中央“抓大放小”战略和国有企业“保值增值”目标的实施背景下，部分国有企业开始退出竞争性领域。这种政策安排，一方面导致部分国有资产流失问题。另一方面，退出竞争性领域客观上使国有企业更专注于垄断行业经营，利润反而大幅增长，扩大了社会收入分配的差距，还影响了社会就业。2017 年中国民营企业 500 强的净利润总额为 8354. 95 亿元，仅仅比国家电网一家的净利润稍高。国有企业由于垄断产生的高利润与大量民营企业逐步恶化的生存环境形成鲜明对比。有研究表明，在国有企业越多的地区，公众收入分配的差距越大，就业越困难①。与此同时，国有企业由于受到政策和制度的倾斜与照顾，缺乏提高经营效率的动力，低效地占用大量的社会资源，而且导致在内部管理上出现严重的道德和法律危机。一些学者因此提出，对于自然垄断行业的国有企业，应以国民利益为导向，以提供平价高效的公共服务和产品为目标，而不是利用垄断地位获得利润，保值增值也不应该是主要目标。对于不具有自然垄断属性的行业，比如金融业、通信业和汽车业，要坚决打破垄断，鼓励更多经营主体进入市场，提高资

① 张维迎：《理性思考中国改革》，载于《新金融》2013 年第 8 期。

源利用效率[1]。

另一部分学者则认为需要从更加宏观的角度考虑国有企业的经营效率问题。由于国有企业能够弥补“市场和政府的失灵”，同时肩负部分非经济使命，如果将这些作用综合考虑，国有企业还是有效率的，也有其存在的必要性[2]。从全球范围来看，无论是在发达国家还是发展中国家，国有企业作为一种干预宏观经济的手段都是低成本、高效率的。它能够帮助政府有效实施逆周期的经济政策，减小经济运行周期波动的影响，稳定经济发展方式，弥补市场和政府导致的经济和社会公平问题。在发展中国家，国有企业的资源和规模优势，可以充分通过“市场换技术”的手段发挥后发优势，快速实现技术在国内的扩散，甚至是技术赶超。还必须考虑的问题是，在改革开放和经济转型的敏感时期，无论是对于创新投入的企业还是知识投入的个人，市场的风险都快速增长。在高风险、高投入、发展前景不明朗的战略性新兴产业，国有企业通过提供人才培养和社会福利，能够分担政府就业压力，承担降低整体失业风险的责任。

通过分类改革和国有资产投运机制的建立能够部分解决关于国有企业经营效率的争议，强调公益类国有企业的社会责任承担，在商业类国有企业的经营领域充分开放竞争，通过市场机制决定国有资本的参与或退出。真正在未来很长一段时间还将存在争议的是国有企业的创新效率问题。现有研究发现，当前大部分国有企业通过建立现代企业制度，在一定程度上实现了剩余控制权，使国有企业的生产效率得到明显的提升。但创新活动有别于一般的生产活动，现有改革对当前国企创新效率的提升作用很小，我国国企的创新效率依然很低[3]。

---

① 戚聿东、刘健：《中国国有企业改革的未竟使命与战略设计》，载于《中州学刊》2015 年第 2 期。

② 马洪、华斌：《国企属性、非盈利功能与当前国有企业改革的内在逻辑》，载于《福建师范大学学报》2018 年第 3 期。

③ 吴延兵：《国有企业双重效率损失研究》，载于《经济研究》2012 年第 3 期。

（二）关于国有企业承担特殊功能的争议

如上文所述，如果将我国国有企业承担的特殊功能和社会责任考虑到国有企业的效率中，那么国有企业的效率仍然较高。但国有企业是否应该承担这些特殊功能也同样引发了社会各界的大讨论。要从根本上界定我国国有企业的功能和社会责任，才能采用适当的治理和经营机制。著名学者金碚指出，改革开放以来国有企业事实上区别于一般企业，其承担了特殊的功能和社会责任，也具有显著特点的管理制度和企业文化①。王子军、张海清和吴敬学认为国企最基本的性质就是企业，也首先要以盈利为目的②。杨卫东认为不应该将国有企业政治化，他们在不同时期承担的功能是不同的③。

由于我国国有企业全民所有的属性，承担了远多于一般企业的功能，这其中既包括经济属性的功能，也包括社会属性的功能。其一是对冲经济周期，降低系统泡沫和风险的功能，因此国有企业的投资行为往往是与市场短期行为相反的。在我国经济发展的不同时期，国有企业的经济属性功能有较大差异。在宏观经济下行时期，国有企业往往以大面积的并购或适度扩张增加全社会的投资，避免经济快速下滑。而在经济恢复期或高速发展的时期，国有企业反而会主动退出一些经营性市场，缓解市场泡沫。有研究表明，国有企业还会通过逆周期避税、负债等方式帮助政府弥补财政收入减少和刺激经济发展④。其二是承担社会公共物品的经营，即在具有非竞争性和很强外部性的公共物品经营领域，往往由国有企业直接经营外。国有企业还会在教育、医疗等公益性目标领域进行长期投资，从而为

① 金碚：《论国有企业改革再定位》，载于《中国工业经济》2010 年第 4 期。

② 王子军、张海清、吴敬学：《当前国资国企改革发展领域几点争论的述评》，载于《经济体制改革》2012 年第 2 期。

③ 杨卫东：《试论第三轮国企改革》，载于《江汉大学学报（社会科学版）》2010 年第 3 期。

④ 陈冬、孔墨奇、王红建：《投我以桃，报之以李：经济周期与国企避税》，载于《管理世界》2016 年第 5 期。

社会公共服务提供有益补充。其三是贯彻实施国家重大产业和技术的前瞻性布局。在前沿技术和基础研究领域的投资具有很强的外部性和较高的沉默成本，往往很难吸引社会资本的投入。因此，国有企业通常要承担着实施基础技术研发和前沿成果推动的任务，比如交通、通信、核能等方面的投入与建设为全社会技术和经济的发展都提供了保障。

（三）国有资产流失的问题

70年来，不同阶段的改革，也出现了国有资产不同形式的流失，这些流失的方式多样，但总会引发对改革的争论。现有研究总结了国有资产流失主要的几种形式：一是中外合资或股份制改造过程中，国有资产价值低估导致的流失；二是股份制改造过程中将企业股份低价转卖给个人，或将经营所得违规分发给员工；三是将国有资产无偿或低价卖给个人，搞负债持股；四是通过企业分拆，把资金和优良设备有的企业独立，而把坏账、烂账留给原来企业，使股东和债权人承担损失；五是故意将部分国有资产不入账，形成大量的账外资产并伺机瓜分；六是利用“三产”无偿将国有资产低价或无偿转移给集体所有制企业；七是明目张胆地违法违纪侵占国有资产①。

国有资产多种形式的流失也引发了对国有企业改革的争论。其中一方面是我国国有企业的改革是由政府部门主导的，然后由国有企业的经营管理者制定具体的操作方案，这就要同时承受企业所有者与代理者，以及代理者与经营者之间的“双重代理风险”。而且国有企业的上级主管部门很多，国资委、商务部、人社部、发改委等都会对国有企业的改革产生影响。这种政出多门的现象既导致改革方案难以协调，也导致了监督责任不明。加上我国国有企业的改革方案缺少经验借鉴，国有资产涉及面广，国有企业经营者与改革的推动者、资产的所有者之间信息不对称问题严重，

① 胡迟：《国企改革：四十年回顾与未来展望》，载于《经济纵横》2018年第9期。

给了国有企业“内部人”控制国有资产的机会。

另一方面是国家给予国有企业的财政补贴一定程度上导致了国有资产流失的现象。同时也反映出我国还没有建立完善的国有资本经营预算机制，在财政补贴方面还存在漏洞。如果不能对国有企业的财政补贴进行有效审查，不能有效发挥财政补贴的帮扶作用，反而会鼓励各种导致国有资产流失的行为。

（四）法人治理结构有效性的问题

1993 年《公司法》通过以后，国有企业开启了公司制改革的序幕，逐步建立了董事会，开始打造符合现代企业制度要求的治理结构。治理结构是指由股东、董事会和高级管理人员组成的权力结构。当前一些国有企业虽然已经建立起符合《公司法》要求的治理结构，但形似而实不至的问题较为严重，实际治理效果有待提升。其中的原因主要有以下三个方面：

首先，是混合所有制企业中国有资本和非公有资本的股权合作方式还在探索。在国有企业分类改革过程中，哪些企业需要控股，哪些企业只要参股，以及股份如何分配，如何退出等问题，都还在摸索之中。当前改革所实施的多种资本交叉参股的混合所有制经济，其本意是促进国企和非公经济共同发展。但在实际的运行中，出现了不同的解读方式。有的国有企业产权结构多元化改革成效不明显，国有股仍然“一股独大”，难以形成多元利益主体相互制衡的有效的治理体系。有的改革方案放弃了国有资本的控股地位，出现了借混合所有制改革之机，侵吞国有资本的现象。还有的学者提出，要让国有企业有一定选择权，原有制度比较有效的，不愿引入私人资本的，应允许其继续保持现有的模式运行①。

① 卫兴华：《关于深化国有企业改革的几个问题——访著名经济学家、中国人民大学经济学院卫兴华教授》，载于《思想理论教育导刊》2015 年第 12 期。

其次，是混合所有制国有企业的治理机制还不完善。国有企业母公司层面的股份制制改革还有较长的路要走，整体上市等制度性难题还缺乏有效解决方案。股东大会、董事会、监事会等治理结构虽然在国有企业已经普遍设立，但监管机构、董事会和管理层之间的关系还有许多问题，董事会结构、董事的任免和考核、外部董事的评价、管理层的激励约束等方面还有很多没有理顺的环节。这导致民营资本对由国有企业发展混合所有制的改革方案存在疑虑①。如果国有企业的治理结构有形无实，缺乏权力制衡，民营资本将无法抗衡而被侵吞。

最后，是国有企业治理结构中的角色冲突导致的职责不明确、监督不力和效率降低。虽然不少学者呼吁应该取消国有企业高级经营管理者的行政级别，但在国有企业甚至上市公司的法人治理结构中，董事长、总经理、独立董事等角色拥有行政级别的不在少数，这与发展混合所有制企业、建立现代企业制度、实现市场化竞争的改革最终目标相矛盾。

四、70年来中国国有企业改革的经验总结

70年来，中国的国有企业改革取得了阶段性的成功，走出了一条具有我国特色的改革道路，既坚定了改革的信心，也为进一步深化改革积累了丰富的经验。中国的国有企业改革没有照搬其他国家的特定模式，而是采取以点带面、上下配合、先易后难、循序渐进的方式展开，在探索中推进改革，在改革中谋求发展。及时总结我国国有企业改革与发展的历史经验，将为深化国有企业改革提供新的思路和启发，为全球企业发展贡献“中国智慧”和“中国方案”。

---

① 杨红英、童露：《论混合所有制改革下的国有企业公司治理》，载于《宏观经济研究》2015年第1期。

（一）产权改革是国有企业改革的核心内容

国有企业是国家所有，但国家不可能是权力的真正行使者，所以导致国有企业无法以企业所有者对自己利益的控制为基础来建设相应的治理机制，导致出现了企业所有者与代理者，以及代理者与经营者之间的“双重代理风险”。对于企业而言，经营者的执行效果不佳可以马上替换，所有者可以通过产权转让的方式来“用脚投票”。但是，国有企业是全民所有，无法转让产权，代理者是政府部门，经营者是政府任命的干部，导致代理者和经营者也很难替换。更大的问题是，由于没有明确的利益代表人，对经营者和代理者的监督、考核、激励都缺少明确的责任人，这几乎可以用来解释国有企业存在的一切管理问题[①]。因此，70 年来，国有企业的每次取得成效的重大改革都离不开产权问题。开放之前的国有企业具有高度集中的所有权和管理权，初期的放权让利虽然一定程度优化了资源配置，但没有真正涉及国有企业产权改革，效率问题没有得到根本性解决。从 1998 年开始推行的“抓大放小”战略，将小型国有企业的产权转让出去，真正涉及到了国有企业的产权，并且推动了民营经济的迅速发展壮大，也使国有企业逐步实现了盈亏平衡。但“抓大放小”没有触及大型国有企业的产权问题，国有企业经营的隐患并没有得到全面解决。

2003 年设立国有资产监督管理委员会，通过《企业国有资产法》认定作为国有企业产权主体后，我国国有企业的产权改革脱离西方的产权理论，开始进行创造性的尝试。党的十八届三中全会将混合所有制上升到基本经济制度重要实现形式的高度之后，产权改革的步伐不断加速。国有企业的产权主体逐步让出在竞争性领域的主导权，从控股地位转变为参股地位，通过产权主体的国有资本管理活动替代国有企业，充分利用民营资本的效率在竞争性领域参与经营活动，提升国有资本的收益率。在垄断行业

---

① 王新红：《国企改革：股份制企业治理机制的中国式探索》，载于《法学》2018 年第 1 期。

的国有企业也开始推进混合所有制改革，引入民营资本，探索企业员工持股，健全法人治理结构，推行职业经理人制度等优化产权结构和治理结构。

把国有企业改革的着力点放在资本层面，就无需纠结国有是否控股的问题，国有资本可以选择是否放弃控股权，或保留部分国有股权，形成与其他所有制资本的混合结构。此时，企业是由国有资本投资运营公司以股权方式参与，以股东身份参与企业经营决策，这样能够给予企业更大的自主权，给董事会足够决策权。虽然在改革的过程中，学术界和企业界一度围绕是否应推行产权改革展开激烈争论，但我国社会主义市场经济的发展实践指明了产权改革的必然趋势。

（二）国企改革是一个循序渐进的过程

我国国有企业改革是一项全新的任务，其他国家的历史经验很难作为参照，没有成熟经验可供借鉴，每一项改革措施的出台和推进，即便经过事前反复论证，在落实过程中还是会遇到许多意料之外的问题。根据制度变迁理论，制度就是要根据市场的变化做出不断调整，因此新中国成立 70 年也是国有企业改革和制度发展不断探索的 70 年。而这也只是国有企业改革与发展历程中的一个阶段。从具体过程看，大体可以分为五个循序渐进的阶段。第一阶段是从 1949 年新中国成立到 1977 年改革开放之前。这一阶段国有企业的改革主要有两个方面的尝试：一是建立的具有中国特色的国有企业管理体制；二是中央和地方对国有企业管理权的分配。总体来看，这一阶段的国有企业的改革都属于尝试性的，没有取得实质性的成果。第二阶段的改革是从 1978 年到 1993 年改革开放的探索阶段。这一阶段，国企改革以“放权让利”为基本目标，通过利改税、承包经营等方式，赋予国企更大自主权，提升管理者和员工的积极性。这一阶段的改革探索，初步使国有企业具备了竞争意识和独立经营能力，为下一阶段真正走向市场的改革奠定了基础。第三阶段是从 1993 年到 2002 年的制度创新阶段。“抓大放小”是该阶段国有企业改革的主旋律。微观层面，国有企业逐步推进从产权、治理结构到管理制度的全方位制度改革。这一阶段的改革实现了国家对国有企业的战略布局和整体结构的调整。第四阶段是从2003 年到 2013 年的国有企业资产管理体制改革阶段。通过设立国有资产监督管理委员会，这一阶段的改革真正实现了国企所有人与管理者职能的分离。政府机构对国有企业的管理责任从管企业转向管理资本，为进一步激发国有企业的活力奠定了体制基础。但由于垄断行业进入壁垒、国有企业管理者身份、法人治理结构有效性等方面的问题，国有企业的“行政性”身份依然浓厚。第五个阶段是从 2013 年至今的全面深化改革阶段，这一阶段的改革目标是进一步完善国有资产管理体制，包括试点国有资本的投运机制、完善监管机构职能、建立国有资本授权经营机制和国有企业法人治理结构等等。将竞争性业务全面推向市场，推动国有资本向关系国家安全和经济命脉的重要行业和关键领域集中。结合国际经济形势变化，进一步深化改革，控制经营风险。

国有企业改革是一个由易入难的过程。新中国成立初期的改革，主要在管理权的范围展开，焦点集中在明确与界定中央与地方对国有企业的管理权限方面。这种范围的改革并没有触动国有企业问题的内在矛盾，因此没有达到预期效果。改革开放后，国有企业采取循序渐进改革的思路，先调整体制内的资源和权力，再推动制度创新，遵循从量变到质变的规律，通过长期的改革逐步实现了国有企业改革的根本性转变。这是新中国成立70 年来中国国有企业改革过程中最基本的经验。我国的国有企业改革之路还将面临更多问题，仍应坚持这条循序渐进的改革之路。

国有企业改革是一个设计与探索交互演变的过程。“摸着石头过河”是我国改革开放的经验之举，也是国有企业 70 年来改革的真实写照。国有企业的改革起于基层探索，而后再归纳总结再设计、再推广。在发挥集中力量顶层设计的优势基础上，对基层实践进行引领和指导，鼓励基层从实际出发、有的放矢地先行先试，聚焦问题、因地制宜、大胆探索，尽可能好地打好示范战，取得第一手改革材料。把基层探索和试点过程中出现的问题、想到的方法、发现的规律及时归纳成具有一般性的经验，各地在自身改革现状的基础上应用。围绕探索过程中出现的重点和难点问题，由顶层站在更高的起点再重新设计，如此形成一个改革的顶层设计与基层探索交互演变、良性循环的过程。

（三）国企改革要遵循分类原则

在国有企业改革的每个阶段，由于改革经验的不成熟，不同程度地出现了“一刀切”的管理方式，但随着改革的不断深入，推进国有企业分类改革被逐步确立为发展中国特色社会主义市场经济的必然结果①。初期的国有企业改革，虽然也有针对部分国有企业的试点改革，但总体 200 多万家国有和集体企业没有分类，而是按照统一的模式来推进的。比如 1990 年，90% 的国有企业都实行了承包经营责任制。这种“一刀切”的改革导致国有企业的整体效率提升不明显。在建立现代企业制度阶段，国企的公司制改革开始出现分类的实践探索。1997～1999 年，实行了不同形式的公司制试点，改制为股份有限公司的占 23%，改制为国有独资公司的占 38.8%，并通过破产、重组、合并等形式淘汰了一部分亏损和落后的企业。

2015 年后，《关于深化国有企业改革的指导意见》将国有企业分为公益类和商业类，而商业类又再分为处于充分竞争行业和领域以及其他行业和领域。从产权层面上看，不同类型国有企业的混改模式不同。对公益类国企，一般采取国有独资的形式，但在部分领域也允许非国有资本参与，鼓励非国有企业通过“购买服务、特许经营、委托代理”等方式参与经营过程，并采用社会评价进行监督和约束。对主业处于充分竞争的行业和领域的国有企业，在股份制改革基础上积极发展混合所有制，国有资本可控股、可参股。对主业处于非竞争领域的商业类国企，包括关系国家安全、

---

① 穆艳杰、张忠跃：《新时期我国国有企业分类改革问题研究》，载于《当代经济研究》2018 年第 3 期。

国民经济命脉、承担重大专项任务的领域，要保持国有资本的控股地位，但也支持非国有资本参股。对处于自然垄断行业的商业类国企，根据不同行业特点不同程度放开竞争性业务。

从改革目标上看，不同类型国企的改革目标有显著差异。商业类国企的改革目标是提升效率、资产保值、增值和增强企业竞争力，一方面在竞争性领域收缩甚至退出可以提升效率，另一方面在特殊功能、战略新兴行业领域的投入对经济转型至关重要，因此目标实现的难点在优化结构布局与提升效率之间取舍。公益类国企改革的目标则在提供高水平的民生保障和社会服务基础上提升运营效率。

从监管角度上看，国资委对不同类型的国企实施分类考核和分类监督才能强化目标导向。对处于竞争性领域的国有资本，监管部门只需要扮演“资本管理者”的角色，由市场机制实现资源配置和消除行政垄断对效率的影响，创造公平竞争的环境。国有资本与民营资本平等竞争，同样追求利润最大化，由市场决定优胜劣汰。对处于非充分竞争领域的商业类国企，实行“特许经营＋政府监管”，监管部门同时扮演“资本管理者”和“资产管理者”的角色，但以前者为主，发挥国有资本在国民经济关键领域的主导作用。对公益类国有企业，遵循传统国有企业的国家经营模式，监管部门扮演“资产管理者”的角色，保障公共产品的质量，同时更具宏观公共产品市场的供需变化，调整公告产品供给，满足社会需求。

由于国有框架下政企分开和产权不可交易的难题难以解决，国有企业分类改革的必要性已经毋庸置疑①。如果不加分类地将国有资产与市场融合，会使其陷入进退两难的境地——赚了钱被指责损害市场公平，不赚钱又无法实现国有资产的保值增值，甚至导致国有资产流失。通过分类改革，不同类型的国有企业根据自身的功能定位，根据不同行业和领域的特点分类改革，可以避免陷入“国进民退”和“国退民进”的争论漩涡，部

① 中国宏观经济分析与预测课题组：《新时期新国企的新改革思路——国有企业分类改革的逻辑、路径与实施》，载于《经济理论与经济管理》2017 年第 5 期。

分国企可与市场经济有机结合，另一部分确保自身的属性与功能。然而，国有企业数量多、性质复杂、涉及领域广，目前对国有企业的分类，还较为笼统，在具体指导实践过程中还会遇到很多问题。比如，电力企业的主营业务既是公益类又是垄断类，很难明确地区分开来，而且电力企业的主营领域包括发电、输电和售电三大部分。因此，要按照行业笼统地划分国有企业很困难，还需要在改革过程中不断探索来确定更为精准的分层和分类管理办法。

（四）国企改革与国家经济宏观政策相呼应

加快我国经济结构的调整是深化中国经济体制改革的重大任务，也是深化国有企业改革的重要目标。改革开放以来，国有企业通过收购兼并、重组上市、关闭破产等多种形式，积极推动了我国经济结构的调整，成效显著。在计划经济时期，我国国有经济占90%以上的市场份额，遍及国民经济发展的所有领域，产业结构方面第一、第二、第三产业的占比接近。改革开放后，国有经济布局和结构按照建立完善社会主义市场经济体制的要求进行调整，形成比较合理的布局和结构，国有企业也相应地收缩战线，缩小范围，特别是实行抓大放小的改革措施后，国有企业适当缩小在非重要、一般竞争性行业或领域的投资比重，集中投向重要行业或领域，组建了跨地区、跨行业、跨所有制和跨国经营的大集团，国有企业改革不仅适应国有经济布局的要求，还积极促进了产业结构调整的要求。改革开放以来，我国三次产业在GDP中的结构总体上呈现由三次产业比例接近的“二一三”向第二产业占比突出的“二三一”，再向第三产业逐步主导的“三二一”的演变趋势。在这一过程中，国有企业在产业政策的支持引导下，充分发挥了自身禀赋优势，把握住全球技术革新和产业链重构的机遇，实现了长足发展，国有企业的劳动生产率得到较快提升，推动涌现出一批新的产业模式和组织形态，促进产业空间布局优化和优势产业集群壮大，为经济的持续增长以及新旧动能的转换提供了重要支撑。当前，我国国有经济布局仍然过宽，相当数量的国有资本并不处于关系国家安全和国民经济命脉的重要行业和关键领域，不少企业还处于亏损或微利状态，因此，国有企业改革还应继续适应国有经济布局结构调整的要求，进一步推进国有资本向关系国家安全和国民经济命脉的重要行业和关键领域集中，打造一批世界一流的大企业。

新中国成立 70 年来，尤其是改革开放之后，我国经济高速增长，但这一时期的发展主要依靠的是大规模的要素投入。目前我国的经济结构已经发生了根本转变，人口红利逐步消失，投资驱动力递减，生态环境承受力已经临近极限，这些现实因素要求我国经济发展要寻求新的动力。党的十八大明确提出“实施创新驱动发展战略”，国有企业特别是中央企业改革的战略目标也开始转向创新驱动发展。一方面，大型国有企业通过建立产学研协同创新联盟，强化国有企业在技术创新中的主体地位，充分发挥在资源和人才方面的优势，利用协同创新平台促进科研院所的基础技术研发，激发中小企业的创新活力，推进产业新技术的研发和应用，从而整体提升了国家技术创新能力。从 2010 年以来，国家科学进步奖共评出 9 项特等奖，全部由中央企业主导，各类奖项中超多半数由中央企业和国有企业完成。另一方面，国有企业的创新战略具有溢出效应，通过技术创新打造新兴产业链、提供技术输出服务、培养创新人才等方式，引导创新资源合理流动，发挥技术创新的龙头引领作用，结合所有制改革带动民营企业和上下游中小微企业共同发展，充分发挥了创新扩散作用，完善了地区新兴产业布局。

除了技术创新外，国有企业也是“走出去”战略和“一带一路”倡议的先行者。“一带一路”倡议是我国产业供给侧改革和国际经济战略的重要创新举措，具有长远的意义。国有企业是最早践行“走出去”的企业，熟悉国际运作规则，拥有很强的并购能力。国有企业一方面通过向相对落后国家和地区转移技术，占领国际市场，推进国内供给侧改革和产业转型升级；另一方面通过技术创新和国际并购，打入发达国家市场，学习和吸收国际先进技术与运作经验，带动国内产业创新和企业走出去。截至 2019

年 2 月，中央企业与“一带一路”沿线国家的企业共建了 3120 个项目①。这些项目的建设，带动了当地的就业，促进了经济社会发展，改善了当地人民生活环境，同时也积累了丰富的合作经验，对我国企业“走出去”参与国际合作与竞争具有重要的参考价值。

（五）改革配套保障与改革策略相匹配

国有企业的改革自上而下牵涉多方面的利益，是庞大的系统工程。新中国成立初期，国有企业就处于计划经济管理体制下，积累了多种矛盾，使后来的改革“牵一发而动全身”。在改革的同时，还要妥善处理好各方面利益体主体的相关问题，实行配套保障政策和措施，才能持续、稳定推进改革。否则改革就会遇到阻力，好不容易取得的成果也会付之东流。在新中国成立 70 年来的多个阶段中，国有企业改革都实行了相关的配套政策，为改革提供了相对稳定的环境，也维护了整个国民经济和社会的稳定。比如，如伴随着“抓大放小”战略的推行，出现了大量的国有企业下岗工人。国务院出台了国有企业下岗工人基本生活保障的相关政策，保障了下岗工人的基本生活，有效地稳定了他们的情绪，并积极通过各类措施帮助下岗工人再就业实现平稳过渡。再比如，在国企建立现代企业制度的初期，为让经营不善的国有企业退出市场，我国推行了政策性破产制度，这一过渡性措施现已经被《破产法》取代。我国从计划经济体制向市场经济体制转变的时期，建立起了国有企业退出市场的机制，以帮助国有企业成为市场主体。从 2013 年开始，国有企业在党的十八大精神指引下，开启了全面深化改革阶段。2015 年 9 月，中共中央、国务院发布了《关于深化国有企业改革的指导意见》，提出了全面深化国有企业改革的目标任务和重大举措，成为新时期国有企业改革的顶层设计方案。在这之后，22 个配

① 王文博：《央企“三个共赢”助力“一带一路”建设持续深化》，载于《经济参考报》2019 年 4 月 29 日。

套文件陆续出台，形成了“1 + N”政策体系。这些政策包括很多实施方案、配套保障和操作细则，相互配合下持续推进了国企的改革，提升了改革的系统性和协同性。

未来国有企业改革还会遇到很多困难，触及到不同的利益体。下一阶段的国有企业改革同样需要一系列的配套保障措施，不仅要激励非国有资本所有者参与到混改中，也要保障国有资本的合法权益，避免出现新形式的国有资产流失，还要保障国有企业经营管理人员和全体员工的权益。

五、深化新时代中国国有企业改革的政策建议

党的十九大报告明确提出“推动国有资本做强做优做大，发展混合所有制经济，培育具有全球竞争力的世界一流企业”。这一表述指出了未来国有企业改革的任务和目标。为实现这一目标，深化我国国有企业改革可以从以下几个方面发力。

（一）以习近平新时代中国特色社会主义思想指引国有企业改革方向

习近平新时代中国特色社会主义思想是国有企业改革的指导思想。习近平总书记在十九大报告中指出：“必须坚持以人民为中心的发展理念，不断促进人的全面发展、全体人民的共同富裕”。这一重要论述指明了国有企业改革是“为了谁”的根本出发点。因此，推进国有企业改革必须坚持以人民为中心，以解放和发展社会主义生产力，逐步改善人民生活为方向，继续确保国有企业的社会责任担当，突出国有企业科技创新的带动和突破效应，体现国有企业在整合行业资源和协调发展方面的优势，发挥其在防范重大风险、精准扶贫、绿色发展方面的示范作用。结合当前我国国

有企业改革遗留的问题和国内外经济发展形势，新时代推进国有企业改革要遵循三个主要目标：一是继续做强做大，巩固国有企业和国有资本在关键领域的主导地位。这是关系到我国社会主义性质的问题，是新时代发展中国特色社会主义的必然要求。二是坚持创新驱动，满足新时代人民日益增长的美好生活的需要。必须强化国有企业创新主体地位和引领作用，为引领产业变革、提升人民生活品质、促进可持续发展、保障国家安全提供强有力的技术支撑。三是培育具有全球核心竞争力，并具备应对各种经济和政治风险的能力，才能够在全球产业发展变革中拥有话语权和影响力，在世界舞台贡献中国力量。

（二）完善规范并推广国有资本投资与运营机制

党的十九大报告明确提出“推动国有资本做强做优做大”，也就是说，“做强做优做大”的主体不再是国有企业，而是国有资本。通过建立国有资本投资运营公司，将国有资本管理的职能从国资委分解到国有资本投资运营公司，实现国资管理主体从行政管理向市场经营的角色转变。改变由于国资委与国企二级委托代理关系所导致的一系列代理问题，降低国资委对国企决策的直接干预。让国有资本投资运营公司作为投资方和出资人参与公司治理，能够在一定程度上实现国有企业转变为混合所有企业，促进混合所有制改革。

2014 年起，国资委先后选择了 8 家央企开展国有资本投资试点，并选择了 2 家央企开展国有资本运营试点。在 37 家省级国资委中，21 家改组为 52 家国有资本投资、运营公司。但是，目前的这些改革还完全没有涉及国有资产管理体制。改组成立的企业虽然具备了董事会等公司治理结构，但这些机制实际发挥的作用并不明显。而是应该把国企改革的着力点放在资本层面，也就不再需要纠结国有资本是否控股的问题。国有资本既可以放弃控股权，也可以保留控股权，或者部分股权，形成与其他所有制资本的混合所有结构。在这种情况下，国有资本参股的企业是由国有投资运营公司以市场化方式投资，以股东身份参与企业经营决策，无论是政府还是投资运营公司都必须遵循《公司法》所规定的方式参与公司角色，给董事会足够的决策权。

2018年7月，国务院印发《关于推进国有资本投资、运营公司改革试点的实施意见》，该意见首次明确了对国有资本投资和运营公司的政府直接授权模式以及国有资本投资、运营公司的定位、职责、运营模式。由于国有资产管理体制改革涉及的是政策制定者的权利，在改革和实施的过程中，会面临很多的阻力和困难。比如到底哪些企业转变成国有资本投资运营公司，将哪些权力授予给国有资本投资运营公司，国有资本投资运营公司如何给企业更大自主权，等等。国有资本授权经营机制还需要规范出资人与企业关系，界定所有权与经营权边界，明确授权方式。既要充分授权，确立企业市场主体地位，也要建立有效的监督机制，防止国有资产渎职性流失。总的来说，从管资产向管资本的转变，是国有资产管理体制改革的必由之路，无论有怎样的困难，国有企业未来的改革都将沿着这一方向，继续推进国有资产管理体制改革。

（三）推动新时代的混合所有制改革

党的十九大报告强调，“必须把发展经济的着力点放在实体经济上，把提高供给体系质量作为主攻方面”，并提出包括注重资产的质量，加大处置低效无效资产力度，处理“僵尸企业”，降风险等一系列的改革要求。这说明当前我国资本的经济布局和结构还不太合理，重复建设以及恶性竞争的现象依然存在，需要推动符合新时代经济发展要求的“混合所有制”改革，进一步重组和优化国有资产，有效化解过剩产能，持续推进供给侧的结构性改革。根据《关于深化国有企业改革的指导意见》，未来在充分竞争领域的商业类国有企业将加快重组步伐，运用融资、转让、并购等市场化手段，引入各类所有制资本战略投资，与产业链相关、资源互补各类企业重组，提升国有资本的经营效率，增强国有企业的行业竞争力。

商业类其他领域的国有企业和国有资本将根据国家战略和全球竞争的需要，向前瞻性、战略性行业和产业链核心技术领域集中，紧紧把握全球新一轮科技革命和产业变革重大机遇，尤其是与数字经济发展壮大密切相关的“互联网 +”传统产业、新一代信息技术、智能制造、新材料、新能源汽车、数字创意等战略性新兴产业，推动更广领域新技术、新产品、新业态、新模式蓬勃发展。公益类国有企业将进一步明确设定非商业性的政策目标，在加强政策引导和监督管理的同时，加大财政和政策性资本投入，使得国有资本充分保障国计民生和国家安全。

历史经验告诉我们，并购重组是优化国有资本结构和深化国企改革的有力举措之一。首先是可以迅速做强做优做大国有资本，提升国有控股企业在全球的影响力和竞争力。其次是可以有效化解过剩产能，处置“僵尸企业”，进一步优化国有资源的配置，提高全要素生产率，符合当前整体经济在供给侧结构性改革方面的需要。第三是并购重组可以推动国有资本在结构方面重新布局，使得国有资本更多地在关系国计民生、国家安全和经济转型需要的重要领域和关键行业集中。

从近几年央企并购重组的情况来看，主要有三种类型。第一种是强强联合，第二种是吸收合并，第三种是产业链上下游之间的重组，比如原材料和加工制造企业的重组，推动了原本低效、过剩的制造环节向价值链高端延伸，提升了国有企业在全球产业链上的竞争优势。

2018 年以来，地方国有企业的改革方案陆续出台，并购重组仍然是作为优化资产的重要手段，并同时下达了国企改革责任状，出台了路线图和时间表，预计未来 1 ~ 2 年内，各地国有资本的并购和重组的力度将持续加大，进入密集落地的提速期。未来国有资本的布局将紧紧围绕全球新一轮科技革命和产业变革的重大机遇，支持发展壮大新一代信息技术、新材料、新能源、高端装备、新能源制造业、节能环保、数字创意、生物技术等战略性新兴产业，运用资本力量推动新模式、新业态、新产品、新技术在更广阔的领域蓬勃发展。

（四）加快国有企业全面创新的步伐

随着国有资本管理机制逐步建立，国有企业制度改革的重心将逐步由产权和治理结构层面落到企业微观管理层面，需要通过制度创新、商业创新、科技创新破解国有企业在人才激励、权力制衡、竞争力提升方面的桎梏，确保产权和结构层面改革的成果最终真正实现激发企业活力的目的。从宏观背景来看，党的十九大报告对我国经济发展做出了“从高速增长阶段转向高质量发展阶段”这一重大判断，这是对我国经济未来高质量发展提出的明确要求。国有企业和国有资本是国有经济的核心载体，国有企业及国有资本主导未来的改革也将为这一要求服务。国有企业的创新，包括制度创新、科技创新、商业创新在内的全面创新正是未来推动实现这一目标的最重要路径。目前我国的世界 500 强企业除了金融企业外，主要集中在矿业开采、工程建设等高能耗领域，科技和创新水平不高。面对日益激烈国内经济转型升级压力和国际市场的竞争压力，国有企业亟须进一步提高创新水平，才能实现高质量发展。

首先，国有企业应当在经济创新驱动发展的转型过程中发挥骨干带头作用。党的十九大报告指出，“创新是引领发展的第一动力，是建设现代化经济体系的战略支撑”。其中，关键核心技术的投入与研发是国之重器，对推动高质量发展、把握技术革命机会、保障国家安全具有重要战略意义。因此，国有企业必须勇于承担科技创新的攻坚重任，引领关键行业的技术突破发展，着力培育一批能够满足国家重大战略需求、引领未来全球技术方向、决定国际竞争合作的创新人才。同时，利用国有企业的资源和制度优势，打造创新人才高地，积极引进具有国际水平的创新团队、战略管理人才、科技领军人才和青年潜力人才，尽快攻克和掌握一批具有前瞻性、原创性和颠覆性的核心技术。

其次，要进一步推进国有企业治理结构的创新，发挥党组织在国有企业治理机制中的作用，才能更好体现国有企业公益性质和发挥国有企业战略作用。现代企业制度在治理结构方面的实践主要是在西方文化和制度背景下产生的，而且在过去十多年间也出现了重大的舞弊案例，因此未来国有企业不能仅仅依靠拿来的西方企业治理结构。国有企业可以按照《公司法》的要求，创新企业的治理结构和运行机制，在党组织把方向、管大局、保落实的大前提下，让各种所有制参与人充分讨论治理机制的科学性和可行性，明确规定各方权责。使得治理机制既体现党对国有企业的政治领导、思想领导和组织领导，确保国有经济推进现代化建设，响应国家经济政策，贯彻党的重大战略部署。但又要确保董事会的决策权和管理层的执行权，避免出现对国有企业日常经营管理的越位干预，维护股东权利。

最后，国有企业要加强创新的基础研究，增强应对全球经营风险的动态能力。国有企业将面对的是日益提升的国内市场新消费需求和竞争激烈的全球市场，只有在企业自身立足的行业和领域建立扎实的技术和管理基础，才能在市场升级与世界一流企业竞争中生存下来。世界一流企业的特点是能够根据全球竞争环境的变化，动态调整支撑其竞争力的关键要素及其组合。这种动态调整能够帮助企业应对各类经营风险，实现竞争力的维持和持续提升。

（五）赋予国有企业更大的经营自主权

在国有企业改革的多个阶段都体现了赋予国企经营自主权的改革方向。从改革开放之初的“承包制”就是直接以扩大经营自主权为目的，赋予了国有企业承包者剩余利润的控制权和分配权，到2000年左右的“抓大放小”战略实际上彻底放开了对中小型国有企业的控制权，最后通过建立国有资本投资、运营体系，将对大型国有企业的直接管理转变为基于现代企业治理架构的间接管理，同样是赋予了这些大型国有企业更多的经营自主权。未来国有企业的改革需要在执行环节进一步落实经营自主权，具体包括：

首先，需要转变国资委的监管方式，以确保企业经营自主权为核心，推进监管方式的市场化转变，最大限度地减少各种形式以监管为名义的行政干预。将涉及公共利益的监管职能从国有资本监管工作中剥离出去，比如信访、环保、安全等非经营性监管工作交给其他对口的政府部门。

其次，改革人事任免机制，将部分人事任免权交回给企业。在国有资本控股的企业，确保由熟悉企业管理规律的领导干部担任管理者职位，探索国企责任人退出机制，让无法胜任的管理者干部及时退出企业，逐步建立进出、进退有序的国企责任人任免机制。赋予董事会对于管理层选聘、任免和解聘的权力。董事会依据《公司法》和企业规定的章程开展管理层的业绩考核与薪酬激励，逐步将所有权和经营彻底分开。

再次，避免越级监管。在监管层面上，国资委只监管资本投资、运营公司这个层面，不能越级对其下属的国有企业进行监管。可借鉴自贸区监管采用的“负面清单”模式以及新加坡淡马锡模式，对国有资产管理保持“一臂之距”，以激励替代救助和补贴①。国资委通过制定“负面清单”，改革并实施监管授权的“负面清单”机制，实现对投资和运营两类公司管理的去行政化。

最后，推动国有企业激励机制的创新。不论是在商业类还是公益类国有企业，都应加快创新激励机制，构建分层分类、多轨、宽幅的薪酬体系，增强国企的薪酬竞争力，激发员工与管理层的积极性。构建“责任制”与“容错机制”并行的管理层考核机制，将因缺乏经验大胆创新而导致的失误与明知故犯的错误决策区分开来，将尚无明确规定和明显规律的探索性尝试与国家明令禁止的违规违法行为区分开来，将锐意改革的无心之失与谋取私利的违法违纪行为区分开来。要给予国有企业管理者充分授权，鼓励、支持他们大胆开展突破现有体制机制束缚的制度创新，营造鼓励创新、允许犯错、宽容失败的氛围。

---

① 何小钢：《国有资本投资运营公司改革与国企监管转型——山东、重庆和广东的案例与经验》，载于《经济体制改革》2018 年第 2 期。

（六）探索“走出去”和“引进来”双线并轨的国际化发展路径

国有企业作为我国“走出去”战略和“一带一路”倡议的重要实施载体，从2000年开始以中石油和中石化为代表的国有企业已经开始引入境外战略投资者参与经营管理，以实现更加充分地融入国际产业链分工中。同时，更多国有企业积极展开国际并购活动，吸收海外优质企业资源，提升国有企业在全球价值链中的地位。这种“走出去”和“引进来”双轨制的国际化尝试，将在未来的国有企业产权改革和国际化发展中得到进一步的推广，并逐步实现并轨。在部分发达国家实施“逆全球化”和我国“一带一路”倡议得到不断响应的双重背景下，国有企业可以通过“走出去”和“引进来”战略的不同顺序组合运用，将经营市场逐步由国内转向海外相邻市场和全球市场。对于一部分已经具有较强国际竞争力和较丰富国际化经营经验的企业，可以综合考虑资本、管理、人才等方面的要求，实施“引进来”和“走出去”双线并轨的国际化战略。而国际化经验不足或开展国际化经营资源不足的国有企业，可以通过海外上市或者股权转让的方式引入境外战略投资者，开启海外市场和国际产业链的布局。

第七章 70 年来中国收入分配制度改革的回眸与展望

分配是社会经济的关键领域，它与生产、交换、消费共同构成了社会再生产的总过程。实践证明，合理、有效的收入分配制度，对一国经济的稳定和可持续发展至关重要，它不仅关系到社会经济的改革、发展与稳定，而且关系到人民群众的根本利益。总体而言，新中国成立 70 年来我国收入分配制度始终贯彻按劳分配原则。同时，根据生产资料所有制和生活资料占有从公有化到多元化的转变趋势，我国收入分配制度改革也推动分配形式从单一化迈向多样化并存。实践证明，我国收入分配制度改革从侧重公平到侧重效率再到侧重公平的演变历程与中国经济增长密切相关。从新中国成立至改革开放前夕，我国国民经济主要处于恢复与发展阶段，经济基础较为薄弱，国民收入整体水平不高，同时受社会主义计划经济体制的影响，我国收入分配制度倾向于平均主义的按劳分配制度。但改革开放以来，尤其我国经济进入高速发展时期，我国国民经济处于迅猛发展和转型时期，国民收入整体水平较高，在社会主义市场经济体制的推动下，我国收入分配制度始终围绕效率与公平进行改革，并在相当长的一段时期致力于缩小贫富差距，最终实现国富与民富同步、经济发展与居民收入增长同步、劳动生产率提高与劳动报酬增长同步。实践证明，经过 70 年的探索与实践，我国收入分配制度的改革在取得显著成效的同时，也深刻揭露了我国收入分配制度改革的艰巨性与复杂性，更加证实了我国收入分配制度改革的困境与阻力。可见，我国收入分配制度改革是一项持续的、系统的、复杂的历史工程，只有通过政府与市场、社会与经济之间多维度、宽领域、深层次的互动与协调，才能进一步完善以适应和引领经济新常态的收入分配制度的顶层设计，促进我国经济社会健康稳定发展。

一、70年来中国收入分配制度改革的演变历程

新中国成立以来，我国收入分配制度改革主要围绕经济体制改革持续推进。其中，我国收入分配制度改革贯穿社会主义制度建设的始终，随着经济体制改革的不断深入，我国收入分配制度改革通过一系列积极探索并最终取得了根本性的突破。总体而言，新中国成立70年来，我国收入分配制度改革坚持以按劳分配为原则、以人本思想为引领、以效率公平为主线、以民富优先为导向，主要经历了萌芽阶段、起始阶段、深入阶段、完善阶段和成熟阶段等五个阶段。

（一）探索阶段：倾向平均主义，陷入单一按劳分配格局

这一阶段是从新中国成立到十一届三中全会召开前。这个阶段，我国收入分配制度改革的思想是有差别的平均主义思想，并最终陷入了单一的按劳分配形式。这主要有两个方面的原因，一方面是新中国成立初期对马克思关于社会主义按劳分配论述存在教条式理解，认为单一的社会主义公有制下，应当推行生产资料公有化及生活资料的平均化；另一方面是对新中国成立初期社会生产力处于低水平、国民收入处于低水平的现实国情的客观反映，认为低水平的生产力下，应当对社会总产品进行平均分配，才能最大限度地保障最广大人民群众最基本的需求，推行“按需分配”。同时，新中国成立后，城乡“二元”户籍制度也使得这一阶段收入分配制度

呈现城乡分割、平均主义的特点。

1. 工资制取代供给制，形成统一模式的收入分配制度

1949 年中华人民共和国成立后，整个国民经济尚处于战后恢复期和休整期，属于新中国成立初期的社会主义过渡时期，整体生产力水平较为低下。因此，新中国成立初期，在全国刚刚经历了革命战争的特殊时期，为了巩固无产阶级政权和恢复国民经济，我国暂时允许国营经济、合作社经济、个体经济、私人资本主义经济和国家资本主义等多种经济成分存在。与此相应，收入分配方式也呈现多元化特征，主要以供给制为主，实物工资制为辅，其中国家机关工作人员、军队和国有企业等实行供给制，以及供给标准略高些的包干制，但私营企业、新参加工作人员等实行实物工资制，并一度出现供给制、实物工资制、混合工资制在不同部门、企业并存的分配格局。随着社会主义三大改造完成，通过对资本主义工商业采取和平赎买、对农业、手工业实行合作化（即参加生产合作社），我国完成了由新民主主义向社会主义的过渡，基本建立了以生产资料公有制为基础的社会主义经济制度。同时，社会生产力和国民经济的逐渐恢复，供给制以及旧的工资制度已经不适应提升后的生产力水平以及国家具体财经工作的开展，要求进行工资制改革，建立全国统一的工资制度并适当提升全国人民的工资水平。

因此，在此期间，国务院总共进行了两次工资制改革。第一次是 1951 ~ 1953 年的工资制改革。此次改革从东北地区尤其是新老解放区的国有企业率先展开，并由北至南、由东至西陆续延伸到华北、华东、中南、西南、西北等地区，改革的主要内容有：（1）提高工资水平。1951 年 12 月，人事部（国务院原人事局）发布《暂行工资标准》，提出 29 级的国有企业、机关单位的工资等级，按“上面少增，下面多增”原则普遍提高工资水平，并实行“一职数级”“上下交叉”。（2）工资标准的工资计算单位，经历了从“小米”改为以实物（粮、布、油、盐、煤五种）为计算基础的“工资分”，再改为人民币的过程①。（3）建立了企业工人工资等级制度，实行八级工资制，部分企业建筑业企业实行七级工资制等特殊情况。（4）取消物价津贴、物价补贴、年终双薪等“变相”补贴，推广计件工资和奖励工资。第二次是以1956年6月国务院发布《关于工资改革的决定》《关于工资改革中若干具体问题的通知》和《关于工资改革实施方案程序的通知》等文件为标志的工资制改革。这次改革旨在决定对企业、事业和国家机关的工资制度进行一次统一的改革。此次改革的主要内容有：（1）取消工资分的工资标准制度和物价津贴制度，全部实行直接用货币规定工资标准的制度；（2）改进工人的工资等级制度，并在八级工资制的基础上对熟练劳动和不熟练劳动、复杂劳动和简单劳动、艰苦条件的劳动的工资分配加以区分；（3）改进了产业间、行业间、地区间和不同劳动条件人群间的工资分配差异；（4）推广并改进计件工资制和企业奖励工资制度、津贴制度。此次工资制改革后，我国工资收入分配中的多种工资形式就转变为单一的工资制度，全国工作人员的工资收入分配形式趋向统一②。

2. 供给制反弹后消失，实行单一的按劳分配制度

社会主义三大改造完成后，社会主义公有制的公有化程度大幅度提高。但由于对社会主义制度建设经验的缺乏，我国在1958~1960年期间发动了“大跃进”运动和“人民公社化”运动，试图对生产关系进行了超前调整，提前进入共产主义。同时，在收入分配制度的调整上，倾向于“共产主义”的“按需分配”原则，并根据当时生产力与生产关系的现实水平“探索”出供给制和工资制相结合的新收入分配制度，至此供给制强势反弹。此后，在短期内供给制成为人民公社唯一的分配制度，主要表现为粮

① 1952年3月政务院发布了《关于全国供给制工作人员统一增加津贴的通知》，以及《各级人民政府供给制工作人员统一增加津贴后每人每月开支计算标准》，把原来以“工资分”为计算单位改为以“人民币”为计算单位。

② 谭中和：《建国70年中国工资收入分配制度变迁与改革实践》，载于《中国劳动》2019年第2期，第30~40页。

食供给、伙食供给以及基本生活供给，以至于这个时期的供给制反弹还被大部分人认为是“开始带有共产主义按需分配原则的萌芽”。例如1958年12月10日，中共八届六中全会通过的《关于人民公社若干问题的决议》中明确指出“实行工资制和供给制相结合的分配制度，这是我国人民公社在社会主义分配方式上的一个创举”“工资要逐步增长”，同时也强调“这种分配制度，具有共产主义的萌芽，但是它的基本性质仍然是社会主义的”，本质上仍属于“按劳分配”。甚至在1960年1月的中央政治局扩大会议上，仍然决定继续“跃进”，并要求在未来八年的“分配中要逐步增加共产主义的按需分配的因素”。

但随着“大跃进”运动和“人民公社化”运动愈演愈烈，以及对未来社会经济发展过于乐观的预期，供给制的“吃饭不要钱”“不吃白不吃”等公家精神一方面抑制了人们劳动的积极性，极易陷入平均主义的泥潭，另一方面忽视生产力现状的过度粮食供给和粮食浪费，将引致整个国家的生产和生活状态陷入低水平。此后，供给制的各项弊端以及工资虚浮的问题充分显现，社会各界关于工资制与供给制的比例产生了一系列探讨。1960年11月3日，中共中央发出的《关于农村人民公社当前政策问题的紧急指示信》否定了以供给制为主要内容的平均主义分配原则，强调“应该控制供给部分，提高工资部分”。1962年9月27日，中共八届十次会议正式通过的《农村人民公社工作条例》中，取消了原《农村人民公社工作条例（草案）》（1961年3月）文件中的部分供给制和公共食堂等部分内容。可见，短短四年的“大跃进”和“人民公社化”运动前后，人民公社的收入分配制度就已经经历了“工资制—半供给制半工资制—大部分工资制小部分供给制—工资制”的变化轨迹，供给制再度退出收入分配制度主线。此后，我国收入分配制度对人民公社分配制度进行调整，将适应“一大二公”的分配制度修正为适应“三级所有，队为基础”的单一按劳分配制度。

3. 收入分配平均主义固化，偏离按劳分配制度原则

随着“左”倾思想的泛滥，尤其是1966年5月~1976年10月的“文革”中，我国按劳分配的收入分配制度遭到了全面否定，这是新中国成立以来按劳分配制度原则遭受最严重破坏的时期。“文革”初期，社会各界关于收入分配制度的诸多探索和设想遭到“极左思想”的批判，导致我国按劳分配制度原则再次面临歪解甚至否定。如果说“人民公社化”运动和“大跃进”运动对农村收入分配制度影响更为深入，“文革”则是对城镇收入分配的影响更为深远。在极“左”思想的抨击下，按劳分配原则被“四人帮”攻击为“衰亡着的资本主义”“资本主义的旧事物”“产生资产阶级的土壤和条件”及“资本主义的分配制度”。这纯粹只是“四人帮”的反动谬论而已[①]，但在当时产生了一系列的不良影响。一方面，计件工资和奖励制度被当作是“资本主义”属性而被全盘否定，全面实行平均主义分配；另一方面平均主义分配制度进一步削弱了企业尤其是国有企业生产和盈利的积极性，使得职工群体之间滋生出“干好干坏一个样”“干多干少一个样”“干的不如不干”等消极和负能量的生产氛围，从而导致企业生产率水平和收入水平的进一步低下，最终使得职工工资收入水平处于“寒冬”期，甚至出现下降。据有关学者研究，1976 年全民职工平均工资比 1965 年下降了 7%[②]。

值得强调的是，在“文革”的后半期，中共中央开始对我国城镇和农村的收入分配制度分别作出一些调整，主要是对前期严重偏离按劳分配原则的修正与反思，并表示要坚持按劳分配原则，坚决反对平均主义。如 1973 年 2 月 26 日，由周恩来指示国家计委起草的《关于坚持统一计划，加强经济管理的规定》，指出要贯彻按劳分配原则，实行必要的奖励制度[③]，恢复并推行计时工资、计件工资、奖励制度等。但由于“文化大革命”政治氛围的影响，尤其是政治局常委张春桥同志不顾多数赞成票的事

① 宋光华：《怎样理解按劳分配的两重性》，载于《郑州大学学报》1978 年第 1 期，第 38 ~ 41 页。

② 李武生：《对建国以来收入分配理论及政策的再学习和认识》，载于《北京化工大学学报》1998 年第 2 期。

③ 中共中央党史研究室. 中国共产党大事记 · 1973 年［EB/OL］. 中国共产党新闻网，http://cpc. people. com. cn/GB/64162/64164/4416100. html。

实，强行驳回《关于坚持统一计划，加强经济管理的规定》。可见，“文革”对按劳分配原则的破坏持续而漫长，使得收入分配平均主义呈现长期固化状态。

（二）起始阶段：打破平均主义，逐步推进落实按劳分配

这一阶段是从十一届三中全会召开到十三大召开前。这一阶段，我国收入分配制度改革的思想主要是打破平均主义的思想，重新思考收入分配中初次分配的问题，以逐渐拉开个人的收入分配差距。这也表明，现阶段我国收入分配制度改革的出发点是提高劳动生产率。此外，随着经济改革的中心从农村转移到城市，这一阶段我国收入分配制度改革的路径也是从农村收入分配制度改革展开，并逐步将改革重心转移到城市收入分配制度改革，尤其是企业（包括国有企业、乡镇企业、个体私营企业和“三资”企业）收入分配制度的改革，探索以按劳分配为主体、多种分配方式并存的新分配体制。

1. 推行家庭联产承包责任制，打破平均主义分配模式

党的十一届三中全会的召开，拉开了我国经济体制改革的序幕，也开启了我国收入分配制度改革的大幕。在改革开放初期，我国收入分配制度改革选择了农村作为整个收入分配制度改革的突破口，在党的十一届三中全会的精神指引下，20 世纪 80 年代初全国农村普遍实行了家庭联产承包责任制。邓小平同志在会议讲话中明确强调：“公社各级经济组织必须认真执行按劳分配的社会主义原则，按照劳动的数量和质量计算报酬，克服平均主义；社员自留地、家庭副业和集市贸易是社会主义经济的必要补充部分，任何人不得乱加干涉①。”通过施行农村家庭联产承包责任制和统分

① 《中国共产党第十一届中央委员会第三次全体会议公报》，载于《实事求是》1978 年第 4 期。

结合的双层经营体制，明确划分了国家、集体、个人的权利、责任和利益关系，进一步巩固和发展我国乡村集体经济建设。家庭联产承包责任制的实施，创造性地贯彻了按劳分配的基本原则，最有效地将农民的收入同他们的劳动投入挂钩，同时也允许一部分人通过辛勤劳动先富起来，以更好地正视和鼓励农村劳动者的积极性和创造性。其从根本上改变过去分配体制过于重视平均化的僵化思想和现状，不仅推动了社会生产力水平的提高，也大大提高了农村的收入水平。据统计，1978～1984 年期间，中国农村居民人均实际收入的年均增长率高达 16.4%，这是中国历史上极为罕见的“增长奇迹”①。可见，农村家庭联产承包责任制的出现和实施，不仅正确地体现了按劳分配的基本精神，而且从根本上打击和否定了平均主义，为后来我党提出的收入分配中“效率优先，兼顾公平”的原则奠定了基础。

2. 引入利益分配激励机制，提高企业劳动生产效率

继对农村收入分配机制的调整之后，我国收入分配制度改革开始转向城市。其中，城市收入分配制度改革的重点，主要是针对国有企业收入分配制度的改革。通过引入利益分配激励机制，一方面将企业员工工资与国有企业经济效益相挂钩，实行工效挂钩模式；另一方面在企业内部拉开企业员工工资差距，彻底根除全国企业平均主义风气。尤其是在党的十二届三中全会通过的《中共中央关于经济体制改革的决定》中明确了城市企业按劳分配的具体措施，包括“使企业职工的工资和奖金同企业经济效益的提高更好地挂起钩来”“在企业内部，要扩大工资差距，拉开档次，以充分体现奖勤罚懒、奖优罚劣，充分体现多劳多得、少劳少得”“国家机关和事业单位职工工资制度改革的原则是使职工工资同本人肩负的责任与劳绩密切联系起来”②。为了逐步推进落实按劳分配原则，1985 年国务院提出

① Lishi. Four Decades of China's Income of Distribution Reform, China Economist Vol. 13. No. 4, July－August 2018.

② 《中共中央关于经济体制改革的决定》，载于《经济体制改革》1984 年第 5 期。

《关于国营企业工资改革问题的通知》和《关于国家机关和事业单位工作人员工资制度改革问题的通知》两个国家文件，进一步明确了要求在国有企业实行工资总额与企业经济效益按比例浮动、在机关和事业单位实行以职务工资为主的结构工资制的办法。此后，工效挂钩办法在乡镇企业、个体私营企业和“三资”企业等非国有企业也得到了进一步推广，工效挂钩的形式也不断多样化，如与产量、销售额等不同效益指标和浮动比例挂钩，充分调动了企业经营的积极性，大大提高了企业员工的收入水平。据《1986 年国民经济和社会发展统计公报》统计，1986 年全国职工平均工资 1322 元，与 1978 年相比，增长了 2.15 倍。从本质上来看，工效挂钩的收入分配制度改革不仅打破了平均主义分配模式，也为企业实现自主经营的市场化改革奠定了基础，是中国计划经济体制向市场经济体制过渡时期的产物。

（三）深入阶段：注重效率公平，适应社会主义市场经济

这一阶段是从党的十三大到党的十六大召开前。改革开放后，随着经济的迅速发展，过去单一和平均的利益分配机制已经不适合当时经济发展的走向，我国经济体制开始从单一公有制和高度集中的计划经济体制初步转向公有制为主体、多种所有制补充的市场经济体制。马克思主义理论强调，所有制结构决定分配方式，以公有制为主体、多种所有制补充的市场经济体制，决定了我国实行按劳分配为主体的多种分配方式。因此，党的十三大明确指出社会主义初级阶段的收入分配机制必须要落实多元化发展原则，即坚持按劳分配为主体，多种分配方式并存的原则，在打破平均主义和提高收入水平的基础上，防止收入分配差距过大。

1. 按劳分配为主体，其他分配方式为补充

1987 年，党的十三大明确指出要允许和鼓励非公有制经济发展，“对于城乡合作经济、个体经济和私营经济都要继续鼓励它们发展”，并强调

非劳动收入“只要是合法的，就应当允许”。党的十三大会议还要求在坚持公有制为主体的基础上，推动公有制实现形式的多样化，也鼓励和支持非公有制经济实现形式的多种可能，比如积极发展全民所有制和集体所有制联合的形式以及不同经济成分共同参与的股份制、除了按劳分配、个体劳动所得和经营管理者的劳动收入之外，利润、利息、股息、债息、租金、分红等合法的多种非劳动收入也得到批准和认可。这不仅使得初步放松了单一的对按劳分配这一原则的坚持，在一定程度上，也是对劳动力以外的其他生产要素参与分配的承认，即对其生产要素参与分配方式的合法性的肯定。这个时期，非公有制经济的迅速发展，为其他分配方式的实践和探索奠定了基础。这也表明，党的十三大在收入分配制度问题上取得了重大突破。同时，党的十三大也指出，“在促进效率提高的前提下体现社会公平。对过高的个人收入，要采取有效措施进行调节；对以非法手段牟取暴利的，要依法严厉制裁”①。这是我国收入分配制度改革进程中，首次在国家文件中提及收入分配中效率与公平关系。

2. 按劳分配为主体，多种分配方式并存

1992 年，党的十四大明确指出要鼓励非公有制经济发展，并强调我国经济体制改革的目标是建立社会主义市场经济体制，全会的总基调是促进收入分配制度更加公平，并在注重公平的同时更加注重效率，最终实现全民共同富裕。在所有制结构上，以公有制包括全民所有制和集体所有制经济为主体，个体经济、私营经济、外资经济为补充，多种经济成分长期共同发展。此后，国有企业等公有制企业和个体、私营企业等非公有制企业的收入分配均呈现了典型的市场化趋势。次年召开的十四届三中全会通过的《中共中央关于建立社会主义市场经济体制若干问题的决定》，则是直接提出了社会主义市场经济体制下的分配框架，指出“个人收入分配要坚

① 赵紫阳：《沿着有中国特色的社会主义道路前进——在中国共产党第十三次全国代表大会上的报告（1987 年 10 月 25 日）》，载于《党的建设》1987 年第 3 期。

持以按劳分配为主体、多种分配方式并存的制度，体现效率优先、兼顾公平的原则”，同时也“允许属于个人的资本等生产要素参与收益分配”，要“规范和完善其他分配方式，土地、资本、知识产权等生产要素，按有关规定，公平参与收益分配”。虽然十四届三中全会第一次提出要解决好公平的问题，但这个阶段收入分配的重心仍然放在效率上。尤其是，从十四大“兼顾效率与公平”到十四届三中全会的“效率优先、兼顾公平”的逐渐转变，可以看出这个阶段收入分配强调的仍然是效率，这主要是注重效率在解放生产力和发展生产力作用方面的结果。此次会议突破了十三大提出的“其他分配方式为补充”的提法，第一次提出了“多种分配方式并存”的提法。这是我国生产力不断发展的结果，也是我国生产关系不断调整的结果。但从根本上来看，这个阶段按劳分配为主体，多种分配方式并存的分配制度的本质，以及多种分配方式并存的方式、联系与区别等相关内容尚未有明确的说明。

3. 按劳分配与按生产要素分配相结合

1997 年，党的十五大正式确立了我国“公有制为主体、多种所有制经济共同发展”的基本经济制度，并在此基础上提出了更为具体的收入分配激励政策，详细论述了多种分配方式并存的收入分配制度，并将按劳分配与按生产要素分配联系起来。与党的十三大相比，十五大关于收入分配的思想更为科学和具体了。一方面要求在坚持按劳分配为主体、多种分配方式并存制度的基础上，“把按劳分配和按生产要素分配结合起来”，从而明确“按生产要素分配”是我国现阶段除了按劳分配外又一通行的分配原则，这是对“坚持按劳分配为主体、多种分配方式并存的制度”的具体化；另一方面，“允许和鼓励资本、技术、土地、知识产权等生产要素参与收益分配”①，并明确指出了参与收入分配的各种生产要素范畴，肯定了

① 江泽民：《高举邓小平理论伟大旗帜，把建设有中国特色社会主义事业全面推向二十一世纪——在中国共产党第十五次全国代表大会上的报告（1997 年 9 月 12 日）》，载于《求是》1997 年第 18 期。

资本、技术、土地、知识产权等生产要素参与收益分配的必要性与合理性。尤其是将技术这一生产要素纳入收入分配框架，这也是对技术作为生产要素和内生动力的肯定。可见，随着多种所有制经济的壮大，为了与中国基本经济制度相适应，我国收入分配制度改革更为深入了。持续推进按劳分配与按生产要素分配相结合的分配制度，坚持效率优先、兼顾公平的基本原则，将有利于最广泛地调动一切积极因素，以提高资源配置优化效率和转变经济发展方式，保持社会稳定。

（四）完善阶段：逐步强调公平，更加注重收入分配差距问题

这一阶段是从党的十六大召开到党的十八大召开前。随着经济体制改革的继续深入，我国经济呈现持续高速增长的特征，但居民可支配收入增长率大大低于经济增长速度，收入分配差距逐步过大。因此，这个阶段我国收入分配制度改革的思想主要是强调分配公平，形成了以公平为导向的收入分配制度改革，以期进一步趋缓收入分配差距扩大的趋势。一是生产要素的分配公平，强调劳动要素和非劳动要素按贡献共同参与分配；二是再分配领域的分配公平，强调在再分配领域要把公平问题放在首位。

1. 明确生产要素要按贡献参与分配

2002 年，党的十六大和十七大都强调要“确立劳动、资本、技术和管理等生产要素按贡献参与分配的原则，完善按劳分配为主体，多种分配方式并存的分配制度”。根据生产要素为生产做出贡献的大小，决定生产要素获得足够份额大小，是对十五大提出生产要素参与收入分配的具体化和延伸，这是新阶段收入分配理论的重要突破。其中，劳动要素和非劳动要素根据其贡献获得相应的收益，这是对非劳动要素在商品使用价值和价值形成过程中作用的直面肯定，有利于提升资源优化配置效率，尤其是稀缺性资源的优化配置效率。但非劳动要素参与分配，并不会影响按劳分配主体的地位，更不能说明非劳动要素也是价值的源泉，二者不能混淆或替

代。虽然明确生产要素按贡献参与分配，会使得人们收入来源呈现多元化、多层次的特征，但是这项分配制度对生产要素所有者收入提升的效应有所差异，其对资本、技术、管理等生产要素所有者带来收入提升的幅度较大，但对农民、基层职工等普通劳动者带来收入提升的幅度较小，甚至相对受损，这在一定程度上继续扩大了相关行业和社会群体的收入差距。

2. 强调再分配领域要更加注重公平

党的十六大和十七大都特别强调，再分配领域要更加注重公平。其中，十六大强调要“以共同富裕为目标，扩大中等收入者比重，提高低收入者收入水平”。十七大则在十六大的基础上，更加强调了公平的重要性，提出“初次分配和再分配都要处理好效率和公平的关系，再分配更加注重公平”。从具体要求来看，十七大对收入分配有了更为具体化的目标模式。一是要“着力提高低收入者收入，创造条件让更多群众拥有财产性收入”，强调通过提高居民财产性收入进一步拓宽群众的收入来源，提高中低收入者收入水平；二是要“保护合法收入，调节过高收入，取缔非法收入”，强调通过“扩大转移支付，强化税收调节，整顿分配秩序”，加强政府对收入分配的再调节，以逐步扭转收入分配差距扩大趋势。总体而言，这个阶段我国收入分配中初次分配注重效率，再分配注重公平。它进一步巩固和丰富了前一阶段的分配理论，同时也看到了收入差距扩大产生的问题，为下一阶段提高公平在收入分配中的地位奠定了基础。

（五）成熟阶段：以人民为中心，推动人民共享发展成果

这一阶段是党的十八大召开以后。十八大以来我国收入分配制度改革充分体现了中国特色社会主义制度的优越性。这一阶段我国收入分配制度改革的主要特点是更加注重社会的公平正义，推动人民共享发展成果。十八大以来，我国收入分配制度改革始终贯彻落实以人为本的科学发展观，以维护最广大人民的根本利益为目标，在收入分配制度改革进程中贯彻落

实“共享发展”的理念，提高人民的收入水平。2016 年，习近平谈及改善民生指出，“收入分配是民生之源，是改善民生、实现发展成果由人民共享最重要最直接的方式”①。

1. 初次分配和再分配都要兼顾效率和公平

党的十八大在重申了十七大收入分配要求的基础上，指出“初次分配和再分配都要兼顾效率和公平，再分配更加注重公平”，对效率与公平的关系做了明确的、科学的阐述。这里的“兼顾效率与公平”，并不是对过去“效率优先、兼顾公平”或者“初次分配注重效率，再分配注重公平”的完全颠覆，更不是简单地想要强调“公平优先、兼顾效率”或者“初次分配要注重公平”，而且想要强调初次分配中效率与公平的辩证统一，是二者的并重与统一。新时期，我国收入分配制度改革的关键在于建立健全体现效率、促进公平的成熟的收入分配体系。2018 年 5 月，国家发改委办公厅印发《2018 年收入分配重点工作》中对国家未来在完善初次分配制度和履行好政府再分配调节职能有了更为详细的重点工作方案要求，比如深化城乡居民增收试点、完善技术工人激励政策、实行以增加知识价值为导向的分配政策、着力增加农民收入、增强兜底保障能力等②。从本质上来看，“初次分配和再分配都要兼顾效率与公平，再分配更加注重公平”，也是助力社会公平正义的体现。

2. 共享社会的公平正义以提升人民获得感

中国特色社会主义进入了新时代，我国社会主要矛盾发生了变化，我国收入分配制度改革的主要特点是坚持“以人民为中心的发展思想”的主基调，重新调整收入分配格局，以推动人民共享发展成果、最终实现共同富裕。可见，这个阶段的收入分配制度改革被赋予了新的时代精神。党的

---

① 《让老百姓过上好日子——关于改善民生和创新社会治理》，载于《人民日报》2016 年 5 月 6 日。

② 王岩：《2018 年收入分配重点工作》，载于《中国改革报》2018 年 5 月 30 日第 002 版。

十八大以来，我国收入分配制度改革本着社会主义全体社会成员共享经济的发展成果、共享社会的公平正义的初衷，坚持“在经济增长的同时实现居民收入同步增长、在劳动生产率提高的同时实现劳动报酬同步提高”，使全体人民在共建共享发展中有更多获得感，朝着共同富裕方向稳步前进。总体而言，将经济发展与成果分享结合起来，强调通过共享社会的公平正义以提升人民获得感，是新时期的收入分配理论的创新。

二、70 年来中国收入分配制度改革的建设成效

新中国成立 70 年来，我国积极推进收入分配制度改革，探索符合我国基本经济制度和现实国情的收入分配制度。尽管早期在探索的过程中经历了曲折和困境，但后期汲取了经验和教训，尤其是改革开放以后，我国收入分配制度改革愈加成熟。其中，我国在收入分配制度改革的演变历程中，要求在坚持社会主义基本经济制度的同时，也很注重市场化改革和政府宏观调控的作用。通过采取一系列政策措施，建立健全激励机制和统筹协调机制，以不断调整我国收入分配格局，在提高劳动者的积极性、增加城乡居民收入、规范收入分配秩序和建立收入分配宏观调控机制等方面取得了显著成效。

（一）提升广大劳动者积极性和创造性使国民经济快速增长

新中国成立 70 年以来，尤其是在计划经济时期中国平均主义的收入分配制度，大大降低了广大劳动者的生产积极性和创造性，也在一定程度上削弱了我国的生产效率和社会生产力水平。可见，一国收入分配制度与其国民经济发展密切相关。随着我国社会经济主体的多元化和社会生产力的发展，我国摒弃平均主义的单一的收入分配制度，积极推进按劳分配主体，多种分配方式并存的分配制度。实践证明，这项收入分配制度对提升

广大劳动者生产的积极性和创造性，以及促进社会经济的快速增长具有重要的促进作用。

1. 充分调动了广大劳动者的积极性和创造性

当前，我国按劳分配为主体，多种分配方式并存的分配制度，在国民收入初次分配和再次分配上都注重效率与公平，并较为清晰地把握了分配中效率与公平的辩证统一关系。一方面，注重效率，坚持“多劳多得”“少劳少得”“不劳不得”的社会主义按劳分配原则，取代了新中国成立初期“干多干少一个样”“干好干坏一个样”的“大锅饭”平均主义分配原则，能够较充分地反映广大劳动者之间的劳动差别，实现分配激励广大劳动者提高劳动积极性的短期效率；另一方面，注重公平，是实现效率的重要保证，初次分配和再分配都要注重公平，尤其要提高劳动报酬在初次分配中的比重、居民收入在国民收入中的比重，以适度缩小不同区域、不同行业、不同所有制、不同群体间收入分配差距，鼓励劳动以及其他生产要素所有者各尽其能、积极参与财富的创造，实现分配激励广大劳动者提高劳动积极性的长期效率。党的十九大报告指出要“坚持按劳分配原则，完善按要素分配的体制机制，促进收入分配更合理、更有序”，让各类专业技术人才、党政人才、企业经营管理人才、社会工作人才、农村实用人才等各类人才队伍充分发挥作用，从制度上确保各类人才的劳动和贡献与他们的收入相适应，从而充分调动了广大劳动者的积极性和创造性，最终实现分配制度短期效率和长期效率的统一。

2. 积极带动了国民经济的稳定发展

收入分配差距的持续扩大，以及收入分配的不平等，在一定程度上抑制了我国国民经济的持续健康快速发展。收入分配制度改革所带来的经济效应，即收入分配制度改革通过消费、投资、政府支出、净出口的经济效应对国民经济稳定发展的影响较为深刻。当前，缩小不同地区、不同行业、不同所有制、不同群体等的收入差距是我国收入分配制度改革的重要目标。长期以来，我国收入分配制度改革的现实格局是，企业收入最高，国家收入次之，居民收入比重较少。针对这个问题，十七大明确提出要逐步提高居民收入在国民收入分配中的比重，居民收入在国民收入分配中的比重也有显著提升，国家、企业和居民三者的收入分配关系逐步调整。从而在充分调度全社会生产要素生产率的基础上，实现我国国民经济的稳定发展。总体而言，新中国成立 70 年以来，我国城乡居民收入和企业营业收入水平迅速提升，以及政府财政收入也较为稳定，对国民经济的消费、投资、政府支出以及净出口产生积极效应，从而进一步促进我国国民经济的稳定发展。可见，我国收入分配制度改革，对中国经济持续高速增长发挥了重大推动作用①。

（二）适应社会主义市场经济体制的收入分配制度初步形成

新中国成立 70 年来，我国加快确立和完善社会主义初级阶段的基本经济制度，推动社会主义市场经济体制不断完善。当前，我国总结了收入分配制度改革的经验，初步形成了与公有制为主体、多种所有制并存的基本经济制度相适应的收入分配制度，坚持和完善按劳分配为主体、多种分配方式并存的收入分配制度，积极推进按劳分配与按生产要素分配相结合，协调劳动收入与非劳动收入在国民收入分配格局中的地位，充分体现了公平与效率在收入分配各个环节中的辩证统一。

1. 收入分配中市场机制作用显著增强

从根本上来看，我国市场化经济体制改革进程，对收入分配制度改革提出了更高的要求。当前，按劳分配为主体，多种分配方式并存的收入分配制度正是对收入分配市场化改革的体现。虽然收入分配市场化短期内会

① 张亮：《改革开放 40 年中国收入分配制度改革回顾与展望》，载于《中国发展观察》2019 年第 1 期。

引致一定程度的收入差距，但从长远来看，收入分配市场化的社会主义制度特性将逐渐释放其正外部性，逐渐缩小收入差距。一是按生产要素分配促进了收入分配中功能分配和规模分配的市场化，如劳动、资本、技术、土地、管理等生产要素根据其对生产社会成果的贡献所获得的收入与其按生产要素市场价格所获得的收入的匹配性，以及这些生产要素所有者获得相应收入受市场价格制约的限制性；二是生产要素的自由流动也促进了收入分配中主体分配和客体分配的市场化，如劳动、资本、技术、土地、管理等生产要素可以在不同企业、组织和个人之间自由流动，并获得报酬收益；三是初次分配和再次分配的市场分配原则促进了市场规律在收入分配市场化改革的积极作用。可见，社会主义市场经济条件下，收入分配制度是通过市场来实现的，市场发挥了基础性的作用。

值得强调的是，初次分配和再分配兼顾效率与公平，不是对“初次分配注重效率”的否定，也不是对市场机制作用的否定，注重收入分配的公平本身也会带动效率的提高。初次分配和再分配兼顾公平与效率，就要充分发挥市场机制对收入分配的调节作用，坚持公平与效率的统一。从行业来看，农业收入主要受农产品价格的影响，农产品价格受市场供求关系的影响；国有企业、集体企业、私营企业、三资企业等企业工资分配自主权得到进一步落实，企业职工收入与企业效益挂钩联动，员工实际收入水平受企业效益、市场价格水平、劳动力供求等市场因素影响；国家机关事业单位员工收入与国家财政收入密切相关，间接地受一国经济发展水平、市场价格因素影响。从生产要素来看，劳动要素与非劳动要素主要是通过参加市场活动获得收益，即劳动力、资本、技术、管理等生产要素主要是根据其在生产中发挥的效率而获得收益。可见，市场作用机制在收入分配中的作用显著增强，其中在工资制度贯彻与落实的过程中，表现得更为明显。如新中国成立以来，我国机关、事业单位分别在1956年、1985年、1993年、2006年开展了四次工资制度改革，对员工职务级别工资、绩效工资、津贴补贴、离退休待遇等多项内容加以完善，以更好地体现效益与贡献的大小。

2. 收入分配中宏观调控体系不断完善

“初次分配和再分配兼顾效率与公平，再次分配更加注重公平”，这对我国政府宏观调控体系提出了更高的要求。当前，随着收入分配制度改革不断深化，我国在收入分配的初次分配和再分配领域中的宏观调控体系得到不断完善，进一步规范了收入分配秩序，使得低收入收入增长速度显著加快。一方面，在初次分配领域，逐步形成了以提高劳动报酬在初次分配中的比重和提高最低工资标准等为核心的宏观调控体系，以此加大初次分配的分配公平，以补充初次分配中宏观调控机制的不足，显著提高了主要以劳动力生产要素获得收益的低收入群体的收入水平，共享经济发展成果。另一方面，在再次分配领域，逐步形成了以税收调节和社会保障调节等为核心的宏观调控体系①，以此保障再分配领域的分配公平，以确保再分配中宏观调控机制的力度，调节过高收入者收入、增加低收入者收入，加快缩小按劳分配与按生产要素分配的不同行业不同群体的收入差距。其中，尤其是宏观调控体系在初次分配领域中的应用与完善，在保障初次分配领域公平的同时，在一定程度上，也会降低再分配调节的难度，将加快助力缩小收入分配差距，逐步形成橄榄型收入分配格局。

（三）持续深化收入分配制度改革使居民收入水平显著提高

1. 居民收入水平显著提高

新中国成立 70 年来，我国收入分配制度改革的最大收获是将竞争机制引入分配领域，打破了传统平均主义的分配方式，大大提高了我国居民的

---

① 江野军：《收入分配制度改革历程、成效、问题与目标导向》，载于《价格月刊》2013 年第 2 期。

收入水平，并推动我国居民收入与经济增长同步增长，劳动报酬与劳动生产率同步提高。

从城乡居民人均收入来看，1978～2017 年期间，我国城乡居民收入水平显著提高（见表7－1）。2017 年，全国居民人均可支配收入25973.8 元，同比实际增速达9.04%，扣除价格因素，实际增长7.32%，高于国内生产总值6.9%的增速。城镇居民人均可支配收入由 1949 年的不足 100 元提高到2017 年的 15781 元，扣除价格因素，增长 42.57 倍，其中 1949～1978 年年均名义增长4.35%，1978～2017 年年均实际增长 7.26%。农村居民人均可支配收入由 1949 年的 44 元提高到 2017 年的 13432.4 元，其中 1949～1978 年年均名义增长 3.9%，1978～2017 年均实际增长 7.73%。改革开放前，农村居民人均可支配收入年均增速低于城镇居民人均可支配收入 0.45 个百分点；改革开放后，农村人均可支配收入年均增速高于城镇居民人均可支配收入 0.47 个百分点。可见，农村居民收入增速高于城镇居民，我国各项惠农政策尤其是精准扶贫政策对提高农村居民收入水平和缩小城乡差距的作用正在逐步显现。

表 7－1　　1978～2017 年城乡居民人均收入情况

年份	农村居民人均纯收入			城镇居民人均可支配收入		
	绝对数（元）	指数（1978＝100）	比上年实际增长（%）	绝对数（元）	指数（1978＝100）	比上年实际增长（%）
1978	133.6	100.0	—	343.4	100.0	—
1980	191.3	131.6	16.61	477.6	127.0	9.77
1985	397.6	268.9	3.24	739.1	160.4	1.07
1986	423.8	277.6	5.19	899.6	182.5	13.78
1987	462.6	292.0	6.40	1002.2	186.9	2.41
1988	544.9	310.7	－1.61	1181.4	182.5	－2.35
1989	601.5	305.7	1.80	1373.9	182.5	0.00
1990	686.3	311.2	1.99	1510.2	198.1	8.55

续表

年份	农村居民人均纯收入			城镇居民人均可支配收入		
	绝对数（元）	指数（1978＝100）	比上年实际增长（%）	绝对数（元）	指数（1978＝100）	比上年实际增长（%）
1991	708.6	317.4	5.92	1700.6	212.4	7.22
1992	784.0	336.2	3.18	2026.6	232.9	9.65
1993	921.6	346.9	5.02	2577.4	255.1	9.53
1994	1221.0	364.3	5.30	3496.2	276.8	8.51
1995	1577.7	383.6	8.99	4283.0	290.3	4.88
1996	1926.1	418.1	4.59	4838.9	301.6	3.89
1997	2090.1	437.3	4.30	5160.3	311.9	3.42
1998	2162.0	456.1	3.81	5425.1	329.9	5.77
1999	2210.3	473.5	3.40	5854.0	360.6	9.31
2000	2253.4	489.6	4.64	6280.0	382.3	6.02
2001	2366.4	512.3	5.25	6859.6	414.1	8.32
2002	2475.6	539.2	4.77	7702.8	469.1	13.28
2003	2622.2	564.9	7.29	8472.2	510.6	8.85
2004	2936.4	606.1	6.68	9421.6	549.0	7.52
2005	3254.9	646.6	7.89	10493.0	600.9	9.45
2006	3587.0	697.6	10.05	11759.5	662.5	10.25
2007	4140.4	767.7	8.52	13785.8	742.2	12.03
2008	4760.6	833.1	9.03	15780.8	803.5	8.26
2009	5153.2	908.3	11.43	17174.7	881.0	9.65
2010	5919.0	1012.1	11.39	19109.4	948.5	7.66
2011	6977.3	1127.4	10.71	21809.8	1028.1	8.39
2012	7916.6	1248.1	9.33	24564.7	1126.8	9.60
2013	9429.6	1364.5	9.23	26467.0	1205.4	6.98
2014	10488.9	1490.5	7.50	28843.9	1287.1	6.78
2015	11421.7	1602.3	6.23	31194.8	1371.5	6.56

续表

年份	农村居民人均纯收入			城镇居民人均可支配收入		
	绝对数（元）	指数（1978＝100）	比上年实际增长（%）	绝对数（元）	指数（1978＝100）	比上年实际增长（%）
2016	12363.4	1702.1	7.25	33616.2	1448.0	5.58
2017	13432.4	1825.5	3.24	36396.2	1541.6	6.46
年均实际增长1978～2017年（%）	7.73			7.26		

注：本表1978～2012年数据来源于分别开展的城镇住户调查和农村住户调查，2013～2015年数据是为满足“十二五”规划需要，根据城乡一体化住户收支与生活状况调查数据，按可比口径推算获得。

资料来源：根据《2018年中国统计年鉴》《新中国65年统计资料汇编》相关数据整理。

从人均可支配收入指数来看，1978～2017年期间，农村居民人均纯收入年均实际增长率略高于城镇居民可支配收入实际增长率，这说明我国制定的收入分配制度改革及其政策制定，对农民收入等低收入群体具有明显效果（见表7－1）。其中，以1978年农村居民人均纯收入为100，2017年比1978年增长了18.26倍，年均增长7.73%，以1978年城镇居民人均可支配收入为100，2017年比1978年增长了15.42倍，年均增长7.26%。可见，农村居民人均可支配收入指数增速高于城镇居民。同时，至2017年，我国农村居民人均纯收入增长速度已经连续8年超过了城镇居民人均可支配收入增长速度，推动城乡收入分配差距逐步缩小。

从人均收入增长率与GDP增长率的比较来看，据国家统计局统计数据显示，2017年全国城乡居民人均可支配收入实际增长7.3%，超过同年GDP增长率0.4个百分点；2018年全国城乡居民人均可支配收入实际增长8.7%，扣除价格因素，实际增长6.5%，比GDP增速低0.1个百分点，但比人均GDP增速高0.4个百分点，可见我国城乡居民人均收入增速与GDP增速基本同步。同时，继2017年全国城乡居民的恩格尔系数首次跌破

30%后，2018 年全国城乡居民的恩格尔系数继续保持下降趋势，再次下降 0.9 个百分点，降至 28.4%。按照联合国粮农组织的标准[①]，我国人民生活水平已经进入了富足阶段。这表明，我国广大人民群众的生活水平实现了历史性的跨越，且持续上升动力充足，2020 年全面建设小康社会的宏伟目标有望超额完成。

2. 居民收入来源渠道多元化

我国收入分配制度改革在坚持按劳分配主体地位的同时，也非常重视多种分配方式并存的重要性，强调按劳分配与按生产要素分配相结合。在逐步提高劳动报酬在居民收入中的比重外，要求提高利息、租金、红利等非劳动生产要素带来的财产性收入、经营收入、转移收入的比重，推进居民收入来源呈现多元化的发展趋势，使得居民收入结构更加合理化。尤其在党的十七大报告首次提出要“创造条件让更多群众拥有财产性收入”，通过不断拓宽群众收入来源渠道，提高居民收入水平，尤其是对于进一步扩大中等收入者比重，实现国民收入分配结构的优化升级。

新中国成立初期，尤其在坚持按劳分配唯一分配原则的很长一段时期，只有劳动收入被认定为合法收入，租金、红利等财产性收入被认为与资本主义、私有财产挂钩而遭遇批判和抵制。尤其新中国成立初期收入分配实物供给制以及计划经济时期用粮票、油票等实物票据流通，这些收入分配形式没有产生财产性收入。同时，新中国成立初期，我国国家财政收入有限，城乡居民的转移净收入也几乎微乎其微。甚至到改革开放初期，我国城乡居民仍然基本没有财产性收入，劳动收入几乎是城乡居民收入的全部。随着市场经济体制改革的持续开展，我国居民收入来源渠道由单一向多元化转变。自 1990 年以后，尤其是党的十四大召开后，随着市场经济

① 联合国粮农组织曾根据恩格尔系数的高低，对世界各国的生活水平进行划分，即一个国家平均家庭恩格尔系数大于 60%为贫穷；50% ~60%为温饱；40% ~50%为小康；30% ~40%属于相对富裕；20% ~30%为富足；20%以下为极其富裕。

体制改革的推进，我国城乡居民收入水平显著提高的同时，由于企业的自主分配权逐步扩大，以及资本市场的建立[①]、农业土地流转制度不断完善等多种因素的影响，其收入来源渠道也迅速增加，而且其在居民收入中所占的比重也显著提升（见表 7－2）。

表 7－2　　城乡居民收入来源构成情况　　单位：元

年份	城镇居民可支配收入主要来源构成					农村居民可支配收入主要来源构成				
	人均收入	工资性收入	经营净收入	财产净收入	转移净收入	人均收入	工资性收入	经营净收入	财产净收入	转移净收入
1985	748.9	569.4	10.2	3.7	65.9	547.3	72.15	445.3	29.9	—
1990	1516.2	1149.7	22.5	15.6	328.4	990.4	138.8	815.8	35.8	—
1995	4279.0	3390.2	72.6	90.4	725.8	2337.9	353.7	1877.4	41.0	65.8
2000	6295.9	4480.5	246.2	128.4	1440.8	3146.2	702.3	2251.3	45.0	147.6
2001	6868.9	4829.9	274.1	134.6	1630.4	3306.9	771.9	2325.2	47.0	162.8
2002	8177.4	5740.0	332.2	102.1	2003.2	3448.6	840.2	2380.5	50.7	177.2
2003	9061.2	6410.2	403.8	135.0	2112.2	3582.4	918.4	2455.0	65.8	143.3
2004	10128.5	7152.8	493.9	161.2	2320.7	4039.6	998.5	2804.5	76.6	160.0
2005	11320.8	7797.5	679.6	192.9	2650.7	4631.2	1174.5	3164.4	88.5	203.8
2006	12719.2	8767.0	809.6	244.0	2898.7	5025.1	1374.8	3310.0	100.5	239.8
2007	14908.6	10234.8	940.7	348.5	3384.6	5791.1	1596.2	3776.7	128.2	290.0
2008	17067.8	11299.0	1453.6	387.0	3928.2	6700.7	1853.7	4302.1	148.1	396.8
2009	18858.1	12382.1	1528.7	431.8	4515.5	7115.6	2061.3	4404.0	167.2	483.1
2010	21033.4	13707.7	1713.5	520.3	5091.9	8119.5	2431.1	4937.5	202.2	548.7
2011	23979.2	15411.9	2209.7	649.0	5708.6	9833.1	2963.4	5939.8	228.6	701.4
2012	26959.0	17335.6	2548.3	707.0	6368.1	10990.7	3447.5	6461.0	249.1	833.2
2013	26467.0	16617.4	2975.3	2551.5	4322.8	9429.6	3652.5	3934.8	194.7	1647.5

① 宋士云：《1992～2001 年中国居民收入的实证分析》，载于《中国经济史研究》2007 年第 1 期。

续表

年份	城镇居民可支配收入主要来源构成					农村居民可支配收入主要来源构成				
	人均收入	工资性收入	经营净收入	财产净收入	转移净收入	人均收入	工资性收入	经营净收入	财产净收入	转移净收入
2014	28843.9	17936.8	3279.0	2812.1	4815.9	10488.9	4152.2	4237.4	222.1	1877.2
2015	31194.8	19337.1	3476.1	3041.9	5339.7	11421.7	4600.3	4503.6	251.5	2066.3
2016	33616.2	20665.0	3770.1	3271.3	5909.8	12363.4	5021.8	4741.3	272.1	2328.2
2017	36396.2	22200.9	4064.7	3606.9	6523.6	13432.4	5498.4	5027.8	303.0	2603.2

注：从 2013 年起，国家统计局开展了全国住户收支与生活状况调查，2013 年及以后年份的数据来源于此调查，与 2013 年前的分城镇和农村住户调查的调查范围、调查方法、指标口径有所不同。

资料来源：根据《2018 年中国统计摘要》及历年《中国统计年鉴》数据整理。

从城镇居民收入来源来看，2017 年城镇居民工资性收入达到 36396.2 元，比 1985 年增长了 38.99 倍，年均增长 12.13%，经营净收入、财产净收入、转移净收入占总收入的比重也从 1985 年的 1.36%、0.50%、8.8% 上升到了 2017 年的 11.17%、9.91%、17.92%，分别提高了 9.8 个、9.4 个和 9.1 个百分点。从农村居民收入来源来看，2017 年农村居民工资性收入达到 5498.4 元，比 1985 年增长了 76.21 倍，年均增长 14.50%；2017 年财产净收入和转移净收入达到 303.0 元和 2603.2 元，比 2015 年增长了 97.16 倍，其占总收入的比重也从 1985 年的 13.18%、5.46%①上升到了 2017 年的 40.93%、2.25%、19.38%，分别提高了 27.75 个百分点和 16.17 个百分点。可见，城乡居民各项收入渠道都得到了充分拓展。

从城镇居民收入来源结构来看，2017 年城镇居民收入来源中，工资性收入占可支配收入的 61%，是城镇居民的主要收入来源；2017 年农村居民

① 由于早期农民财产净收入和转移净收入非常少，中国统计局对 1985 年和 1990 年的财产净收入和转移净收入在进行统计时，是合并统计的，故这里的 5.46% 是包括财产净收入和转移净收入在内的农民人均收入的比重。

收入来源中，工资性收入和经营净收入分别占可支配收入的40.93%和37.43%，是农村居民的主要收入来源。与1985年相比，城镇居民中财产性收入结构性增长最快，农村居民中工资性收入增长最快。同时，由于我国社会保障体系建设逐步健全完善的叠加效应，城乡居民可支配收入中人均转移净收入的比重也在逐步提升。

（四）继续缩小城乡收入差距诠释共享发展理念的真正落实

新中国成立以来，我国城乡收入差距经历了“缩小—扩大—缩小”的演化轨迹。新中国成立前，我国收入分配差距总体较大，尤其是资本家、地主和农民的收入差距极大。也正是为了改变这种收入分配旧格局，新中国成立初期我国依次从农村到城市的开展土地改革和社会主义改造，以加快确立按劳分配的主体地位，消灭剥削，消除两极分化。从此，我国城乡收入差距开始了新中国成立以来第一次“缩小”的趋势。尤其在单一公有制和高度集中计划经济体制的催化下，甚至一度出现平均主义并固化。据相关资料统计，1978年我国农村居民基尼系数为0.2124，处于相对平均且接近绝对平均的水平；而城镇居民的基尼系数为0.16，处于绝对平均的水平。虽然平均主义的平均分配大大缩小城乡收入差距，也极大破坏了劳动积极性和社会生产力的提升。可见，过度平均的收入分配制度与当时生产力发展不相匹配，收入分配制度改革迫在眉睫。而改革开放，正是拉开这场收入分配制度改革帷幕的重要契机。随着改革开放的持续深入，我国推进全社会收入水平提升的同时，也看到了收入分配差距不断扩大且愈演愈烈的现状，并采取了各种激励政策、社会保障政策等有效措施，积极构建收入分配新秩序，尤其是初次分配新秩序的构建与完善，以缩小收入分配差距。值得强调的是，党的十八大以来，我国坚持以人民为中心的发展思想，围绕公平正义深化收入分配制度改革，不断加大社会民生领域的保障力度，践行共享发展理念，城乡收入差距开始呈现缩小趋势，全国人均可支配收入基尼系数有所下降，这是新时期我国收入分配制度改革实践的新突破。

1. 城乡居民人均可支配收入之比下降趋势明显

在改善社会民生价值导向和共享发展理念的驱动下，我国收入分配体制改革有效地改善了农村居民收入水平，农村、农民、农业后发优势充分彰显，城乡收入差距缩小是未来总趋势。一方面，据统计，2010～2017 年我国农村居民人均纯收入增长速度已经连续 8 年超过了城镇居民人均可支配收入增长速度，推动城乡收入分配差距逐步缩小（见图 7－1）。另一方面，随着农村居民收入的快速增长，我国城乡居民人均可支配收入之比下降趋势明显，继续保障缩小城乡收入分配差距（见图 7－2）。1978 年改革开放初期，城乡收入分配差距又短暂的收缩过程，但随着市场经济体制改革的持续深入，城乡人均可支配收入之比呈现波动上升趋势，并在 2007 年和 2009 年达到了峰值 3.33。此后，2010～2017 年期间我国城乡居民人均可支配收入之比也呈现连续 8 年下降的趋势，由 2009 年的 3.33 下降到了 2017 年的 2.71（农村居民人均可支配收入＝1），且下降势头明显，充分说明了我国城乡收入分配差距正在缩小的现实和未来趋势。

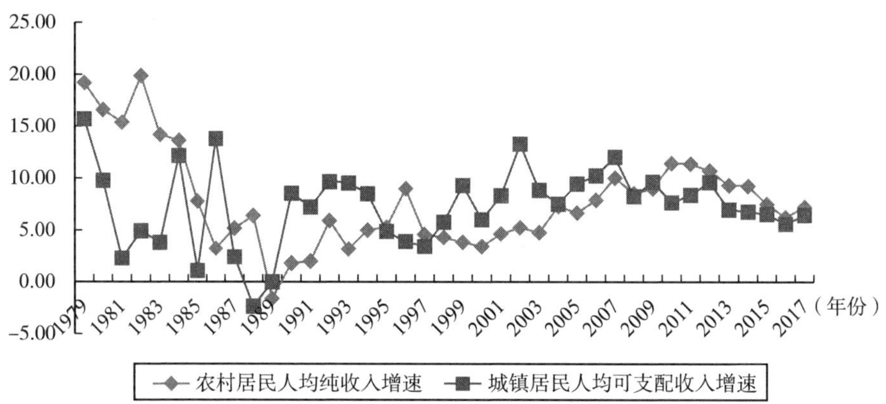

图 7－1　1979～2017 年城乡居民人均可支配收入增速情况

资料来源：根据《中国统计年鉴（2018）》相关数据整理。

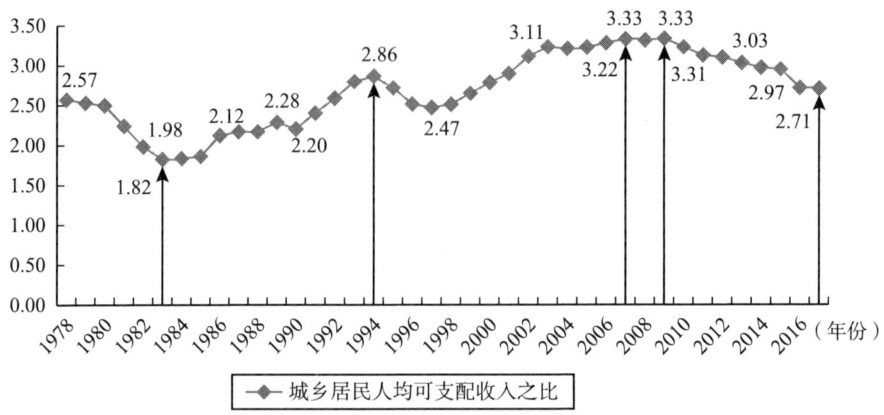

图7－2　1978～2017年城乡居民人均可支配收入之比情况

资料来源：根据《中国统计年鉴（2018）》相关数据整理。

2. 全国收入基尼系数总体呈下降趋势

我国居民基尼系数尽管下降的幅度略小，但总体上呈下降趋势。其中，2015年我国居民人均可支配收入基尼系数为0.462，与2008年相比，下降了0.029。但2016年和2017年我国居民收入基尼系数分别上涨了0.003和0.002，达到了0.0465和0.467（见图7－3）。尽管，近两年我国居民基尼系数出现了小幅度波动反弹，但并没有改变我国收入基尼系数总体下降的趋势。我国收入基尼系数出现小幅度反弹，究其原因，主要是因为近年来我国房地产财富分配效应的影响，以及城市一部分低收入者的养老金收入等社会保障福利收入增幅略小，与此同时，部分农村居民，尤其是以粮食生产获得收入的农民，因粮食价格下调，收入略有减少。当前，我国正处于全面建设小康社会的决胜时期，随着精准扶贫工作和城乡一体化步伐加快，社会低收入群体、弱势群体将会在新时期收入分配体制改革中获得更多的支持与保障，我国居民人均可支配收入下降趋势将会继续保持。从总体上看，这是对我国收入分配制度改革发出的一项利好信号。但从绝对数值来看，我国的收入基尼系数仍然处在比较高的水平，下降幅度仍然较小，而且容易受其他社会、经济因素的影响而短期有所反弹，较为不稳定，但我国收入基尼系数下降趋势是必然，即不会改变我国收入分配差距缩小的大趋势。可见，缩小居民收入分配差距，是一项长期的复杂的工程，实现全体居民共享经济发展成果的任务仍然非常艰巨，需要齐聚全社会的力量共同完成这项事业。

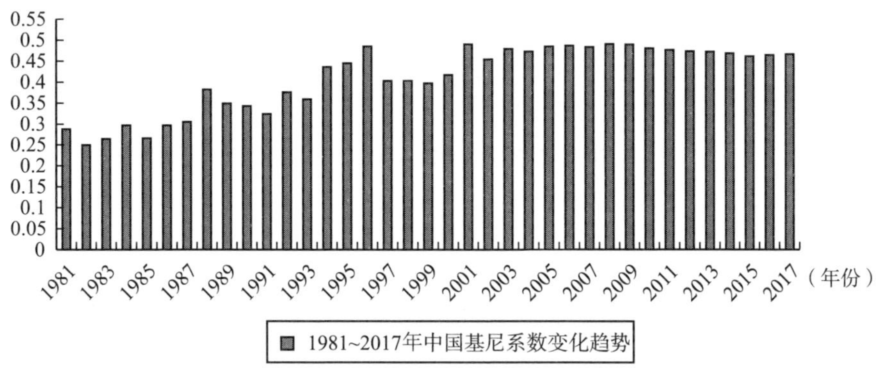

图 7－3　1981～2017 年中国基尼系数变化趋势

资料来源：根据《中国统计摘要（2018）》相关数据整理。

3. 全国各地区收入差距呈缩小趋势

随着我国收入分配制度改革的持续推进，我国各地区收入差距持续缩小。从我国四大区域收入差距来看，2017 年我国东部、中部、西部和东北部地区人均可支配收入为 33414 元、21833. 6 元、20130. 3 元和 23900. 5 元，其中，东部、中部、东北部与西部的人均可支配收入之比分别为 1. 40∶0. 91∶0. 84∶1，变异系数为 0. 2391。与 2013 年相比，变异系数下降了 0. 0048（见图 7－4）。这表明我国四大区域人均可支配收入离散程度降低了。从我国 31 个省、市、区收入差距来看，2017 年我国 31 个省、市、区人均可支配收入的变异系数为 0. 4077，与 2013 年相比，下降了 0. 0124（见图 7－4）。值得一提的是，我国 31 个省、市、区收入差距降幅比四大区域降幅要大，区域经济一体化趋势明显。

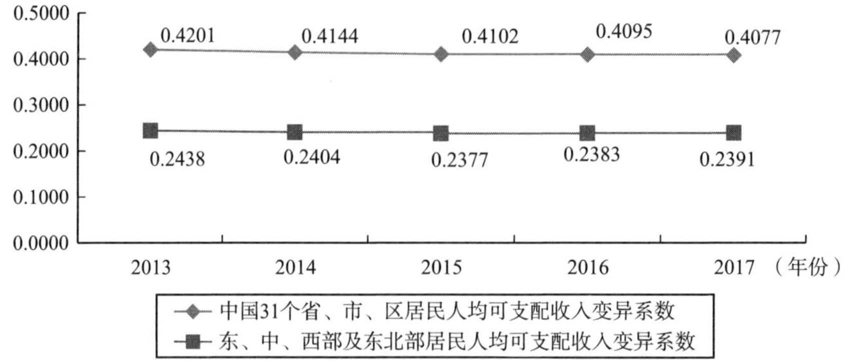

图7－4　2013～2017年全国各地区人均可支配收入变异系数情况

资料来源：根据《中国统计年鉴（2018）》相关数据整理。

三、70年来中国收入分配制度改革尚存的问题

新中国成立70年来，我国收入分配制度改革持续深入，并取得了显著的成效。但也需要认识到，当下我国收入分配制度改革仍然面临诸多瓶颈和困难，包括收入分配差距仍处于高位水平、收入分配结构存在严重失衡、社会公平正义遭受损害、共享发展理念践行缺位等问题。这些问题不仅会对我国收入分配制度改革有负面影响，也会对我国经济体制改革形成阻碍，甚至还会影响到全人类社会的和谐和稳定。

（一）收入分配差距仍处于高位水平

1. 基尼系数连续18年超过0.4

基尼系数是国际上衡量居民内部收入分配差距的重要指标，其中收入分配差距的“警戒线”是0.4，基尼系数在0.4～0.5区间内则表示居民内部收入分配差距较大，超过0.5则表示居民内部收入差距悬殊。1949年新

中国成立至 1978 年改革开放期间，中国收入分配格局呈现平均主义固化，虽然远远低于收入分配差距“警戒线”，但是过度平均的分配格局极端化也对我国生产力的发展产生消极的影响，甚至大大破坏我国社会生产效率的提升。改革开放 40 年来，我国基尼系数在 1994 ~ 1998 年、2000 ~ 2017 年的 23 年时间里均超过了 0.4 警戒线，尤其是 2000 ~ 2017 年的基尼系数已经连续 18 年超过 0.4，（见图 7 – 3、图 7 – 5）。此外，习近平总书记指出，世界基尼系数已逾 0.7，超过了世界基尼系数 0.6 的“危险线”。国内外基尼系数的严峻失衡，收入分配大环境急剧不稳定，这是对我国扭转居民收入分配差距的极大挑战。从具体情况来看，改革开放的前 30 年，即 1978 ~ 2007 年期间，我国基尼系数处于波动上升阶段。其中在 1978 ~ 1987 年期间，我国基尼系数处于 0.2 ~ 0.3 区间，处于收入分配较为平均阶段；在 1987 ~ 1993 年期间，我国基尼系数处于 0.3 ~ 0.4 区间，处于收入分配较为合理阶段；但 1994 年以来，我国基尼系数一直处于高于 0.4 警戒线的高位水平，且在 2001 年达到了 0.49 的危险峰值，以及在 2005 ~ 2010 年连续 5 年居于 0.48 以上的高位水平，并在 2008 年创造了新的最高点峰值 0.491。2008 ~ 2017 年我国基尼系数虽有趋缓下降的趋势，但基尼系数一直 0.46 以上的高位水平，尤其在 2008 和 2009 分别达到了 0.491 和 0.49 的高位水平。我国基尼系数长期处于高位水平，这对我国缩小收入分配差距是一项重大挑战，也表明我国收入分配制度改革将是一项长期的艰巨任务。

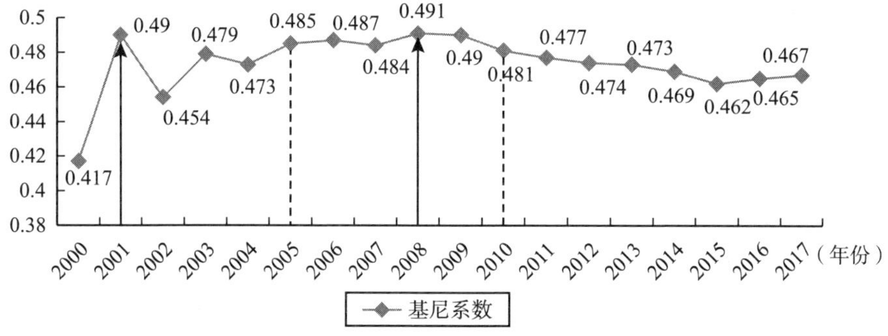

图 7 – 5　2000 ~ 2017 年中国基尼系数变化趋势

资料来源：根据《中国统计年鉴（2018）》相关数据整理。

2. 城乡收入分配差距仍旧突出

城乡收入分配差距，是中国收入分配差距长期以来最为突出的问题。市场经济体制带来经济高速增长的同时，也极大促进人民收入水平高速提升，且呈现收入来源渠道多样化的特征。但由于一些以权力、行政垄断等非市场因素的介入，导致我国城乡收入分配差距长期处于高位水平。如图7－6所示，从城乡居民收入差距的绝对值来看，我国城乡收入差距持续扩大，从1978年的209.8元迅速扩大到2017年的22963.8元，扩大了109.5倍，年均增长12.79%；从城乡居民收入差距的相对值来看，近18年来，我国城乡居民人均收入比值长期呈现“倒U”型。尤其在2002～2012年期间，城乡居民人均收入比值基均超过3倍以上，其中，2007年和2009年达到了峰值3.33倍。虽然2008年以来，我国城乡收入差距有所下降，但仍大大高于世界发达国家1.5倍的水平，几乎是世界发达国家城乡居民收入差距水平的2倍左右。可见，我国城乡收入分配差距仍旧突出，而且在未来相当长一段时期，我国城乡收入分配差距的适宜调节将持续进行，而且这个问题将持续影响我国经济社会稳定、健康、可持续发展。

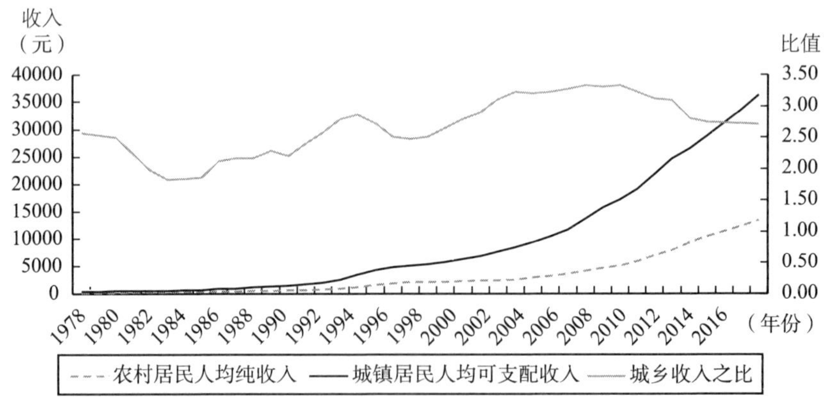

图7－6　1978～2016年中国城乡居民收入分配差距情况

根据来源：根据《2018年中国统计摘要》相关数据整理。

3. 地区间收入分配差距仍然过大

我国地区间收入分配差距较大，主要是我国各个省份经济发展实力差距较大所致。虽然国家及各个省份地区都充分发挥了其宏观调控的功能，颁布各项收入分配调节政策，且取得了一定的成效，但是仍未从根本上解决地区间收入分配差距的问题。虽然，我们长期以来积极推动中部地区和西部地区发展，实施中部崛起和西部大开发战略，但我国东部沿海地区与中部地区、西部地区经济发展水平差距仍然较大。在各项因素共同作用下，东部地区人均收入水平远远高于中西部地区。据相关资料统计，2017 年东部、中部、东北部与西部的人均可支配收入之比分别为 1.40∶0.91∶0.84∶1，与 2013 年相比，东部、中部与东北部的人均可支配收入之别分别上升了 0.08、0.04 与 0.02。据 2018 年《中国统计年鉴》相关数据显示，2017 年我国居民人均可支配收入为 25973.8 元，上海市居民人均可支配收入最高，达 58988 元，西藏自治区居民人均可支配收入最低，仅 15457.3 元，前者是后者的 3.82 倍，两个省份居民人均可支配收入差距高达 4.4 万元。其中，我国有 9 个省（市）的人均可支配收入水平高于全国平均水平，依次是上海市、北京市、浙江省、江苏省、广东省、福建省、辽宁省、山东省和内蒙古自治区，除了内蒙古自治区，其余 8 个省份均属于东部地区；还有 22 个省（市）尚未达到全国平均水平，除了山东省以外，均属于中西部地区；此外，排在最后 10 位的省（市）依次是陕西省、四川省、宁夏回族自治区、河南省、广西壮族自治区、新疆维吾尔自治区、青海省、云南省、甘肃省和西藏自治区，除了河南省，其余 9 个省（市）均属于西部地区。总体而言，我国地区收入分配差距主要呈现出东高西低的分配格局，而且地区间收入分配差距较为突出。

4. 行业间收入分配差距持续高位

新中国成立以来，我国各项产业行业异军突起，随着市场经济和互联网技术的推广与应用，各项新兴产业行业不断创新发展模式，新型业态层出不穷。同时，各行业的收入也得到了迅速提高，但行业间收入分配差距持续高位是我国收入分配制度改革的一项阻碍。据国家统计局相关统计，2003～2017 年期间，信息传输、计算机服务和软件业或金融业两个行业人均工资收入水平连续 13 年最高，其中 2003～2006 年信息传输、计算机服务和软件业人均工资收入水平最高，2007～2015 年金融业人均工资收入水平反超信息传输、计算机服务和软件业成为最高人均工资收入水平行业，但自 2016 年起，信息传输、计算机服务和软件业人均工资收入水平连续两年超越金融业，成为我国人均工资收入水平最高的行业，科学研究、技术服务和地质勘查业人均工资收入水平仍然居于第三位，而农、林、牧、渔业人均工资收入水平一直处于最低水平，没有发生变化。同时，2003～2017 年我国人均工资最高行业（信息传输、计算机服务和软件业或金融业）与最低行业（农、林、牧、渔业）收入差距总体呈现波动下降趋势，但 2014～2017 年我国人均工资最高行业（信息传输、计算机服务和软件业或金融业）与最低行业（农、林、牧、渔业）收入差距出现略微上浮现象。其中 2017 年二者收入差距为 3.65 倍（见图 7－7），与 2014 年最低水平 3.54 倍相比，扩大了 0.11 倍。此外，我国 19 个行业之间收入分配差距非常大（见图 7－8），电力、热力、燃气及水生产和供应业、交通运输、仓储和物流业、信息传输、计算机服务和软件业、金融业、科学研究和技术服务业、教育、卫生和社会工作、文化、体育和娱乐业、公共管理、社会保障和社会组织等 10 个行业高于全国人均工资收入水平，农、林、牧、渔业、采矿业、制造业、建筑业、住宿和餐饮业、房地产业、水利、环境和公共设施管理业、居民服务、修理业和其他服务业等 9 个行业低于全国人均工资收入水平。在高收入行业中，除了信息传输、计算机服务和软件业，大部分属于垄断性行业，比如金融业、地质勘查业、电力、燃气及水的生产和供应业等，这主要是由于他们拥有国家优惠政策或行政垄断而获得高收益和高收入。如何对资源垄断、自然垄断、市场垄断等垄断性质行业的收入分配制度改革，这是我国收入分配制度改革较难攻克的堡垒之一，也是下一阶段我国收入分配制度的一项重要任务。

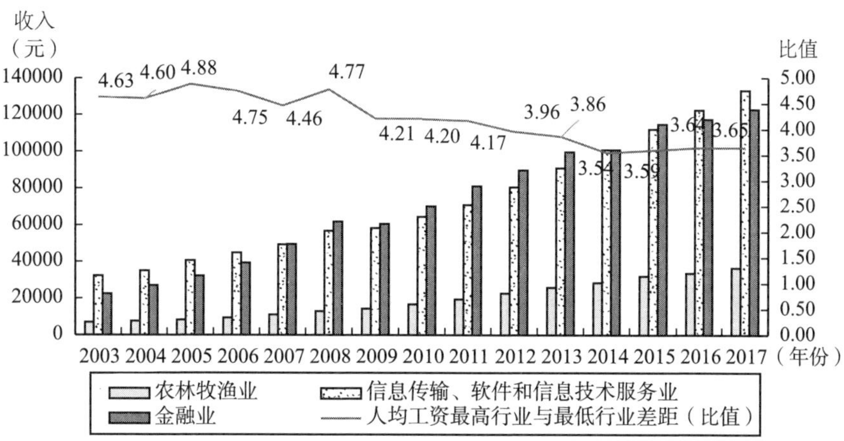

图7－7　2003～2017年我国各行业城镇单位就业人员收入差距情况

资料来源：根据2004～2018年《中国统计年鉴》相关数据整理。

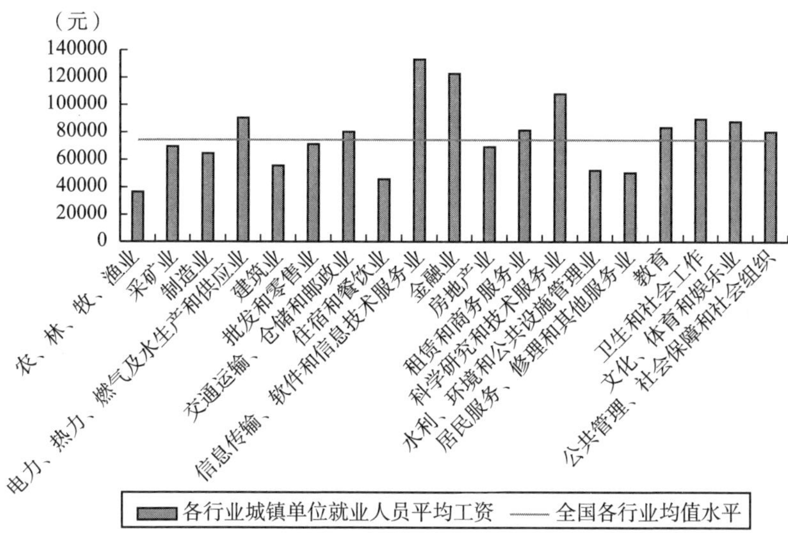

图7－8　2017年我国各行业城镇单位就业人员平均工资水平

资料来源：根据《中国统计年鉴（2018）》相关数据整理。

（二）收入分配结构仍存在严峻失衡

收入分配结构的科学与合理，是我国收入分配制度改革取得成功的关键。新中国成立70年来，我国的收入分配结构总共经历了三次大改革。一是工资制度改革，实现货币工资制取代原供给制，强调“按劳分配，按劳取酬”分配原则，并初步奠定了社会主义按劳分配的基础；二是市场化改革，使得国民经济部门结构发生了巨大变化，催生出高收益高利润的行业部门，也推动了劳动力在部门间的快速流动；三是分税制改革，使得政府收入、企业收入、居民收入结构失衡，其中政府收入和企业收入增长态势明显，而居民收入逐年下降，同时政府收入和企业收入的急剧增长充斥了居民收入的合理增长。尤其是改革开放后的两次大变革，即市场化改革和分税制改革，在一定程度上引致我国收入分配结构出现了些许扭曲和偏差，甚至偏离了我国收入分配体制改革的初衷与目标，导致我国收入分配结构处于严峻失衡状态。

1. 劳动者报酬份额过低

劳动者报酬份额是一个国家或地区初次分配水平的重要指标。一方面，从劳动者报酬占GDP比重来看，新中国成立70年来，劳动者报酬份额呈现“M”型的变化趋势，且远远低于发达国家平均水平（见图7－9）。在新中国成立初期，尤其是1956年社会主义改造基本完成后，确定按劳分配的基本原则，劳动报酬占GDP比重呈现迅速上升趋势，从1952年的10.5%上升至1958年的21.3%。但在经历“大跃进”运动和“人民公社”运动期间，企业在劳动工资的自主权混乱导致劳动者报酬份额出现了小幅下降，即使1961年中央恢复了对劳动工资的自主权，也没有挽回劳动者报酬份额下降的趋势。此外，1966～1976年的“文化大革命”期间，按劳分配原则的废弃，不仅使得劳动者工资收入的绝对值出现下降，而且劳动者报酬份额也逐渐下降。从图7－9可以看出，1958～1978年期间，劳动者报酬占GDP比重呈现波动下降趋势，到1978年，我国职工工资总额占GDP比重仅为15.5%。这种下降趋势一直持续到了十一届三中全会，党和国家对劳动者工资制度重新调整和改革后，出现了根本性的扭转。在改革开放初期，由于家庭联产承包责任制、劳动生产率的提升，我国劳动者报酬份额呈现了稳步上升的势头。但随着市场经济体制改革的深入，劳动报酬不再是居民收入的主要来源，非劳动生产要素，如资本、技术、管理等生产要素在经济发展中的贡献度和收益率明显提高，充斥着劳动收入份额急剧下降。因此，近 40 年来，虽然劳动者报酬的绝对额在逐年增长，但其占 GDP 比重却在逐年下降，且一直维持在 15% 左右的水平。与 2016 年相比，2017 年职工工资总额占 GDP 比重下降了 0.4 个百分点，仅 15.7%。另一方面，从劳动报酬占初次分配比重来看，近 30 年，尤其在 1992～2016 年期间，我国劳动者报酬占初次分配比重呈现波动下降的趋势，且下降势头明显。如图 7－10 所示，在 1992～2005 年期间，我国劳动者报酬份额虽处于波动下降趋势，但劳动者报酬份额均在 50% 以上；但 2005 年以后我国劳动者报酬开始跌破 50%，并在 2011 年降至 47.5%，成为历史新低①。到 2013 年，我国劳动者报酬份额重新回到 50% 水平，达 51.3%，但 2013～2016 年期间我国劳动者报酬份额虽然有小幅提高，但是增速不明显。需要说明的是，国家统计局关于劳动报酬的统计口径在 2004 年有重新做了调整，会对劳动者报酬份额的统计略有影响，但没有改变其下降趋势及比重过低的经济现实。

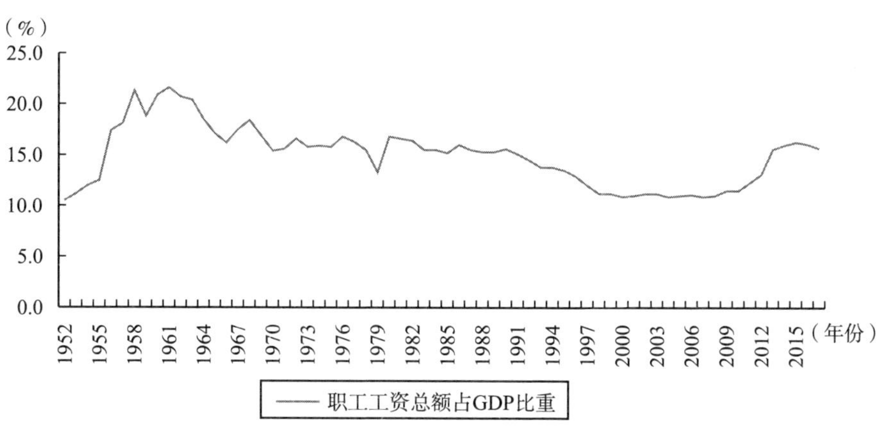

图 7－9　1952～2017 年劳动报酬占 GDP 比重情况

资料来源：根据历年《中国统计年鉴》以及《新中国 55 年统计资料汇编》相关资料整理。

① 孙明慧：《共享发展视阈下中国收入分配制度改革与反思》，吉林大学 2017 年博士学位论文。

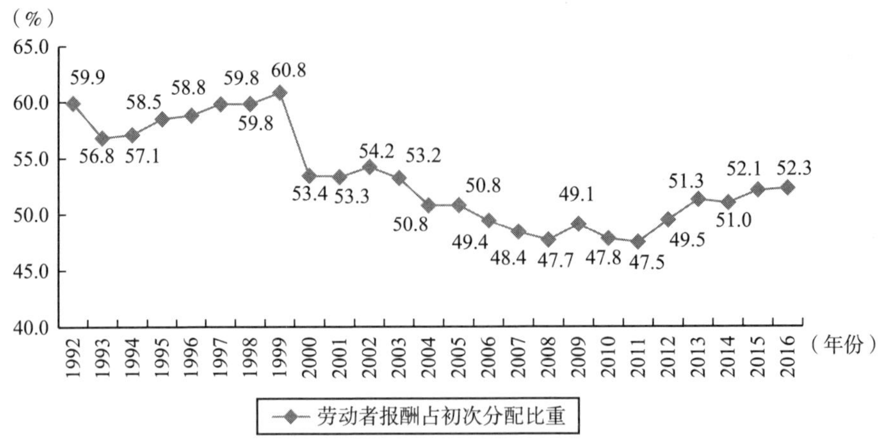

图7－10　1992～2016年初次分配中劳动报酬占比情况

资料来源：根据1999～2018年《中国统计年鉴》相关数据整理。

2. 居民收入份额下降

我国劳动者报酬份额下降的同时，也会导致居民收入增长滞后于经济增长[①]，使得居民收入占GDP比重也趋于下降。20世纪80年代中期以来，我国居民收入增长速度长期低于经济增速，造成居民收入在GDP中的比重不断下降，改革开放初期我国居民收入占比在45%左右，1990年上升至55%，但1992年后居民收入占比出现了持续下降[②]。如图7－11所示，1992～2016年期间，我国居民收入份额呈“U”型变化规律，其中在2008年，居民收入份额降至最低，为57.2%。改革开放40年来，一方面，我国居民收入占GDP份额长期处于下降趋势，且降幅颇高，虽然2009～2016年，我国居民收入占GDP份额缓慢回升，但升幅较小、增速较缓；另一方面，我国居民收入增长速度长期落后于GDP增长速度，人均居民收入增长过低，在一定程度上也会影响社会积累与消费结构，从长期来看，也会不

① 王宋涛、魏下海、涂斌、余玲铮：《收入差距与中国国民劳动收入变动研究》，载于《经济科学》2012年，第33～47页。

② 黄茜．居民收入占GDP比重提升说明什么？［EB/OL］．新蓝网　浙江网络广播电视台，http://n.cztv.com/news/12352374.html。

利于我国经济的可持续发展。这与上文分析中的城乡居民人均收入比值长期呈现“倒U”型变化规律是相对应的。但从根本上来看，随着我国经济体制和收入分配体制改革日趋完善，我国居民收入份额将逐步提升。

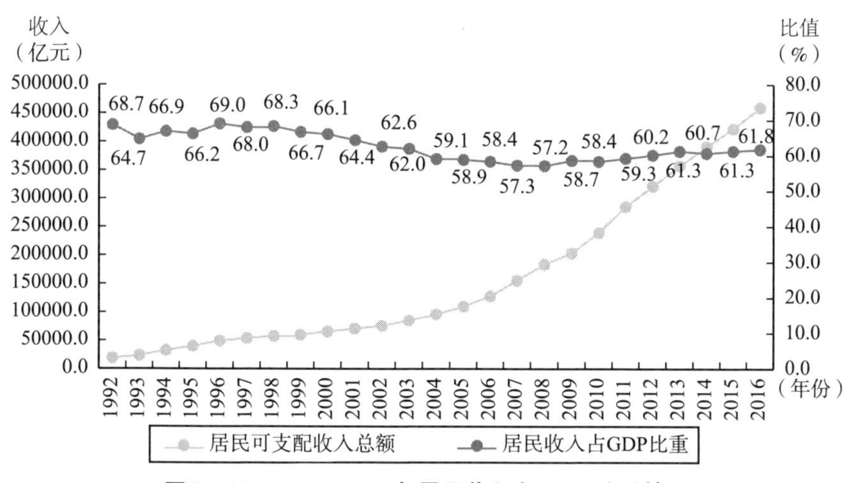

图7－11　1992～2016年居民收入占GDP比重情况

资料来源：根据2014～2018年《中国统计年鉴》相关数据整理。

3. 高中低收入群体比例不协调

高中低收入群体比例不协调，也是我国收入分配制度改革面临的重大问题。我国收入分配体制改革的目标之一，就是加快调整收入分配结构，实现“橄榄型”收入分配结构构建。关于我国高中低收入群体比例的标准和统计，社会各界都有不同看法。其中，2018年1月，中国社科院发布的《中等收入群体的分布与扩大中等收入群体的战略选择》报告中，指出中国目前低收入群体占比为35%，中低收入群体占22.7%，中间收入群体占19.6%，中高收入群体占14%，高收入群体占8.7%①，并指出中国大约有4.5亿人口处于中等收入群体。总体来看，离我们“橄榄型”的收入分

① 陈俊松：解码世界最大中等收入群体［EB/OL］．新华网，http：//www.xinhuanet.com/fortune/2018－01/09/c_1122229092.htm，2018－01－09。

配结构有一定的距离。此外，我国高中低收入群体可支配收入增长速度不平衡也会加剧我国高中低收入群体比例失衡。据中国统计局相关统计（见表 7－3），2018 年高收入户（20%）群体人均可支配收入达 70640 元，是低收入户（20%）群体人均可支配收入的 11 倍，与上一年度相比，增幅达 8.79%；而低收入户（20%）群体人均可支配收入仅 6440 元，与上一年度相比，增幅达 8.08%。虽然 2013～2018 年低收入户（20%）群体人均可支配收入明显提速，但其绝对值与增幅基本低于高收入户（20%）群体。此外，2018 年，我国中等收入户（60%）群体人均可支配收入降速明显，中等偏下、中等收入、中等偏上群体分别为 14361 元、23189 元、36471 元，同比增长 3.74%、3.08%、5.57%，与上一年度相比下降了 3.58 个百分点、4.43 个百分点和 2.42 个百分点。不同收入阶层的机会、渠道不均等，将导致收入分配差距的代际传递持续加强，对缩小收入分配差距形成巨大阻碍。同时，从变化趋势来看，低收入户（20%）收入低收入群体收入增速提升，是近几年国家扶贫政策推进的结果，但扶贫政策对低收入群体收入增长促进作用的持续效应有待进一步研究。可见，高中低收入群体收入结构不协调及其增速失衡，是我国高中低收入群体比例不协调的局限所在。

四、深化新时代中国收入分配制度改革的政策展望

党的十九大报告提出，“保障和改善民生要抓住人民最关心最直接最现实的利益问题”。收入是和人民切身利益最相关的话题之一，新中国成立 70 年以来，我国收入分配制度改革充分与经济发展实践相结合，通过一系列的探索与实践，最终有效地增加了居民收入水平，缩小了收入差距。党的十九大报告指出，要坚持按劳分配原则，完善按要素分配的体制机制，促进收入分配更合理、更有序。鼓励勤劳守法致富，扩大中等收入群体，增加低收入者收入，调节过高收入，取缔非法收入。报告还指出，坚

表 7－3　　2013～2018 年按五等份分组的居民人均可支配收入情况

组别	2013 年	2014 年		2015 年		2016 年		2017 年		2018 年	
	绝对值（元）	绝对值（元）	增幅（%）	绝对值（元）	增幅（%）	绝对值（元）	增幅（%）	绝对值（元）	增幅（%）	绝对值（元）	增幅（%）
低收入户（20%）	4402.4	4747.3	7.83	5221.2	9.99	5528.7	5.89	5958.4	7.77	6440	8.08
中等偏下户（20%）	9653.7	10887.4	12.78	11894.0	9.25	12898.9	8.45	13842.8	7.32	14361	3.74
中等收入户（20%）	15698.0	17631.0	12.31	19320.1	9.58	20924.4	8.3	22495.3	7.51	23189	3.08
中等偏上户（20%）	24361.2	26937.4	10.57	29437.6	9.28	31990.4	8.67	34546.8	7.99	36471	5.57
高收入户（20%）	47456.6	50968.0	7.4	54543.5	7.02	59259.5	8.65	64934.0	9.58	70640	8.79

资料来源：根据《中国统计年鉴（2018）》《2018 年国民经济和社会发展统计公报》相关数据整理。

持在经济增长的同时实现居民收入同步增长、在劳动生产率提高的同时实现劳动报酬同步提高。“同时”和“同步”意味着未来的收入分配制度改革既要确保收入增长与经济增长同时同步，又要确保劳动报酬提高与劳动生产率提高同时同步。拓宽居民劳动收入和财产性收入渠道。履行好政府再分配职能，加快推进基本公共服务均等化，缩小收入分配差距。收入分配制度改革关系着人民利益和国家稳定，对全面建成小康社会、基本实现社会主义现代化具有重大意义，未来还需继续深化收入分配制度改革。

（一）加快推动经济高质量发展，奠定收入分配公平物质基础

经济建设是我国社会主义现代化建设的核心，也是缓解中国社会主要矛盾的重要路径。从本质上来看，我国收入分配制度改革是不同历史时期社会生产力发展的产物。只有持续深入供给侧结构性改革，加快推动经济高质量发展，实现社会经济发展水平的飞跃提升，从而进一步奠定收入分配公平的物质基础，才能真正实现社会公平正义。反之，经济发展不充分不平衡，也将深刻影响收入分配公平。以党的十八届三中全会《关于全面深化改革若干重大问题的决定》为标志，我国经济体制改革开始进入了下半场，目标也从建立社会主义市场经济体制转移到“使市场在资源配置中起决定性作用和更好发挥政府作用”。同时，随着改革进入深水区，下半场经济体制改革的长期目标是产权保护和要素市场化改革①。当前，我国已经基本建立市场配置资源的经济运行机制，但我国生产力仍然相对落后、人口基数大、资源相对不足的基本国情，决定了我国收入分配的“差异化”现象。历史证明，实践中产生的问题必须依靠进一步发展来解决②。可见，随着我国社会生产力的不断提高，以及经济体制改革的纵深发展，

① 冯俏彬：《将我国经济体制改革推向纵深》，载于《中国经济时报》2019年1月4日第A05版。

② 高留成：《建国以来我国关于收入分配问题的理论探索及启示》，载于《社会科学论坛》2012年第5期，第38～44页。

如何做大做好“蛋糕”，如何公平效率分配好“蛋糕”，对我国开创高质量经济新局面提出了更高的要求。

（二）继续坚持按劳分配原则，完善按要素分配体制机制

新中国成立 70 年以来，我国逐步建立起以按劳分配为主体、多种分配方式并存的收入分配制度。这一制度充分激发了劳动者的积极性，推动了中国经济快速发展。在马克思主义经典文献中，按劳分配就是按劳动的数量和质量进行分配。按照这一原则，各行各业在评定员工工资级别时，主要根据员工的劳动好坏、技术高低和贡献大小。可见，处理收入分配问题主要是看劳动。传统理论中的生产劳动主要指的是物质生产劳动，当代经济发展的一个重要特征是知识、技术、管理等生产要素在生产中的重要性明显提升，劳动的内涵不再局限于物质生产劳动，收入分配制度改革要体现这种变化。由于我国正处于社会主义初级阶段，在公有制为主体、多种所有制经济共同发展的所有制结构下，要坚持按劳分配原则，完善按要素分配的体制机制，促进收入分配更合理、更有序。

新中国成立以来，我国从原来计划经济体制下的单一的按劳分配原则，转变为按劳分配与按要素分配相结合的多元分配体系。站在新的历史起点，结合党的十九大报告精神，收入分配制度改革要继续落实按劳分配原则，要求在宏观领域协调好行业之间、地区之间、城乡之间分配关系，在微观领域处理好劳动分配关系，及时调整劳动的质与量，复杂劳动与简单劳动在工资收入中的分配比例关系。强调按劳分配原则的主体地位，就是要采取各种方式增加劳动者的劳动收入，结合按要素分配，逐步提升市场配置资源效率，促进社会公平。两个“同步”是实现公平分配的基本要求。经济总量与居民收入同步增长，是确保所有人民共享改革开放红利和经济发展成果的必要前提，劳动生产率与劳动报酬同步提高，是确保劳动者按其贡献大小获得合理报酬的基本原则。改革开放以来的经验说明，只有使发展成果更多更公平地惠及全体人民，我国社会主义基本经济制度才

能具有更广泛的现实基础和深厚的群众基础，才能日益巩固和完善。国有企业工资决定机制是深化收入分配制度改革的重要任务。尤其是改革开放以来，中央对国有大中型企业实行工资总额与经济效益挂钩的方法，在一定程度上调动了广大职工的积极性，促进了国有企业的经济效益。然而，随着社会主义市场经济体制的逐步完善和国有企业改革的不断深化，原先的国有企业工资决定机制已难以适应全面深化改革的需要，存在分配秩序不够规范、市场化分配程度不高、监管体制不够健全等问题。按照坚持按劳分配原则、完善按要素分配体制机制的要求，要建立健全与劳动力市场基本适应、与国有企业经济效益和劳动生产率相挂钩的工资增长决定机制，充分调动国有企业职工的积极性和创造性，推动国有资本做强做优做大，促进收入分配更合理、更有序。

（三）持续扩大中等收入群体，调整国民收入分配格局

党的十九大报告提出，从 2020 年到 21 世纪中叶可以分两个阶段来安排。第一阶段，从 2020 年到 2035 年，在全面建成小康社会的基础上，再奋斗十五年，基本实现社会主义现代化。到那时，人民生活更为宽裕，中等收入群体比例明显提高，城乡区域发展差距和居民生活水平差距显著缩小，基本公共服务均等化基本实现，全体人民共同富裕迈出坚实步伐。随着我国经济发展进入新时代，经济由高速增长阶段转向高质量发展阶段，人们对美好生活的需求更为强烈，居民消费结构不断升级。在此背景下，扩大中等收入群体非常关键，中等收入群体是释放消费潜力、扩大内需，形成橄榄形分配格局的重要基础。中等收入群体比例提高，意味着收入分配状况日益改善。与其他国家相比，我国收入差距过大的一个重要原因就是中等收入群体比重较低，低收入群体比重较高。当收入差距缩小时，中等收入群体占主体，当收入差距扩大时，中等收入群体比例减小，一部分中等收入群体进入高收入群体，一部分中等收入群体进入低收入群体。在扩大中等收入群体规模时，一方面要使更多的低收入者进入中等收入群

体，另一方面要确保现有的中等收入劳动者不会掉到低收入群体。随着我国经济快速发展，将会有越来越多的人进入中等收入群体，包括农民工、小微企业从业人员、个体经营者、乡镇企业工人等。扩大中等收入群体，关键是让有潜力的低收入者尽快步入中等收入群体队伍，提高低收入者收入是扩大中等收入群体的主要路径之一。2018 年，通过提高技术工人待遇、改革国有企业工资决定机制、推进城乡居民增收试点等措施，全国居民人均可支配收入达到 28228 元，与上一年度相比，实际增长达 6.5%；同时，全国居民人均可支配收入中位数为 24336 元，中位数是平均数的 86.2%①。此外，党的十九大提出的乡村振兴战略，能够有效地推动乡村各产业融合发展，增加农民收入，切实扩大中等收入群体。因此，结合我国城乡二元结构，持续提高农民收入，将农民群体培养成为中等收入群体的重要力量，将有助于推进收入分配制度改革。

（四）加强政府收入分配调节，切实履行收入再分配职能

收入的再分配调节是优化收入分配格局的重要环节。从国际经验看，很多发达国家在初次分配后基尼系数并不小，一般是通过再分配手段才能把基尼系数降到合理范围内。目前我国收入分配差距仍较大，收入两极化问题仍较为严重，再加上我国收入分配格局是长期积累形成的，短期内难以得到根本性改变。如果任由收入分配格局不合理的情况继续发展，势必会影响到经济社会的可持续发展。党的十九大报告提出，履行好政府再分配职能，加快推进基本公共服务均等化，缩小收入分配差距。因此，加强政府收入再分配的调节作用，是未来收入分配制度改革的重要方向。从我国的现实情况来看，由于各种因素的限制，收入再分配调节作用并没有得到充分发挥。一方面税收制度不合理，使得税收在缩小收入分配差距问题

① 国家统计局：2018 年国民经济和社会发展统计公报［EB/OL］. http：//www. stats. gov. cn/tjsj/zxfb/201902/t20190228_1651265. html。

上作用甚微；另一方面社会保障制度碎片化，使得收入分配的公平性得不到保障，一些真正需要保障的低收入群体，得到的保障水平较低，甚至得不到保障。还有社会公共服务差距较大，一些经济相对落后的地区，享受到的教育、医疗等基本公共服务水平较低，直接影响了家庭当期收入，还会影响下一代的收入能力，即代际传递效应显著。从十八届五中全会到“十三五规划”，对收入分配的顶层设计主要包括两方面：一是一般调节，二是扶贫开发。一般调节的内容包括不断完善税收制度、逐步整合不同保障制度、提升公共服务共建共享水平等；而扶贫开发是一次有针对性的收入再分配，也是一次收入再分配的深化改革，其最终目标是让发展成果更多更公平地惠及全体人民。我国居民收入差距过大，其中贫困人口基数庞大。扶贫开发贵在精准，重在精准，成败之举在于精准。首先要精准识别贫困人群，帮扶真正的困难户和贫困户，其次要精准设计扶贫措施，根据贫困人群的需求以及他们贫困的原因，精准项目安排和资金使用。当前，我国已进入脱贫攻坚关键时期，通过实施精准扶贫、精准脱贫基本方略，确保困难群众同时同步达到小康水平，对于缩小收入分配差距具有重要作用。

第八章 70 年来中国科技创新的建设成就与未来展望

新中国成立 70 年以来，中国科技创新和重大工程建设取得了万众瞩目的成就，支持并助推中国从制造大国向制造强国的历史性转变。从青藏铁路的正式通车到嫦娥四号探测器在月球背面成功着陆，从世界最大单口径、最灵敏的射电望远镜“中国天眼”到中国高铁“复兴号”的成功运营，从国产大飞机 C919 的成功首飞到北斗导航卫星试验系统的成功研制，从世界上下潜能力最深的作业型载人潜水器“蛟龙号”的自主研制到世界最长的跨海大桥“港珠澳大桥”的正式通车，中国不仅取得了一系列重大的科技成就，而且在增强原始创新能力、培养战略创新力量、推进创新成果转化等过程中取得了丰硕的成果，为中华民族走向繁荣昌盛奠定了坚实的基础。

一、70 年来中国科技创新的政策演进

新中国成立 70 年取得的伟大成就，与中国创新政策的不断进步和完善密不可分。中国始终坚持走自主创新的道路、集中力量、重点突破，力争实现跨越式的发展，并着力在重大关键技术和共性技术领域实现突破，通过创新驱动引领中国经济社会的可持续发展。新中国成立以来中国创新政

策的变迁可以分为五个时期。

（一）1949~1978年：奠基开创阶段

1949年中华人民共和国成立，百废待兴，科技事业机构残缺、人员不足、经费拮据，现代科学技术几乎是一片空白。因此，集中科技资源解决关键问题并由政府全面规划科技活动的思想得以确立。1949年11月，中国科学院在北京成立，整合全国科研机构，树立了以科学院为全国科学中心的地位，并迅速建立起相关科学技术体系，在较短时间之内在特定的科技领域取得了重大突破。1956年社会主义制度基本确立，在“以恢复国民经济为重点”的政策指引下，创新政策的主要任务是初步确立科学技术指导思想并建立创新体制。在党中央“向科学进军”的号召下，国家科学规划委员会成立并制定了新中国第一个长期科技发展规划《1956~1967年全国科学技术发展远景规划》，以提升国防尖端技术为首要任务，积极应对帝国主义的武力威胁、军备竞赛以及核讹诈的压力。1958年中国科学技术委员会成立，中国科学技术管理体系逐步形成，中国科学技术失业进入了国家计划下的现代发展时期。《1963~1972年十年科学技术规划》的制定进一步表明了新中国创新政策在制定科技发展规划、建立教育体系和科学技术、设立科技主管机构等方面的努力。在科学技术发展规划的指引下，在中国科学院以及相关高等院校、产业部门的配合下，中国取得了“两弹一星”的光荣成就，不但保障了国防建设的装备技术，还形成了相对全面的对项目、人才、体制等进行统筹安排的科技政策理念和模式。1964年，周恩来总理在政府工作报告中首次提出要在20世纪内，把中国建设成为具有现代农业、现代工业、现代国防和现代科学技术的社会主义强国。这一宏伟目标和“两步走”的战略方针原本准备从1966年开始实施，但“文化大革命”打断了这一进程。直到1975年周恩来在四届人大报告中重申“四个现代化”的宏伟目标后，中国创新政策才迎来了转机。

（二）1978～1995 年：转折探索阶段

1977 年邓小平在《关于科学和教育工作的几点意见》中提出，“要实现现代化，关键是科学技术要能上去”。国家科委的重建和《1978～1985 年全国科学技术发展规划》的制定意味着中国创新发展迎来了政策的春天。1978 年，邓小平在全国科技大会上提出“科学技术是第一生产力”的著名论断。“四个现代化，关键是科学技术现代化”“尊重知识、尊重人才”等方针提出后，发展高科技、应用新技术的政策措施相继出台。1980 年，邓小平强调必须把科技发展计划和经济、社会发展计划结合起来，1981 年国务院正式强调指出“发展经济必须依靠科学技术，科学技术工作必须为发展经济服务”。1982 年党的十二大报告首次把发展科学技术列为国家经济发展的战略重点，同年批准《关于编制十五年（1986～2000 年）科技发展规划的报告》，规划贯彻“科学技术必须面向经济建设，经济建设必须依靠科学技术”的基本方针，强调科技与经济相结合。1985 年中共中央发布《关于科技体制改革的决定》，明确指出“经济建设必须依靠科学技术，科学技术必须面向经济建设”，并与拨款制度、组织结构和人事制度的改革相同步。此后，国家陆续出台了高技术研究发展（863）计划、火炬计划、星火计划、国家自然科学基金等科技计划，全面考虑，分主次，分重点为创新活动的开展提供计划指引。1992 年邓小平南方谈话中再次强调“科学技术是第一生产力”。此后，政府出台了一系列法规条例，着重于引进合同研究和技术市场，强调科技与经济相结合。一大批国家项目、重点工程先后上马，国家工业化、信息化迎来了重要的发展期。

（三）1995～2006 年：科教兴国阶段

科教兴国战略是继 1956 年党中央号召“向科学进军”、1978 年全国科学大会召开之后，中国创新政策的又一重要里程碑。1994年《中国21世纪议程》确定中国正式实施可持续发展战略。1995年，中共中央、国务院颁布了《关于加速科学技术进步的决定》（以下简称《决定》），首次提出在全国实施科教兴国战略。随后召开的全国科技大会上进一步贯彻该《决定》精神，在《“九五”计划和2010年远景目标规划》中再次强调将“科教兴国”列为中国首要发展战略。1996年《关于“九五”期间深化科学技术体制改革的决定》以及《“九五”全国技术创新纲要》提出产学研合作模式，并提出以企业为主的自主创新战略，为形成国家创新体系构架提供政策指引和具体思路。1997年十五大报告中进一步提出，科技进步是经济发展的决定性条件，并把可持续发展战略和科教兴国战略作为新阶段的国家发展战略，知识经济和国家创新体系等理念得到了学界和政府的高度重视。1998年，党中央国务院做出建设国家创新体系的重大决策，以基础性研究为核心，提高新知识和新科学的原创能力为目标的国家知识创新试点工作逐步展开，力求形成高效运行的国家知识创新系统及运行机制，建设一批国际知名的国家知识创新基地。同时，国家还鼓励大型国有企业建立研发中心，并成立科技型中小企业技术创新基金。另外，高等教育也成为国家创新体系的重要组成部分，旨在建设若干所具有世界先进水平大学的“985”工程等得以实施。1999年，全国技术创新大会召开，强调要抓住机遇，加强科技创新，实现技术发展的跨越。此次会议对于深化科技改革，全面推进技术创新和科技成果产业化，促进技术创新和科技成果产业化任务的落实，起到了积极的推动作用。同年颁布的《中共中央国务院关于加强技术创新，有效的体制保障。进入21世纪，我国开始制定中长期科学技术发展规划，发展高科技，实现产业化的决定》提出要以改革为动力，深化经济体制、科技体制、教育体制的配套改革，推进国家创新体系建设，为高新技术成果商品化、产业化提供了宏观指导，并强调研究开发面向市场的应用性和适用性技术，全面建设国家创新体系。至此，国家创新体系布局建设工作顺利开展。

（四）2006～2013 年：创新型国家建设阶段

2003 年，国家组织开展了中长期科学和技术发展规划的制定工作。2005 年，胡锦涛同志在十六届五中全会上明确提出建设创新型国家的重大战略思想。2006 年，他又在全国科学技术大会上指出，要坚持走中国特色自主创新道路，用 15 年左右的时间把我国建设成为创新型国家。建设创新型国家是落实科学发展观、开创社会主义现代化建设新局面的重大举措，强调了将科技创新作为国家的基本战略，通过提升创新能力形成国家竞争优势。同年 3 月，《国家中长期科学和技术发展规划纲要（2006～2020 年)》出台，并配套出台了 99 条配套政策和 78 项实施细则。这是我国进入 21 世纪以来对科学技术发展所做的第一次全面规划，也是社会主义市场经济条件下制定的第一个中长期科技发展规划，对未来 15 年的科技发展做出了总体部署。同时，还启动修订了《科学技术进步法》，以法律形式明确了新时期国家发展科学技术的目标、方针和战略，强化了自主创新战略的激励措施，为《规划纲要》的落实提供了法律保障。2009 年，国家为开展自主示范区建设，相继出台中关村“1＋6”试点政策。2012 年，中共中央、国务院印发了《关于深化科技体制改革加快国家创新体系建设的意见》，就深化科技体制改革、加快国家创新体系建设提出了具体要求，强调在国家创新体系建设过程中坚持企业主体、协同创新，紧密结合产学研，开放共享科技资源，突出企业技术创新主体作用，注重在实施国家科技重大专项中发挥新型举国体制的作用。

（五）2013 年至今：创新驱动发展阶段

2013 年以来，以习近平同志为核心的党中央高度重视科技体制改革工作，把科技创新作为提高社会生产力和综合国力的战略支撑，摆在国家发展全局的核心位置，深入实施创新驱动发展战略，并按照科技创新和体制机制创新“双轮驱动”的要求，研究并部署了一系列重大改革举措。2014年初，《关于改进加强中央财政科研项目和资金管理的若干意见》中提出对中央各部门管理的科技计划（专项、基金等）进行优化整合。继而出台了《关于深化中央财政科技计划（专项、基金等）管理改革的方案》，通过借鉴发达国家调整科技创新战略和加强科技资源集成的政策，强化顶层设计，打破条块分割，建立具有中国特色的目标明确和绩效导向的科技计划（专项、基金等）管理体制。通过时，国家推动修订《促进科技成果转化法》并出台《实施〈中华人民共和国促进科技成果转化法〉若干规定》，制定《促进科技成果转移转化行动方案》，进一步完善科技成果转移转化机制。2015 年出台《深化科技体制改革实施方案》，修改并制定了 10 个方面共 143 条政策措施。十八届五中全会明确指出“创新、协调、绿色、开放、共享”的全新发展理念，将坚持创新发展摆在国家发展全局的核心位置，推进理论、制度、科技、文化的全面创新。后续出台的《中共中央关于制定国民经济和社会发展第十三个五年规划的建议》，明确提出“创新是引领发展的第一动力”，为进一步贯彻落实创新驱动发展战略，发挥科技在创新中的引领作用添砖加瓦。2016 年，中共中央、国务院发布了《国家创新驱动发展战略纲要》，提出“到 2050 年建成世界科技创新强国，成为世界主要科学中心和创新高地，为我国建成富强民主文明和谐的社会主义现代化国家、实现中华民族伟大复兴的中国梦提供强大支撑”的发展目标，这是中国科技创新发展的顶层设计和科学谋划。此后，《“十三五”国家科技创新规划》进一步提出大幅提高国家科技实力和创新能力的发展目标，包括全面提升自主创新能力显著，增强科技创新支撑引领作用，同步提升创新型人才规模和质量等。此外，国务院还出台了《关于大力推进大众创业万众创新若干政策措施的意见》，推进科技创新与双创融通发展，众创空间等新型孵化器加快发展，第三方专业服务丰富完善，公共服务新模式逐步形成。党的十九大对科技创新进行全面系统部署，推动高质量发展、支撑供给侧结构性改革、加快新旧动能转换。在以习近平同志为核心的党中央坚强领导下，我国科技创新持续发力，加速赶超跨越，实现历史性、整体性、格局性的重大变化，重大创新成果竞相涌现，科技实力大幅提高，已成为具有全球影响力的科技大国。

二、70 年来中国科技创新取得的伟大成就

新中国成立 70 年来，在一系列创新政策的战略指引下，在科技体制改革的稳步推进下，在中国人民的凝心聚力下，创新活动取得了丰硕的成果。其主要成就表现在以下几个方面：

（一）科技投入逐年增长，创新实力显著增强

新中国成立后，国家不断增加科研投入力度和强度，国家科技活动经费支出额逐年攀升。国家财政为创新活动提供重要的物质保证，促使各项创新计划得以顺利展开。1985 年我国 R&D 经费仅为 67. 35 亿元，到 1990 年已超过 100 亿元，到 2005 年已超过 2000 亿元，到 2017 年更使达到 17606. 13 亿元，仅次于美国，增幅高达 12. 31%，人均 R&D 经费从 1985 年的 6. 36 元/人上升到 2017 年的 1257. 58 元/人，R&D 经费占 GDP 的比重从不足 1% 上升到 2. 13%。虽然与创新型国家接近 3% 的研发投入力度尚有差距，但居于发展中国家首位（见表 8 – 1）。

表 8 – 1　　中国历年 R&D 经费支出

项目	1985 年	1990 年	1995 年	2000 年	2005 年	2010 年	2015 年	2017 年
R&D 经费（亿元）	67. 35	125. 4	348. 7	895. 7	2449. 97	7062. 6	14169. 9	17606. 13
R&D 经费占 GDP 比重（%）	0. 75	0. 71	0. 60	1. 00	1. 31	1. 76	2. 06	2. 13

续表

项目	1985 年	1990 年	1995 年	2000 年	2005 年	2010 年	2015 年	2017 年
人均 R&D 经费（元/人）	6.36	10.97	28.79	70.67	187.37	526.70	1030.82	1257.58

资料来源：根据《中国科学技术四十年（统计资料）1949～1989》；历年《中国科技统计年鉴》相关数据整理。

在科研经费的支持下，中国创新活动蓬勃发展，科技创新成果显著。研究机构、高等学校、工业企业在通力合作，积极开展各项研发活动。基础科学研究在多个领域取得重要进展，生物、纳米、航天等领域研发能力达到世界领先水平；农业技术在农业机械化和设施农业技术研究、中低产田与区域农业综合发展研究、种植和养殖技术研究、动植物遗传资源和育种技术研究、重大动植物疫病防治研究、生物技术等高新技术研究领域实现跨越式发展；工业技术在信息技术、空间技术、汽车工业、能源工业等方面成果斐然，高铁、环保、光伏和电池技术在全球的创新竞争力越来越强；互联网应用及人工智能（AI）应用领跑全球。2018 年中国全球创新指数（GII）排名已攀升至 17 位，比 2017 年提升 5 位，也是唯一进入前 20 名的中等收入国家（见图 8－1）。

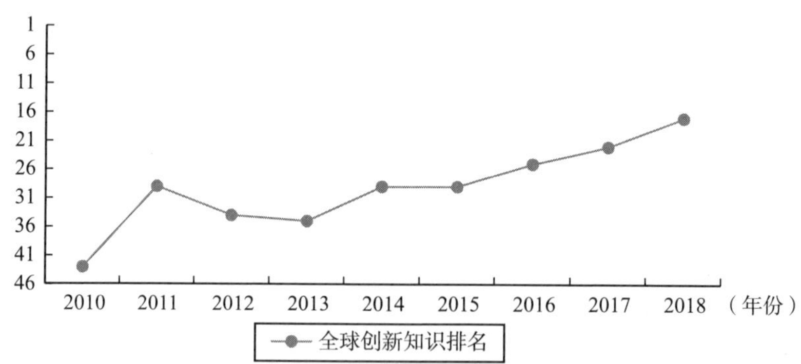

图 8－1　2010～2018 年全球创新指数（GII）中国近年排名

资料来源：根据《2018 年全球创新指数（GII）报告》相关数据整理。

从专利情况看，近三十年来中国专利申请数量和授权数量猛增，专利申请受理量连续 8 年居世界首位。1990 年我国专利申请受理量不足 4 万件，到2005 年已超过40 万件，而2018 年更是超过400 万件，2017 年专利申请授权量也已突破 183 万件，居世界首位。从科技论文发表和引用情况来看，1985 年中国发表国际科技论文数不到 1 万篇，2000 年以后科技论文发表数量和质量均大幅提升。根据中国科学技术信息研究所公布的相关数据，2017 年中国科技工作者国际论文发表数量达到 36. 12 万篇，国际论文发表数量和国际论文被引用次数均位列世界第 2 位。此外，我国高技术产品出口额持续增长，到 2017 年已经高达 22635. 2 亿美元，占商品出口总额的 29. 6%（见表 8 –2）。

表 8 –2　　1985 ~2017 年中国历年创新产出及其变化

项目	1985 年	1990 年	1995 年	2000 年	2005 年	2015 年	2017 年
专利申请受理量（件）	9411	36585	69535	140339	476264	2798500	3536333
专利申请授权量（件）	111	19304	41881	95236	214003	1718192	1720828
高技术产品出口额（亿美元）	5. 2	26. 9	100. 9	370. 4	2182	6553	22635. 2
高技术产品出口额占商品出口总额比重（%）	1. 9	4. 3	6. 8	14. 9	28. 6	28. 8	29. 6
国际科技论文发表数（篇）	5706	13352	26395	49678	943400	1640000	290647

资料来源：根据中国科学技术四十年（统计资料）1949 ~1989；中国科技统计（http：//www. sts. org. cn）；历年科技统计年鉴相关数据整理；1985 年的国际科技论文发表篇数实为 1986 年的数量。

创新活动的开展为增强我国综合竞争力、推动经济发展、打破技术垄断提供了技术保障和发展动力，并对提升基础科学研究能力、提高劳动生产率、减少生产过程中的能源消耗、增加产品附加值等具有极其重要的意义。

（二）创新生态不断优化，创新主体协同发展

从R&D经费部门支出来看，自20世纪80年代中期以来，企业研发经费支出占比持续上升。1985年企业R&D经费支出额仅为116亿元，占总支出的34%，而研究机构和高校则占了66%；90年代末期，企业跃升为研发活动的主体，2000年企业R&D经费支出占比超过60%；到2007年，企业R&D经费支出额达到2681.9亿元，占总支出的72%；2017年企业R&D经费支出额高达13660.2亿元，占总支出的78%，以企业为主体、研究与开发机构为支撑的科技创新模式进一步凸显。创新主体突破壁垒，注重协同创新，积极推动创新资源和要素的有效汇聚，充分释放彼此之间的创新活力（见图8－2）。

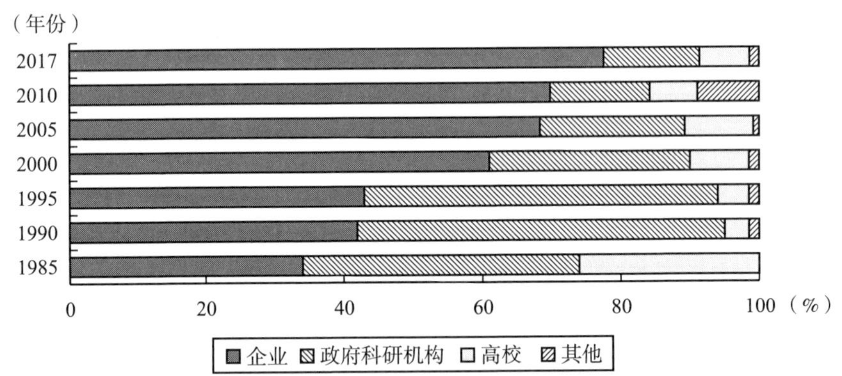

图8－2　1985～2017年中国历年研发经费支出部门比重变化

资料来源：根据《中国科学技术四十年（统计资料）1949～1989》；历年《中国科技统计年鉴》相关数据整理。

人力资本是企业、高等学校、研发机构开展创新活动的关键。新中国成立之初，自然科学技术人员不足 50 万人，主要为工程技术、卫生技术和教学的工作人员。党的十一届三中全会后，科技人力资源得到迅速恢复和发展，到 1980 年已突破 500 万人，76.8%集中在工业及文教卫生和社会福利部门，其中 1.43 万人拥有研究生学历。1995 年以来研究与试验发展人员全时当量逐年上升，2017 年增至 621.4 万人，是 1995 年的近 15 倍，其中 133.7 万人拥有研究生及以上学历。从部门来看，2010 年开始，企业研发人员全时当量绝对量及增长量均远高于高校与研发机构，2017 年企业研发人员全时当量绝对量已达到 462.7 万人，其中大中型工业企业达到 404.5 万人，比 2010 年增加 332.5 万人，高校和研发机构则为 91.4 万人和 46.2 万人，分别比 2010 年增加 62.4 万人、16.9 万人（见图 8－3）。

不断优化的创新生态推动了协同创新的持续发展，企业、高等院校、研发机构既是创新活动的集聚地，也是创新人才的培养场所。《国家中长期科学技术发展规划纲要（2006～2020）》提出 2020 年全社会 R&D 研发投入占 GDP 的比重提高至 2.5%的发展目标。随着经济实力的不断增强以及国家科技投入力度和强度的不断加大，企业创新主体的地位将更加突出。

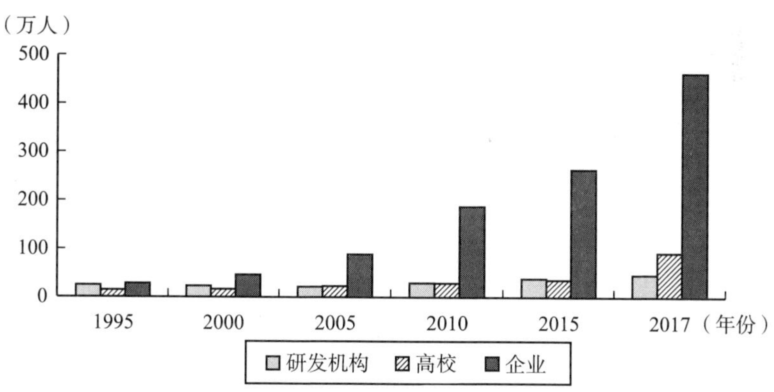

图 8－3　1995～2017 年中国历年各部门研发人员全时当量及其变化

资料来源：根据历年《中国科技统计年鉴》相关数据整理。

（三）行业创新全面展开，创新产出效益增强

当前，各行业积极开展创新活动，行业新产品收入占企业主营业务收入的比重不断攀升。1990年中国创新能力在计算机、通信和其他电子设备制造业、仪器仪表制造业及电气机械及器材制造业较为突出，新产品收入占主营业务收入的比重均超过20%。到2000年，通信和其他电子设备制造业、仪器仪表制造业、电气机械及器材制造业继续保持显著创新优势及强劲发展速度，交通运输设备制造业也呈现较快增长势头，年增幅超过75%。2010年，交通运输设备制造业、医药制造业、仪器仪表制造业、烟草制品业、纺织业等中新产品占主营业务收入的比例均呈现较为明显的增长。2016年虽然交通运输设备制造业、电气机械及器材制造业计算机、通信和其他电子设备制造业等行业的新产品占主营业务收入的比例有所下降，但在化学纤维制造业、烟草制品业、有色金属冶炼及压延加工业等行业中这一比例仍保持增长（见图8－4）。

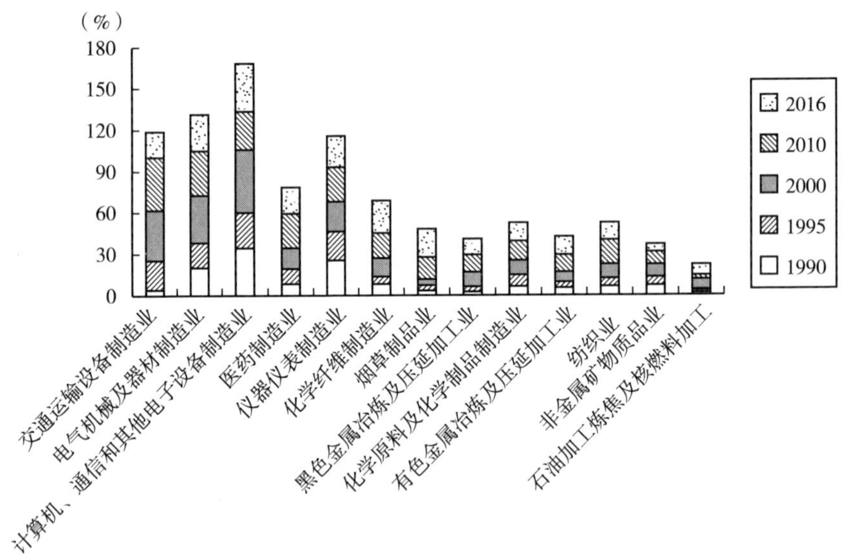

图8－4 中国历年行业新产品收入占主营业务收入比重变化

资料来源：根据历年《中国科技统计年鉴》相关数据整理。

由于研发活动投入回报率一般是设备投资回报率的 2 ~3 倍，因此企业十分重视自身研发机构和研发队伍的建设，自主创新意识日益增强，企业自身及相关企业的创新活动和知识溢出成为行业创新活力的主要来源。从高新技术行业产值及研发经费的相关数据可见，2017 年计算机及办公设备制造业的研发支出占总利润的比例达到 46.62%，医药制造业、医疗仪器设备及仪器仪表制造业、信息化学品制造业均超过 30%。其中，计算机及办公设备制造业新产品销售收入中的出口比例近 50%，可见该行业在国际上以具有较强竞争力。除此之外，电子及通信设备制造业的出口比例也近 42%，信息化学品制造业、医疗仪器设备及仪器仪表制造业等均在国际上具有一定竞争力（见表 8 –3）。

表 8 –3　　2017 年中国高新技术行业产值及研发经费比较

行业	新产品开发项目数（项）	新产品开发经费支出（亿元）	新产品销售收入（亿元）	研发支出占总利润的比例（%）	出口额占新产品销售收入比例（%）
医药制造业	28584	589	5713	36.27	8.75
电子及通信设备制造业	54288	2620	35984	17.70	41.56
计算机及办公设备制造业	7018	285	6734	46.62	48.27
医疗仪器设备及仪器仪表制造业	20553	363	2751	38.49	14.57
信息化学品制造业	985	40	830	31.07	18.46

资料来源：根据历年《中国科技统计年鉴》相关数据整理。

（四）创新服务蓬勃发展，创新交流日益密切

以转移代理、促进产学研转化、提供融资、研发信息、咨询建议等为主要职能的创新服务不仅是创新活动的主要来源，还是创新网络的重要媒介和主要结点，更是创新活动开展的重要场所和动力保障。20 世纪 90 年代以来，我国创新服务蓬勃发展，为创新活动的开展和科学技术的交流合

作做出了重要贡献。1985年全国技术市场成交合同金额仅为7.5亿元，1990年技术市场成交合同数超过20万项，金额突破75亿元①。此后，技术市场成交合同金额以年均22%的速度增长，1992年突破100亿元，2003年突破1000亿元，2010年达到3906.57亿元，2017年达到13424.22亿元（见图8－5）。其中，东部地区发展态势良好，中西部地区发展较为缓慢。经过70年的发展，创新服务参与机构众多，发展逐步规范，工业企业成为参与的主要力量，有限责任公司和国有企业则是其中最活跃的参与主体。从技术市场成交合同金额的构成可见，技术开发和技术服务始终占据70%以上的份额，技术咨询则在20%左右，技术转让相对更少。20世纪90年代技术引进集中在机械电子行业，以技术许可、关键设备、技术转让为主；目前则遍及各个部门，以著有技术许可或转让、技术咨询与技术服务、为实施以上内容而进口的成套设备、关键设备、生产线等为主。创新服务突破了单纯技术转让，积极参与技术成果产业化发展。

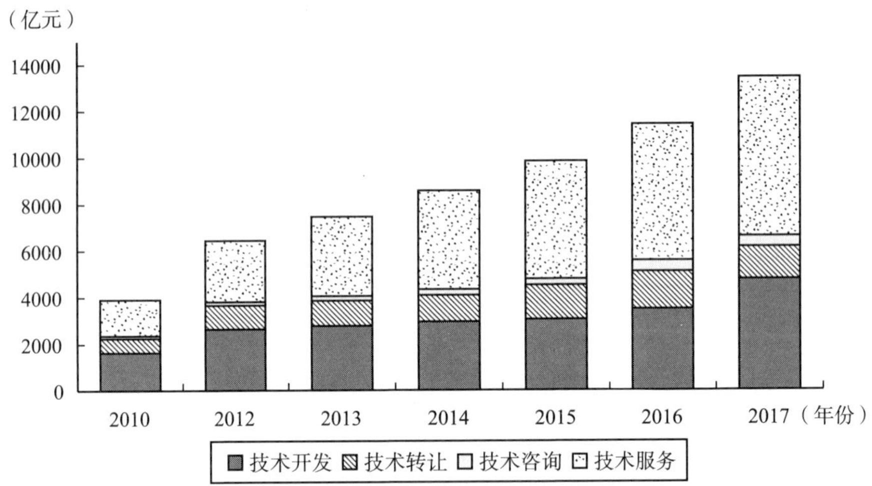

图8－5　2010～2017年中国技术市场成交合同金额及其组成

资料来源：根据历年《中国科技统计年鉴》相关数据整理。

---

① 根据历年《中国科技年鉴》相关数据整理。

在创新服务蓬勃发展的同时，国际、国内、行业以及不同创新主体之间的创新交流也日益密切。自 20 世纪 80 年代以来，每年国际科技合作项目保持在 2 万项左右，至 2008 年突破 3 万项，2016 年达到 75311 项。在国家和地方政府各项科技创新政策的支持下，企业主持或参与“973”“863”等国家主要科技计划的热情高涨，国内产学研合作项目比重不断攀升。企业的创新活动不仅促进高校、科研机构的科技成果转化并直接作用于企业创新产出，增加产业化成果的经济效应，更进一步保障创新主体的合作交流。各个创新主体间的合作项目不断增多，创新主体分工合作更加紧密，削弱了对外国核心科技的依赖，提升了国家的创新实力和综合竞争力。

（五）创新创业飞速发展，双创生态基本形成

1987 年全球首个科技企业孵化器在中国诞生，至 2017 年底，全国纳入火炬计划的众创空间有 5379 家、科技企业孵化器 4063 个、创业孵化平台当年孵化团队和企业超过 50 万个。它们与 19 家国家自主创新示范区和 156 家国家高新区共同形成日趋完善的创业孵化生态链。目前我国已与世界 158 个国家建立科技合作关系，参加国际组织和多边机制超过 200 个。①

众创空间的分布与资本的聚集有很大关联，拥有丰富且高素质的人力资源、区位优势明显、经济水平较高的省份拥有数量较多的众创空间，如广东、江苏、浙江、山东、河北、福建、重庆等省份的众创空间数量达到 200 家以上；而宁夏、青海、海南、贵州、黑龙江等地区的众创空间在全国范围内数量偏少。从各省市 2019 年度众创空间备案名单中可见，2019 年我国众创空间数量增速仍然迅猛，广东和山东两省最多，高达 200 家，北京、江苏、浙江也较多，都超过 100 家，众创空间的发展势头十分迅猛（见图 8 -6）。

---

①　根据国家科技部办公厅相关数据整理。

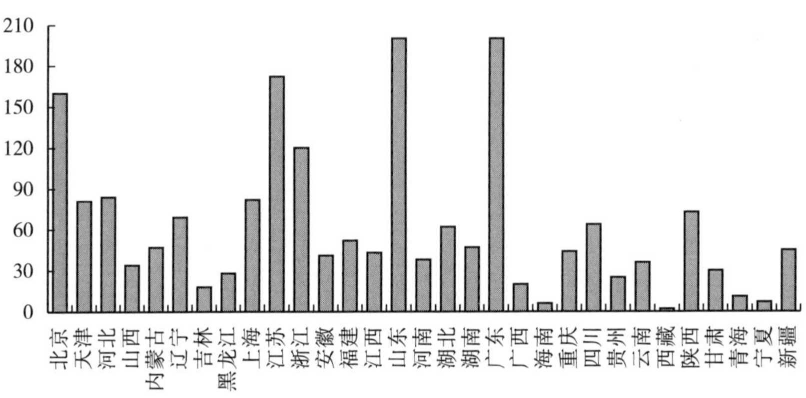

图 8 -6　2019 年各省市众创空间备案数

资料来源：根据国家科技部办公厅相关数据整理。

众创空间不但推动了企业、科研院所、社会等创新主体的有机结合，而且促进了实体经济的转型升级。据《中国创业孵化发展报告（2018）》统计，全国众创空间中约 26.6% 由国有企业和高校科研院所成立，诸如中国电子、普天集团、大唐电信等多家央企积极参与“双创”，并建立了多家孵化器和众创空间。4.9 万家常驻的企业和团队享受众创空间提供的专业技术服务，已形成有效知识产权 7.9 万项，其中发明专利约 1.8 万项。17 家经科技部备案的专业化众创空间推动创新与创业结合的效果明显，如海尔集团建立的海立方线上平台、创客学院、创客工厂等 5 个平台，共成立 183 个小微生态圈，创造出 470 个创业项目，聚集高达 30 多亿的创投基金，1330 家风险投资机构，24 个小微企业成功引入风投，12 个小微企业估值过亿元。同时，全国共有 8.3 万全、兼职创业导师为创新创业者提供服务，2016 年开展创业教育培训累计达到 7.8 万场，创新创业活动 10.9 万次，国际交流活动 5721 余场，吸引 6.3 万余名大学生、5426 名留学生、2.8 万名科研人员、10159 名原大企业高管和 20520 名连续创业者在众创空间中创新创业，营造了良好的社会创新创业氛围。

三、70 年来中国科技创新的经验总结

新中国成立 70 年是探索创新的 70 年，也是我国不断总结创新经验，朝着民族伟大复兴努力奋斗的 70 年。随着新时代的到来，我国推动经济高质量发展的驱动力由要素转变为创新，创新不仅是引领发展的第一推动力，还是我国建立现代经济体系的重要战略支撑。回顾 70 年来的发展历程，主要经验可归纳如下：

（一）将科技创新作为谋求高质量发展的重要手段

科技创新理念在新中国成立 70 年的宏观政策中得到贯彻，成为我国谋求政治稳定、经济发展的重要手段。在新中国成立初期，我国政府致力通过改造旧中国的科教事业，在《共同纲领》中将其赋予为人民服务的色彩等，以期释放科教的强大发展潜力；并通过建立各类学校提高国民文化素养；同时通过借鉴苏联经验成立中国科学院，以及呼吁海外人才归国等手段推进新兴学科的建立、弥补薄弱领域。新中国成立初期坚定的科技创新理念既是“一穷二白”的新中国“向科学进军”的原动力，也是 70 年里我国不断开展创新事业的源头活水。初始阶段的科技创新尤为重视国防领域的创新活动，“两弹一星”的巨大成就显著提高我国国际地位，证明前 30 年坚持将科技创新作为巩固政权的手段具有一定正确性。随着以和平与发展为主题的时代开启，1978 年全国科学大会标志着科技创新开始与经济结合，科技被视作第一生产力。为了科技创新能更好地为经济发展服务，我国自 1985 年起开始着手改革科技体制。考虑到基础研究不足的状况，我国在 1990 年后实施攀登计划，促进调整基础科学结构。于 1992 年探索了“以市场换技术”战略，并自 1997 年起开始实施科教兴国战略。可见，技术引进是为自主创新打下基础，二次创新也为自主创

新过渡。中国的发展经验表明，要实现跨越式发展，必须掌握核心技术，必须要开展自主创新。2006 年《国家中长期科学和技术发展规划纲要》也再次表达了我国坚持自主创新的决心。此后，面对逐渐消失的人口红利，党的十八大提出创新驱动发展战略，将科技创新明确为提高生产力的战略支撑。2014 年我国相继出台一系列鼓励政策推动双创发展，引导科技创新活动的开展主体由政府、科技企业家、学者等转向人民大众，为科技创新注入新的活力。党的十九大报告中多次提到科技、强调创新，再次表达对多个领域开展科技创新活动的美好愿景，进一步明确了全面深化科技体制改革的路径。新中国成立 70 年，我国科技创新从关注政治和农业到经济和民生，从排位落后到追随再到局部领先，国家综合国力的提升始终离不开立足实际以准确预判创新领域，始终坚持且不断完善的创新理念的正确指引。

（二）将机制体制作为开展创新活动的必要保障

科技创新成果的公共品特性表明其无法完全由市场配置，需要政府介入才能在一定程度上规避风险。新中国成立以来，机制体制改革保障了我国科技创新活动的顺利开展。一方面，由于科技创新活动具有研发环节成功率较低、周期较长等特点，因此需要大量科研经费投入。为此，新中国成立以来，我国不断加大对科研的投入力度，从“一五”时期的 14.37 亿元到“六五”期间高达 403.2 亿元；2004 年的国家财政拨款科学研究经费支出突破 1 亿元，2007 年突破 2 亿元，2017 年已超过 8 亿元。科技经费是科技创新活动得以持续进行的重要物质保障，而科研经费的妥善使用和管理是资金高效配置的关键。为此，我国相继制定了《国家重点基础研究发展计划专项经费管理办法》《公益性行业科研专项经费管理试行办法》等措施保障经费的合理使用。此外，国家还借鉴发达国家经验，探索金融改革，进一步拓宽和完善融资平台，如允许天使投资等风投给中小创新型企业注入资金；通过设立高新区、开发区、产业园区等手段，给予区域税收优惠政策以减少企业进行科技创新活动的成本；通过“创新失败可补偿”在四川等的试点，对企业开展自主创新给予容错态度。由此可见，新中国成立以来，我国科技创新实力的提升很大程度上得益于国家对开展科技创新活动给予的资金支持和保障。另一方面，人力资本是开展科技创新活动的核心要素。新中国成立初期，除了聘用延安时期自然科学院的科技干部外，我国还鼓励海外知识分子归国效力，由此增加创新主体基数。并以《关于知识分子的改造问题》为开端进行自我教育和改造，提高科技创新人才的为人民服务的觉悟，由此为顺利开展科技创新活动提供精神保障。同时，我国还有计划地开展相关留学活动，以此提高人力资本投入，引进先进创新技术。1960 年代更是通过《科研十四条》、“双百”方针等激发知识分子的创新热情，为顺利开展科技创新活动提供制度保障。改革开放以后，邓小平承认了知识分子作为工人阶级的身份，再次激发大量人才以主人翁的姿态投入科技创新活动。在此期间，国家还相继出台《关于引进国外智力以利四化建设的决定》《关于对部分从国外聘请的专家给予高薪待遇的暂行办法》以及《关于来华定居工作专家工作安排及待遇等问题的规定》等体现对引进人才的重视，并于 1994 年设立了国家杰出青年科学基金，以经济激励调动人才积极性和防止人才老龄化。2003 年提出人才强国战略，党的十七大将其写入党章，后又提出《国家中长期人才发展规划纲要（2010～2020 年）》等等，都体现出国家爱才、惜才的态度，而且也为人才顺利开展科技创新活动提供了物质和精神上的保障。

（三）将协同创新作为提升创新效率的关键路径

科技创新活动的主要环节包括研发、生产和市场。70 年里大量成功的科技创新活动往往都是建立在目标统一、协同创新、凝心聚力的基础上。从研发到生产来看，新中国成立初期科技创新的一大方针为“理论联系实际，科学为生产服务”。以农业为例，《1951～1955 年农业科研计划》尤其重视培育良种以及防治病虫害，极大地提高了农业生产效率。科技创新活动强调实用性，注重研发到生产的顺利过渡，有利于加快创新资源的高效配置以及创新成果的迅速转化。在探索社会主义市场经济体制过程中，科技创新活动的外部性增强，政府不断提高对科技创新产品进入市场的知识产权的重视，故而相继出台并完善《商标法》《专利法》以及《技术合同法》等，以此保障科技创新产品顺利从生产领域进入市场，且确保各创新主体获得应得收益，从而保持创新热情。21世纪以来，科技创新活动各个环节的联系不再局限于研发到生产到市场的单向作用，市场开始产生越来越大的反作用，科技创新在供给侧面临改革，即面向用户开展创新、定制化创新越来越受欢迎。为此，我国于2015年开启众创空间以降低科技创新活动门槛。实践表明，这一举措极大地激发了大众参与双创热情，有利于加强创新链与产业链的衔接。此外，随着开放创新理念的出现，科技创新活动各个环节的作用和衔接越来越不受单个创新活动、单个创新主体的局限，多个创新主体各个环节的同步加强能带来更大的辐射和溢出效应。以中关村为例，其内部集聚大量产学研机构，它们在科技创新活动的各个环节相互作用，实现协同创新：一方面，企业的信息优势带动高校以及相关研发机构面向市场进行创新，积极促进创新成果转化；另一方面，科技创新的产业化成果产生的经济效益直接带动企业创新投入的增加，从而保障高校和研究机构科研活动的顺利开展。多个科技活动的创新要素集聚形成区域创新网络，有助于减少生产成本、交易成本，产生规模经济，拉长并增强上下游产业链，实现内外联动，带来创新效益。新中国成立70年的实践表明，创新驱动必然要重视科技创新各个环节的相互作用和衔接，高新区、开发区、产业园区等能为多个科技创新活动提供各个环节交流合作的平台，有助于推动科技创新成果的市场化和产业化。

四、加快新时代中国科技创新发展的对策建议

创新助力我国在短短70年的努力中跻身世界经济大国，但较高的对外

依存度、较低的关键技术自给率、较弱的自主创新能力、较匮乏的创新型人才（尤其是高层次人才），以及创新过程中高校、研究机构与企业之间尚未健全的交流协作创新网络等仍然是科技创新的主要阻碍。当前，创新愈发成为驱动经济高质量发展的第一动力。为加快落实创新驱动发展战略，切实建立起以科技创新引领社会经济发展的理念，构建浓厚双创氛围，将主要对策建议归纳如下：

（一）充分发挥企业在科技创新中的主体作用

70 年以来，举国体制的创新模式让我国在短期内实现了众多重要领域的科技突破，但政府作为宏观调控者，往往无法面面俱到，造成我国科技创新大而不强。而企业作为市场经济活动的最直接参与者，不仅具备较强的市场信息收集能力，而且能在不断变化的市场需求中萌生创新灵感。故而落实创新驱动发展战略，要求充分发挥企业在科技创新中的主体作用。

为此，其一，要发挥企业参与科技创新活动的主动性。一方面，可通过政府购买代替直接财政补贴方式扶持一批健康、稳定和快速发展的科技创新龙头企业，例如支持科技创新企业承接部分科技创新 2030 重大项目等；同时考虑将企业的创新难点纳入相关科技规划，整合国家资源进行创新攻关，助力企业开展科技创新活动。另一方面，可通过构建多元化投资机制以及简化工商手续、引进技术手续等助力中小型创新企业更高效地集聚创新要素，例如继续探索构建众创空间等新型创新创业孵化器，以此激发创新热情，扩大创新企业基数，提高企业创新效率。其二，要引导企业提高进行科技创新活动的远见性。为此，政府要鼓励面向用户市场创新，支持挖掘利基市场潜能的创新行为，并在政策和资金投入上优先重点支持符合国家战略方向的企业科技创新活动。通过重视有机结合科研成果和市场转化，解决科技成果转换率低的困扰，促进科技创新与经济发展紧密相连，为创新驱动的发展提供持续动力。

（二）构建政用产学研紧密合作的协同创新体系

当今我国处于知识爆炸、经济全球化的时代，科技创新活动愈发要求以人为本，这在一定程度上增加了技术的复杂性、创新的不确定性以及科技创新的融合性。鉴于单个创新主体的创新力量较为微薄，开放创新、协同创新的理念逐渐深入人心。而政府、消费者、企业、高校、研发机构以及其他行为主体共同构建的科技创新合作体系能够有效促进新知识和创新的生产、传播以及应用。因此，要落实创新驱动发展战略，就必须进一步构建和完善政用产学研紧密合作的科技创新合作体系，以期形成高效稳定的优势互补、利益共享的科技创新集合体，加快技术的推广使用和产业化进程，不断突破限制产业发展的体制障碍与技术“瓶颈”，提高国家科技创新实力。

为此，首先，政府应充当组织者和协调者的角色，牵头搭建开放创新平台，集聚企业、用户、高校和相关科研机构共同参与创新活动。并通过产业政策的制定和市场秩序的维护，为协同创新体系的建立提供制度保障，从而调动各主体参与创新、面向用户创新、协同创新的积极性，加快生产力的转换。其次，在政用产学研的协同创新体系中，应进一步明确以市场为导向、以用户为中心以及以企业为主体的定位。一方面，应从企业出发，制定符合自身发展实际的阶段目标，为企业未来发展预留创新空间；同时要妥善处理自主创新与技术利用和转化之间的关系，注重培育自主创新品牌；此外还必须充分调动重点企业与高校、研发机构进行科技创新合作的积极性，增强科技创新实力。另一方面，高等院校和研发机构等作为科技创新合作体系中的重要辅助，要在对接企业和市场的过程中发挥基础研究、应用研究、试验发展等方面的创新优势，提高将知识创新转化为实际生产力的能力。

（三）重视科技创新人才的培养、激励与引进

人才是科技创新活动开展的第一资源。尽管目前我国拥有庞大的科技

人才队伍，但科技创新方面的高层次人才和复合型人才依然匮乏。为了加快落实创新驱动发展战略，一方面，我国应制订培养科技人才的长远计划，以高品格的尖端科技人才、高素养的大众创新人才以及高水平的技术技能人才为培育目标，鼓励广大青年传承中华民族的创新基因，勇于创新、勇于实践；同时增加科技创新活动场所的建设，扩大全民科技创新知识面，提高全民科技创新能力，从而将教育链、人才链和创新链有机结合。此外，应通过科学合理调整科研人才考核机制，不“唯论文论英雄”，使用灵活的薪酬制度和奖励制度，引导其将更多精力用于基础研究以及创新成果转化上，从而最大限度地释放知识红利，高效衔接人才链、创新链与产业链，推动经济高质量发展。另一方面，广大海外华侨是我国重要的智力资源宝库，经济全球化再次增强了创新人才的跨区域流动。为了吸引国外高质量创新人才参与我国经济建设，大学以及相关科研机构可构建相对宽松的人才引进机制，政府也可利用吸引外商投资等政策吸引相关人才。此外，我国应采取相应的外交手段维护海外创新人才的合法权利，表明对人才的爱护和引进决心。

（四）奋力营造和不断优化科技创新环境

新中国成立初期，面临紧张的国际局势和不稳的国内政权和阶级斗争，致使国家领导人和科研人才都无法完全专心于科技创新。改革开放以后，邓小平对和平与发展的时代主题的准确判断、对科技是第一生产力的正确认识以及对社会主义市场经济的积极探索等都为开展科技创新活动提供了良好的外部环境，由此进一步激发了创新活力。因此，奋力营造和不断优化科技创新环境，是步入新时代的中国落实创新驱动发展战略的一大关键。

首先，政府可以通过财政手段加大对科技创新活动的资金支持。例如，以直接增加对科技创新活动的补贴或以不断增加政府的采购金额、扩大集中采购规模等方式为科技创新主体提供创新资金。其次，政府可以利用政府公信力发动社会力量成立相应的科技创新基金，扩大科技创新投融资渠道，弥补中小型企业的麦克米伦缺口。最后，政府也可通过制定调整税收政策，将科技创新作为企业税收优惠的重点，调动企业开展科技创新的积极性，以此营造乐于创新、用于创新的市场氛围。另外，政府还可以通过制度优化科技创新环境。各级政府可通过制定和完善符合区域实际的科技创新法律规章，加强保护研发合作各方的合法权利，通过加大执法力度和提高违约成本等维护稳定的科技创新合作秩序。此外，还可以利用众创空间等新型创新创业孵化器为载体营造双创氛围，通过对勇于创新的鼓励以及对创新失败的包容优化科技创新的精神环境。

（五）发挥战略性新兴产业的核心引领作用

新中国成立70年中，不论是20世纪60年代初因中苏关系紧张而一再中断的重大科研项目，还是2018年中美贸易摩擦中暴露的中国“缺芯少魂”痛点，都从侧面反映了开展自主创新活动以及掌握核心技术的重要性与紧迫性。为此，通过发展战略新兴产业推动自主创新、拉动经济发展成为落实创新驱动发展战略的关键。一方面，我国幅员辽阔，各个区域的经济基础、产业结构、工业化水平以及市场化程度等均存在一定程度的差异，因而要结合自身的发展特点和经济基础，依托各自的地理优势、产业优势和政策优势等选择、培育和发展战略新兴产业。中央要从宏观视角整合创新资源，加强对战略新兴产业的空间布局规划和分类指导，尽可能避免邻近区域的产业同质化发展和恶性竞争；促使各区域战略新兴产业能够相互交流、优势互补，同时充分利用区域创新资源，不断发挥战略新兴产业的集聚效应和溢出效应，促进相关产业向产业集群跨越。另一方面，自主创新并非封闭创新，中美关系紧张也不意味我国要放弃通过国际合作探索发展战略性新兴产业的道路。战略性新兴产业的发展离不开创新人才的引进和对国外科技创新经验的学习和借鉴。为此，我国应继续坚持南南合作、南北合作，通过引进人才、技术等高质量的创新资源以及“干中学”等路径提高科技创新能力，并以“一带一路”助力战略性新兴产业的发展提速，最终实现我国从科技大国向科技强国转变。

第九章 70年来中国国际竞争力的发展演进与未来展望

新中国成立70年来，中国经济发展发生了翻天覆地的变化。随着我国综合国力的提升，我国国际竞争力也不断提升，但与此同时，我国也面临着更加激烈的竞争态势。本章基于瑞士洛桑国际管理学院委员会（IMD）出版的《世界竞争力年鉴》和世界经济论坛（WEF）出版的《全球竞争力报告》深入分析70年来中国国际竞争力的演变态势，揭示我国国际竞争力提升的动力机制，分析提升我国国际竞争力存在的掣肘，并提出助推我国国际竞争力持续提升的战略举措。

一、70年来中国国际竞争力的演变态势

瑞士洛桑国际管理学院委员会（IMD）和世界经济论坛（WEF）是全球具有最大影响力的国家竞争力研究组织。WEF于1980年开始对工业化国家的竞争力指数进行排名，从1989年开始和IMD合作出版《世界竞争力年鉴》，对工业化国家和重要发展中国家的竞争力进行综合评价。中国于1995年正式加入IMD与WEF全球竞争力评价体系。1996年，这两个国际组织因对竞争力概念的不同理解而形成各自的国际竞争力评价体系，独自出版国际竞争力报告，WEF出版《全球竞争力报告》（*Global Competi-*

tiveness Report），IMD出版《世界竞争力年鉴》（*World Competitiveness Yearbook*）。

（一）IMD与WEF国际竞争力评价体系

1. IMD世界竞争力评价体系

在2001年以前，IMD一直按照包括国内经济要素、国际化要素、政府管理要素、金融环境要素、基础设施要素、企业管理要素、科学与技术要素、国民素质要素等八大要素的国际竞争力体系评价世界各国竞争力的强弱，从2001年开始改用包括经济绩效要素、政府效率要素、商务效率要素和基础设施要素等四大要素的国际竞争力评价体系。

四大要素下各有5个子要素，每个子要素下设置具体的评价指标。经济绩效要素包括国内经济、国际贸易、国际投资、就业、价格等5个子要素；政府效率要素包括公共财政、税收政策、体制框架、商业立法、社会框架等5个子要素；商务效率要素包括生产率、劳动力市场、金融、管理实践、态度和价值观等5个子要素；基础设施要素包括基本基础设施、技术基础设施、科学基础设施、卫生与环境、教育等5个子要素。IMD竞争力评价指标体系相对比较稳定，使其历年竞争力评价结果具有较好的可比性。

2. WEF全球竞争力评价体系

随着竞争力理论与实践研究的推进，WEF不断调整其评价指标体系，经历了4次竞争力综合指数创新。2000年，迈克尔·波特依据钻石模型，为WEF设计了“企业竞争力指数（Business Competitiveness Index，BCI）”；2001年，杰弗里·萨奇斯和约翰·迈克阿瑟尔依据经济增长模型，为WEF开发了“发展竞争力指数（Growth Competitiveness Index）”；2004年，夏威尔·萨拉伊马丁为WEF专门开发了“全球竞争力指数（Global Competitiveness Index，GCI）”，该指标体系实行 7 分制；2018 年，随着第四代工业革命的到来，WEF 再次调整了其评价指标体系，发布了“全球竞争力指数 4.0（Global Competitiveness Index 4.0，GCI 4.0）”。在新的指标体系中，GCI 4.0 融入了更多新的概念，包括创业文化、多利益相关协作、批判性思维、精英制度、社会信任等，通过这些概念，GCI 4.0 对人力资本、创新、弹性和灵活性提供了一个更加细微的洞察。同时，GCI 4.0 引入了新基准，从过去的 7 分制调整为 1～100 的百分制，分数越高，表明该国家的国际竞争力越强。

在 GCI4.0 发布之前，WEF 的国际竞争力评价体系包含基本条件、效率增强、创新与成熟度 3 个要素。3 个要素下设 12 大支柱，即制度、基础设施、宏观经济稳定性、健康和初等教育、高等教育和培训、商品市场效率、劳动力市场效率、金融市场成熟度、技术成熟度、市场规模、商业成熟度、创新。同时，WEF 将经济发展分为三个阶段：第一阶段为要素驱动阶段，制度、基础设施、宏观经济稳定性、健康和初等教育等 4 个支柱在该阶段对竞争力的贡献较大；第二阶段为效率驱动阶段，高等教育和培训、商品市场效率、劳动力市场效率、金融市场成熟度、技术成熟度、市场规模等 6 个支柱在该阶段对竞争力的贡献较大；第三阶段为创新驱动阶段，商业成熟度、创新这 2 个支柱在该阶段对竞争力的贡献提升到最高水平。

而在 GCI 4.0 中，原有的三要素调整为有利条件、人力资源、市场和创新生态系统。对原有的 12 支柱也做了调整，新的 12 支柱包括：制度、基础设施、信息和通信技术应用、宏观经济稳定性、健康、技术、产品市场、劳动力市场、金融体系、市场规模、商业活力、创新能力。在本章节的分析中，由于 GCI 4.0 是最新发布的版本，其评分标准与之前的 GCI 体系有所区别，基于对演变特征的分析要求，我们将主要采用新版本发布之前的 7 分制数据对中国国际竞争力进行分析，并根据最新的 GCI 4.0 的数据具体分析在第四代工业革命下中国国际竞争力各要素指标的情况。

（二）70年来中国国际竞争力的演变特征

1. 我国经济实力发展变化

70年来我国的经济实力取得了有目共睹的腾飞。首先，1960～2017年我国GDP占世界比重与美国、英国、德国、法国、意大利、日本、加拿大七国相比，如图9－1所示可以发现，我国GDP占世界比重逐年上升，尤其是在2005～2015年阶段，在世界经济下滑的过程中，我国经济发展仍然保持了较高的增长势头，截至2017年，我国占世界GDP比重已经超过15%，经济总量在国际上的排名仅次于美国。

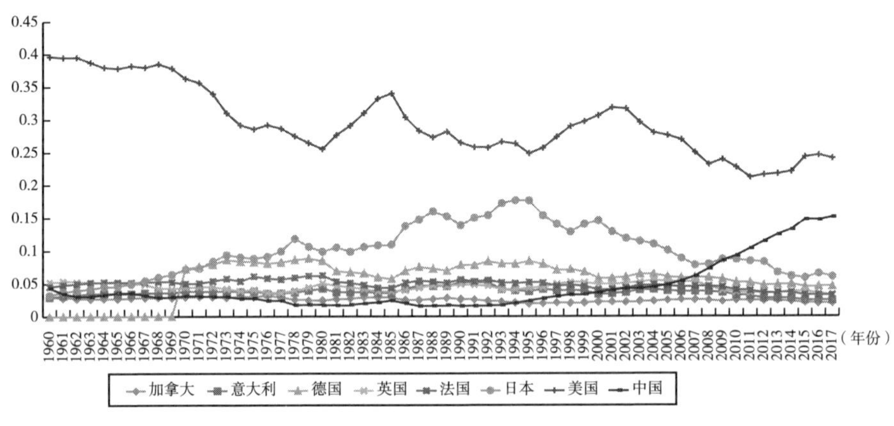

图9－1　1960～2017年中国和西方四国家占世界GDP比重变化

资料来源：根据世界银行数据库相关数据整理。

针对中国与世界其他国家的经济增长率的比较，可以更好地了解中国经济增长的趋势的阶段性特征。从表9－1可以看出，改革开放之后我国经济增长速度大幅提高，达到年均增长9.35%的速度。随后我国进入高速增长阶段，1991～2000年和2001～2010年的年均增速分别达到了 10.45 和 10.57。目前我国进入经济新常态，经济增速从高速增长转变为中高速增长，经济结构不断优化升级，经济动力从要素驱动、投资驱动转向服务业发展及创新驱动转变。当前，整体来看我国的经济增长速度超过大多数发达国家，和发展中国家印度相比，我国的经济增速较高。

表 9－1　　中国与各国家经济增长率比较

国家（地区）	1961～1970 年	1971～1980 年	1981～1990 年	1991～2000 年	2001～2010 年	2011～2017 年
中国	4.96	6.27	9.35	10.45	10.57	7.56
美国	4.21	3.20	3.36	3.45	1.68	2.11
德国	—	2.91	2.34	1.99	0.94	1.85
英国	3.27	2.16	2.94	2.48	1.61	2.01
法国	5.55	3.64	2.49	2.10	1.22	1.21
日本	9.44	4.50	4.54	1.31	0.67	1.11
加拿大	5.21	4.06	2.67	2.87	1.87	2.24
意大利	5.72	3.84	2.41	1.66	0.33	－0.03
巴西	6.19	8.51	1.77	2.63	3.71	0.52
印度	4.03	3.08	5.57	5.60	6.75	6.83
俄罗斯	—	—	—	－3.61	4.93	1.44
南非	5.72	3.39	1.54	1.84	3.48	1.86

资料来源：根据世界银行数据库相关资料整理。

2. 基于 IMD《世界竞争力年鉴》的我国国际竞争力分析

首先，对比分析金砖五国的竞争力得分和排名情况。根据 IMD《世界竞争力年鉴》的统计结果，金砖国家世界竞争力得分与排名如表 9－2、

图9－2和图9－3所示。从IMD《世界竞争力年鉴》的排名结果来看，在1997～2018年期间，中国世界竞争力排名震荡上升，最高排名为2018年的第13名，最低排名为1999年和2005年的第29名。在1997～2005年期间，排名分布在第21～29名之间；2006年跻身于第18名后，到2011年排名均列于前20名；在2012～2016年期间，排名分布在21～25名之间；2017年排名为第18名，2018年再上升到第13名。从五国的22年排名对比来看（见表9－2），中国历年都居于金砖国家之首，并有将差距拉开的趋势。

表9－2　1997～2018年金砖国家世界竞争力得分与排名

年份	中国		巴西		印度		俄罗斯		南非	
	得分	排名	得分	排名	得分	排名	得分	排名	得分	排名
1997	60.30	27	54.14	34	48.99	41	28.29	46	44.54	42
1998	56.26	21	39.98	35	37.38	38	30.89	43	31.11	42
1999	61.08	29	52.84	34	45.95	42	33.77	46	43.90	43
2000	65.19	24	52.23	38	50.99	41	31.47	47	51.52	39
2001	58.33	26	43.79	40	40.14	42	37.01	43	45.12	37
2002	53.68	28	43.91	37	38.95	41	36.14	44	40.97	39
2003	60.92	27	44.49	44	45.52	42	36.66	46	47.67	39
2004	70.72	22	48.13	44	62.97	30	52.14	41	53.79	40
2005	63.22	29	49.86	42	59.05	33	43.59	45	51.95	37
2006	71.55	18	46.42	44	64.42	27	44.74	46	52.01	38
2007	79.48	15	44.71	49	63.38	27	47.32	43	44.48	50
2008	73.76	17	48.58	43	60.62	29	45.74	47	39.05	53
2009	76.59	20	56.87	40	66.45	30	52.77	49	52.85	48
2010	80.18	18	56.53	38	64.57	31	49.32	51	54.09	44

续表

年份	中国		巴西		印度		俄罗斯		南非	
	得分	排名	得分	排名	得分	排名	得分	排名	得分	排名
2011	81.10	19	61.04	44	70.65	32	58.38	49	56.86	52
2012	75.77	23	56.52	46	63.60	35	55.16	48	53.16	50
2013	77.04	21	53.00	51	59.89	40	56.81	42	50.63	53
2014	73.26	23	46.78	54	53.92	44	58.00	38	48.24	52
2015	76.99	22	47.39	56	59.48	44	58.51	45	52.70	53
2016	79.35	25	51.68	57	65.83	41	63.94	44	57.80	52
2017	87.76	18	55.82	61	69.70	45	68.85	46	62.31	53
2018	89.03	13	55.80	60	68.76	44	67.18	45	60.78	53

资料来源：IMD World Competitiveness Online.

注：(1) 世界竞争力最高得分为 100。(2) 参评经济体的数量在不同时段不同，《世界竞争力年鉴 2018》参评对象为 63 个国家和地区。

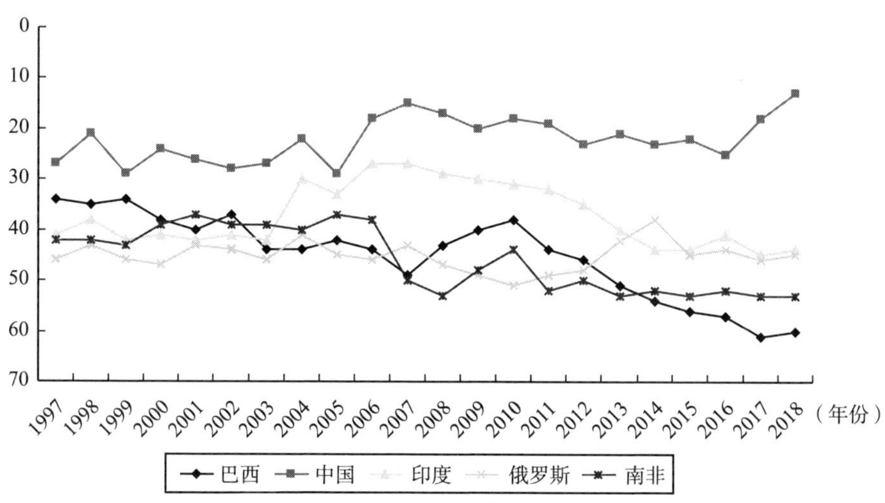

图 9－2　1997～2018 年金砖国家世界竞争力排名变化

资料来源：根据表 9－2 整理所得。

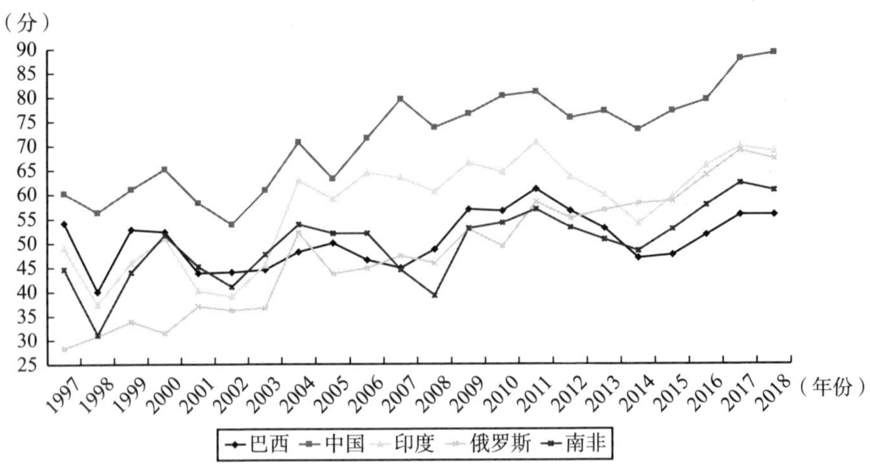

图9－3　1997～2018年金砖国家世界竞争力得分变化

资料来源：根据表9－2整理所得。

为了比较金砖国家世界竞争力的得分情况，本书将1997～2018年划分为三个阶段[①]，1997～2000年为阶段1，2001～2009年为阶段2，2010～2018年为阶段3，分别计算三个阶段的最高分、最低分、平均分和方差，结果如表9－3所示。在阶段1，金砖国家按平均得分从高到低排名依次为中国、巴西、印度、南非和俄罗斯，中国比巴西高10.91分；在阶段2，金砖国家按平均得分从高到低排名依次为中国、印度、南非、巴西和俄罗斯，中国比印度高11.86分；在阶段3，金砖国家按平均得分从高到低排名依次为中国、印度、俄罗斯、南非和巴西，中国比印度高16.01分。

在阶段2和阶段3，中国世界竞争力平均分由67.58分上升到80.05分，而方差由8.36下降到4.99，这说明中国世界竞争力得分在大幅度上升的同时，各年得分的平稳性也在上升。2018年，中国世界竞争力得分达到新高，为89.03分。

① 划分依据：由于IMD从2001年开始改用基于四大要素的国际竞争力评价体系，故将1997～2000年划分为阶段1、阶段2和阶段3，时间跨度各为9年。

表 9－3　　金砖国家世界竞争力得分分阶段统计表

得分	中国			巴西			印度			俄罗斯			南非		
	1997～2000 年	2001～2009 年	2010～2018 年	1997～2000 年	2001～2009 年	2010～2018 年	1997～2000 年	2001～2009 年	2010～2018 年	1997～2000 年	2001～2009 年	2010～2018 年	1997～2000 年	2001～2009 年	2010～2018 年
最高分	65. 19	79. 48	89. 03	54. 14	56. 87	61. 04	50. 99	66. 45	70. 65	33. 77	52. 77	68. 85	51. 52	53. 79	62. 31
最低分	56. 26	53. 68	73. 26	39. 98	43. 79	46. 78	37. 38	38. 95	53. 92	28. 29	36. 14	49. 32	31. 11	39. 05	48. 24
平均分	60. 71	67. 58	80. 05	49. 80	47. 42	53. 84	45. 83	55. 72	64. 04	31. 11	44. 01	59. 57	42. 77	47. 54	55. 17
方差	3. 17	8. 36	4. 99	5. 71	3. 94	4. 36	5. 20	10. 36	5. 19	1. 95	5. 99	5. 78	7. 36	5. 13	4. 37

资料来源：根据表 9－2 整理所得。

3. 基于WEF《全球竞争力报告》的我国国际竞争力分析

根据WEF《全球竞争力报告》的统计结果，金砖国家全球竞争力得分与排名如表9-4、图9-4和图9-5所示。从WEF《全球竞争力报告》的排名结果来看，中国全球竞争力的最高排名为2011~2012年度的第26名，最低排名为2006~2007年度和2007~2008年度的第34名，近4年度的排名稳定在第27名和第28名。从五国12年的排名情况来看（见图9-4），中国历年都居于五国之首，不过WEF《全球竞争力报告》显示，俄罗斯和印度有赶超之势。

表9-4　　金砖国家全球竞争力得分与排名

年度	中国		巴西		印度		俄罗斯		南非	
	得分	排名	得分	排名	得分	排名	得分	排名	得分	排名
2006~2007	4.55	34	4.07	66	4.47	42	4.13	59	4.54	35
2007~2008	4.57	34	3.99	72	4.33	48	4.19	58	4.42	44
2008~2009	4.70	30	4.13	64	4.33	50	4.31	51	4.41	45
2009~2010	4.74	29	4.23	56	4.30	49	4.15	63	4.34	45
2010~2011	4.84	27	4.28	58	4.33	51	4.24	63	4.32	54
2011~2012	4.90	26	4.32	53	4.30	56	4.21	66	4.34	50
2012~2013	4.83	29	4.40	48	4.32	59	4.20	67	4.37	52
2013~2014	4.84	29	4.33	56	4.28	60	4.25	64	4.37	53
2014~2015	4.89	28	4.34	57	4.21	71	4.37	53	4.35	56
2015~2016	4.89	28	4.08	75	4.31	55	4.44	45	4.39	49
2016~2017	4.95	28	4.06	81	4.52	39	4.51	43	4.47	47
2017~2018	5.00	27	4.14	80	4.59	40	4.64	38	4.32	61

注：（1）全球竞争力最高得分为7。（2）参评经济体的数量在不同年份不同，《全球竞争力报告2017~2018》参评对象为137个国家和地区。

资料来源：Global Competitiveness Report Online.

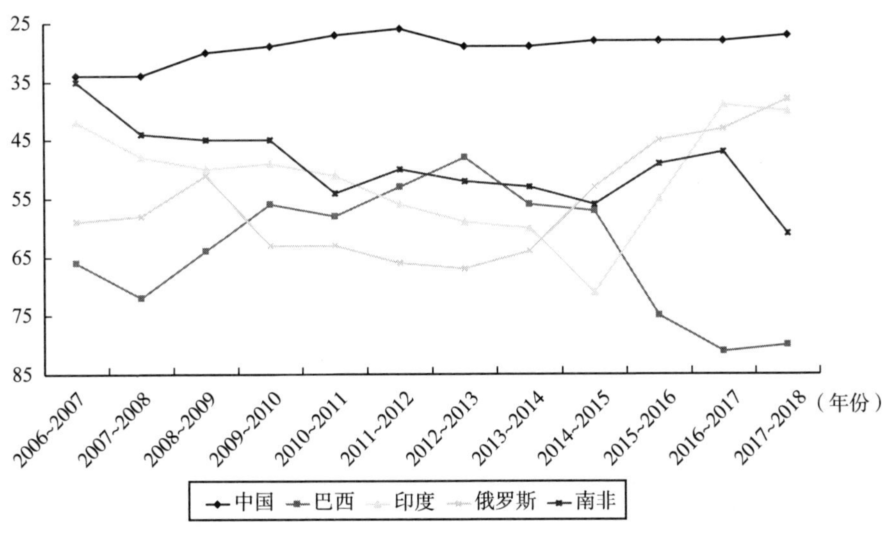

图 9 -4　金砖国家全球竞争力排名变化

资料来源：根据表 9 -4 整理所得。

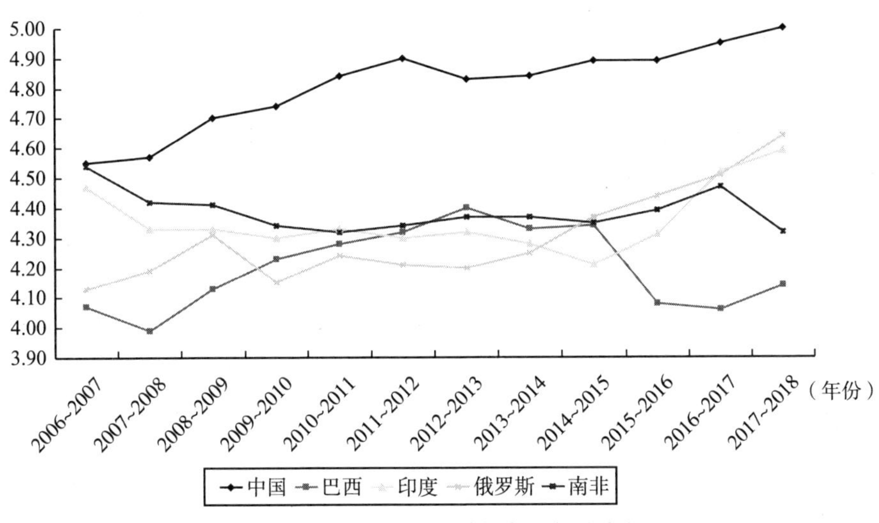

图 9 -5　金砖国家全球竞争力得分变化

资料来源：根据表 9 -4 整理所得。

为了比较金砖国家全球竞争力不同阶段的得分情况，本节将 2006 ~

2018年划分为两个阶段，其中2006~2007年度到2011~2012年度为阶段1，2012~2013年度到2017~2018年度为阶段2。分别计算两个阶段的最高分、最低分、平均分和方差，结果如表9-5所示。在阶段1，金砖国家按平均得分从高到低排名依次为中国、南非、印度、俄罗斯和巴西，中国比南非高0.31分；在阶段2，金砖国家按平均得分从高到低排名依次为中国、俄罗斯、南非、印度和巴西，中国比俄罗斯高0.5分。

表9-5　金砖国家全球竞争力得分统计表

国家	中国		巴西		印度		俄罗斯		南非	
阶段	阶段1	阶段2	阶段1	阶段2	阶段1	阶段2	阶段1	阶段2	阶段1	阶段2
最高分	4.90	5.00	4.32	4.40	4.47	4.59	4.31	4.64	4.54	4.47
最低分	4.55	4.83	3.99	4.06	4.30	4.21	4.13	4.20	4.32	4.32
平均分	4.71	4.90	4.17	4.22	4.34	4.37	4.21	4.40	4.40	4.38
方差	0.13	0.06	0.12	0.14	0.06	0.14	0.06	0.15	0.08	0.05

资料来源：根据IMD《世界竞争力年鉴》整理。

在阶段1和阶段2，中国全球竞争力平均分由4.71分上升到4.90分，而方差由0.13下降到0.06，这说明中国全球竞争力得分在上升的同时，各年得分的平稳性也在上升。2017~2018年度，中国全球竞争力得分达到新高，为5分。

可见，不论是IMD《世界竞争力年鉴》还是WEF《全球竞争力报告》，数据结果都显示，在过去的发展中，我国已经超越金砖五国其他国家的国际竞争力，脱颖而出。但是同时也应该注意到，虽然我国在经济总量上处于世界第二，在国际竞争力上，我国与美国、德国、英国等发达国家的竞争力相比仍有差距。根据WEF《全球竞争力报告》2008~2018年的竞争力得分和排名显示（见表9-6），我国的竞争力得分和排名仅超越了意大利，与美国、法国、日本、英国、德国、加拿大还存在较大差距（见图9-6、图9-7）。

表 9 - 6　　中国与七国集团全球竞争力得分与排名

年度	中国		美国		英国		法国		德国		日本		加拿大		意大利	
	得分	排名	得分	排名	得分	排名	得分	排名	得分	排名	得分	排名	得分	排名	得分	排名
2008 ~ 2009	4. 7	30	5. 74	1	5. 3	12	5. 22	16	5. 46	7	5. 38	9	5. 37	10	4. 35	49
2009 ~ 2010	4. 74	29	5. 59	2	5. 19	13	5. 13	16	5. 37	7	5. 37	8	5. 33	9	4. 31	48
2010 ~ 2011	4. 84	27	5. 43	4	5. 25	12	5. 13	15	5. 39	4	5. 37	6	5. 3	10	4. 37	48
2011 ~ 2012	4. 9	26	5. 43	5	5. 39	10	5. 14	18	5. 41	6	5. 4	9	5. 33	12	4. 43	43
2012 ~ 2013	4. 83	29	5. 47	7	5. 45	8	5. 11	21	5. 48	6	5. 4	10	5. 27	14	4. 46	42
2013 ~ 2014	4. 84	29	5. 48	5	5. 37	10	5. 05	23	5. 51	4	5. 4	9	5. 2	14	4. 41	49
2014 ~ 2015	4. 89	28	5. 54	3	5. 41	9	5. 08	23	5. 49	5	5. 47	6	5. 24	15	4. 42	49
2015 ~ 2016	4. 89	28	5. 61	3	5. 43	10	5. 13	22	5. 53	4	5. 47	6	5. 31	13	4. 46	43
2016 ~ 2017	4. 95	28	5. 7	3	5. 49	7	5. 2	21	5. 57	5	5. 48	8	5. 27	15	4. 5	44
2017 ~ 2018	5	27	5. 85	2	5. 51	8	5. 18	22	5. 65	5	5. 49	9	5. 35	14	4. 54	43

资料来源：Global Competitiveness Report Online.

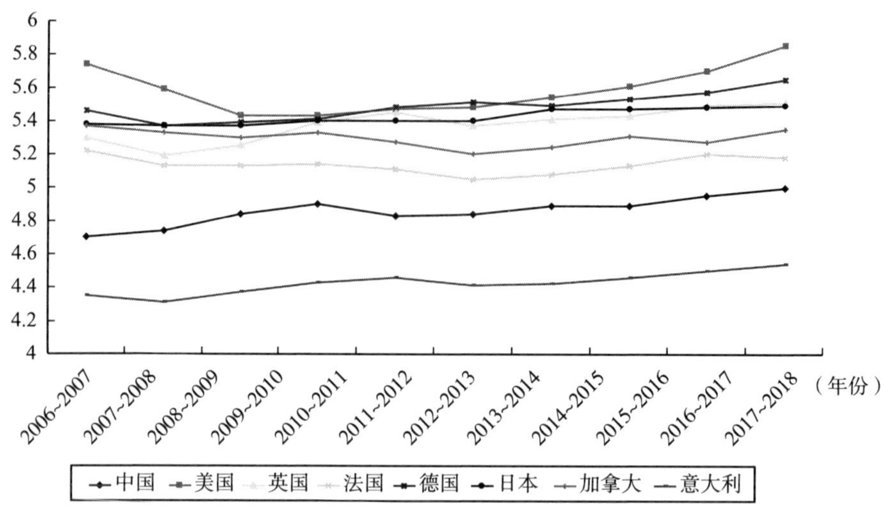

图9－6　中国与七国集团全球竞争力得分变化

资料来源：根据表9－6整理所得。

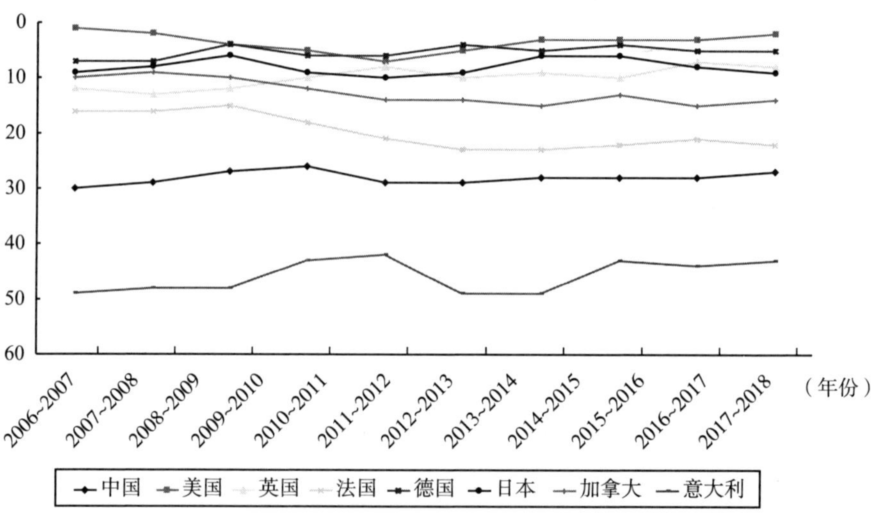

图9－7　中国与七国集团全球竞争力排名变化

资料来源：根据表9－6整理所得。

（三）70 年来中国国际竞争力的影响要素分析

1. 基于 IMD 四大要素的分析

中国 IMD 四大要素排名变化情况如表 9－7 和图 9－8 所示。从经济绩效要素来看，中国 IMD 经济绩效竞争力处于全球前列。在 1998～2002 年期间，排名从 1998 年的第 3 名降到 2001 年第 7 名又于 2002 年回升到第 3 名；在 2006～2010 年期间，排名稳定在第 2 名和第 3 名；2014～2018 年期间，排名从 2014 年的第 5 名一直上升到 2018 年的第 2 名。

表 9－7　　1998～2008 年中国 IMD 四大要素排名变化

年份	1998	1999	2000	2001	2002	2006	2007	2008
经济绩效竞争力	3	4	5	7	3	3	2	2
政府效率竞争力	19	31	32	35	30	17	8	12
商务效率竞争力	32	34	36	40	43	27	26	33
基础设施竞争力	30	35	34	39	35	33	28	31
年份	2009	2010	2014	2015	2016	2017	2018	
经济绩效竞争力	2	3	5	4	3	2	2	
政府效率竞争力	15	25	34	35	51	45	46	
商务效率竞争力	37	28	28	27	26	18	15	
基础设施竞争力	32	31	26	25	25	25	19	

资料来源：根据 IMD《世界竞争力年鉴》相关数据整理。

从政府效率要素来看，中国 IMD 政府效率竞争力排名不高且波动较大，是弱势较大的评价要素。在 1998～2002 年期间，排名从 1998 年的第 19 名降到 2001 年第 35 名又于 2002 年回升到第 30 名；在 2006～2010 年期

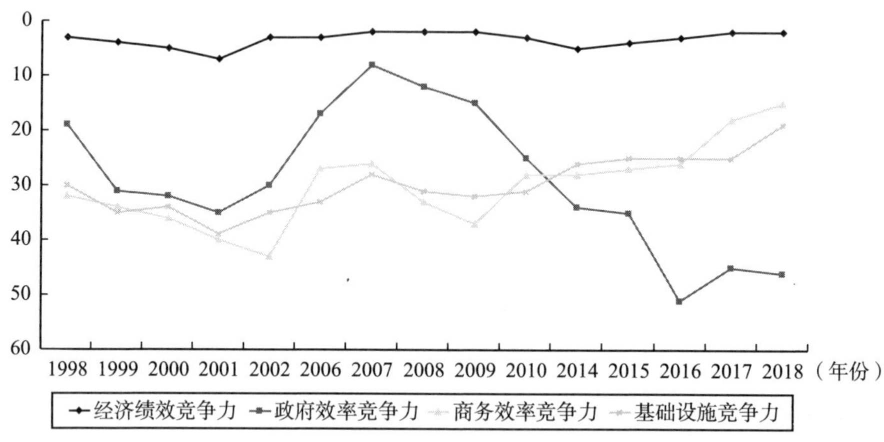

图9－8　1998～2018年中国IMD四大要素排名变化

资料来源：根据IMD《世界竞争力年鉴》相关数据整理。

间，排名先升后降，最高名次为2007年的第8名，最低名次为2010年的第25名；2014～2018年期间，排名从2014年的第34名下降到2016年的第51名再上升到2018年的第46名。

从商务效率要素来看，中国IMD商务效率竞争力排名阶段性上升，是进步最大的评价要素。在1998～2002年期间，排名从1998年的第32名线性下滑到2002年的第43名；在2006～2010年期间，从2007年的第26名下降到2009年的第37名再上升到2010年的第28名；2014～2018年期间，排名从2014年第28名持续上升到2018年第15名。

从基础设施要素来看，中国IMD基础设施竞争力排名阶段性上升，是进步较大的评价要素。在1998～2002年期间，最高排名为1998年的第30名，最低排名为2001年的第39名；在2006～2010年期间，最高排名为2007年的第28名，最低排名为2006年的第33名；2014～2018年期间，排名从2014年第26名上升到2018年第19名。

2. 基于WEF三大要素的分析

WEF三大要素包括基本条件要素、效率增强要素和创新与成熟度要素。中国 WEF 三大要素排名和得分变化情况如表 9－8 和图 9－9 所示。从基本条件要素来看，在阶段 1，最高排名为 2010～2011 年度和 2011～2012 年度的第 30 名，最低排名为 2007～2008 年度的第 44 名，排名级差为 14 名；在阶段 2，排名从 2012～2013 年度的第 31 名上升到 2015～2016 年度第 28 名再下滑回 2017～2018 年度的第 31 名，排名较为稳定。

表 9－8　　　　中国 WEF 三大要素排名和得分变化

	2006～2007 年		2007～2008 年		2008～2009 年		2009～2010 年	
	得分	排名	得分	排名	得分	排名	得分	排名
基本条件	4.9	42	4.8	44	5.0	42	5.1	36
效率增强	4.1	48	4.3	45	4.4	40	4.6	32
创新与成熟度	3.8	45	3.9	50	4.2	32	4.2	29
	2010～2011 年		2011～2012 年		2012～2013 年		2013～2014 年	
	得分	排名	得分	排名	得分	排名	得分	排名
基本条件	5.3	30	5.3	30	5.3	31	5.3	31
效率增强	4.6	29	4.7	26	4.6	30	4.6	31
创新与成熟度	4.1	31	4.1	31	4.0	34	4.1	34
	2014～2015 年		2015～2016 年		2016～2017 年		2017～2018 年	
	得分	排名	得分	排名	得分	排名	得分	排名
基本条件	5.3	28	5.4	28	5.3	30	5.3	31
效率增强	4.7	30	4.7	32	4.8	30	4.9	28
创新与成熟度	4.1	33	4.1	34	4.2	29	4.3	29

资料来源：根据 WEF《全球竞争力报告》相关数据整理。

从效率增强要素来看，在阶段 1，排名从 2006～2007 年度的第 48 名线性上升到 2011～2012 年度的第 26 名，排名上升了 22 位；在阶段 2，最高排名为 2017～2018 年度的第 28 名，最低排名为 2015～2016 年度的第 32 名，排名较为稳定。

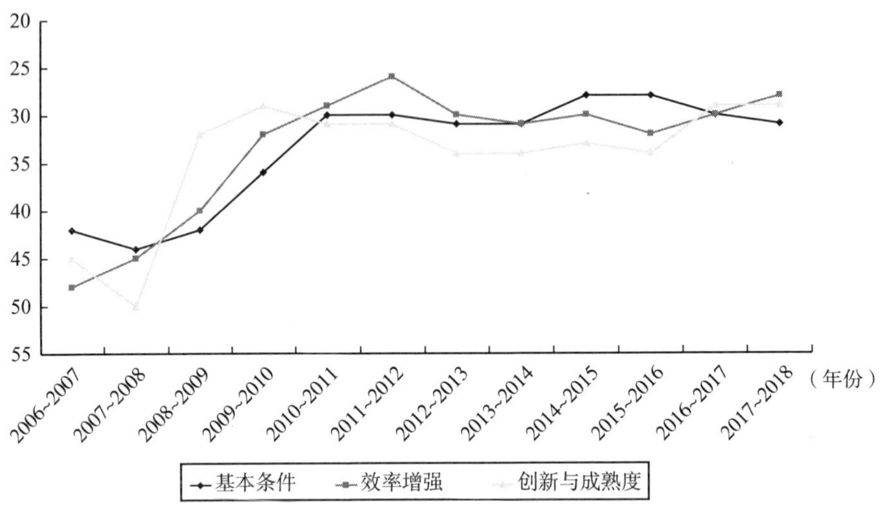

图9－9　中国WEF三大要素排名变化

资料来源：根据WEF《全球竞争力报告》相关数据整理。

从创新与成熟度要素来看，在阶段1，最高排名为2009～2010年度的第29名，最低排名为2007～2008年度的第50名，排名级差为21名；在阶段2，最高排名为2016～2017、2017～2018年度的第29名，最低排名为2012～2013、2013～2014、2015～2016年度的第34名，排名较为稳定。

中国WEF三大要素的平均值和平均增长速度如表9－9所示。从平均分来看，基本条件、效率增强和创新与成熟度三个要素在第二阶段的平均分均比第一阶段高；基本条件高0.25分，效率增强高0.27分，创新与成熟度高0.09分。

表9－9　　中国WEF三大要素得分统计表

	基本条件		效率增强		创新与成熟度	
	阶段1	阶段2	阶段1	阶段2	阶段1	阶段2
平均值	5.06	5.31	4.45	4.72	4.06	4.15
平均增长速度	1.56%	0.15%	2.15%	0.90%	1.68%	1.01%

资料来源：根据WEF《全球竞争力报告》相关数据整理。

从平均增长速度来看，基本条件、效率增强和创新与成熟度三个要素在第二阶段的平均增长速度均比第一阶段小；第一阶段效率增强的平均增长速度最大，为2.15%，第二阶段创新与成熟度的平均增长速度最大，为1.01%。

3. 基于WEF最新四大要素（GCI 4.0）的分析

中国WEF最新四大要素的排名和得分情况如表9-10所示。从有利条件上看，制度排名在65位，基础设施29位，信息和沟通技术应用26位，宏观经济稳定性39位；从人力资源上看，健康44位，技术63位；从市场上看，产品市场55位，劳动力市场69位，金融系统30位，市场规模第1位；从创新生态系统上看，商业活力43位，创新能力24位。

与东亚和太平洋地区的平均水平相比（见表9-10和图9-10），制度、技术、产品市场、劳动力市场、金融系统和商业活力的能力均较低，基础设施、信息和沟通技术应用、宏观经济稳定性、健康、市场规模和创新能力则较高。特别是市场规模中国在世界排名第一，而劳动力市场、制度、技术和产品市场的表现则较差。

表9-10　　中国WEF 2018最新四大要素得分统计分析

项目	支柱	得分	排名	东亚和太平洋地区平均得分
有利条件	制度	55	65	61.6
	基础设施	78	29	74.3
	信息和沟通技术应用	71	26	67.3
	宏观经济稳定性	98	39	88.9
人力资源	健康	87	44	84.3
	技术	64	63	66.9

续表

项目	支柱	得分	排名	东亚和太平洋地区平均得分
市场	产品市场	57	55	62.2
	劳动力市场	59	69	65.9
	金融系统	72	30	72.8
	市场规模	100	1	67.2
创新生态系统	商业活力	65	43	65.7
	创新能力	64	24	52.9

资料来源：根据 WEF《全球竞争力报告（2018）》相关数据整理。

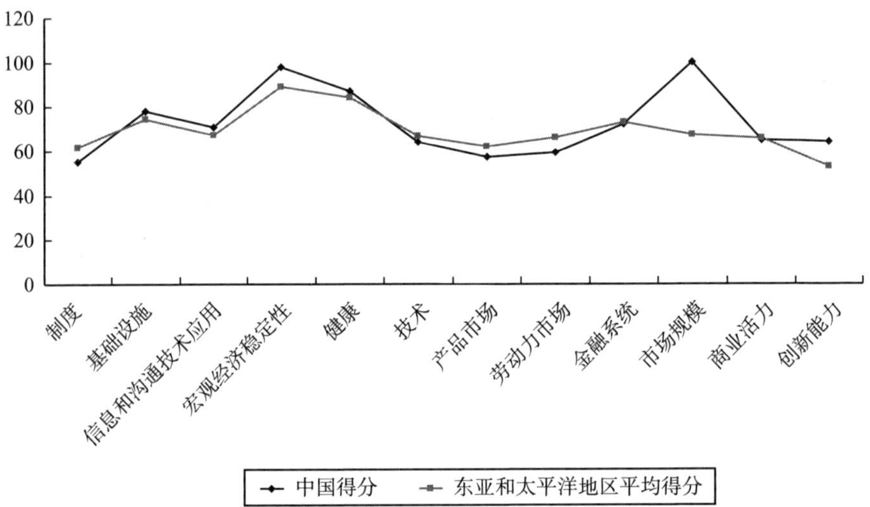

图9－10　2018年中国12支柱得分与东亚和太平洋地区平均得分的比较

资料来源：根据表9－10整理而得。

二、70年来中国国际竞争力提升的动力机制

70年来，随着我国营商环境持续优化、基础设施逐步完善、创新活力有效激发以及市场规模的不断扩大，我国国际竞争力大幅度提升，国际地

位显著提高，影响力明显增强。

（一）营商环境持续优化

良好的营商环境是扩大招商引资、保持经济竞争活力的基本保障。2014年以来，中国营商环境排名持续上升，由2014年的第90名上升到2017年的第78名。在2018年，我国营商环境又有了新的突破，在全球排名中上升30多位，升至46位，成为2018年营商环境改善进步第三大的经济体，且是东亚及太平洋地区唯一一个进入《2019年营商环境报告》的十大最佳改革者名单。

如表9－11所示，在各项指标中，"开办企业便利度"排名上升幅度最大，从2014年的第128位上升至2018年的第28位，共上升100位。中国开办企业所需平均手续已从2017年的7项减少到2018年的4项，所需平均时间也从22.9天缩短为8.6天。此外，2018年表现最好的指标是合同履行，全球排名为第6名；财产登记、办理破产方面分别排在第27名和第61名；纳税改革方面也取得较大成绩，从2017年的130位上升至114位，税收占企业盈利的平均比重也从2017年的67.3%降到2018年的64.9%。除了获得信贷、执行合同和办理破产，其他指标均有大幅的提升①。

表9－11　2014～2018年中国营商环境排名及开办企业便利度排名变化

年份	2014	2015	2016	2017	2018
营商环境	90	84	78	78	46
开办企业便利度	128	136	127	93	28
办理施工许可证	179	176	177	172	121
获得电力	124	92	97	98	14
登记财产	37	43	42	41	27
获得信贷	71	79	62	68	73

① 根据世界银行《全球营商环境报告》相关数据整理。

续表

年份	2014	2015	2016	2017	2018
保护少数投资者	132	134	123	119	64
纳税	120	132	131	130	114
跨境贸易	98	96	96	97	65
执行合同	35	7	5	5	6
办理破产	53	55	53	56	61

注：参评经济体有 190 个。
资料来源：根据世界银行《全球营商环境报告》相关数据整理。

（二）基础设施逐步完善

中国的基础设施在过去几十年的发展中也获得了超常发展，与金砖其他国家相比遥遥领先，与发达国家相比也毫不逊色。良好的基础设施支撑着中国经济的持续快速增长，推动中国国际竞争力不断提升。金砖国家与美国、德国的铁路总公里数、货柜码头吞吐量和航空运输量分别如表 9－12、表 9－13 和表 9－14 所示。根据 2016 年的数据，将 12 个国家按铁路总公里数进行排名，排名前三的依次为美国、中国、俄罗斯。根据 2017 年的数据，将 12 个国家按货柜码头吞吐量进行排名，排名前三的依次为中国、美国、日本。根据 2017 年的数据，将 12 个国家按航空运输量进行排名，排名前三的依次为美国、中国、加拿大。

表 9－12　2012～2017 年金砖国家与美国、德国的铁路总公里数　单位：公里

国家（地区）	2012 年	2013 年	2014 年	2015 年	2016 年	2017 年
中国	97600	103100	111800	121000	124000	127000
美国	228218	228218	228218	228128	228128	—
德国	33509	33449	33426	33331	33380	—

续表

国家（地区）	2012年	2013年	2014年	2015年	2016年	2017年
英国	16423	15857	16530.1	16241	16241	
法国	30013	30013	30013	30013	30013	—
日本	20140	19436	16703	16704	15108	—
加拿大	52002	52002	52131	52131	52131	—
意大利	17060	16752	16723	16724	16788	—
巴西	29817	29817	29817	29817	29817	—
印度	64460	65436	65808	66030	66030	—
俄罗斯	84249	85266	85266	85262	85375	—
南非	20500	20500	20500	20500	20500	—

资料来源：中国数据来源于国家统计局，其他国家数据源于世界银行数据库。

表9-13　2012～2017年金砖国家与美国、德国的货柜码头吞吐量　单位：TEU

国家（地区）	2012年	2013年	2014年	2015年	2016年	2017年
中国	166510601	175936351	186679051	195276751	199551751	213719925
美国	43637315	44427127	47849621	49527457	50181794	51425466
德国	18931700	19261033	20128033	19139033	19364033	19447600
英国	7833521	8159718	9360203	9596908	9765908	10530328
法国	5505314	5700304	5912509	5912300	6375053	6714551
日本	20833791	21049617	21139091	20577013	20784617	21904443
加拿大	5224043	5249457	5426175	5793852	5838484	6298590
意大利	9087950	10170011	10247049	10018365	10264840	10698030
巴西	9035494	9970301	10321436	10300068	9925574	10049282
印度	10072000	10626000	11323000	11882003	12086010	13259000
俄罗斯	4562386	5495500	5161300	3853180	3906592	4515000
南非	4353256	4694577	4567993	4662300	4454000	4634900

资料来源：根据世界银行数据库相关数据整理。

表 9－14　2012～2017 年金砖国家与美国、德国的航空运输量　单位：次

国家（地区）	2012 年	2013 年	2014 年	2015 年	2016 年	2017 年
中国	2779741	3073450	3356756	3616026	3952098	4359033
美国	9864360	9745498	9556324	9498668	9640591	9639096
德国	985669	954874	946082	967453	962803	943058
英国	1050703	1052640	1064176	1104117	1180312	1210165
法国	739354	641440	610197	607168	599427	599256
日本	874677	915543	927666	956015	984320	1035522
加拿大	1280198	1263297	1290419	1322033	1359442	1443818
意大利	306321	258027	264899	273462	277671	256655
巴西	1002565	952307	937437	944557	826943	803846
印度	678126	689094	724541.1	787998	917625	1029961
俄罗斯	636748	678071	747804	767043	746446	815708
南非	197817	184763	199600.5	209734	212865	216275

注：航空运输量采用注册承运人全球出港量度量，为在所在国注册承运人的国内起飞次数和国外起飞次数。

资料来源：根据世界银行数据库相关数据整理。

2013～2017 年中国国内各类基础设施建设投资额，如表 9－15 所示。2017 年中国铁路运输业固定资产投资、道路运输业固定资产投资、航空运输业固定资产投资、电信和其他信息传输服务业固定资产投资、电力燃气水的生产供应业固定资产投资、水利、环境和公共设施管理业固定资产投资与 2013 年投资相比变化如下：19.66%、96.57%、－11.16%、82.25%、46.77%、51.79%、118%。

表 9 – 15　　2013 ~ 2017 年中国国内各类基础设施建设投资额　　单位：亿元

年份	2013	2014	2015	2016	2017
铁路运输业固定资产投资（不含农户）	6690.66	7680.7	7729.94	7748.11	8006.19
道路运输业固定资产投资（不含农户）	20502.94	24513.16	28614.1	32937.34	40303.59
水上运输业固定资产投资（不含农户）	2123.32	2434.58	2352.28	2163.33	1886.41
航空运输业固定资产投资（不含农户）	1314.06	1430.42	1839.86	2219.62	2394.92
电信和其他信息传输服务业固定资产投资（不含农户）	1696.09	2065.33	2444.7	2647.04	2489.30
电力燃气水的生产供应业固定资产投资（不含农户）	19628.93	22825.01	26709.63	29736	29794.14
水利、环境和公共设施管理业固定资产投资（不含农户）	37662.74	46224.43	55679.03	68647.21	82105.30

资料来源：根据《中国统计年鉴》相关数据整理。

（三）创新活力有效激发

创新是引领发展的第一动力，也是提升中国国际竞争力的永久动力。全球创新指数（GII）是衡量一个经济体广泛的经济创新能力的指标，由世界知识产权组织、康奈尔大学等机构于 2007 年首次共同发布。该指数通过 81 项指标，对全球 127 个经济体的创新能力进行评估。2010 ~ 2018 年中国全球创新指数排名，如表 9 – 16 所示。中国全球创新指数从 2010 年的第 43 名上升到 2018 年的第 17 名，首次跻身全球创新指数 20 强。

表 9 – 16　　2010 ~ 2018 年中国全球创新指数排名

年份	2010	2011	2012	2013	2014	2015	2016	2017	2018
排名	43	29	34	35	29	29	25	22	17

资料来源：根据《全球创新指数报告》相关数据整理。

根据《2017年全球创新指数报告》，中国的专利申请、实用新型专利、高科技出口、工业设计和创意产品出口等指标位居全球首位，研发公司的全球分布、高科技进口和商业企业的研究人才等指标表现强劲。根据《2018年全球创新指数报告》，中国的专利申请、科技出版物、科技工作者和研发人员数量等指标排名全球第一，人力资本和研发投入的绝对值排名全球第二。中国的创新效率较高，效益指数连续两年位列第3，产出指数进入前10，投入指数上升至第27位。

2010～2017年中国研究与试验发展（R&D）情况，如表9－17所示。2017年中国科研和开发机构研究与试验发展人员、科研和开发机构研究与试验发展经费支出、科研和开发机构专利申请授权数、科学研究与开发机构发表科技论文中国外发表数与2010年相比分别增长了35.15%、105.40%、306.42%、102.89%，2016年高技术产品出口额与2010年相比增长了22.71%。

表9－17　　2010～2017年中国研究与试验发展（R&D）情况

项目	2010年	2011年	2012年	2013年	2014年	2015年	2016年	2017年
科研和开发机构研究与试验发展人员（万人）	34.2	36.21	38.82	40.9	42.3	43.63	44.99	46.22
科研和开发机构研究与试验发展经费支出（亿元）	1186	1307	1549	1781	1926	2136	2260	2436
科研和开发机构专利申请授权数（件）	8698	12126	16551	20095	24870	30104	32442	35350
科学研究与开发机构发表科技论文中国外发表数（篇）	26862	31598	35173	41072	47032	47301	50010	54500
高技术产品出口额（亿美元）	4924	5488	6012	6603	6605	6553	6042	—

资料来源：根据《中国统计年鉴》相关数据整理。

（四）市场规模不断扩大

根据WEF《全球竞争力报告》报告的评价结果，中国在12个评价“支柱”中，市场规模的排名具有绝对优势，从2006~2007年度到2014~2015年度稳居第二，从2015~2016年度到2017~2018年度稳居第一。可见，庞大的市场规模是中国经济发展最强动力，是中国国际竞争力不断提升的基石。根据国家统计局的数据显示，中国2018年中国社会消费品零售总额与2010年相比增长了141.12%，2017年出口总额和进口总额与2010年相比分别增长了43.25%和31.78%，如表9－18所示。

表9－18　2010~2018年中国社会消费品零售总额和进出口总额　单位：亿元

年份	2010	2011	2012	2013	2014	2015	2016	2017	2018
社会消费品零售总额	158008	187206	214433	242843	271896	300931	332316	366262	380987
出口总额	107023	123241	129359	137131	143884	141167	138419	153311	—
进口总额	94699	113161	114801	121038	120358	104336	104967	124790	—

资料来源：根据《中国统计年鉴》相关数据整理。

三、70年来中国国际竞争力提升的掣肘之处

国际竞争力受到多种因素的共同影响，包括国内经济实力、国际化、政府管理、金融体系、基础设施、企业管理、科学技术和国民素质等。当前，制约我国国际竞争力提升的因素主要表现在创新能力和核心竞争力不足、人力资本对经济竞争力贡献力不足、市场开放力度仍需进一步加大以及营商环境仍需进一步优化四个方面。

（一）创新能力和核心竞争力还需进一步提升

在最新的WEF全球竞争力报告中，创新能力支柱在GCI4.0的12个支柱中表现最差，中位数仅为36分（满分100）。表现最好的三个经济体分别是德国（87.5）、美国（86.5）和瑞士（82.1），有3/4的国家得分低于50分。而中国在创新能力支柱上的得分为64.4，排名24位，虽然超过了大多数的国家，排名也比较靠前，但是距离最好的经济体差距较大，具有较大的提升空间。

创新能力支柱的测量指标包含劳动力多样性、集群发展状况、国际共同发明申请、多利益相关方合作、科学出版物H指数、专利申请、科研支出、科研机构质量指数、买方成熟度、商标申请。我国在科学出版物H指数和科研机构质量指数两项得分较高（分别96.5和100分），其他指标的得分均低于80分。结合这些指标深入分析发现，我国在基础研究投入、科技成果转化，以及创新制度建设方面仍有进一步提升的空间。

1. 基础研究投入不足

基础研究投入是创新驱动发展的源头，加大基础研究的投入是促进应用研究和试验发展的基础。但当前我国在基础研究上投入相对不足，主要体现在总量的不足和结构上的失衡。在总量上，2017年我国R&D经费支出17606.13亿元，与国内生产总值占比为2.15%，其中基础研究经费975.49亿元，占R&D经费支出的比重为5.5%，发达国家这一比例一般维持在10%以上，美国为16.5%（2013年）、法国为24.4%（2011年）、意大利为24%（2011年）、日本为12.3%（2011年）、韩国为18.1%（2011年）、俄罗斯为16.5%（2012年）。在结构上，我国基础研究经费执行部门结构失衡，根据2016年的数据统计结果显示，52.6%的基础研究经费依赖于高等院校，44.3%依赖于政府研究机构等公共部门，企业只执行了3.2%的基础研究支出。而在日本和韩国，企业是最大的基础研究执行部门，分别执行了 47% 和 58% 的基础研究支出，其他国家如法国、英国、美国等企业的基础研究支出也都超过了 15%。当下，迫切需要提高基础研究的投入，同时调整企业在基础研究上的支出比例。

2. 科技成果转化率偏低

目前我国科技人员 3000 万人，从事科技研发的人员有 106 万人，分别占到世界的第一位和第二位。但是我国的科技成果转化率仅有 10%，比美国 80% 的转化率低了 70%，也就是说我国 90% 的科技成果不能转化为生产力。科技成果成功转化是将实验室阶段的创新成果转化为现实生产力的重要环节，也是实验室产品真正实现其市场价值的重要体现。具体来说，科技成果转化率低的原因可以归结为以下几类：一是高校科研院的评价和考核机制抑制了创新性技术的出现，目前高校建立的考核机制导致研究者形成了以发表论文或申请专利的功利型目标，忽略了企业和社会的真正需求。例如，2018 年，我国发明专利申请量为 154. 2 万件，共授权发明专利 43. 2 万件，其中，国内发明专利授权 34. 6 万件。然而绝大多数申请的专利并没有真正投入使用。二是产学研政存在着合作观念的差异、合作各方动力不足，以及利益分配机制不完善等问题。鼓励产学研合作的政策也有出台，但缺乏具体的配套实施细则导致很多政策无法真正落地实施。三是科技孵化管理缺乏有效的激励机制。目前大部分的孵化器的投资主体开始走向多元化，进一步降低了企业创业的风险，但孵化器在管理模式方面仍然比较单一，缺乏相应的激励机制，难以调动从业人员的积极性。

3. 创新制度建设相对滞后

创新的发展需要一系列配套的制度环境，包括财税、金融、知识产权保护等方面的法律法规。近年来，我国的创新制度建设取得了较大进展，但是与发达国家相比，现有的政策配套环境相对薄弱。例如，知识产权保护力度不足，与发达国家相比，我国的知识产权法律制度体系不够完备，缺乏一套行之有效的知识产权保护法律机制，导致了知识产权保护范围模糊，企业侵犯知识产权的违法成本低，抑制了企业的创新活动。再比如，在财政科技投入方面，尽管我国财政科技投入逐年增长，但财政科技投入占国家总财政支出的比重仍然不高并且增长缓慢，财政科技投入中存在着重试验发展轻基础研究的状况，财政科技投入存在着明显的区域差异，尤其是财政科技投入的经费管理方面存在很多薄弱环节，影响了资金的使用效率，这些都影响了创新的发展。除此之外，金融体系建设亦是创新发展中的重要支撑，70年来我国在经济发展上的巨大成就迫切上需要有强大的金融系统作为支撑，但当前金融支撑企业技术创新的力度还不够，金融服务实体经济的能力仍然较弱，尤其是对一些中小企业而言，金融供给相对不足，银行对政府和企业的信息了解不足，金融产品创新没有跟上市场和客户发展的需求。

（二）人力资源结构无法满足经济结构转型需要

人才是经济发展的关键，是竞争力提升的最为根本的动力。当前我国科技人力资源总量居世界第一，但是高水平科学家和科技领军人才匮乏，如首席科学家、战略科学家、世界级科技大师、风险投资企业家等（习近平，2014）。根据德科集团和英式国际商学院联合发布的2019年《全球人才竞争力指数报告》显示，在被统计的125个国家中，全球人才竞争力指数位居前十位的国家分别是瑞士（81.82分）、新加坡（77.27分）、美国（76.64分）、挪威（74.67分）、丹麦（73.85分）、芬兰（73.78分）、瑞典（75.53分）、荷兰（73.02分）、英国（71.44分）、卢森堡（71.18分）。中国位列第45位（45.44分），和排名前十的国家还有较大的差距，主要的原因在于国内、国际人才的开放度较弱，人才成长的可持续性环境较差所导致的。

1. 劳动力素质还不能满足经济发展的需要

高素质的劳动力是现代经济增长的核心要素，但我国当前的劳动力素质结构还不能适应经济增长方式转变的要求。人口的受教育程度和水平是一个国家人口素质的重要标志，也是反映教育发展状况的主要指标。目前，我国的劳动力受教育年限仍然偏低，而美国的平均受教育年限为 13.3 年，日本为 11.6 年，分别比我国高 3.8 年和 3 年。另外，我国每万名就业人员拥有研发人员数量与主要发达国家相比仍然存在明显的差距。我国每万名就业人员拥有研发人员数量为 49 人/年，丹麦每万名就业人员拥有研发人员数量为 212 人/年，瑞典为 176 人/年，韩国为 168 人/年，奥地利为 160 人/年。

2. 高技能劳动力人才缺口依旧很大

由清华联合领英 2016 年发布的《中国经济的数字化转型：人才与就业》报告显示，我国在大数据分析、先进制造、数字营销等新兴技术领域的人才缺口较大，创新性人才培养不足。我国目前正处于由产业链低端向高附加值产品生产过渡，对高技能劳动力人才的需求与日俱增。然而，数据显示，技能劳动者目前只占全国就业人员的 19% 左右，高技能人才仅仅只有 5%。从企业家对人才类型的需求情况来看，国际化管理人才、战略设计人才、资本运作人才、技术研发人才和高级技术工人都有短缺，其中，国际化管理人才和战略设计人才最难获得。

3. 人力资源整体学历与市场要求的实际技能存在差距

截至 2018 年全国各级教育普及水平不断提高，国民受教育机会进一步扩大。目前高等教育的毛入学率是 48.1%，比 2017 年提高了 2.4 个百分点。2018 年大学毕业生达到 820 万人，占到新增劳动力的一半以上，但是大学生自身素质和技能产业结构的演化升级不相匹配，其实际技能无法满足现有市场的需求。据统计，大学生毕业半年内离职率高达 1/3，且约有 70% 的大学生认为在校期间学到的知识实用性不强。

（三）市场开放力度仍需进一步加大

70 年来，我国的对外开放力度处于逐步加大的进程，逐步形成了“经济特区——沿海开放城市——沿江开放城市——沿边开放城市”的开放模式以及“沿海到内地——由南向北——由东向西”的全方位开放格局。在2018年9月的达沃斯论坛、4月的博鳌论坛以及7月底的中央工作会议都强调了要践行市场开放的承诺。根据美国传统基金会对12项经济自由度指标的国际排名来看，在186个国家中，我国的货币政策自由度排在140位，贸易自由度排在117位，投资自由度排在163位，金融自由度排在162位，这几个指标的排位相对靠后，需要进一步提升市场开放力度。

1. 金融开放力度需要进一步提升

金融市场的开放有利于提升国内企业的竞争意识，刺激他们进一步提升服务水平，也有助于推动我国国内市场进一步规范化。根据OECD所编制的各类金融开放度指数可知，从“金融业FDI限制指数”来看，2016年，中国的金融业开放程度为0.493，在62个样本国家中排在第61位；从金融自由指数来看，2017年中国金融自由度得分20分，在186个样本国家中排在第162位。

2. 服务贸易开放度需进一步提升

根据经济合作发展组织（OECD）发布的服务贸易限制指数，当前OECD国家在建筑业、工程、广播、电信、商业银行、保险以及计算机开放程度较高，而我国在对服务业外资准入的限制、对人员流动的现住址、竞争障碍以及其他歧视性措施普遍地高于国际水平。在2017年的服务贸易限制指数排名中，我国明显地高于美国、英国、韩国、日本、希腊、德国、法国、加拿大、印度和印度尼西亚等国家。

3. 贸易关税需要进一步降低

在WEF2018年全球竞争力报告中，我国贸易关税的排名在其他几个指标中表现最差，排在124位，而中国香港表现最好。我国近年来在降低关税上做了较多的工作，自2017年12月以来，我国已经先后四次大规模降低关税率，2018 年 11 月我国举行了首届中国国际进出口博览会，对于削减贸易顺差也表现出了积极的姿态。但是从目前国际竞争的形式来看来看，我国还需要进一步降低关税，推进我国高水平对外开放。

4. 金融市场不确定性风险加大

国际市场上，近两年来，随着一系列黑天鹅事件的发生，金融市场跌宕起伏，特朗普上台后所采取的一系列举措使得贸易保护主义进一步加剧，随着美国结束量化宽松的货币政策，国际资本的流动加速，金融市场的不确定性风险加大。国内市场上，由于现行分业监管体制的内在缺陷，导致大量体制外的金融交易事实上并未得到有效的监管，金融监管效率较低。

（四）营商环境仍需进一步优化

营商环境是企业生存的土壤，直接关系到一国经济的发展。根据世界银行发布的《2019 年营商环境报告》分析和评估显示，全球 190 个经济体的营商环境排名前十的国家（地区）依次是：新西兰（86. 59 分）、新加坡（85. 24 分）、丹麦（84. 64 分）、中国香港（84. 22 分）、韩国（84. 14 分）、格鲁吉亚（83. 28 分）、挪威（82. 95 分）、美国（82. 75 分）、英国（82. 65 分）、和马其顿共和国（81. 55）。在该报告中，2018 年我国营商环境的全部区域排名相比于 2017 年上升了 30 多位，升至 46 位，成为 2018 年营商环境改善进步的第三大经济体。通过努力，我国在开办企业便利度、办理施工许可证、获得电力、登记财产、保护少数投资者和跨境贸易都有大幅的提升，但是从目前的排名上来看，我们还需要在以下几个方面继续改进。

1. 营商环境程序仍需进一步优化

2018 年，财政部以北京和上海为样本城市，对标国际先进水平，在开办企业、保护少数投资者等 7 个指标领域推进了多项改革，成效良好。但是办理施工许可、获得信贷、保护少数投资者、纳税、跨境贸易和办理破产指标的排名仍然靠后，有较大的提升空间。例如：在办理施工许可方面，我国的相关流程有 20.4 项，平均耗时 155.1 天，成本占货仓价值的 2.9%；而在该指标上排名第一的中国香港相关流程为 11 项，平均耗时 72 天，成本仅占货仓价值的 0.6%。在纳税上，我国平均每年缴纳 7 次，耗时 142 小时每年，总的税率达到 64.9%；而在该指标上排名第一的中国香港平均每年缴纳 3 次，共花费 34.5 小时每年，总的税率是 22.9%。

2. 政府行政成本高导致行政效率低下

行政效率是衡量一个国家的各级行政机关工作好坏的重要指标，也是影响一个国家竞争力的关键因素。据统计，我国目前的政府行政成本远远超过了各国的平均水平，且我国政府的行政成本开支还处于发展之中，从 2007 年到 2015 年，政府行政成本从 11051.24 亿元增加到 23212.7 亿元。行政成本过高，必然带来税赋过重、企业压力大、经济增长的动力减弱的后果。而纳税也是衡量一个国家营商环境的重要指标，因此如何精简政府层级，科学设置政府机构以提升行政效率是一个重要的课题。

3. 营商环境区域差异显著

粤港澳大湾区研究院所发布的《2018 年中国城市营商环境评价报告》显示，深圳、上海、广州、北京、重庆在 35 个评价城市的营商环境指数中位居前五，从整体上看，排名第一的深圳的营商环境指数是 23 名之后的城市的营商环境指数的 2 倍及以上，说明我国营商环境的区域差异较大。而从全世界范围来看，2017 年全球营商环境排名前十的城市包括纽约、伦敦、东京、新加坡、巴黎、洛杉矶、多伦多、中国香港、上海和首尔，广州、深圳和北京分别位居全球第 19 位、21 位和 23 位，和世界先进城市还是有较大的差距。

四、持续提升中国国际竞争力的战略思考

随着第四次工业革命的到来，人类发展进入了一个新的阶段。第四次工业革命为政府、企业和个人创造了新的机会，但是它也造成了经济和社会之间的新的分歧。为了更好地适应第四次工业革命，提升中国的国际竞争力，应着力于解决当前发展中所存在的问题，着力于从以下四个方面入手：

（一）深入实施创新驱动发展战略，加快建设创新型国家

所谓创新驱动发展战略，就是以科技创新为动力，加快产业结构调整和经济发展方式的转变，推动经济社会长期协调可持续发展的总体战略。科技创新是一个国家提高国际竞争力的最为根本的手段，习近平总书记在全国科技创新大会、两院院士大会上就提了到 2020 年我国要进入创新型国家行列，2030 年进入创新型国家前列，新中国成立 100 年时成为世界科技强国。而实现这一目标也就意味着我们的国际竞争力得到更近一步的提高。

1. 进一步完善国家创新系统的建设

继续构建以科技创新为核心，融合商业模式创新、产业创新、金融创新、制度创新、管理创新等多个领域的创新生态系统。积极完善政府、企业、高校、科研机构等创新主体的功能，明确各个主体在创新生态系统中的定位，强化各个主体之间的协同性，实现协同创新；努力营造容忍失败，崇尚创新的文化氛围，强化人才、平台、知识产权等要素对创新生态系统建设的保障作用，加快引进高层次人才，加大力度培养创新创业团队，培养一支支勇于担当的创新型人才队伍；要积极参与全球价值链分工，将创新链、产业链、价值链“三链合一”，提高在全球价值链中的地

位，积极融入全球的创新网络；深化习近平新时代中国特色社会主义理论的研究，这是我们党在过去五年所取得的最重大的理论创新成果，而要瞄准世界科技前沿，要求我们必须强化基础研究。

2. 提高科技成果转化能力

党的十九大报告明确提出“建立以企业为主体、市场为导向、产学研深度融合的技术创新体系，加强对中小企业创新的支持，促进科技成果转化。”在具体的实施中，首先，应出台相应的政策和保障措施，鼓励产学研的深度融合，引导科研人员以产业发展需求为导向，加强与企业之间的合作，推进理论和实践的连接从而推动科技成果的转化；其次，积极探索有效的科技成果转化激励机制，提高创新主体科技成果转化激进性。针对目前高校的科研论文和专利申请考核现状，考虑将科研成果的推广与应用纳入考核体系，充分调动科研人员的科技成果转化动力；最后，建立完善的科技成果信息发布和共享平台，为技术、信息、资金、人才的高效合理配置提供资源基础，解决科技成果转化和科技服务领域信息不对称等问题。

3. 调动和激发全社会的创新创业能力

调动和激发全社会的创新创业能力在于鼓励人才的创新创业行为。一方面，加强对大学生的创业教育是调动和激发全社会创新创业能力的重要手段之一，学校应当开展相关的创业课程、创业讲座、创业讲坛、创业沙龙、创业比赛等活动，培养大学生的创业意识和创业精神。另一方面，创造有利于创新创业的环境，构建和谐的创业文化以吸引海归人才、社会人才加入创新创业的浪潮也是重要的手段之一。国家和地区出台的一系列鼓励创新的政策，已经在众创空间、高新园区的建设方面取得了成效。未来的发展中，应该引导创业者要有理性的思维，并不是所有的创新创业活动都能成功；积极对接国内外高校、科研院所和龙头企业，引进或建设重大研发机构，培育新型创新创业孵化平台，创建“双创”示范基地，设立专业化众创空间，打造面向大众的“双创”全程服务体系。

（二）加强教育和继续教育，着力培养和集聚创新发展急需的紧缺人才，提升人才国际竞争力水平

1. 完善社会保障制度，提升居民健康水平

健康是人力资本的基石，完善社会保障制度，提升居民健康水平是发展人力资本的重要保障。世界卫生组织在 *World Health Statistics* 中发布了 2018 年各国人口预期寿命的数据。日本以 84.2 岁排名第一，我国预期人均寿命是 76.4 岁，全球排名 52 位。提高人均寿命不是一朝一夕就能实现的，需要依靠制度环境的改善来提升，特别是社会保障制度。对此，中国应加大对医疗卫生领域的财政投入，特别是对不发达地区以及农村地区医疗资源、设备、资金、人员等方面的投入。

2. 加强高等教育投入，提升毕业生的技能，同时加强继续教育的投入

一方面，我们要加强对高等教育的投入，完善人才培养体系，对接市场的实际需求，提升毕业生的技能。尤其是提高毕业生在数字方面的技能，在智能时代，计算机硬件的操作是基本要求。传统行业如会计行业也已经走上了智能时代，高等教育不仅要为科研输送人才，更要为社会中的企业输送技术人才。另一方面，也要加强对继续教育的投入，对于已经走上工作岗位的人员，应结合实际开展继续教育，继续教育的内容应该与个人的发展密切相关，激发从业人员的内在动机，切不可搞形式主义。

3. 加强师范高等教育的投入，培育更多的中小学教师

加强教育不仅仅包括高等教育，还包括中小学教育。世界银行 2019 年

的世界发展报告指出，儿童早期发育阶段形成人力资本的重要性更加突出，基础教育的人力资本成果因而非常重要。法国总统马克龙 2018 年宣布了新的改革政策，将义务教育的起始年龄从 6 岁降低至 3 岁。对此，我国也应加强对下一代人力资源的重视。2015 年，中央编办、教育部、财政部关于制定中小学教职工编制标准意见规定高中教职工与学生比为 1∶12.5、初中为 1∶13.5、小学为 1∶19。但在实际的操作中由于师资的缺乏，国内在小学教育上仍然采用的是大班教学。九年义务教育能够从量上提升学生接受教育的程度，但是要提高九年义务教育的质量，还需要依靠一批优秀的中小学教师。因此加强对师范高等院校教育的投入，扩充师范高等教育院校的招生名额、提升教师待遇是重要手段。

4. 着力培养和集聚创新发展急需的紧缺人才

当前我国人才政策的重点要紧紧围绕着经济社会发展的需要，要适应当前形势发展的需要培养有把握全球发展趋势、适应国际规则、明晰界定政府和市场边界、善于更多运用信息性和激励性政策工具进行高效治理的行政管理人才；培养能从宏观层面对经济发展进行科学性前瞻预判和总体规划的规划设计人才；培养能顺应市场变化，灵活制定政策法规的规则制定人才；培养能宣传正确的舆论导向，消除隔阂与误解，建立和谐社会关系的公共关系管理人才；培养适应自由贸易试验区以及“一带一路”建设需要的有海外背景，既精通外语，又懂市场营销，有技术背景又有管理经验的复合型经营管理人才；培养熟悉利用和操作互联网技术、维护互联网网络安全技术、善于运用互联网进行投资、贸易、开展电子商务等技术的人才；培育出更加高端的掌握应用信息装备技术、工业自动化技术、数控加工技术、机器人技术等当代高新技术的先进制造业技术人才；同时还需要有海洋和海底资源的开发发展和勘探、造船与港口机械等海洋开发人才；善于开发新能源、新材料的技术人才；掌握新型生物技术、环保技术人才等战略性新兴产业技术人才；培育出能利用大数据优势，提供最佳物流方案，提高物流效率的技术人才。

（三）发展更高层次的开放型经济，推动形成全面开放新格局

1. 深化金融体系改革

推进金融业公司治理改革，强化审慎合规经营理念，推动金融机构切实承担起风险管理责任，完善市场规则，健全市场化、法治化违约处置机制。引导金融回归到服务实体经济的本源，以服务实体经济的效率高低作为考核金融工作的标准，进一步完善人民币汇率的市场化形成机制，保持人民币在全球货币体系中的稳定地位，建立科学优化的金融产业结构，健全以商业性金融、开发性金融、政策性金融、合作性金融分工合理、相互补充的金融机构体系。

2. 提升金融监管水平

党的十八大以来，习近平总书记反复强调要把控金融风险放到更加重要的位置，牢牢守住不发生系统性金融风险底线。习近平总书记提出，加强金融监管，统筹监管系统重要性金融机构，统筹监管金融控股公司和重要金融基础设施，统筹负责金融业综合统计，确保金融系统良性运转，因此，改革金融监管体系是完全有必要的。监管部门要加强沟通与协调，避免发生系统性的金融风险。强化对跨国资本的流动的检测与监管，提升金融业服务实体经济的能力。

3. 加快外贸发展方式的转变

针对我国是贸易大国而非贸易强国的现状，我国必须要进一步加快外贸发展方式的转变。要从传统的以货物贸易为主转型货物和服务贸易协调发展，尤其注重提升服务贸易的比重，要依托互联网 + 战略加快构建国际营销网络体系，要进一步构建有利于货物贸易转型优化升级的贸易平台的建设，要鼓励发展外贸综合服务企业，跨境电子商务等新型的贸易业态，

依托供应链管理、现代信息技术水平等提高外贸综合水平，要充分借助于“一带一路”高峰论坛办好进口博览会，促进国际贸易的开放型合作平台的建设。要更加积极主动地融入经济全球化的大浪潮中，充分利用国际国内“两个市场、两种资源”，大力推动开放型经济发展。

（四）提升营商环境竞争力

良好的营商环境是保持经济增长活力、扩大招商引资的基本保障，是建设现代化经济体系、促进高质量发展的重要基础，也是提升国际竞争力的重要因素。世界银行的报告指出，良好的营商环境会使得投资率增长0.3%，GDP增长率增加0.36%。

1. 积极借鉴世界上的先进做法

据统计，2019年的营商环境报告显示，128个经济体在2017年、2018年进行了创纪录的314项改革，这是历年来最多的改革活动。我国在2018年营商环境也有了新的突破，在全球排名中上升30多位，升至46位，成为2018年营商环境改善进步第三大的经济体。具体地我国在开办企业便利度、财产登记等指标方面都有不俗的表现，但是在办理施工许可证和纳税改革等方面还有较大的提升空间。对此要充分吸纳国际上在营商环境优化方面的先进做法，同时加速建立国内营商环境的评价体系，通过以评促进，加快打造国际化、法治化、市场化的营商环境。

2. 培育不同区域的特定门户城市

针对目前我国营商环境区域差异显著的问题，营商环境指数较低的城市应当借鉴北上广深等城市的改革经验与力度，做好自身的区域定位。目前排名靠前的北上广深都有自身特定的门户定位，如北京是中国的政治科技国际交往中心，是中国的国际交往国家门户；上海是中国金融、国际贸易、经济、科技中心，是中国的开放门户；深圳是全球科技应用成果转化中心，是中国科技发展门户；而广州则人均消费品最高，是中国的商贸发展门户。这些特定的门户定位，促进了这些城市的营商环境优化。地方政府部门应该做好自身的门户定位，并以此促进营商环境的改良。

3. 着力营造高质高效的政务环境

在流程设计上，应对企业开办、纳税、施工许可、不动产登记等进一步精简审批，推进“多证合一”和登记便利化改革，使企业办事更加便捷。在实际操作中，积极推进“互联网 + 行政审批”服务，推进各项流程的联网服务，使企业能够在网上“自助查重、自主申报”，着力构建融合线上线下的便民高效审批服务体系。同时积极运用大数据、云计算、物联网等信息化手段，积极探索“互联网 + 监管”新模式。推进政务数据共享与应用，推进供应链体系建设，建成高效便捷的政务环境、诚信规范的市场环境，公平公正的法制环境，互利共赢的开放环境，完备优质的要素环境及功能完善的投资环境。

第十章
70 年来中国民营企业发展历程与辉煌成就

新中国成立 70 年来所取得的伟大成就离不开民营企业家的努力以及民营经济所作出的贡献，其在促进经济发展、增加税收、缓解就业压力等方面发挥了越来越重要的作用。新中国成立 70 年中国民营经济的发展经历了从无到有、从少到多、从小到大、从弱到强、从国内走向国际的过程。

一、70 年来中国民营企业发展的历程演变

结合已有的文献资料，笔者将这 70 年分成了七个阶段，总结了每个阶段民营企业发展的政策导向、民营企业发展的规模特征以及民营企业家队伍的构成情况。

（一）1949～1952 年：民营经济参与国民经济恢复建设阶段

新中国成立初期，我国并存着五种经济成分，分别是国有经济（占工业总产值比重为 26.2%）、合作社经济（占工业总产值比重为 1.5%）、劳动者个体经济（占工业总产值比重为 23%）、私人资本主义经济（占

工业总产值比重为 48.7%）、国家资本主义经济（占工业总产值比重为 0.6%）[①]，从中可以看出，新中国成立初期包含着多样化的经济类型，其中私人资本主义占据主导地位。在经历了长期动乱和战争的背景下，中国整体的经济发展水平落后，交通基础设施落后严重制约了经济的发展。为了能够迅速恢复经济，党和国家根据当时中国的经济状况认为单纯依靠没收官僚资本以及帝国主义在华企业是不足以发展经济的，必须调动各种经济成分的积极性，迫切需要发展以民族资产阶级为代表的私营经济，于是在 1949 年 9 月 29 日，中国人民政治协商会议第一届全体会议通过了具有临时宪法性质的《中国人民政治协商会议共同纲领》（以下简称《共同纲领》），《共同纲领》中提到了“凡有利于国计民生的私营经济事业，人民政府应鼓励其经营的积极性，并扶助其发展”[②]。这是改革开放前私营经济第一次出现于国家的根本大法中。当时私营经济的发展主要采取的手段是对工商业进行合理调整。1950 年 6 月 6 日至 9 日，党和政府在中共七届三中全会上决定“合理地调整现有工商业，切实妥善地改善公私关系和劳资关系”[③]。陈云在大会上发表了题为《调整公私关系和整顿税收》的讲话，合理调整工商业的主要手段包括调整公私关系、劳资关系以及产销关系[④]。首先，在公私关系上，为了更好地帮助私营工业企业渡过新中国成立初期经济发展的难关，政府要求国营经济对私营工业企业实行有组织的加工订货和收购产品，规定在商业领域方面将除了人民生活必需品之外，其他商品的零售业务让给私营商业经营。其次，在劳资关系上，为了更好地促进生产和改善经营，要更加注重保护工人阶级的民主权利以及协商解决劳资

① 杨丽颖：《历经坎坷　终归一统——浅谈新中国成立以来民营经济的发展历程》，载于《现代企业文化》2009 年第 21 期。

② 《国有经济和民营经济关系的历史演变》，人民网—理论频道，2014 年 8 月 25 日。http://theory.people.com.cn/n/2014/0825/c388253-25532824.html。

③ 毛泽东：《为争取国家财政经济状况的基本好转而斗争》，引自《中国国际贸易促进委员会．三年来新中国经济的成就》，人民出版社 1952 年版。

④ 《公私兼顾调整城市工商业》，中国共产党历史网，2016 年 1 月 15 日。http://gx.people.com.cn/n2/2016/0115/c365307-27553308.html。

间的纠纷问题。最后，在调整产销关系上，强调私营企业也要做生产计划，走以销定产的道路①。通过以上三大关系的调整，到了1951年，全国私营工商户相比1950年增加了11%，产值增加了39%，有效地促进了私营工商业的恢复和发展②。

（二）1953～1960年：个体民营经济被限制改造阶段

从1953年到1956年，国家对农业、手工业和资本主义工商业进行了有计划的社会主义改造。新中国成立后的第一部宪法《中华人民共和国宪法》中一方面规定国家依法保护手工业者和其他非农业的个体劳动者、资本家的生产资料所有权，另一方面又规定了对其采取“利用、限制、改造”等政策③。对于农村中的个体经济主要是通过合作化的道路，对于私营工商企业，主要采取赎买和公私合营的办法，对于个体手工业者、小商小贩等个体户主要采取合作社的方式，到了1956年，社会主义改造基本完成，1957年全部工业产值中属于私营工业产值部分只剩下0.1%，个体工业仅占0.7%，99.2%是国有企业（其中，国有工业占53.8%、公私合营企业占26.3%和集体工业占19.1%）④。1956年召开的中共八大指出“当前的主要任务是集中力量发展生产力”，因此，国家又开始注重恢复和发展个体经济，陈云提出了“三个主体，三个补充”⑤，这是对苏联单一的发展计划经济模式的突破，是探索中国特色经济体制的重要举措，毛泽东在

---

① 曾留香：《论1950年调整工商业的措施、成效及经验》，载于《山东农业大学学报》2016年第12期。

② 《中国企业60年：在单一与多元之间》，中国工商时报，2009年8月27日。http://finance.sina.com.cn/roll/20090827/00043034134.shtml。

③ 《中华人民共和国宪法》（1954年）．中国人大网。http://www.npc.gov.cn/wxzl/wxzl/2000－12/26/content_4264.htm。

④ 张毅：《对毛泽东关于农村工业化思想的研究》，引自《毛泽东与中国农业》新华出版社1995年版。

⑤ “三个主体，三个补充”即“国家经营和集体经营是主体，一定数量的个体经营为补充；计划生产是主体，一定范围的自由生产为补充；国家市场是主体，一定范围的自由市场为补充”。

《论十大关系》中也明确提出要“学习资本主义国家先进的科学技术和企业管理方法中合乎科学的方面”。到 1957 年，全国城镇个体工商业从业人员发展到了 104 万人①。但是，1957 年开始的“农村社会主义大辩论”，三年的“大跃进”（1958～1960 年），发起的“一大二公”的人民公社化运动，至此，中国只有少量个体经济残存②。

（三）1960～1977 年：民营经济基本处于苟延残喘阶段

随着私营经济在这一时期完全地被否定，社会生产力也得到了极大的破坏，在 1959 年后连续出现的三年困难时期面前，党和国家在 1960 年提出了“调整、巩固、充实、提高”的“八字方针”，个体工商业有所恢复。但是好景不长，十年的“文革”使得个体工商户基本上处于受打击和被摧毁的状态，到处掀起了“割资本主义尾巴”运动，到 1978 年，全国个体劳动户只有 15 万户，国家对个体经济和民营经济采取限制、打压，甚至是消灭的方式，民营经济的发展受到很大的阻碍，而单一的公有制经济在日后的发展过程中也暴露出了活力不足，运作效率低下等问题。

（四）1978～1991 年：民营经济解放时期

党的十一届三中全会的召开确立了改革开放的政策，党和国家逐步扭转了对非公经济的极左认识，民营经济得以复苏并逐步发展。

1. 家庭联产承包责任制的实施与完善

家庭联产承包责任制是中国农民的伟大创造，诞生于 1978 年 11 月 24

① 郑修敏、许晓明：《中国民营经济发展的历史与未来》，载于《江西社会科学》2009 年第 8 期。

② 高德步：《中国民营经济的发展历程》，载于《行政管理改革》2018 年 10 月 8 日。http：//views. ce. cn/view/ent/201810/08/t20181008_30454590. shtml。

日安徽凤阳县凤梨公社小岗村，在一份不到百字的包干保证书中提到了“分田到户”的思想，按照这种方式，1979年10月，小岗村实现了大丰收，但在当时仍然有很多批判和质疑的声音。直到1980年5月31日，邓小平公开肯定了小岗村“大包干”的做法，小岗村成了中国农村改革的发源地，农村改革势在必行。1982年，中国共产党历史上第一个关于农村工作的“一号文件”正式出台，明确鼓励农民发展多种功能经营，这种家庭联产承包责任制实际上是个体独资的经济形态①。之后的多个文件对家庭联产承包责任制给予了充分的认可和不断地完善，这种鼓励农民发展多种经营的方式不仅使得农村基本解决了温饱问题，而且创造了占世界上7%的土地养活了世界上22%人口的奇迹②。

2. 知识青年返程促进了个体工商业的发展

随着“文革”的结束，全国有1000多万的知识青年返程，引起了城市就业压力的加大。一些曾被称为“资本主义漏洞”的行业如运输业、建筑业、饮食业、修理业等劳动力严重不足，在此背景下，国务院“批准一些有正式城镇户口的闲散劳动力开始从事个体劳动”③。到1979年底，全国个体工商户增加到31万户④。1980年10月17日，中共中央、国务院鼓励“实行多种经济形式和多种经营方式长期并存”，随着中央一系列肯定个体经济的文件的出台（见表10－1），个体工商户大幅度增加，大大缓解了就业压力，到1988年个体经济发展到1453万户，相当于1982年的6倍。

---

① 李靖华：《亲历“包产到户”——参加1980年安徽省委农业会议的回忆》，载于《紫光阁》2009年第S1期。

② 《组图：历史上的奇迹——7%的耕地养活了世界22%的人口》，载于《光明日报》2002年10月21日。

③ 王春雷：《我国民营企业的发展历程及启示》，载于《武汉商学院学报》2014年第5期，第32～35页。

④ 《个体经济缘何破土而生?》，载于《南方日报》2015年7月13日。http：//news.163.com/15/0713/06/AUCQ35CG00014AED.html。

表 10－1　改革开放初期到 20 世纪 90 年代初有关民营经济发展的典型会议（文件）

时间	会议（文件）	内容
1978 年 12 月 18 日～22 日	中国共产党第十一届中央委员会第三次全体会议	社员自留地、家庭副业和农村集市贸易，是社会主义经济的必要补充，不能当作所谓的资本主义尾巴去批判
1979 年 2 月	国家工商局向中央作报告	各地可根据市场需要，在取得有关业务主管部门同意后，批准一些有正式城镇户口的闲散劳动力开始从事个体劳动，但不准雇工，这是“文革”后第一个有关个体经济的报告
1979 年 11 月 12 日	《关于原工商业者中的劳动者区别出来的问题的请示报告》	明确一大批小商、小贩、小手工业者以及其他劳动者的社会主义劳动者的身份，摘掉原工商业者的资本家或者资本家代理人的帽子
1980 年 8 月 2 日～7 日	全国劳动就业工作会议	在国家统筹规划和指导下，实行劳动部门介绍就业、自愿组织起来就业和自谋职业相结合的方针
1980 年 8 月 17 日	中共中央转发了全国劳动就业会议协议的文件《关于进一步做好城镇劳动就业工作》	“可以在国营企业工作，可以在集体企业工作，可以组织合作社或合作小组进行生产和经营，还可以从事个体工商业和服务业劳动”
1981 年 7 月 1 日	《国务院关于城镇非农业个体经济若干政策性规定》	个体经营户必要时可以请一两个帮手，技术强的或有特殊技艺的可以请两三个，最多不能超过五个学徒
1982 年 1 月 1 日	农村工作“一号文件”	包产到户、包干到户都是社会主义集体经济的生产责任制
1982 年 9 月 1 日～11 日	中国共产党第十二次全国代表大会	“坚持国有经济为主导和发展多种经济形式”“在农村和城市都要鼓励劳动者个体经济在国家规定的范围内和在国家工商行政管理下适当发展，作为公有制经济的必要补充”
1982 年 12 月 4 日	第五届全国人民代表大会第五次会议	“在法律规定范围内的城乡劳动者个体经济，是社会主义公有制经济的补充。国家保护个体经济的合法的权利和权益。国家通过行政管理，指导、帮助和监督个体经济”

续表

时间	会议（文件）	内容
1983 年 1 月 2 日	《当前农村经济政策的若干问题》	指出承包专业化和自营专业化可以充分利用闲散资金和劳动力，促进生产专业分工
1984 年 2 月 27 日	《关于农村个体工商业的若干规定》	鼓励农村剩余劳动力经营社会急需的行业，经营方式灵活多样，可以请帮手、带徒弟但不能超过 5 个，可以凭借营业执照到外地采购货源和原材料，可以起字号、刻图章、开账户、申请贷款等
1984 年 3 月 1 日	中共中央、国务院转发《关于开创社队企业新局面的报告》	乡镇企业包括乡、村合作经济组织办的企业、部分社员联营的合作企业或者其他形式的合作工业和个体企业
1984 年 10 月 20 日	《中共中央关于经济体制改革的决定》	对城市、乡镇集体经济和个体经济给予法律保护
1987 年 8 月 5 日	《城乡个体工商户管理暂行条例》颁布	个体工商户的合法权益得到法律保护
1987 年 10 月 25 日 ~ 11 月 1 日	中国共产党第十三次全国代表大会	“私营经济是存在雇佣劳动关系的经济成分，但在社会主义条件下，它必然同占优势的公有制经济相联系，并受公有制经济的巨大影响”，强调民营经济师公有制经济必要的、有益的补充
1988 年 3 月 25 日 ~ 4 月 13 日	全国人大七届一次会议通过宪法修正案	国家允许私营经济在法律规定的范围内存在和发展
1988 年 6 月 3 日	国务院颁布了《中华人民共和国私营企业暂行条例》	对私营企业的性质和经营范围进行了明确，全国各地开始私营企业的登记注册。出现了科技人员创办的科技型企业以及个人兴办的非科技型民营企业
1990 年 11 月	国务院关于促进个体和私营经济进一步健康发展的若干政策规定	“目前，在治理整顿中加强对个体、私营经济的管理，并不是国家方针政策的改变，而是方针政策的全面贯彻和管理的进一步完善，以利于个体和私营经济长期、稳定、健康发展”
1991 年 11 月 25 日	中共十三届八中全会通过了《中共中央关于进一步加强农业和农村工作的决定》	以家庭联产承包为主的责任制、统分结合的双层经营体制作为我国乡村集体经济组织的一项基本制度长期稳定下来

资料来源：笔者根据已有的文献资料整理汇总而得。

1989 年后，民营经济的发展受到影响，直到 1991 年邓小平上海视察时指出“不要以为，一说计划经济就是社会主义，一说市场经济就是资本主义”，这场关于“计划”与“市场”的讲话，表明国家对民营经济发展采取了稳妥而有限度的方式，再一次为民营企业的发展指明了道路。

3. 民营经济总体处于补充地位

民营经济的用工人数历史上第一次超过国有经济是在 1988 年，可以说，民营经济作为国民经济的“半壁江山”就此而来。到 1992 年底，全国个体经济从业人员增加到 2467.7 万人，是 1978 年的 176.26 倍，私营企业达到了 13.9 万户，这个阶段的民营企业的发展总体规模不大、地位不高，处于“补充地位”，主要从事生产一些物资短缺的“吃穿用”产品，主要的目的是国家出于解决就业的需要而考虑的[①]。但相比改革开放初期的民营企业家来说，到了 20 世纪 90 年代初期的企业家的整体学识水平和层次在提高，这个阶段典型的企业家代表有鲁冠球、柳传志等。

（五）1992～2001 年民营经济快速发展阶段

1. 国家政策导向进一步明朗化

1992 年，邓小平南方谈话，强调了“一个中心、两个基本点”“三个有利于”标准，可以说这成了中国民营经济发展的一个历史性节点，极大地扫除了民营企业发展的思想障碍。这个阶段还明显地体现出党和国家对民营企业科技创新的重视，强调要鼓励民营科技企业的发展。1997 年，党的十五大第一次明确提出将“以公有制为主体，多种所有制经济成分共同

① 《民营经济 40 年发展历程和经验研究报告》，2018 年 12 月 28 日。http：//www.sino－manager.com/？p＝113369。

发展”[①]，民营企业的地位进一步提高（见表 10－2）。在 1998 年爆发亚洲金融危机的背景下，国有企业亏损严重，国家开始有计划地整顿市场经济，中央实施“抓大放小”战略[②]，民营企业在市场的检验和洗礼下得到了极大的鼓舞。

表 10－2　邓小平南方谈话后有关民营经济发展的典型会议（文件）

时间	会议（文件）	内容
1992 年 1 月 18 日～2 月 21 日	邓小平南方谈话	社会主义的本质是解放生产力，发展生产力，“一个中心、两个基本点”“三个有利于”标准
1992 年 10 月 12 日～18 日	党的十四大	“在所有制结构上，以公有制包括全民所有制和集体所有制经济为主体，个体经济、私营经济、外资经济为补充，多种经济成分长期共同发展”
1993 年 3 月 29 日	第八届全国人民代表大会第一次会议	农村中的家庭联产承包为主的责任制和生产、供销、信用、消费等各种形式的合作经济，是社会主义劳动群众集体所有制经济。参加农村集体经济组织的劳动者，有权在法律规定的范围内经营自留地、自留山、家庭副业和饲养自留畜
1995 年	《中共中央、国务院关于加强科学技术进步的决定》	民营科技企业是我国高新技术产业的一支有生力量，要继续引导和鼓励其健康发展
1996 年	《国务院关于“九五”期间深化科学技术体制改革的决定》	要继续鼓励民营科技企业的发展
1997 年 9 月 12 日～18 日	中国共产党第十五次全国代表大会	第一次明确提出“以公有制为主体，多种所有制经济成分共同发展”

① 江泽民：《高举邓小平理论伟大旗帜，把建设有中国特色社会主义事业全面推向二十一世纪——在中国共产党第十五次全国代表大会上的报告》，1997 年 9 月 12 日。

② “抓大放小”战略指的是保住国家的大型国营企业和国营资产，而对于那些国家中小型企业，则通过破产、重组或者兼并的途径，把它们推向市场，接受市场经济的检验和洗礼，中央重点关注搞活大型国营企业。

续表

时间	会议（文件）	内容
1999年3月15日	九届全国人大二次会议通过《中华人民共和国宪法修正案》	在法律规定范围内的个体经济、私营经济等非公有制经济，是社会主义市场经济的重要组成部分
1999年9月22日	《关于国有企业改革和发展若干重大问题的决定》	民营经济开始着眼于海外市场
2001年7月1日	江泽民在纪念建党80周年大会上讲话	民营企业家是“有中国特色的社会主义事业建设者”

资料来源：笔者根据已有的文献资料整理汇总而得。

2. 民营经济发展规模逐步壮大

受到邓小平南方谈话的影响，民营经济发展规模大幅度提升，从1992年的14万户增加到2002年的244万户，年均增长33%；从业人员从232万人增长到3409万人，增长近14倍；税收贡献从4亿元增加到976亿元，年均增长70%①。在行业拓展方面，民营企业所涉及的行业领域不断拓展，不仅包括劳动密集型产业，还包括一些新兴、高科技的产业。民营企业在发展过程中坚持走产业多元化的道路，很多企业旗下经营的项目涵盖了多个产业，企业在发展过程中更加注重款式、质量以及商业信誉，1999年开始，国家允许民营企业进入外经贸领域，民营企业开始发力海外市场，1999年1月，首批20家私营企业获得自营进口权。

3. 民营企业家队伍进一步丰富和优化

邓小平的南方谈话再次给民营企业家吃了“定心丸”，掀起了新一轮的下海经商以及创新创业的浪潮。随着越来越多的党政干部、专业技术人员等纷纷下海经商，中国民营企业家队伍的构成成分进一步丰富，学历结

① 成思危：《中国非公有制经济年鉴2007》，民主与建设出版社2007年版。

构也在逐步地提升，越来越多的知识分子加入了民营企业家的行列。陈东升、史玉柱、毛振华等成为了中国第二代民营企业家的代表。1996年陈东升创办了中国嘉德国际拍卖有限公司，1994年创办国内物流公司宅急送，2005年被《财富》评为“2004年度中国商人”。史玉柱在1992年创办了珠海巨人高科技集团，1994年投资保健品，史玉柱被评为“中国十大改革风云人物”，仅用了7年的时间成为中国最为年轻的富豪。

（六）2002～2012年：全球化浪潮下的民营企业转型升级加快

1. 民营企业法律和政策体系不断健全

入世以来，中国的国际化进程大大加快，在这样的背景下，民营企业的发展也迎来了新一轮的发展机遇，尤其是在外部市场的冲击下，民营企业越来越注重自身的转型升级。从国家政策层面来看，民营企业的法律和政策体系也在不断地健全，党的十六大提出了“让一切创造财富的源泉充分涌流”，可以说这是激起民营企业发展的又一高潮，很多民营企业通过股份制的方式纷纷实现了转型升级。随着2005年和2010年国务院先后出台的“新旧三十六条”，给出了一系列支持民营经济发展的举措，在此基础上，各个政府职能部门不断地细化相关的法律文件，例如《物权法》《劳动合同法》以及《反垄断法》等，为民营企业的发展提供更多切实可行的保障举措（见表10－3）。

表10－3　入世以来有关民营经济发展的典型会议（文件）

时间	会议（文件）	内容
2002年6月29日	第九届全国人民代表大会常务委员会第二十八次会议通过了《中华人民共和国中小企业促进法》	分别从财税支持、融资促进、创业扶持、创新支持、市场开拓、服务措施、权益保护、监督检查方面制定了相应的法律条文

续表

时间	会议（文件）	内容
2002 年 11 月 8 日	中共十六大	把“其他各个社会阶层的吸收到党内”“让一切创造财富的源泉充分涌流”
2004 年 3 月 14 日	第十届全国人民大会第二次会议	国家保护个体经济、私营经济等非公有制经济的合法的权利和权益。国家鼓励、支持和引导非公有制经济的发展，并对非公有制经济依法实行监督和管理
2005 年 2 月 19 日	《国务院关于鼓励支持和引导个体私营等非公有制经济发展的若干意见》（旧 36 条）	规定“允许非公有资本进入法律法规未禁入的行业和领域。允许外资进入的行业和领域，也允许国内非公有资本进入，并放宽股权比例限制等方面的条件。在投资核准、融资服务、财税政策、土地使用、对外贸易和经济技术合作等方面，对非公有制企业与其他所有制企业一视同仁，实行同等待遇”
2007 年 3 月 16 日	第十届全国人民代表大会第五次会议通过了《中华人民共和国物权法》	国家巩固和发展公有制经济，鼓励、支持和引导非公有制经济的发展，保障一切市场主体的平等法律地位和发展权利
2007 年 6 月 29 日	第十届全国人民代表大会常务委员会第二十八次会议修订通过了《中华人民共和国劳动合同法》	民营企业的法律和政策体系不断地健全
2007 年 8 月 30 日	中华人民共和国第十届全国人民代表大会常务委员会第二十九次会议通过了《中华人民共和国反垄断法》	进一步保护了市场的公平竞争和社会主义市场经济的健康发展
2007 年 10 月 15 日	中国共产党第十七次全国代表大会	“坚持平等保护物权，形成各种所有制经济平等竞争、相互促进新格局”“各种经济享有平等物权、平等参与竞争
2009 年 9 月 19 日	《国务院关于进一步促进中小企业发展的若干意见》	提出了帮助中小企业克服国际金融危机、保持稳定发展的 29 条政策，向全社会传递了中央政府高度重视中小企业发展的信号，大大提振了中小企业的信心

续表

时间	会议（文件）	内容
2010年5月	《关于鼓励和引导民间投资健康发展的若干意见》（民间投资36条，或者称为新36条）	要鼓励和引导民间资本进入基础产业和基础设施领域、市政公用事业和政策性住房建设领域、社会事业领域、金融服务领域、商贸流通领域、国防科技工业领域
2011年4月16日	《个体工商户条例》	为了指导、帮助城乡劳动者个体经济的发展，加强对个体工商户的监督、管理，保护其合法权益，根据国家法律规定，制定的条例
2012年4月19日	《国务院关于进一步支持小型微型企业健康发展的意见》	进一步加大对小型微型企业的财税支持力度，努力缓解小型微型企业融资困难，推动小型微型企业创新发展和结构调整，支持小型微型企业开拓市场的力度，帮助小型微型企业提高经营管理水平，促进小型微型企业集聚发展以加强对小型微型企业的公共服务

资料来源：笔者根据已有的文献资料整理汇总而得。

2. 民营企业转型升级步伐加快

从2002到2012年，民营企业数量达到1085.72万户，随着国际化视野的打开，民营企业在创业过程中越来越注重引进现代化的管理手段，并且注重按照依法经营的理念去应对市场的挑战。在人才的引进上，更加注重引进一些高学历的人才，其产品的生产从注重规模式生产转向了集约型增长的模式，开始依托于科技创新从价值链低端向中高端升级，从从事代工生产到更加注重培育自主品牌。

3. 民营企业全球化进程加快

随着中国加入世贸组织，中国民营企业的发展也进一步融入了全球化进程。其实，早在20世纪80年代，我国民营企业就已经开启了国际化道路的探索，1999年2月侨兴环球股票开始在美国纳斯达克上市，成为第一家在美国上市的中国民营企业。自从2001年中国加入世界贸易组织，民营企业也加入了参与全球化的大军行列，万向、华为等纷纷走向国际市场，考虑到政治风险等原因，这个阶段民营企业投资的区域主要集中于欧美、港澳地区。例如，2001 年 8 月万向集团收购了美国最大锂电池制造商 UAI 系统公司，2004 年 12 月联想集团收购了 IBM 全球 PC 业务成了中国民营企业跨国并购的典型案例。

4. 民营企业家素质不断提高

近年来，中国民营企业家的整体素质在不断地提高，民营企业切入的行业已不仅仅是早期的劳动密集型产业，甚至包括一些互联网、信息化、高新技术等领域，而这些领域对民营企业家的知识架构、全球化视野提出了更新的要求，中国在这一轮发展中形成了第三次的创新创业浪潮，涌现出了一大批以李彦宏、马云、马化腾为代表的富有国际视野的民营企业家。在 2018 年庆祝改革开放 40 周年大会上，这些互联网人物一致得到了好评，被授予不同的荣誉，百度创始人李彦宏被授予海归创业报国推动科技创新的优秀代表先锋称号，阿里巴巴创始人马云被授予数字经济的创新者先锋称号，腾讯创始人马化腾被授予“互联网 +”行动的探索者先锋称号①。

（七）2012 年至今：新常态背景下的民营企业发展历程

1. 更加注重民营企业发展良好营商环境的打造

随着中国经济从高速增长进入到中高速增长这一新常态，国家提出了供给侧结构性改革的方针政策，作为市场经济的主体，民营企业势必也需要进行供给侧结构性改革。因此，在这个阶段，党和政府通过出台一系列的政策文件为民营企业的发展创造便利化、法制化以及市场化的营商环

① 《马云、马化腾、李彦宏等 10 多位民营企业家获改革先锋称号，互联网和家电成大赢家》，钛媒体，2018 年 12 月 18 日。https：//www. tmtpost. com/3653266. html。

境，以更好地保护民营企业家的活力（见表 10－4），致力于营造良好的营商环境以促进民营企业的发展。根据国家工商总局统计，2018 年中国私营企业发展到 3000 多万户，个体工商户发展到 6500 多万户。2018 年在世界 500 强企业中，中国民营企业有 28 家入围。整个民营经济贡献了 50% 以上的税收，60% 以上的国内生产总值，70% 以上的技术创新成果，80% 以上的城镇劳动就业，90% 以上的企业数量①。在 2018 年纪念改革开放 40 周年之际，习近平总书记在民营经济政治属性方面，明确指出“民营企业和民营企业家是我们自己人”，这次座谈会让民营企业家吃了“定心丸”，可以安心“谋发展”。

表 10－4　新常态以来有关民营经济发展的典型会议（文件）

时间	会议（文件）	内容
2012 年 11 月 8 日	中国共产党第十八次全国代表大会	毫不动摇鼓励、支持、引导非公有制经济发展，保证各种所有制经济依法平等使用生产要素，公平参与市场竞争，同等受到法律保护
2013 年 11 月 9 日～12 日	中共十八届三中全会审议通过了《中共中央关于全面深化改革若干重大问题的决定》	首次提出，“公有制经济和非公有制经济都是社会主义市场经济的重要组成部分，都是我国经济社会发展的重要基础。”高调明确私产保护，“完善产权保护制度。产权是所有制的核心。健全归属清晰、权责明确、保护严格、流转顺畅的现代产权制度。”
2014 年 10 月 20 日～23 日	党的十八届四中全会	健全以公平为核心原则的产权保护制度，加强对各种所有制经济组织和自然人财产权的保护，清理有违公平的法律法规条款
2014 年 12 月 17 日	《最高人民法院关于依法平等保护非公有制经济促进非公有制经济健康发展的意见》	国家保证各种所有制经济依法平衡使用生产要素、公开公平公正参与市场竞争、同等受到法律保护

① 习近平：《我国民营经济只能壮大、不能弱化》，新华社，2018 年 11 月 1 日。http://m.jrj.com.cn/rss/yidianzixun/2018/11/1/25294209.shtml。

续表

时间	会议（文件）	内容
2015 年 10 月 26 日 ~29 日	十八届五中全会	鼓励民营企业依法进入更多领域，引入非国有资本参与国有企业改革，更好地激发非公有制经济活力和创造力
2016 年 2 月 19 日	《最高人民检察院关于充分发挥检查职能依法保障和促进非公有制经济健康发展的意见》	依法打击侵犯非公有制企业权益和非公有制经济人士人身、财产权利的刑事犯罪，营造平安稳定社会环境
2016 年 3 月 4 日	习近平总书记参加全国政协十二届四次会议民建、工商联界委员联组会	非公有制经济在我国经济社会发展中的地位和作用没有变，我们毫不动摇鼓励、支持、引导非公有制经济发展的方针政策没有变！我们致力于为非公有制经济发展营造良好环境和提供更多机会的方针政策没有变
2016 年 11 月 4 日	中共中央国务院《关于完善产权保护制度依法保护产权的意见》	加强各种所有制经济产权保护、完善平衡保护产权的法律制度等十条措施
2017 年 9 月 1 日	第十二届全国人民代表大会常务委员会第二十九次会议修订了《中华人民共和国中小企业促进法》	加大财税支持力度、加大对中小企业的融资支持
2017 年 9 月 25 日	中共中央、国务院印发了《关于营造企业家健康成长环境弘扬优秀企业家精神更好发挥企业家作用的意见》	营造依法保护企业家合法权益的法治环境、营造促进企业家公平竞争诚信经营的市场环境、营造尊重和激励企业家干事创业的社会氛围、弘扬企业家爱国敬业遵纪守法艰苦奋斗的精神、加强对企业家优质高效务实服务、加强优秀企业家培育、加强党对企业家队伍建设的领导
2017 年 10 月 18 日 ~24 日	中国共产党第十九次全国代表大会	把“两个毫不动摇”写入新时代坚持和发展中国特色社会主义的基本方略，作为党和国家一项大政方针进一步确定下来

续表

时间	会议（文件）	内容
2018年11月10日	《司法部关于充分发挥职能作用为民营企业发展营造良好法治环境的意见》	完善促进民营经济发展的法律法规制度、全面清理不利于民营企业发展的法律法规和规范性文件、健全充分听取民营企业意见的立法工作机制等
2019年2月14日	中共中央办公厅　国务院办公厅印发《关于加强金融服务民营企业的若干意见》	加大金融政策支持力度、强化融资服务基础设施建设、完善绩效考核和激励机制、化解流动性风险维护企业合法权益

资料来源：笔者根据已有的文献资料整理汇总而得。

2. 民营企业承担更多的社会责任

随着民营企业规模的发展壮大，民营企业家积极通过环境保护、公益慈善、助力脱贫攻坚等一系列活动履行社会责任，其发挥的作用越来越大，履行社会责任的能力和水平也在不断地提升，民营企业家的话语权也不断地提升，党的十七大党代会民营企业家代表增加到17名，党的十八大的时候就有34名民营企业家。在环境责任方面，根据《中国民营企业社会责任报告蓝皮书》显示，民营企业在生产过程中越来越注重对环境的保护，41.2%的企业实现了资源循环再利用。在公益慈善捐赠方面，民营企业是社会公益慈善事业的主力，我国民营企业基金会已有677家①，他们关心公益，热心慈善，通过多种形式参与了慈善事业。在脱贫攻坚方面，自2015年正式发起的“万企帮万村”②以来，民营企业家积极投身扶贫工作，越来越多的民营企业家通过参与该行动践行企业社会责任，为国家的脱贫攻坚战略的实施做出了积极的贡献。

---

① 《颧骨工商联首次发布中国民营企业社会责任报告蓝皮书》，央广网，2018年12月26日。https：//baijiahao. baidu. com/s？ id = 1620907396873900799&wfr = spider&for = pc。

② 万企帮万村是指力争用3～5年时间，动员全国1万家以上民营企业参与，帮助1万个以上贫困村加快脱贫进程，为促进非公有制经济健康发展和非公有制经济人士健康成长，打好扶贫攻坚战、全面建成小康社会贡献力量。

3. 民营企业逐步成为中国对外投资的生力军

随着“一带一路”倡议的提出，中国民营企业不断增强对外投资的意愿和强化对外投资的行动，统计资料显示，截至2017年底，中国民营企业对外非金融类直接投资存量约为0.8万亿美元[①]。根据南开大学发布的《中国民营企业海外直接投资指数2017年度报告》显示，我国民营企业海外直接投资从2005年的7件增长到2016年的211件，增长了29.14倍；金额从2005年的1.2亿美元增加到2016年的658.5亿美元，增长了547.75倍[②]，实现了跨越式的增长。根据2019年初发布的《2018中资海外并购报告》显示，海外并购的行业主要集中在制造业（15.85%）、数字新媒体产业（15.65%）以及医疗健康行业（10.99%），民营企业交易飙升至85%，“一带一路”沿线并购的宗数占比较去年增长5%。

二、70年来中国民营企业取得的辉煌成就

新中国成立70年来，我国民营企业注册数量大幅度增加，注册资金大幅度提高，吸纳大量就业；民营企业投资成为经济增长的重要基石，对外贸易贡献突出，创新能力实现蜕变。

（一）民营企业注册数量大幅度增加

据《中国企业年鉴》数据显示，我国私营企业注册户数从1997年的96.07万户增长到2016年的2309.2万户，增长了24.04倍；个体工商户注

① 钟山：《三大举措支持中国民营企业走出去》，中国新闻网，2018－11－15. https：//baijiahao. baidu. com/s? id＝1617206504602916473&wfr＝spider&for＝pc。

② 《中国民营企业海外直接投资指数2017年度报告》发布，凤凰网财经综合，2017年12月19日。

册户数从 1997 年的 120. 1 万户增长到 2016 年的 5929. 9 万户，增长了 2. 08 倍，如表 10 – 5 所示。自 2014 年中国开启商事制度改革，企业登记门槛大幅降低，企业注册便利化程度大幅提高，私营企业注册户数同比增长率随着大幅提高，均在 20% 以上，个体工商户注册户数同比增长率也有所提升，保持在 9% ~12%，如图 10 – 1 所示。

表 10 – 5　1997 ~ 2016 年私营个体企业注册数量及同比增长情况

年份	私营企业注册户数（万户）	同比增长率（%）	个体工商户注册户数（万户）	同比增长率（%）
1997	96. 07	—	120. 1	—
1998	2850. 86	—	3120. 2	—
2002	263. 83	—	2377. 5	—
2003	328. 72	25	2353. 2	– 1
2004	365. 1	11	2350. 5	0
2005	430. 1	18	2463. 9	5
2006	544. 1	27	2595. 6	5
2007	603. 1	11	2741. 5	6
2008	657. 4	9	2917. 3	6
2009	740. 2	13	3197. 4	10
2010	845. 2	14	3452. 9	8
2011	967. 7	14	3756. 5	9
2012	1085. 7	12	4059. 3	8
2013	1253. 9	15	4436. 3	9
2014	1546. 4	23	4984. 1	12
2015	1908. 4	23	5408. 1	9
2016	2309. 2	21	5929. 9	10

资料来源：根据《中国企业年鉴》相关数据整理。

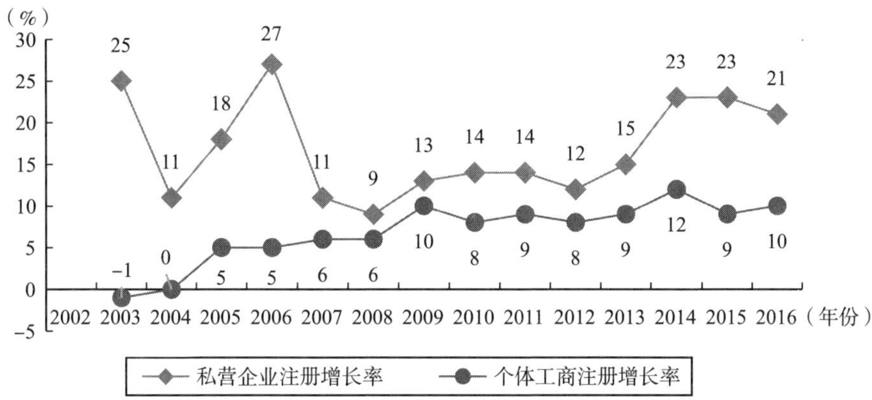

图10-1 2003~2016年私营个体企业注册数量同比增长情况

资料来源：根据《中国企业年鉴》相关数据整理。

据《中国工业统计年鉴》数据显示，全国工业企业总数在1999~2016年间逐年增长，1999年仅16.2万个，到2016年底达37.86万个，增长了2.34倍。其中私营工业企业数呈现同方向变动，从1999年的1.46万个，增加到21.43万个，增加14.68倍。从比重看，1999~2006年间私营工业企业数比重持续增加，并在2006年占比接近50%。在2007~2016年间占比超过50%，并基本保持55%的比重，截至2016年底，私营工业企业占比达到56.6%。从增长率分布来看，私营工业企业数同比增长率波动较大，2004年增长率攀升达41%，但2005年迅速回落到-2%，又于2008年回升到27%，而2011年达到最低值-28%，如表10-6所示。

表10-6 1999~2016年私营工业企业数情况

项目	1999年	2000年	2001年	2002年	2003年	2004年	2005年	2006年	2007年
私营（万个）	1.46	2.21	3.62	4.92	6.76	11.94	12.38	14.97	17.71
总计（万个）	16.2	16.29	17.13	18.16	19.62	27.65	27.18	30.2	33.68

续表

项目	1999年	2000年	2001年	2002年	2003年	2004年	2005年	2006年	2007年
比重（%）	9.0	13.6	21.1	27.1	34.5	43.2	45.5	49.6	52.6
增长率（%）	—	1	5	6	8	41	-2	11	12
项目	2008年	2009年	2010年	2011年	2012年	2013年	2014年	2015年	2016年
私营（万个）	24.59	25.6	27.33	18.06	18.93	20.84	21.38	21.65	21.43
总计（万个）	42.61	43.44	45.29	32.56	34.38	36.98	37.79	38.31	37.86
比重（%）	57.7	58.9	60.3	55.5	55.1	56.4	56.6	56.5	56.6
增长率（%）	27	2	4	-28	6	8	2	1	-1

资料来源：根据《中国工业统计年鉴》相关数据整理。

据《中国第三产业统计年鉴》数据显示，第三产业私营企业数保持持续增长态势，从2010年的229.3万个发展到2018年的1002.6万个，净增加量为773.3万个；第三产业企业总量从325.4万个增长到1263.3万个，净增加937.9万个。可见，私营企业在第三产业中的占比很大，几乎保持在66%～80%之间。第三产业私营企业的增长速率有一定的波动，2013年的增长率为7%，而2017年达到37%，如表10－7所示。

表10－7　2010～2018年第三产业私营企业单位数情况

年份	2010	2011	2012	2013	2014	2015	2016	2017	2018
私营企业数（万个）	229.3	267.4	308.4	357.0	362.7	467.4	561.8	718.6	1002.6
总计（万个）	325.4	376.4	432.6	500.7	546.6	689.6	839.4	1006.0	1263.3

续表

年份	2010	2011	2012	2013	2014	2015	2016	2017	2018
比重（%）	70.5	71.0	71.3	71.3	66.4	67.8	66.9	71.4	79.4
增长率（%）	—	12	13	7	14	19	21	37	12

资料来源：根据《第三产业统计年鉴》相关数据整理。

（二）民营企业注册资金大幅度提高

私营企业注册资金从 2002 年的 24800 亿元增长到 2016 年的 1305000 亿元，增长了 52.62 倍。2005 年到 2013 年私营企业注册资金增速较为平稳，2014 年在国家推行“大众创新，万众创业”及商事制度改革后，私营企业的注册资金增长率高达 51%，且在 2015 年上升到 53%，2016 年的增长率也有 44%。户均注册资金从 2002 年的 94.0 万元增长至 2016 年的 565.1 万元，增长了 6 倍左右，且始终以上升趋势发展，如表 10－8 和图 10－2 所示。

表 10－8　2002～2016 年个体私营企业注册资金、同比增长及户均注册资金情况

年份	私营企业注册资金（亿元）	同比增长率（%）	户均注册资金（万元）	个体工商户注册资金（亿元）	同比增长率（%）	户均注册资金（万元）
2002	24800	—	94.0	3782.4	—	1.6
2003	35300	42	107.4	4187	11	1.8
2004	47900	36	131.2	5057.9	21	2.1
2005	61300	28	142.5	5809.5	15	2.3
2006	76000	24	139.7	6468.8	11	2.5
2007	94000	24	155.9	7350.8	14	2.7
2008	117000	24	178.0	9006	23	3.1

续表

年份	私营企业注册资金（亿元）	同比增长率（%）	户均注册资金（万元）	个体工商户注册资金（亿元）	同比增长率（%）	户均注册资金（万元）
2009	146000	25	197. 2	10856. 6	21	3. 4
2010	192000	32	227. 2	13387. 6	23	3. 9
2011	258000	34	266. 6	16177. 6	21	4. 3
2012	311000	21	286. 5	19766. 7	22	4. 9
2013	393000	26	313. 4	24300	23	5. 5
2014	592000	51	382. 8	29300	21	5. 9
2015	906000	53	474. 7	36938	26	6. 8
2016	1305000	44	565. 1	44400	20	7. 5

资料来源：根据《中国企业年鉴》相关数据整理。

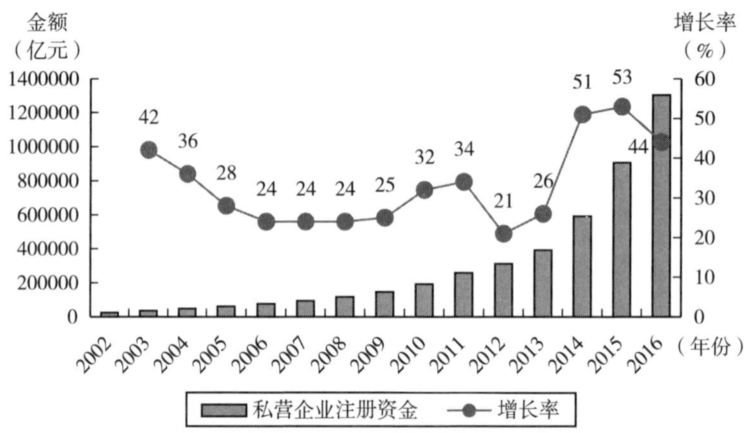

图 10－2　2002～2007 年私营企业注册资金、年增长率情况

资料来源：根据《中国企业年鉴》相关数据整理。

个体工商户注册资金从 2002 年的 3782. 4 万元增长到 2016 年的 44000 亿元，增长了 11. 6 倍。同比增长率在 2003～2007 年间基本在 11%～15% 之间，2008～2016 年间在 20%～26% 之间。户均注册资金由 2002 年的 1. 6

万元增长到 2016 年的 7.5 万元，增长了 4.7 倍，且增长趋势相对平稳，如表 10 - 8 和图 10 - 3 所示。

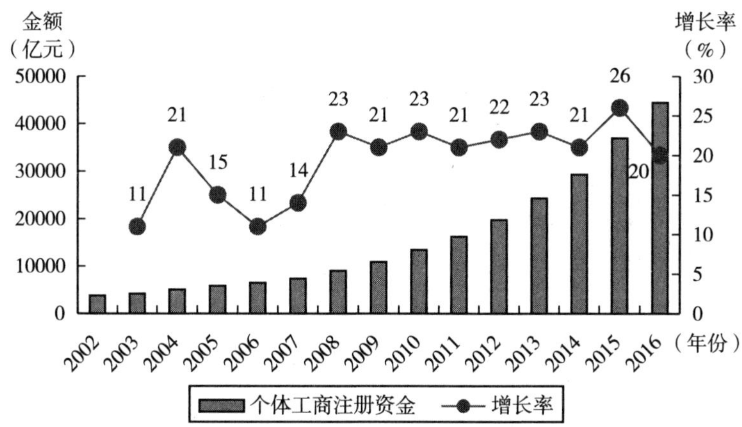

图 10 - 3　2002 ~ 2016 年个体企业注册资金、年增长率情况

资料来源：根据《中国企业年鉴》相关数据整理。

（三）民营企业吸纳大量就业

民营企业就业人员大幅增长，成为就业的承载主体，为社会稳定做出了突出贡献。据《中国统计年鉴》数据显示，在 1995 ~ 2017 年间全国就业总数平稳增加，截至 2017 年底，全国就员业人总数为 77640 万人，民营企业从业人员实有 34107 万人，其中私营企业从业人员 19881.7 万人，个体企业为 14225.3 万人。1995 年民营企业从业人员只有 2275 万人，2017 年增加至 34107 万人，增长了近 15 倍。其中，私营企业从业人员由 1995 年 170 万人增长至 19881.7 万人，增长 116.9 倍，相应比重由 1995 年的 0.2% 提高到 2017 的 25.6%。个体工商户从业人员由 1995 年的 2105 万人增长到 2017 年的 14225.3 万人，增长 6.7 倍，其比重由 1995 年的 3.1% 增加到 2017 年的 18.3%，增长了 15.2%。1995 ~ 2004 年个体企业和私营企业就业增长率震荡巨大，私营企业就业增幅都大于个体企业。2005 ~ 2013 年私营企业就业同比增长率位于 6% ~ 16% 之间，个体企业就业同比增长率位于5%～13%之间。2014～2017年两者基本平稳，私营企业就业同比增长率位于10%～15%，个体企业就业同比增长率位于10%～13%之间，如表10－9、图10－4、图10－5、图10－6所示。

表10－9　　1995～2017年个体私营企业就业情况

年份	私营企业			个体工商户			业总人数（万人）
	绝对量（万人）	同比增长率（%）	比重（%）	绝对量（万人）	同比增长率（%）	比重（%）	
1995	170	—	0.2	2105	—	3.1	68065
1996	956	—	1.4	4614	—	6.7	68950
1997	1171	22	1.7	5017	9	7.2	69820
1998	1709.1	46	2.4	6114.4	22	8.7	70637
1999	2021.5	18	2.8	6240.9	2	8.7	71394
2000	2406.5	19	3.3	5070	－19	7.0	72085
2001	2713.9	13	3.7	4760.3	－6	6.5	72797
2002	3952.3	46	5.4	4605.7	－3	6.3	73280
2003	4299.1	9	5.8	4636.5	1	6.3	73736
2004	5017.3	17	6.8	4587.1	－1	6.2	74264
2005	5824.1	16	7.8	4900.5	7	6.6	74647
2006	6586.3	13	8.8	5159.7	5	6.9	74978
2007	7253.1	10	9.6	5496.2	7	7.3	75321
2008	7904	9	10.5	5776.4	5	7.6	75564
2009	8413	6	11.1	6324.1	9	8.3	75828
2010	9417.6	12	12.4	7007.6	11	9.2	76105
2011	10353.6	10	13.5	7945.3	13	10.4	76420
2012	11296.1	9	14.7	8628.3	9	11.2	76704
2013	12521.6	11	16.3	9335.7	8	12.1	76977
2014	14390.4	15	18.6	10584.6	13	13.7	77253
2015	16394.9	14	21.2	11682.2	10	15.1	77451

续表

年份	私营企业			个体工商户			业总人数（万人）
	绝对量（万人）	同比增长率（%）	比重（%）	绝对量（万人）	同比增长率（%）	比重（%）	
2016	17997.1	10	23.2	12862	10	16.6	77603
2017	19881.7	10	25.6	14225.3	11	18.3	77640

资料来源：根据《中国统计年鉴》相关数据整理。

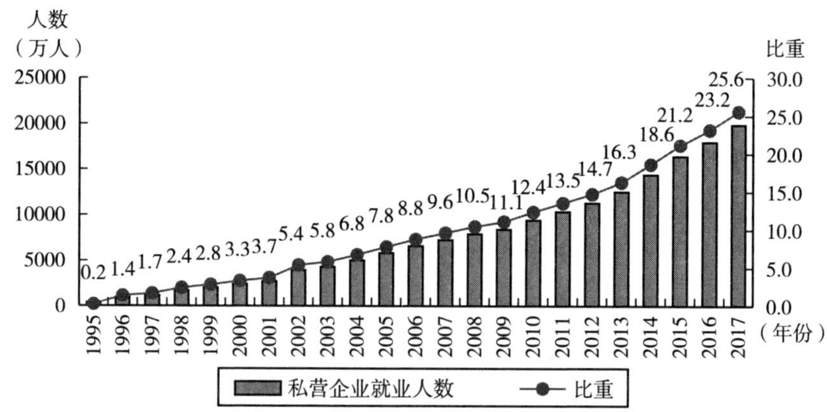

图10－4　1995～2017年私营企业就业人数情况

资料来源：根据表10－9整理所得。

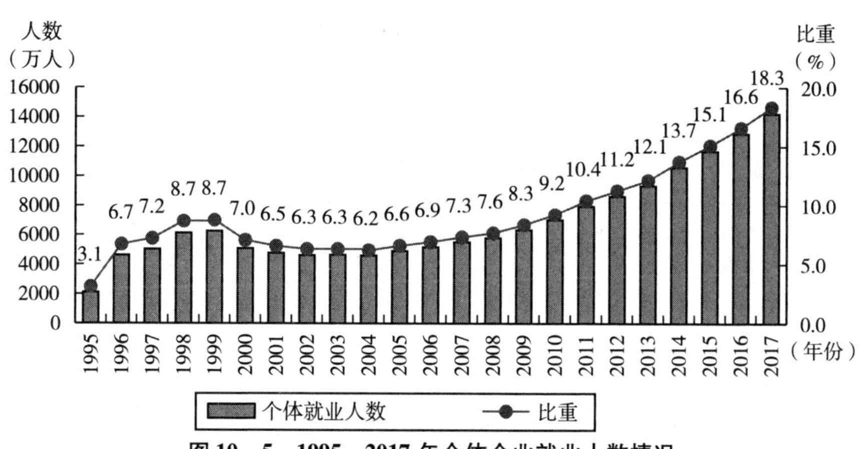

图10－5　1995～2017年个体企业就业人数情况

资料来源：根据表10－9整理所得。

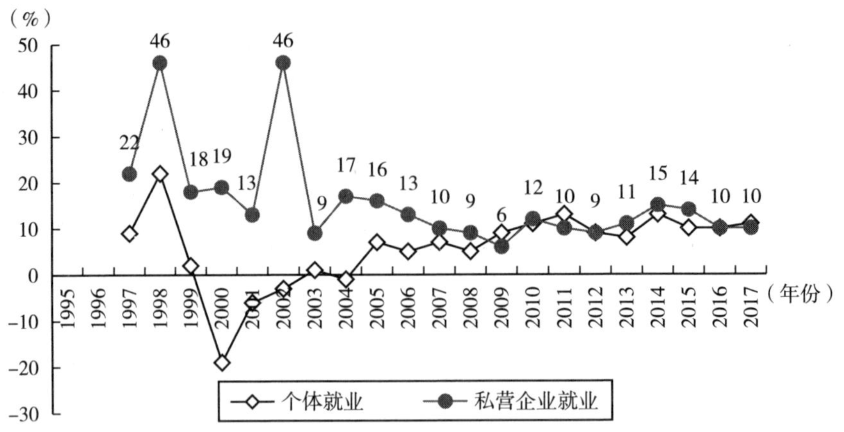

图10－6　1995～2017年个体私营企业就业增长率比较

资料来源：根据表10－9整理所得。

按2017年登记注册类型分企业就业情况数据显示，除其他企业（占比33.74%）外，私营企业就业占比最大，为25.61%，其次是个体企业占18.32%，民营企业在全部企业类型中就业贡献率达到近44%，占到较大比重。其余占比分别为：国有单位就业占7.81%，有限责任公司占8.2%，股份有限公司占2.38%，港澳台商投资者与外商投资者占比相同，都为1.66%，集体单位占0.52%，股份合作单位占0.1%，如表10－10所示。

表10－10　2017年末登记注册类型分企业就业情况

企业类型	国有单位	集体单位	股份合作单位	有限责任公司	股份有限公司	港澳台商投资	外商投资	私营企业	个体企业	其他企业
就业人数（万人）	6064	406	77	6367	1846	1290	1291	19882	14225	26192
比重（%）	7.81	0.52	0.10	8.20	2.38	1.66	1.66	25.61	18.32	33.74

资料来源：根据《中国统计年鉴》相关数据整理。

（四）民营企业投资成为经济增长的重要基石

1980 ~ 2017 年间全国总计投资额从 910.9 亿元增到约 641238.4 亿元，增长绝对量为 640327.5 亿元，2017 年同比增长率为 6%。个体经济全社会固定投资从 119 亿元增长为 215278.9 亿元，增长 1809 倍；其占全国固定投资额比重呈波浪式增加，近十年（2008 ~ 2017 年）占比在 24.7% ~ 33.6% 之间，在 2017 年达到历史最大值，为 33.6%。从增长率看，个体经济全社会固定投资增长率出现较大波动，1990 年达到最低值 -3%；2006 年达到最大值 76%；但 2017 年增长率回落至 4%，如表 10-11 所示。

表 10-11　　1980 ~ 2017 年末个体经济全社会固定投资

年份	总计（亿元）	总增长率（%）	个体经济（亿元）	增长率（%）	比重（%）
1980	910.9	—	119.0	—	13.1
1981	961.0	5.5	178.3	49.8	18.6
1982	1230.4	28.0	210.8	18.2	17.1
1983	1430.1	16.2	321.8	52.7	22.5
1984	1832.9	28.2	409.0	27.1	22.3
1985	2543.2	38.8	535.2	30.9	21.0
1986	3120.6	22.7	649.4	21.3	20.8
1987	3791.7	21.5	795.9	22.6	21.0
1988	4753.8	25.4	1022.1	28.4	21.5
1989	4410.4	-7.2	1032.2	1.0	23.4
1990	4517.0	2.4	1001.2	-3.0	22.2
1991	5594.5	23.9	1182.9	18.1	21.1
1992	8080.1	44.4	1222.0	3.3	15.1
1993	13072.3	61.8	1476.2	20.8	11.3
1994	17042.1	30.4	1970.6	33.5	11.6

续表

年份	总计（亿元）	总增长率（%）	个体经济（亿元）	增长率（%）	比重（%）
1995	20019. 3	17. 5	2560. 2	29. 9	12. 8
1996	22913. 5	14. 8	3211. 2	25. 4	14. 0
1997	24941. 1	8. 8	3429. 4	6. 8	13. 7
1998	28406. 2	13. 9	3744. 4	9. 2	13. 2
1999	29854. 7	5. 1	4195. 7	7. 9	14. 1
2000	32917. 7	10. 3	4709. 4	12. 2	14. 3
2001	37213. 5	13. 0	5429. 6	15. 0	14. 6
2002	43499. 9	17. 0	6519. 2	20. 0	15. 0
2003	55566. 6	28. 0	7720. 1	18. 0	13. 9
2004	70477. 4	27. 0	9880. 6	28. 0	14. 0
2005	88773. 6	26. 0	13890. 6	41. 0	15. 6
2006	109998. 2	24. 0	24431. 1	76. 0	22. 2
2007	137323. 9	25. 0	33114. 3	36. 0	24. 1
2008	172828. 4	26. 0	42766. 4	29. 0	24. 7
2009	224598. 8	30. 0	64320. 0	50. 0	28. 6
2010	251683. 8	12. 0	70079. 0	9. 0	27. 8
2011	311485. 1	24. 0	81821. 2	17. 0	26. 3
2012	374694. 7	20. 0	103011. 0	26. 0	27. 5
2013	446294. 1	19. 0	133637. 2	30. 0	29. 9
2014	512020. 7	15. 0	150741. 8	13. 0	29. 4
2015	561999. 8	10. 0	183784. 7	22. 0	32. 7
2016	606465. 7	8. 0	206465. 7	12. 0	34. 0
2017	641238. 4	6. 0	215278. 9	4. 0	33. 6

资料来源：根据《中国统计年鉴》相关数据整理。

2017年末，按登记注册类型分全社会固定资产投资中，个体经济全社会固定资产投资占比最大，为33.6%，其次是国有经济占比为21.7%，集体经济占1.2%，股份有限公司占2.7%，外商投资经济占1.8%，港澳商投资经济占2.1%，其他经济占3.8%，如表10-12所示。

表10-12　2017年末按登记类型分全社会固定资产投资

企业类型	国有经济	集体经济	个体经济	股份合作公司	股份有限公司	外商投资经济	港澳台商投资经济	其他经济
绝对量（亿元）	139073	7679	215279	910	17304	11312	13604	24434
比重（%）	21.7	1.2	33.6	0.1	2.7	1.8	2.1	3.8

资料来源：根据《中国统计年鉴》相关数据整理。

据《中国对外直接投资公报》数据显示，2011~2017年间，中国对外直接投资企业总数总体增长，从2011年的13462家增长到2017年的25529家，增加了12067家，其中私营企业从2011年的1120家增长到2017年的6570家，增加了5450家；个体企业从2011年的130家增长到2017年的646家，增加了516家。从比重来看，2011~2015年间私营企业比重较为稳定，除2014年为6.7%，其他年份比重保持在8%~9.3%，2016年和2017年的比重大幅度增加，分别达到26.2%和25.7%。个体企业占比较低，2017年占比最高，仅为2.53%。从增长率来看，对外直接投资的私营企业和个体企业增长率波动较大，其中私营企业的增长率最高为2016年的240%，最低为2013年的-7%；个体企业的增长率最高为2016年的219%，最低为2013年的-58%，如表10-13所示。

表 10－13　2011～2017 年中国对外直接投资私营个体企业情况

年份	2011	2012	2013	2014	2015	2016	2017
私营企业（家）	1120	1326	1232	1240	1879	6386	6570
总计（家）	13462	15994	15300	18547	20207	24402	25529
比重（%）	8.3	8.3	8.1	6.7	9.3	26.2	25.7
增长率（%）	—	18	－7	1	52	240	3
个体企业（家）	130	250	106	160	186	593	646
比重（%）	1	1.6	0.7	0.9	0.9	2.4	2.53
增长率（%）	—	92	－58	51	16	219	9

资料来源：根据《中国统计年鉴》《中国对外直接投资统计公报》相关数据整理。

据《中国对外直接投资公报》数据显示，2017 年末中国对外直接投资者达到 2.55 万家，其中私营企业为 6570 家，占比 25.74%，仅次于有限责任公司，其为 10577 家，占比 41.43%。其余企业类型占比分别为：股份有限公司占 10.93%，国有企业占 5.57%，外商投资企业占 5.01%，港澳台商投资企业占 3.35%，个体经营占 2.53%，股份合作公司占 1.82%，集体企业占 0.37%，其他企业占 3.26%。

（五）民营企业的对外贸易贡献突出

据《中国企业年鉴》数据显示，2005～2016 年全国企业总出口额从 7620 亿美元增加至 22366.8 亿美元，增加约 29 倍，在此期间民营企业出口从 1489.8 亿美元增至 10274.4 亿美元，增加了 6.9 倍。民营企业出口占比持续增加，并在 2014 年达到最大值，为 54.1%，占到全国总出口的一半以上。2015 年和 2016 年占比虽有下降，但仍保持较高水平，分别为 45.2% 和 45.9%。从增长率来看，民营企业出口年增长率在 －19% ～44% 之间波动，其中 2006 年达到最高值 44%，2015 年处在 －19%，但于 2016 年增长率回升到 0，如表 10－14 和图 10－7 所示。

表10－14　　2005～2016年民营企业出口情况

年份	2005	2006	2007	2008	2009	2010
全国总计（亿美元）	7620	9690.7	12180.2	14285.5	12016.6	15779.3
民营企业（亿美元）	1489.8	2139	2976.8	3807	3384.4	4812.7
比重（%）	19.6	22.1	24.4	26.6	28.2	30.5
增长率（%）	—	44	39	28	－11	42
年份	2011	2012	2013	2014	2015	2016
全国总计（亿美元）	18986	20484.2	22100	23427.6	22800	22366.8
民营企业（亿美元）	6352.9	7686.4	9300.5	12665.8	10295	10274.4
比重（%）	33.5	37.5	42.1	54.1	45.2	45.9
增长率（%）	32	21	21	36	－19	0

资料来源：根据《中国企业年鉴》相关数据整理。

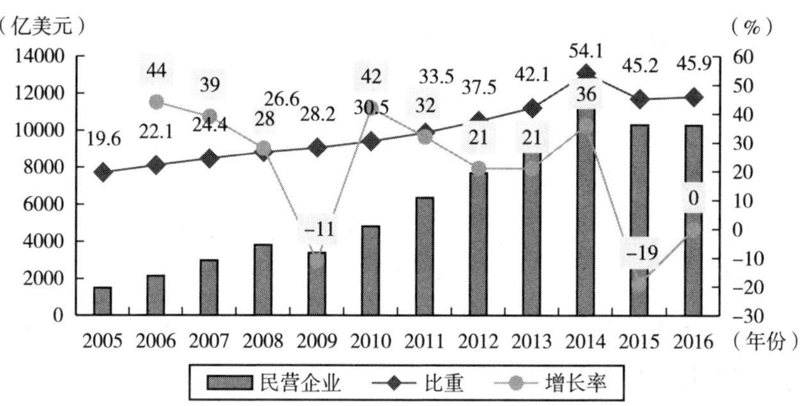

图10－7　2005～2016年民营企业出口情况

资料来源：根据表10－14整理所得。

从2015～2016年各企业类型出口数据来看，2015年全国出口总计同比增长率为－3%，2016年回升至－2%。外资企业从2015年的－5%回升至2016年的－2%，国有企业从2015年的3%下降至2016年的－6%，民营企业的同比增速出现急剧回升，从2015年的－19%回升至2016年的

0%。从比重来看，三类企业在这两年占比稳定，2016年国有企业的出口占比为10.2%，外资企业为44%，民营企业为45.9%，如表10-15所示。

表10-15　2015~2016年各企业类型出口比较

年份	指标	全国总计	国有企业	外资企业	民营企业
2015	绝对量（亿美元）	22800	2424	10047	10295
	比重（%）	100	10.6	44.1	45.2
	同比增长（%）	-3	3	-5	-19
2016	绝对量（亿美元）	22366.8	2288.3	9836	10274.4
	比重（%）	100	10.2	44.0	45.9
	同比增长（%）	-2	-6	-2	0

资料来源：根据《中国企业年鉴》相关数据整理所得。

（六）民营企业创新能力蜕变

企业研究与试验发展（R&D）主要用R&D人员全时当量、R&D经费支出和R&D项目数三项指标来体现。2008~2017年，全国企业研发投入力度持续强劲，全国R&D人员全时当量由2008年的123万人年，增长到2017年的273.6万人年，十年间增加了150.6万人年。规模以上私营工业企业绝对量从9.7万人年增加到79.1万人年，增加了8倍。其比重在十年间也稳步增长，到2017年末已达28.9%。

全国R&D经费支出总计逐年增长，到2017年为12013亿元，是2008年的3.9倍。而规模以上私营工业企业R&D经费支出绝对量由234亿元增至3188.1亿元，其占比由最初的仅7.6%提高到26.5%。增长速率基本在14%~36%之间，2011年增长迅猛，达到163%。

全国R&D项目数由2008年的143448项增至2017年的445029项，增加了301581项。而规模以上私营工业企业R&D项目数由2008年的9762项增至2017年的172422项，增加量为162660项。从占比看，由2008年的 6.8% 增至 2017 年的 38.7%。增长率在 2011 达到最大，为 195%，2016 和 2017 年的增长率为 25% 和 32%。

全国专利情况主要用专利申请数、发明专利数和拥有专利数三个指标来体现。从全国总计来看，三项指标都有较大幅度增长，2008～2017 年间的增量分别为：643464 项、228176 项和 815745 项。规模以上私营工业企业专利申请数、发明专利数和拥有专利数的增长量分别为 247674 项、80291 项和 224187 项。三者占比也逐年增长，2017 年的占比分别为 33.1%、26.3% 和 24.8%。在增长率上，2011 年规模以上私营工业企业专利申请数、发明专利数和拥有专利数的增长率分别为 194%、237% 和 228%，2017 年三者增长率分别为 14%、8% 和 35%，如表 10－16 所示。

表 10－16　2008～2017 年规模以上私营工业企业研究与试验发展（R&D）及专利情况

年份	R&D 人员全时当量				R&D 经费支出			
	全国总计	绝对量（万人/年）	比重（%）	增长率（%）	全国总计（亿元）	绝对量（亿元）	比重（%）	增长率（%）
2008	123	9.7	7.9	—	3073.1	234.0	7.6	—
2009	144.7	10.5	7.3	8	3775.7	278.9	7.4	19
2010	137	13.8	10.1	31	4015.4	359.5	9.0	29
2011	193.9	34.5	17.8	150	5993.8	944.0	15.7	163
2012	224.6	41.9	18.7	21	7200.6	1246.5	17.3	32
2013	249.4	52.4	21.0	25	8318.4	1690.1	20.3	36
2014	264.2	60.6	22.9	16	9254.3	2026.8	21.9	20
2015	263.8	66.2	25.1	9	10013.9	2363.6	23.6	17
2016	270.2	73.2	27.1	11	10944.7	2800.5	25.6	18
2017	273.6	79.1	28.9	8	12013	3188.1	26.5	14

续表

年份	全国总计（项）	R&D项目数			全国总计（项）	专利申请数		
		绝对量（项）	比重（%）	增长率（%）		绝对量（项）	比重（%）	增长率（%）
2008	143448	9762	6.8	—	173573	22455	12.9	—
2009	194400	14796	7.6	52	265808	29057	10.9	29
2010	145589	17853	12.3	21	198890	37955	19.1	31
2011	232158	52749	22.7	195	386075	111705	28.9	194
2012	287524	72299	25.1	37	489945	144168	29.4	29
2013	322567	89657	27.8	24	560918	174650	31.1	21
2014	342507	103663	30.3	16	630561	202849	32.2	16
2015	309895	104396	33.7	1	638513	215465	33.7	6
2016	360997	130402	36.1	25	715397	237820	33.2	10
2017	445029	172422	38.7	32	817037	270129	33.1	14
年份	全国总计（项）	发明专利			全国总计（项）	拥有专利数		
		绝对量（项）	比重（%）	增长率（%）		绝对量（项）	比重（%）	增长率（%）
2008	92450	4177	4.5	—	118245	7668	6.5	—
2009	92450	6323	6.8	51	118245	9049	7.7	18
2010	72523	8659	11.9	37	113074	12605	11.1	39
2011	134843	29210	21.7	237	201089	41366	20.6	228
2012	176167	39626	22.5	36	277196	55726	20.1	35
2013	205146	50653	24.7	28	335401	74757	22.3	34
2014	239925	62185	25.9	23	448885	103775	23.1	39
2015	245688	67125	27.3	8	573765	128688	22.4	24
2016	286987	78551	27.4	17	769847	171985	22.3	34
2017	320626	84468	26.3	8	933990	231855	24.8	35

资料来源：根据《中国统计年鉴》《中国科技统计年鉴》相关数据整理。

2017年，规模以上私营工业企业R&D人员全时当量、R&D经费支出和R&D项目数分别为790796人/年、3188.1万亿、172422项，比重分别为28.9%、26.5%和38.7%。规模以上私营工业企业专利申请数、发明专利数、有效专利数分别为270129项、84468项和231855项，比重分别为33.1%、26.3%和24.8%，如表10－17所示。

表10－17　2017年末按登记注册类型分规模以上工业企业R&D投入和专利情况

	总计	国有企业	有限责任公司	股份有限公司	私营企业	其他企业	港澳台投资企业	外商投资企业
R&D人员全时当量（人年）	2736244	55692	832012	431937	790796	2645	303102	313490
比重（%）	100	2.0	30.4	15.8	28.9	0.1	11.1	11.5
R&D经费（万亿）	12013	21.3	4102.1	1847.2	3188.1	4.0	1115.1	1474.9
比重（%）	100	0.2	34.1	15.4	26.5	0.0	9.3	12.3
R&D项目数（项）	445029	6225	131045	56425	172422	135	36837	40484
比重（%）	100	1.4	29.4	12.7	38.7	0.0	8.3	9.1
专利申请数（项）	817037	1736	247913	144682	270129	242	67597	60909
比重（%）	100	0.2	30.3	17.7	33.1	0.0	8.3	7.5
发明专利数（项）	320626	8782	112503	63069	84468	111	24272	21864
比重（%）	100	2.7	35.1	19.7	26.3	0.0	7.6	6.8
有效专利数（项）	93390	19778	305070	210065	231855	394	81769	81151
比重（%）	100	2.1	32.7	22.5	24.8	0.0	8.8	8.7

资料来源：根据《中国企业年鉴》《中国科技统计年鉴》相关数据整理。

三、当前制约中国民营企业发展的困难和问题

新中国成立70年来我国民营企业取得的辉煌成就，为我国工业化和经

济增长做出了重要贡献。随着国际经济形势和我国宏观政策的变化，民营企业的发展遇到了不少的困难和问题。

（一）企业经营成本持续攀高

随着我国宏观政策和人口资源环境的变化，民营企业的低成本比较优势逐渐丧失，面临较为严峻的生存环境。一是我国劳动力成本持续增长较快。随着“人口红利”的逐渐消失，我国的“刘易斯拐点”已经到来，劳动力由过剩资源转变为短缺资源，出现了“民工荒”与“招工难”现象。为了吸引劳动力，许多企业通过改善工作条件、提供员工食宿、提高社会保险等举措来提高员工福利，这推动了劳动力成本的不断提升。此外，随着人民生活水平的不断提高，人民消费结构不断升级，传统消费与品质消费占比此消彼长，商品零售中食品类、日用品类、服饰类等生活必需品所占比重逐年降低，体育、娱乐、旅游等体现生活品质的消费比重不断提高，民营企业必须支付员工与此相适应的工资。根据《中国统计年鉴（2018）》的统计数据表明，我国城镇私营单位就业人员的平均工资从2009年18199元上升到2017年的45761元，增长了2.5倍。二是原材料成本不断攀升。在全球碳减排指标约束下和生态经济理念驱动下，我国经济发展进入绿色发展模式。政府一方面将采取更为严格的环境保护政策，自然资源的开采和使用更加科学合理，导致原材料供给减少，民营企业的采购成本上升。另一方面政府将制定更为严格的环境规制政策，让企业为其在生产过程中对环境造成的恶性破坏承担相应的成本。由于环境规制力度的加大，原材料等上游行业中的很多企业由于无法满足规制要求而选择退出市场，上游垄断导致原材料价格大幅上涨。此外，由于经济规模的不断扩大，我国对能源的需求直线上升，这导致我国能源对外依存度正在逐年上升，新一轮的国际能源价格特别是石油价格的上扬直接影响国内民营企业的生产成本，导致过去的低能源成本优势不复存在。

此外，我国的制度性交易成本和税费偏高。党的十八大以来，我国大力推进“放管服”改革，优化营商环境，大幅降低了制度性交易成本。然而，在推进政府服务标准化和透明化、深入推进“互联网＋政务服务”、推进商事制度集成化改革、深化投资项目审批全流程改革等领域仍有较大的提升空间，这些领域改革的深化可帮助民营企业进一步压缩制度性交易成本。此外，党的十八大以来，中央政府推动大幅度降费政策，中央设立的行政事业性收费由 185 项减少至 49 项，共减少 136 项，减少幅度超过 73%。根据国际货币基金组织发布的数据，我国宏观税负从 2015 年的 29%降至 2017 年的 27.2%。然而，很多民营企业家认为，规范收费标准、清理收费乱象，实施更大力度的减税等领域仍有较大探索空间。

（二）面临融资难、融资贵的困境

一是我国大部分民营企业处于经营规模小、资产抵押值小的发展状态，企业财务制度不够健全，财务信息不够透明，存在数据不实，资料不全、信息失真、账外账等问题，缺乏审计部门对财务报表和经营业绩数据的确认，离公司制的管理要求相差甚远，无法公允地反映真实的企业财务情况，经营成果和现金流量，不符合商业银行的贷款要求。二是我国部分民营企业缺乏信用意识，经常未及时归还贷款，商业银行出于资金安全性和收益性的考虑，提高了对中小民营企业的贷款准入门槛，对民营企业的融资申请更加谨慎处理。三是受到传统意识的影响，我国大部分商业银行对民营企业仍然存在一定的偏见，贷款优先提供给国有企业，民营企业得到的贷款占比较少。这些导致了商业银行对民营企业采取“断贷、抽贷、压贷”等措施。此外，民营企业融资通常具有需求时间紧迫、需求量小、贷款频率高等特点，而国有商业银行管理环节多、审批流程长，无法很好地迎合民营企业的资金需求。据中国财政科学研究院 2018 年 7 月发布的调研数据显示，民营企业平均融资规模从 2015 年的 5.99 亿元迅速下降到 2017 年的 4.6 亿元，且今后有加速下降的趋势。

我国资本市场不够完善，无法充分地满足民营企业的融资需求。我国资本市场在发行、上市、信息披露、交易、退市、投资者适当性管理等基础制度改革还任重道远。例如，我国深交所分为主板、中小板、创业板三个板块，各板块主要以净利润、营业收入或现金流、股本要求作为上市标准，主板和中小板的上市条件基本没有差异，创业板与主板相比，准入标准虽有所宽松，但对于创新和新设民营企业而言，准入门槛偏高。我国股票市场波动率很高，投机性比较强，散户化程度相当高，机构投资者持股占比明显偏低。这意味着我国多层次资本市场仍然很不成熟，缺乏稳定的长期资金来源，对民营企业融资产生了很大限制。为此，2018 年我国共有 1289 只债券发行成功，民营企业的发行规模仅为 1573.5 亿元，占总发行规模的 12.49%。

我国民营企业的融资成本也偏高。商业银行出于资金安全性和收益性考虑，从信用、资金、管理、抵押物、盈利能力等方面对民营企业进行贷款审核，民营企业需承担相应的担保费、评估费、登记费、审计费等，同时民营企业由于自身条件的限制而处于弱势地位，只能被动地接受商业银行确定的利率。目前民营企业的融资成本一般是基准利率的两倍以上，比国企的贷款利率往往要高出两个百分点甚至更多。此外，部分民营企业无法从银行获得贷款，不得不采用集资、民间借贷等方式获取运营资金，民间借贷的高额利率使得企业的经营如履薄冰。中国中小企业发展促进中心发布的《2015 年全国企业负担调查评价报告》显示，66%的企业反映“融资成本高”，比 2014 年提高了 6 个百分点。

（三）转型升级面临较大困难

我国经济从高速增长阶段转向高质量发展阶段，民营企业转型升级愿望在增强，但转型升级面临较大困难。一是我国许多民营企业实行家族式管理模式，实行集权化领导、专制式决策，较少学习、接受先进的管理理念，导致整体管理水平低下。部分民营企业虽然进行了股份制改造，但改造机制不彻底不完善，束缚了企业的经营和成长。大量民营企业缺乏文化精神，凝聚力不强，企业高端人才创新的主动性和积极性尚未充分发挥。二是虽然我国规模以上私营企业R&D取得了长足进步，但大多民营企业规模较小，技术创新意识不强，缺乏技术创新所需要的资金、人才、设备等，普遍存在拥有自主知识产权的核心技术匮乏的问题。企业无法充分运用新技术、新设备、新工艺，推行新产品、新业态、新模式，实现传统产业改造提升、高新产业高端化和培育战略性新兴产业。三是受到世界经济疲软和中美贸易摩擦的影响，民营企业尤其是出口导向型民企将受到较大冲击，这将进一步削弱民营企业"走出去"的信心和物质基础。这将影响我国民营企业利用"走出去"参与全球资源整合与经营，深化产能和技术合作，嵌入全球生产和服务网络，提升国际化经营能力的进程。

四、加快中国民营企业发展壮大的对策建议

2018年以来，习近平总书记在多个场合强调了要保护民营经济发展，营造创新创业创造发展的良好环境（见表10－18），结合习近平总书记在2018年11月民营企业座谈会上的讲话，针对当前民营企业发展过程中存在的问题，从企业自身、政府、金融、中介机构等方面提出如下的思路建议：

表10－18 2018年以来习近平总书记关于民营经济、民营企业的相关论述

时间	事件	内容
2018年9月25日～28日	东北辽宁忠旺集团考察	毫不动摇地发展公有制经济，毫不动摇地鼓励、支持、引导、保护民营经济发展
2018年10月20日	给"万企帮万村"行动中受表彰的民营企业家回信	民营经济的历史贡献不可磨灭，民营经济的地位作用不容置疑，任何否定、弱化民营经济的言论和做法都是错误的
2018年10月22日～25日	广州明珞汽车装备有限公司考察	创新创造创业离不开中小企业，我们要为民营企业、中小企业发展创造更好条件

续表

时间	事件	内容
2018 年 10 月 31 日	中共中央政治局会议	要坚持“两个毫不动摇”，促进多种所有制经济共同发展，研究解决民营企业、中小企业发展中遇到的困难
2018 年 11 月 1 日	民营企业座谈会	着重强调“两个毫不动摇”、三个“没有变”
2019 年 3 月 11 日	参加福建代表团审议	为中小企业发展提供有利条件，营造有利于企业家健康成长的良好氛围

资料来源：笔者整理。

（一）加大科技创新力度，加强民营企业内部管理

民营企业能够发展最为根本的因素在于民营企业内部的创新能力强弱以及管理水平的高低。近年来，随着市场需求的变动、行业竞争压力的加大、产品生命周期的缩短，没有任何一项技术是“一劳永逸”，因此，要求企业必须持续不断地创新。如果民营企业自身的创新意识落后、内部管理低效、产品质量不过关，服务态度恶劣，不能很好地适应市场竞争发展的需要，即便是给予再好的外部环境，民营企业也是难以成长，中国有句古话叫“打铁还需自身硬”，强调的就是自身要成长的道理，这个道理对于民营企业的发展壮大仍然适用。因此，民营企业首先要加大科技创新的投入力度，苦练内功，培养民营企业家的工匠精神，提高企业的自主创新能力①。在民营企业的内部化管理方面，要引进职业经理人，建立现代企业制度，尤其是在“大众创业、万众创新”的新形势下，创新才是企业能够持之以恒发展的推动力，民营企业在组织结构上也要不断地进行创新，注重平台型的组织结构的构建，提升民营企业管理的效率。目前，民营企业中普遍存在着子女接班的现象，缺乏规范管理的意识，要建立健全民营

① 李克强：《政府工作报告》，2019 年 3 月。

企业家高级经理人管理激励机制，完善企业文化建设。通过系统的培训来引导企业家的成长，培养企业家的创新思维和创新意识，要培养企业家具有大局意识，积极主动融入国家发展的战略机遇，包括“一带一路”、京津冀协同发展、长江经济带发展、雄安新区建设等，树立企业社会责任意识。加强贯彻民营企业诚实守信精神，加强民营企业的信用体系建设，加大对不诚信经营行为的惩罚力度。

（二）深化商事制度改革，降低企业制度性交易成本

民营企业的成长壮大需要有良好的营商环境作为保障，营商环境的打造需要政府发挥积极的引导作用。自2013年中国上海自贸试验区建设以来，政府在深化商事制度改革，持续推进政府的“放管服”改革方面做了大量的努力，中国在世界银行的营商环境排名中也得到了大幅度的攀升，企业的制度性交易成本得到了进一步的降低。在市场化、法制化、便利化的营商环境打造过程中，政府要持续深化商事制度改革，加大政府职能转变，充分发挥市场的决定性作用，压缩企业开办时间、审批注册时间、跨境交易时间、进一步简化企业的办事流程，提升办事效率。政府应加大对民营企业的扶持，减轻民营企业的税负成本。2017年美国启动的以减税促就业为目的税制改革可以为我们提供一些借鉴，应该结合本国的实际，制定行之有效的税费改革方案。在法制化营商环境的打造过程中，自从1982年以来通过四次的修宪，逐步确立了民营企业的独立法律地位，逐步推动了中国民营经济的发展，要继续建立健全保护企业家权益的法律法规体系，增强民营企业的法律意识，政府要加大对金融行业的监管，防范金融风险，保障民营企业的合法权益。

（三）完善金融市场，解决民营企业融资难融资贵问题

相比国有企业而言，民营企业由于公司治理机制相对不健全，内部财

务等制度存在漏洞，抗风险能力差，导致一些金融机构难以评估民营企业的经营风险，对于银行来说，需要花费较高的成本对民营企业进行甄别，从而导致银行不愿意贷款给民营企业，迫使民营企业从民间筹措资金，不但增加了民营企业的融资成本，而且也带来了巨大的法律风险。习近平总书记在民营企业家座谈会上强调要解决民营企业融资难融资贵的问题，具体来说可以通过以下几种途径进一步完善金融市场。首先，要进一步构建多元化的融资渠道，进一步完善市场融资体系，降低中小民营企业上市的门槛，允许中小民营企业通过发行债券的方式进行融资。其次，要进一步创新金融工具，例如可以运用厂房按揭贷款、创业担保贷款、专利权和商标权质押贷款等丰富融资工具的创新，开展金融创新，缓解民营企业融资难融资贵的问题①。再次，进一步完善完善融资信用担保体系建设，对于符合一定标准的担保业务，由上一级再担保公司给予优惠再担保，营造宽松的信贷环境②。最后，借助于信息化手段提升融资效率，通过金融科技，利用大数据、云计算等优势精准识别有潜力、有优势的民营企业，提升融资的效率。

（四）完善中介服务体系建设，提升海外投资能力

当前在“一带一路”倡议的大背景下，越来越多的民营企业选择了到“一带一路”沿线国家进行投资的方式，但由于民营企业对沿线国家的投资环境不够熟悉，导致在投资过程中发生货币汇率风险、政策风险、贷款风险、合同风险等的概率较大。因此，迫切需要完善中介服务体系建设，让中介组织更好地发挥专业优势，有针对性地为民营企业走出去提供法律、财税、市场分析、信息等各方面的咨询服务。例如，民营企业在对外投资的过程中，对一些数据、信息掌握得不是很全面，迫切需要构建“一

① 陈明鑫：《优化科技金融，推动杭州民营企业科技创新》，载于《杭州》2019 年第 2 期。

② 高阳：《民营企业融资困境及其应对》，载于《中国经贸导刊》2019 年第 4 期。

带一路”信息服务平台，整合分散、零碎的信息，搭建公共数据库，为民营企业的投资提供更多更真实可靠的资讯。再比如，在法律服务方面，由于“一带一路”沿线国家的状况比较复杂，中国律师在沿线国家提供涉外法律服务的比例不高，导致无法提供及时性的法律服务，为此，可以考虑一些法律中介服务机构到沿线国家设立分支机构或者收购兼并当地的律师事务所，加大对律师的涉外业务培训力度，提高其涉外服务能力[①]。

① 《涉外法律服务跟不上企业“走出去”步伐》，载于《法制周末》2017 年 6 月 28 日。

参考文献

［1］卜振兴：《从融资角度解析中小民营企业发展困境》，载于《当代经济管理》2019年第4期。

［2］蔡恩泽：《回眸中国民营企业投资历程》，载于《改革与理论》2001年第8期。

［3］陈劲：《关于构建新型国家创新体系的思考》，载于《中国科学院院刊》2018年第5期。

［4］陈劲、柳卸林：《自主创新与国家强盛——建设中国特色的创新型国家中的若干问题与对策研究》，科学出版社2008年版。

［5］陈正洪：《建国以来中长期科技规划的理念探究》，载于《自然辩证法研究》2007年第8期。

［6］崔禄春：《建国以来党领导科技事业的回顾与启示》，载于《特区理论与实践》2001年第11期。

［7］段胜：《关于民营企业融资难融资贵问题的思考——基于四川省民营企业的调查分析》，载于《西南金融》2019年第3期。

［8］方明月、张雨潇、聂辉华：《中小民营企业成为僵尸企业之谜》，载于《学术月刊》2018年第3期。

［9］郭朝先：《改革开放40年中国工业发展主要成就与基本经验》，载于《北京工业大学学报（社会科学版）》2018年第6期。

［10］郝华、林秀梅：《WEF与IMD国际竞争力评价比较研究》，载于《经济视角》2012年第4期。

［11］洪银兴：《科技创新阶段及其创新价值链分析》，载于《经济学

家》2017年第4期。

［12］胡锦涛：《高举中国特色社会主义伟大旗帜，为夺取全面建设小康社会新胜利而奋斗——在中国共产党第十七次全国代表大会上的报告》，人民出版社2007年版。

［13］黄茂兴、张蕙：《金砖国家创新竞争力之评估与提升》，载于《探索与证明》2014年第11期。

［14］黄群慧：《从高速度工业化向高质量工业化转变》，载于《人民日报》2017年11月26日。

［15］黄群慧等著：《工业化蓝皮书：中国工业化进程报告》，社会科学文献出版社2017年版。

［16］黄育容：《基于〈营商环境报告〉的营商环境评价体系研究》，载于《企业改革与管理》2015年第9期。

［17］姜爱林：《国际竞争力及其评价方法综述》，载于《北京行政学院学报》2003年第6期。

［18］姜桂兴、程如烟：《我国与主要创新型国家基础研究投入比较研究》，载于《世界科技研究与发展》2018年第6期。

［19］金碚、李鹏飞、廖建辉：《中国产业国际竞争力现状及演变趋势——基于出口商品的分析》，载于《中国工业经济》2013年第5期。

［20］苏敬勤、张雁鸣、林菁菁：《民营企业持续创新情境的识别与演化——以三一重装公司为例》，载于《企业经济》2019年第1期。

［21］剧锦文：《中国民营企业转型与升级：演化历程与路径选择》，载于《江海学刊》2013年第3期。

［22］蓝庆新：《应大力推进民营企业参与“一带一路”建设》，载于《人民论坛·学术前沿》2017年第9期。

［23］李建中：《科学与技术的离散和自洽：我国高校科技成果转化率低的根源与对策》，载于《科技管理研究》2018年第11期。

［24］李金华：《新中国70年工业发展脉络、历史贡献及其经验启示》，载于《改革》2019年第4期。

［25］李京文、郭金龙、王宏伟：《国际竞争力综合影响因素分析》，载于《中国软科学》2001年第11期。

［26］李平、吕岩威、王宏伟：《中国与创新型国家建设阶段即创新竞争力比较研究》，载于《经济纵横》2017年第8期。

［27］李文星：《民营企业的传承困局》，载于《企业管理》2017年第4期。

［28］李晓园、吉宏、舒晓村：《中国人才竞争力指标体系构建》，载于《中国人力资源开发》2004年第7期。

［29］李烨、李传昭、罗婉议：《战略创新、业务转型与民营企业持续成长——格兰仕集团的成长历程及其启示》，载于《管理世界》2005年第6期。

［30］李源：《改革开放以来中国科技创新法律发展研究》，载于《人民论坛·学术前沿》2019年第5期。

［31］梁正：《从科技政策到科技与创新政策——创新驱动发展战略下的政策范式转型与思考》，载于《科学学研究》2017年第2期。

［32］刘春晓：《创新2.0时代：众创空间的现状、类型和模式》，载于《互联网经济》2015年第8期。

［33］刘艳红、郭朝先：《改革开放四十年工业发展的“中国经验”》，载于《经济与管理》2018年第3期。

［34］刘志彪：《平等竞争：中国民营企业营商环境优化之本》，载于《社会科学战线》2019年第4期。

［35］卢福财、秦川：《中国工业改革发展30年：1978~2008》，载于《当代财经》2008年第8期。

［36］慕庆宇、王凤荣、王康仕：《中小银行发展如何影响民营企业创新？——基于异质性融资约束的机制分析》，载于《山东社会科学》2019年第4期。

［37］庞跃辉：《建国50年科教事业的发展轨迹与迎接知识经济挑战的对策建议》，载于《改革与战略》1999年第5期。

［38］屈彩云：《中国国际竞争力分析——基于 WEF 全球竞争力评价体系》，载于《前沿》2018 年第 3 期。

［39］沈坤荣、赵亮：《中国民营企业融资困境及其应对》，载于《江海学刊》2019 年第 1 期。

［40］汪洋：《推动形成全面开放新格局》，载于《人民日报》2017 年 11 月 10 日。网址：http：//politics. people. com. cn/n1/2017/1110/c1001 - 29637499. html。

［41］王波、张念明：《创新驱动导向下财政政策促进科技创新的路径探索》，载于《云南社会科学》2018 年第 1 期。

［42］王东京、陈启清：《以体制创新推动科技创新》，载于《学习时报》2017 年 2 月 1 日。

［43］王刚波：《国家（地区）层面的创新能力和竞争力测度述评》，载于《科技进步与对策》2014 年第 3 期。

［44］王缉慈：《创新集群三十年探索之旅》，科学出版社 2016 年版。

［45］王文乐：《金融创新竞争力研究》，载于《江西社会科学》2013 年第 12 期。

［46］习近平：《决胜全面建成小康社会夺取新时代中国特色社会主义伟大胜利——在中国共产党第十九次全国代表大会上的报告》［2017 - 10 - 18］. http：//cpc. people. com. cn/n1/2017/1028/c64094 - 29613660. html。

［47］徐继峰：《民营企业参与“一带一路”建设前景光明》，载于《中国财政》2017 年第 16 期。

［48］徐文蔚：《科学的战略观是民营企业可持续发展的基石——联想集团发展历程的启示》，载于《职业时空》2005 年第 4 期。

［49］杨丽凡：《发展科技的指导思想——从延安时期到建国初期》，载于《自然科学史研究》2002 年第 21 期。

［50］杨学儒、叶文平、李浩铭、王莹：《制度嵌入与民营企业环保担当》，载于《南方经济》2018 年第 5 期。

［51］杨在军：《中国近代民营企业制度的内源路径及其制度特征》，

载于《贵州社会科学》2018年第6期。

［52］俞欣、郑宝云、陆玉梅：《民营企业员工社会责任履践机制与行为效应研究》，载于《财会通讯》2018年第29期。

［53］张彬、李春晖：《“新经济”背景下提升我国科技创新能力的策略研究》，载于《经济纵横》2018年第2期。

［54］张宏军：《民营企业发展历程与成长机制研究》，载于《商业时代》2007年第21期。

［55］张晖：《中国民营企业“走出去”面临的融资风险及其控制》，载于《对外经贸实务》2017年第7期。

［56］张乐才、刘尚希：《银行与民营企业融资救助：救助门槛与民营企业风险偏好》，载于《金融发展研究》2019年5月9日。网址：https：//doi. org/10. 19647/j. cnki. 37－1462/f. 2019. 04. 002。

［57］张岭、张胜：《金融体系支持创新驱动发展机制研究》，载于《科技进步与对策》2015年第9期。

［58］张玲玉：《中国工业技术创新路径与创新效率研究》，华中科技大学2017年博士论文。

［59］张明喜、郭戎：《从科技成果转化率到转化效率》，载于《软科学》2013年第12期。

［60］张培丽：《现代化经济体系建设中的民营企业创新发展》，载于《中国特色社会主义研究》2018年第1期。

［61］张舒：《透过美国对华科技遏制谈我国核心技术创新突破》，载于《中国信息安全》2019年第2期。

［62］张小峰、何胜林：《中国民营企业走入非洲：发展历程、影响因素及未来走向》，载于《国际经济评论》2015年第3期。

［63］张幸莲：《中国共产党工业化思想述论》，西北大学2009年硕士论文。

［64］赵新力、仪德刚：《建国以来党的三代中央领导集体的科技理论与政策创新及其启示》，载于《党的文献》2006年第5期。

[65] 赵艳波、石凤妍:《改革开放40年民营企业思想政治工作发展历程》，载于《理论月刊》2018年第7期。

[66] 政武经:《新时代民营企业高质量发展的五大路径与机遇》，载于《广西民族大学学报（哲学社会科学版)》2019年第41期。

[67] 钟荣丙:《科技创新引领高质量发展：逻辑、进路与基点》，载于《创新》2019年第2期。

[68] 朱昌裕:《建国以来中共引进华侨华人科技人才的思想及实践》，载于《党史研究与教学》2013年第2期。

[69] 朱明明、万文涛:《中国科研团队在科技创新人才成长过程中的"襄助效应"研究》，载于《科学管理研究》2017年第4期。

[70]《毛泽东选集》(第1~4卷) 人民出版社1991年版。

[71] Lin S. F., Sun J., Wang S. Y.. Dynamic evaluation of the technological innovation efficiency of China's industrial enterprises [J]. *Science and Public Policy*, 10 August 2018.

后记

2019年是中华人民共和国成立70周年。70年来特别是改革开放40年来，中国共产党带领全国各族人民不懈努力和奋斗，我国社会主义建设取得辉煌成就，综合国力大幅提升，人民生活不断改善，国际地位显著提高，中国人民的面貌、社会主义中国的面貌、中国共产党的面貌发生了历史性变化，中华民族迎来了从站起来、富起来到强起来的伟大飞跃，谱写了中华民族发展史上最壮丽的篇章。

这是一段波澜壮阔的历史进程。走过峥嵘岁月，一个历经风雨砥砺、焕发青春活力的东方大国更加成熟坚强，一个面向现代化、面向世界、面向未来的文明古国更加从容自信。70年过去，江山万里如画，共和国雄姿英发。70年来中国经济得到持续高速增长，很多国外学者认为这是现代经济史上的一个“增长奇迹”。党的十九大宣示中国特色社会主义进入新时代，中国已经站在一个新的历史起点上。

为总结回顾，为继往开来，2019年初，福建师范大学经济学院所属的全国经济综合竞争力研究中心福建师范大学分中心研究团队自发成立了中国经济70年研究课题组，本书即是该课题组的研究成果。本书共有十章，从若干主要方面总结和分析中华人民共和国成立70年来经济领域发生的翻天覆地的变化。

本书是全国经济综合竞争力研究中心福建师范大学分中心各位研究

人员辛勤劳作和集体智慧的结晶。福建师范大学经济学院院长、全国经济综合竞争力研究中心福建师范大学分中心常务副主任黄茂兴教授作为本课题负责人，从课题策划、全书框架设计和最终定稿做了大量具体工作。在本书的写作过程中，具体分工是：第一章，李军军、郑清英、黄茂兴；第二章，林寿富、程俊恒；第三章，白华、周利梅；第四章，陈洪昭、李成宇；第五章，陈伟雄、黄茂兴；第六章，唐杰、易小丽；第七章，张宝英、黄茂兴；第八章，郑蔚、黄茂兴；第九章，周利梅、陈莹；第十章，王珍珍、黄新焕。感谢团队成员为完成本书相关章节的研究做出了积极贡献。

本书还直接或间接引用、参考了其他研究者的相关研究文献，对这些文献的作者表示诚挚的感谢。

中国财经出版传媒集团副总经理吕萍女士，以及责任编辑孙丽丽，为本书的出版提出了很好的修改意见，付出了辛苦的劳动，在此一并向他们表示由衷的感谢。

由于时间仓促，本书难免存在疏漏和不足，敬请读者批评指正。

福建师范大学经济学院中国经济70年研究课题组
2019年7月